Ulrich Im Hof

Mythos Schweiz

Ulrich Im Hof

Mythos Schweiz

Identität – Nation – Geschichte
1291–1991

Verlag
Neue Zürcher Zeitung

Andreas Lindt zum Gedenken

Publiziert mit Unterstützung des
Schweizerischen Nationalfonds zur Förderung
der wissenschaftlichen Forschung

ISBN 3 85823 270 X
Printed in Switzerland

Inhaltsverzeichnis

Einleitung: Identität – Nationalbewusstsein – Geschichtsbild.
Das theoretische und methodische Problem 11

1 Das heroische Zeitalter 17
1.1 Das kommunale Bewusstsein: «Vom Ursprung der Eydtgnoschaft» 17
1.1.1 Das politische Bewusstsein der alpinen Grosskommunen: «die lantlůt gemeinlich der lender» 18
1.1.2 Das politische Bewusstsein der Stadtrepubliken: «die burger gemeinlich der statt» 21
1.2 Das gesamtstaatliche Bewusstsein der eidgenössischen Föderation 27
1.2.1 Das «Nationalbewusstsein» der «freien Schweizer»: «die einen ewigen Bund mit einander haltent» 27
1.2.2 Die Bundesbriefe und ihre Beschwörung: «und darnach schworend sy uns...» 29
1.2.3 Eidgenössische Tagsatzung und eidgenössisches Syndicat: «Wir von Stetten und Lendern gemeiner aidtgnosschaft Rät und Sandtpotten» 32
1.2.4 Das Schweizerkreuz und die kantonale Wappenfolge: «ein wyß ufrecht crütz» 34
1.2.5 Der Schweizerkrieger: «aberdran heiahan!» 36
1.3 Die Schweizer Bauern gegen den Adel: «Si giengen oder ritten / es war menger stolzer pur» 42
1.4. Die Schweizer und das Reich, die Schwaben und die Landsknechte 45
1.4.1 Altes und neues Reichsbewusstsein: «Sie fieren on alle schwere / im schild das römisch rich» 45
1.4.2 Die Aufspaltung des alemannisch-schwäbischen Stammes: «Lieber Eidtgenossen todt, denn lebendig Schwaben» 48
1.4.3 «Schweizer» und «Landsknechte», zwei konkurrierende Soldunternehmen: «Hie Lanz! Hie Schwytz!» 49
1.5 Die schweizerische Gründungssage: «Und swüren einandern trůw und warheit» 51
1.6 Das Nationalbewusstsein des schweizerischen Humanismus: «Helvetii» und Helvetia» 53
1.7 Das eidgenössische Recht und Rechtsbewusstsein: «Wir haben sonderbare Landgebräuche und Rechte» 56

2 Die nationale Krise der Konfessionalisierung und die Stabilisierung des Nationalbewusstseins (16./17. Jh.) 59

2.1 Katholische und Evangelische Eidgenossenschaft: Alt- und Neugläubige Schweizer 59
2.2 Der Versöhnungsmythos: Einigkeit und Trew, ... alte Redlichkeit» 64
2.3 Der «freie Schweizer»: «Zugehöriger» oder «Untertan»? 67
2.4 Heroische Tradition: Heimische Miliz und Fremde Dienste: «Frischauf Soldaten all» 72
2.5 Die schweizerische Nation in Europa: «...und dass sie nicht begehret andern Leuten das Ihrige zu nehmen» 76
2.6 Die Fixierung des eidgenössischen Mythos: «Als Demut weint und Hochmut lacht, da ward der Schweizerbund gemacht» 79

3 Der neue Patriotismus der Aufklärung 85
3.1 Die Krise des schweizerischen Bewusstseins: «Das betrübte Heldenvaterland» 85
3.2 Der helvetische Patriotismus 88
3.2.1 Patriotismus und Nationalismus – die theoretische Begründung: «Die Liebe des Vaterlandes» 88
3.2.2 Die Grundrechte und die schweizerische Republik: «Die unauslöschlichen Rechte der Menschheit» 92
3.2.3 Konfessionelle Toleranz als Ausdruck helvetischer Eintracht: «Christ und Bürger» 96
3.2.4 Die Utopie des Gesamtstaates: «Das allgemeine Vaterland» 99
3.3 Der Rückgriff auf die Geschichte: «Das Heldenvaterland» 101
3.4 Der alpine Mythos: «Die Natur im Schweizerland» 106

4 Die Demokratisierung des erneuerten Patriotismus 113
4.1 Staatskrise und Spaltung der politischen Identität: «Untergang», «Revolution» oder «Regeneration» 113
4.2 Patriotismus und Nationalismus 117
4.2.1 Die allgemeine Förderung des schweizerischen Nationalbewusstseins: «Rufst Du, mein Vaterland?» 117
4.2.2 Neuer Wehrwille: «Stehn wir den Felsen gleich» 121
4.2.3 Freiheit, Gleichheit, Demokratie: «Frei und auf ewig frei» 124
4.3 Menschenrechte – Menschenbildung 130
4.3.1 Die Einführung der liberalen Grundrechte: «Les droits de l'homme sont vainqueurs» 130
4.3.2 Glaubens- und Gewissensfreiheit im bikonfessionellen Lande: Zwischen Kreuz und Turmhahn 135
4.3.3 Menschenbildung – Erziehung – Schule: «Es ist ... keine Rettung mehr möglich ... als durch die Bildung zur Menschlichkeit» 138

4.4 Das neue Element der Viersprachigkeit 144
4.4.1 Das alte Nebeneinander der vier Sprachen: «...cette diversité de langage dans un aussi petit pays que le nôtre» 144
4.4.2 Die Viersprachigkeit als Prinzip der Helvetischen Republik: «Dass alle Cantons Helvetiens die Aufklärung jeder in seiner Sprache erhalten sollen» 146
4.4.3 Mehrsprachigkeit im restaurativ-föderalistischen System: «Souvenons-nous bien que nous sommes les compatriotes de Tell!» 148
4.5 Alte und neue kantonale Identität: «Helvetische Republik» oder «Schweizerische Eidgenossenschaft» 151
4.6 Vom helvetischen zum schweizerischen Mythos 155
4.6.1 Fortführung des vorrevolutionären helvetischen Mythos: «Da ist ein freies Leben, da ist die Alpenwelt» 155
4.6.2 Die Symbolik der Helvetischen Republik: Grün – Rot – Gold, Wilhelm Tell und Freiheitsbaum 160
4.6.3 Die neue Bundessymbolik: «Das weisse Kreuz im roten Feld» 164

5 Nationale Identität im Bundesstaat 167
5.1 Die bürgerlich-freiheitliche Schweiz als Wahrerin alter und neuer Identität 167
5.1.1 Die Schweiz des Freisinns: «Gedankenfreiheit» – «Wirtschaftsfreiheit» – «demokratische Freiheit» 167
5.1.2 Schweizerische Nationalität und Kleinstaatlichkeit: «S'Schwizerländli ist nu chli» / «Il est petit le territoire» 169
5.2 Fortführung und Erneuerung der alten Identitätsfaktoren 173
5.2.1 Republikanismus und Demokratie: «Eine Republik ... auf altgesunder Grundlage» 173
5.2.2 Bundesarmee als Volksarmee: «Wenns wätteret, wenns brönneret so schloods bi üs nid i!» 178
5.2.3 Das Einleben in die doppelte Souveränität von Bund und Kanton: «Föderalismus» contra «Kantönligeist» 181
5.3 Neue Identitätsfaktoren 183
5.3.1 Neutralität – Rotes Kreuz: «La Suisse ... n'a pas été un simple spectateur oisif et curieux de cette grande lutte...» 183
5.3.2 Asylrecht – Asylgewährung: «Fluchtburg in der Mitte Europas» 185
5.3.3 Ethos der Arbeit, Ethos der Hygiene: «Vaterland! ja du musst siegen, / Aller Welt an Ehren gleich! / Lass die Spreu von dannen fliegen, / Nur durch Arbeit wirst du reich!» 190
5.4 Das Problem der vier Sprachen 194
5.4.1 Die nationalistischen Grosskulturen und ihr Einfluss auf die Schweiz: «Die mächtige Strömung der grossen Nationen» 194
5.4.2 Schweizerstolz und Schweizer Einigkeit: «Une petite lampe ayant son huile à soi» 196

5.4.3 Das Ungleichgewicht der vier Sprachgruppen: «Die Eidgenossenschaft hatte ursprünglich eine rein deutsche Natur...» 198
5.4.4 Der Graben / Le fossé: «... bei aller Traulichkeit, die uns aus der gemeinsamen Sprache heimatlich anmutet ...» 203
5.5 Sozialisten zwischen Nationalismus und Internationalismus: «I bin e freie Schwizerma ... Proletar und Sozialist» 208
5.6 Der nationale Konservativismus 217
5.6.1 Die echteste Schweiz der Ultramontanen: «Den Riesenkampf mit dieser Zeit zu wagen...» 217
5.6.2 Die Wiederbelebung der alten, vorrevolutionären Schweiz: «Heimat» und «Föderalismus» 222
5.6.3 Von der Älpler- über die Handwerker- zur Bauernideologie: «Das ist mein Fels, das ist mein Stein...» 227
5.7 Geschichtsbild und Mythos im Bundesstaat 233
5.7.1 Die Bundesgründung zwischen wissenschaftlicher Kritik und nationalem Glauben: «Und ob Gelehrte streiten, es lebe unser Tell!» 233
5.7.2 Die Pfahlbauer als älteste Schweizer?: «Pfahlbaubewohner auf beiden Seiten der Alpen» 236
5.7.3 Inhalte und Formen des schweizerischen Nationalbewusstseins: «Heisst ein Haus zum Schweizerdegen, lustig muss die Herberg sein» 237

6 Die «Geistige Landesverteidigung» 245
6.1 Polarisierung und Einigkeit in der faschistischen Epoche: «Anpassung oder Widerstand» 245
6.2 Nationale Identität und Rückgriff auf die Geschichte: «Tut um Gottes Willen etwas Tapferes» 251
6.3 Die Krise der «Geistigen Landesverteidigung»: «Bewältigte Vergangenheit?» 254

7 Rückblick: Die Gegenwart im historischen Kontext 257
7.1 Die schweizerische Nation und ihr Föderalismus: «Bund», «Eidgenossenschaft» / «Kanton», «République», «Etat», «Land» 257
7.2 Die Viersprachigkeit: «Aufgebot» – «Mise sur pied» – «Chiamata» – «Clamada sut las armas» 260
7.3 Demokratisches Bewusstsein: «Mit dem Stimmzettel in der Hand» 263
7.4 Die Schweizer Freiheit und die Grundrechte: «Die Macht und ihre Begrenzung» 264
7.5 Arbeit, Hygiene, Lebensernst: «Kennst du das Land, wo man nur selten lacht ...?» 266
7.6 Neutralität und Solidarität: «Mission ou démission» 268

7.7 Die nationale Identität der Schweiz und die Identität anderer Nationen: «Il n'y en a point comme nous» 271
7.8 Die Frage des nationalen Mythos: «Die Perle jeder Fabel ist der Sinn» 273

Anhang

I. Kommentar zur Bebilderung 277
II. Kommentar zu den Liedtexten 277
III. Literaturverzeichnis 278
IV. Anmerkungen 278
V. Personen- und Sachregister 332

Einleitung:

Identität – Nationalbewusstsein – Geschichtsbild
Das theoretische und methodische Problem

Der Titel dieses Buches lautet «Mythos Schweiz». Unter Mythos verstehen wir die Vorstellung, die sich die Schweizer seit jeher von ihrem Land, von seiner Staats- und Gesellschaftsform, von seiner Rolle in der Welt gemacht haben; eine Vorstellung, die stets – bei aller Konstanz – dem Wandel der Zeitläufe unterworfen war. Der Mythos will wissen, dass die schweizerische Existenz mit dem Bundesbrief von 1291 begonnen habe. Wir sind uns dabei jedoch wohl bewusst, dass die schweizerische Eidgenossenschaft sich erst im Laufe des 15. Jahrhunderts als «Nation» unter die andern europäischen «Nationen» begeben hat. Sie ist als Gesamtheit nicht siebenhundert, sondern etwa fünfhundert bis sechshundert Jahre alt. Aber so alt ist sie, und ihre Identität, die Identität der Schweizer, lässt sich darum bis ins Spätmittelalter zurückverfolgen. Dort liegen die ersten Wurzeln, die im Folgenden mit all ihren Verzweigungen und Knoten durch die Jahrhunderte hindurch aufzudecken sind.

Es ist heute Tatsache, dass die Frage nach der Identität, das Hinterfragen dessen, was man eigentlich sei, in aller Leute Mund ist. Damit verquickt stellt sich immer wieder die Frage nach der besonderen «nationalen» Identität, nach dem Verhältnis des Individuums zu seinem Land, seinem Staat und damit auch zu dessen Vergangenheit, seinem «Herkommen». Im vorliegenden Werk soll der historischen Dimension nationaler Identität der Schweiz nachgegangen werden. Diese Sicht drängt sich heute um so eher auf, als wir uns – auch in der Schweiz – in einer Phase der Reaktion auf die Nationalideologie der faschistischen Zeit befinden. Wir kommen aus einer national überhitzten Epoche. Nationalismus ist in Europa verdächtig geworden, was nicht hindert, dass überall Nostalgien des Rückzugs auf den kleinen heimatlichen, mininationalen Raum aufkeimen.

Es gilt von vornherein festzuhalten, dass Identität als Selbstfindung sich keineswegs nur in der Nationalität erschöpft oder sich mit ihr zu decken braucht. Identität kann auch religiös-weltanschaulich, sozial-ständisch und rein politisch bestimmt sein. Es handelt sich bei der Identität um bestimmte Prägungen und Vorstellungen, die häufig ein respektables Alter aufweisen. Gewisse historische

Umstände, besonders Krisenzeiten bewirken die Unterordnung der ganzen menschlichen Existenz unter die Identität des Nationalen.

In bezug auf die spezifische historische Dimension nationaler Identität möchten wir uns hier auf eine Definition stützen, die Rudolf Vierhaus vor kurzem in einem Aufsatz über «Historische Entwicklungslinien deutscher Identität» gegeben hat: «Unter ‹Identität› ist eine auf (relativer) Konstanz von Verhaltensweisen, Mentalitäten und ideellen Orientierungen beruhende, geschichtlichen Wandel (relativ) überdauernde Einheitlichkeit des Selbst- und Weltverständnisses zu verstehen. Nur dort kann von Identität gesprochen werden, wo Kontinuitäten aufweisbar sind. Dabei sind Kontinuitäten im tatsächlichen Verlauf der Geschichte von solchen zu unterscheiden, die von einer sich verbunden fühlenden Gruppe – zur Versicherung ihrer Identität – in die Vergangenheit hineinprojiziert werden. Auch sie können allerdings handlungsorientierend und geschichtsmächtig sein. Es ist also nach Einheitlichkeit, nach Elementen und Entwicklungen zu fragen, die Einheitlichkeit gestiftet haben, nach Kontinuität, also nach Zusammenhängen und Traditionen.»[1]

Diese «Einheitlichkeit» und «Kontinuität» zeichnet sich vom späteren Mittelalter an im europäischen Raum da ab, wo sich allmählich der national bestimmte jeweilige Staatsverband zu bilden beginnt. Schon das humanistische und später das aufklärerische Denken beschäftigen sich mit der historischen und politologischen Analyse der Erscheinungen der Nation, die dann im Laufe des 19. Jahrhunderts zu einem allgemein bestimmenden Faktor wird, ja religiöse Verbindlichkeit beansprucht.[2] Seitdem Ernest Renan 1882 an der Sorbonne seinen Vortrag «Qu'est-ce une nation?»[3] gehalten hat, ist der Untersuchungen zur Frage der Nation kein Ende. Eine der wesentlichsten darunter dürfte Jan Huizingas «Patriotisme en Nationalisme in den Europeesche Geschiednis» – «Wachstum und Formen des nationalen Bewusstseins in Europa bis zum Ende des XIX. Jahrhunderts» – von 1940 bleiben.[4]

Es ist hier nicht der Platz, sich mit allen Definitionen und Deutungsversuchen zu befassen.[5] Es mögen drei neuere Beispiele genügen: «Nationalismus liegt dann vor, wenn die Nation die gesellschaftliche Großgruppe ist, der sich der einzelne in erster Linie zugehörig fühlt, und wenn die emotionale Bindung an die Nation und die Loyalität ihr gegenüber in der Skala der Bindungen und Loyalitäten oben steht. Nicht der Stand oder die Konfession, nicht eine Dynastie oder ein partikularer Staat, nicht die Landschaft, nicht der Stamm und auch nicht die soziale Klasse bestimmen primär den überpersonalen Bezugsrahmen.»[6] «Für die Sozialwissenschaften, die nach allgemeingültigen oder doch übertragbaren Erklärungsmodellen für gesellschaftliche Vorgänge suchen, stellt der Nationalismus eine spezifische Form von Integrationsideologie dar. Er dient dazu, Individuen und Gruppen mit je verschiedenen Interessen in ein politisches System und ein in diesem System adaptiertes Verhalten einzubinden.»[7] «Die Bevölkerung eines ... Staates muss ihr nationales Territorium als wahres Vaterland anerkennen. Die einzelnen müssen sich als Individuen begreifen, deren persönliche Identität zu einem guten Teil auf ihrer Identifikation mit ihrem territorial in bestimmter Weise abgegrenzten Land beruht.»[8]

Beziehen wir diese Definitionen auf die Schweiz, verkörpert diese tatsächlich jene Grossgruppe, die eine über Stand, Konfession, Partikularstaat (Kanton), Stamm und soziale Klasse hinausreichende emotionale Bindung und Loyalität der Nation gegenüber – und dies schon sehr früh – ausgebildet hat. Von Anfang an, d.h. vom 15. Jahrhundert an ist ihre nationale Identität in ein politisches System, das Bundesgeflecht eingebunden. Das abgeschlossene nationale Territorium hat seit dem 16. Jahrhundert die Bedeutung des «wahren Vaterlandes», der «patria helvetica» erlangt. Im schweizerischen Fall spielt seit dem 18. Jahrhundert die «Landschaft» als «alpiner Mythos» eine bestimmende Rolle. Schweizerische nationale Identität kennzeichnet sich durch ihre Kontinuität, auch wenn Brüche in der Entwicklung – z.B. Reformation und Revolution – keineswegs fehlen. – Als «Identität der Nation» bezeichnet Gottfried Keller jene grosse historische Vision des «Grünen Heinrich».

Diese nationale Identität ist – unter andern Bezeichnungen – immer wieder Gegenstand historischer Untersuchungen gewesen. In den letzten sechzig Jahren durch Hermann Weilenmann, Fritz Ernst, Werner Kaegi, Denis de Rougemont, Albert Hauser, David Lasserre, Hans von Greyerz und andere[9], sowie durch Ausländer, etwa André Siegried, Hans Kohn und Karl W. Deutsch.[10]

Die nun fünf- bis sechshundert Jahre alte Geschichte der nationalen Identität der Schweiz – ihr Anfang lässt sich allerdings nicht auf 1291 festsetzen – kennt folgende Epochen, die gleichzeitig Wandel und Kontinuität bedeuten: die Gründungsphase und Nationwerdung (14.–16. Jahrhundert), die Stabilisierung (16./17. Jahrhundert), die Erneuerung des alten Patriotismus (18. Jahrhundert), die Demokratisierung dieses helvetischen Patriotismus (erste Hälfte des 19. Jahrhunderts), die Behauptung als Kleinstaat im nationalistisch-imperialistischen und zuletzt im faschistischen Europa (zweite Hälfte des 19. und erste Hälfte des 20. Jahrhunderts). Nach der Konzentration nationaler Identität der Zeit der «geistigen Landesverteidigung» (1933–1945) stehen wir nun in der Gegenwart mit neuen Kontroversen und Interpretationen.

Aufgrund der jeweiligen politischen, sozialen, wirtschaftlichen und kulturellen Situation entwickeln sich die einzelnen Komponenten, bzw. Faktoren nationaler Identität der Schweiz. Durch alle historischen Epochen hindurch gehen die Vorstellungen und Erscheinungen des Republikanismus (der Kanton), der Bundesideologie (der Gesamtstaat), der Wehrhaftigkeit (die Armee) und der christlichen Glaubenswerte (die Kirchen). Es gibt Komponenten, die in gewissen Epochen dominieren, dann wieder zurücktreten, wie die Bauernideologie, oder ganz verschwinden, wie der Heimwehnationalismus der Fremden Dienste, die patrizische Herrschaftsvorstellung oder der helvetische Zentralismus. Eigentliche Spaltungen der nationalen Identität bringen die Existenz zweier christlicher Konfessionen, das Herren-Untertanenproblem – besonders manifest im Gegensatz von Stadt und Land –, später die liberalen, konservativen und sozialistischen Ideologien. Das 19. Jahrhundert steuert neue Komponenten bei, wie die Idee der Menschen- und Bürgerrechte, das nationale Bewusstsein der Viersprachigkeit, das Erziehungs- und Arbeitsethos.

Selbstverständlich befindet sich dieses kleine Land nie allein auf der Welt, auch wenn es im Selbstverständnis sich oft gerne selbst genügt, sich als etwas ganz Besonderes versteht und sich abzugrenzen pflegt, etwa in der Spaltung des alemannisch-schwäbischen Stammes, der Exemtion vom Reich, der Festlegung der Juragrenze im burgundischen Bereich und der Zollgrenzen des 19. Jahrhunderts. Ausgesprochene Feindbilder werden dabei kultiviert: «Die Schwaben», «die Landsknechte» an der Wende vom 15. zum 16. Jahrhundert, die «Franzosen» zur Zeit der Revolution etc. Andrerseits sprengen Solidaritäten übernationaler Art, wie das konfessionelle Zusammengehörigkeitsgefühl, etwa der Reformierten in der calvinistischen Welt oder des römisch-katholischen Ultramontanismus, sowie des internationalen Sozialismus im 19. Jahrhundert die nationale Identität.

In der ausländischen Betrachtung schwankt das Bild der Schweiz zwischen Sympathie und Antipathie. Die Bauern des 16. Jahrhunderts wollen «Schweizer» werden, die humanistischen Gelehrten konstituieren jedoch eine Barbaren- und Dummheitstheorie, die erst im Philhelvetismus der Aufklärung überwunden wird.

All diese Komponenten finden sich konzentriert im Mythos und im Geschichtsbild. Die nationale Identität drückt sich durch Symbole und Zeichen aus. Das Mittelalter hat jenes besondere Vermögen, «Unsichtbares in Sichtbares einzukleiden und im Sichtbaren Unsichtbares aufzuspüren»[11]: im Zeichen des Schweizerkreuzes, in der Nationallegende vom Rütli und von Wilhelm Tell. Dass der Mythos ernst zu nehmen ist, hat schon Anatole France mitten in seinem rationalistischen Zeitalter postuliert: «Refléchissez sur la mythologie… et vous vous apercevrez que ce sont, non point des êtres réels, mais des êtres imaginaires qui exercent sur les âmes l'action la plus profonde et la plus durable. Partout et toujours des êtres, qui n'ont pas... de réalité ont inspiré aux peuples la haine et l'amour, la terreur et l'espérance, conseillé des crimes, reçu des offrandes, fait les mœurs et les lois...»[11a].

Nationale Identität wird im Bild festgehalten, in der Fahne und – spät erst – im Wappen. Heldengestalten erhalten im 19. Jahrhundert ihre Denkmäler. Chroniken und Spiele künden schon früh von nationalen Taten. Besonders aber stiften die Lieder «zeitgenössische Gemeinschaft». «Welch Gefühl der Selbstlosigkeit erweckt dieser Einklang! Wenn uns bewusst wird, dass zur selben Zeit und auf gleiche Weise auch andere Lieder singen, dann brauchen wir weder eine Vorstellung, wer alles singt, noch wo ausserhalb unserer Hörweite gesungen wird, aber uns verbindet der vorgestellte Klang.»[12]

Das Singen ist nur ein Ausdruck unter vielen von dem, was sich im Nationalbewusstsein, bzw. im Nationalgefühl – wie man im Affekt des 19. Jahrhunderts zu sagen pflegte – äusserte, wo auch immer «liebevolles Vorstellen»[13] inbegriffen war.

Die verschiedenen Vorstellungen – keineswegs nur historischer Herkunft –, die zusammen die historische Identität ausmachen, erleichterten das Zusammenleben in einem an sich sehr vielgestaltigen Lande, wie es die Schweiz war. Sie wirkten als Integrationsideologie, vermochten fremde Elemente einzubauen wie andrerseits in Form nationaler Xenophobie abzustossen, da die Forderung nach bestimmten Wert- und Normenvorstellungen besteht und selbstverständlich ist.

Dieses Bewusstsein, diese Vorstellungen sollen hier nach Möglichkeit auch auf ihren realen Gehalt, auf ihren «Kern» hin geprüft werden. Bei der Überfülle an Quellen und der in den letzten Jahren unüberblickbar gewordenen Literatur blieb nur die Möglichkeit, mit Paradigmen, mit Beispielen, zu arbeiten. Bewusst wird auf Vollständigkeit verzichtet, da es ja um das «Typische» geht. Die Darstellung ist Versuch und Wagnis, die schweizerische Existenz «sub specie identitatis» nachzuzeichnen. Resultate der Forschung waren mit neuartigen Fragestellungen zu verbinden, dergestalt, dass die Darstellung für ein nichtfachliches Publikum fassbar bleibt.

Es waren vorerst Fragen des Geschichtsbildes und der schweizerischen Mythologie, die mein Interesse an diesem Problemkreis fixierten und denen am Historischen Institut der Universität Bern nachgegangen wurde.[14] Da schulde ich meinen Studenten, Mitarbeitern und Kollegen vielen Dank.

Die vorliegende Untersuchung verdankt jedoch ihr Entstehen den Bemühungen um das Nationale Forschungsprogramm 21, «Nationale kulturelle

Vielfalt und nationale Identität».[15] Es schien angezeigt, der historischen Dimension nationaler Identität besondere Aufmerksamkeit zu widmen, um so den vielfältigen Untersuchungen, die sich mehrteils mit der jetzigen Situation befassen, eine allgemein gehaltene Analyse der Herkunft heutiger Vorstellungen beizufügen. Der Expertengruppe sei darum Dank gesagt für ihr Verständnis und für die vielen Anregungen zur Gestaltung dieser Arbeit. Schon 1980 durfte ich mich im Rahmen des Kolloquiums über «Romantic nationalism in Europe» an der australischen Universität Canberra mit dem internationalen Aspekt des Themas vertraut machen.

Einen weiteren Dank schulde ich dem Max-Planck-Institut der Geschichte in Göttingen, das mir die Möglichkeit gab, mich in diesem wissenschaftlichen Rahmen mit den allgemeinen Problemen nationaler Identität auseinanderzusetzen und in manchen Einzelgesprächen wesentliche Aspekte abzuklären.

Ein Aufenthalt in der Eisenbibliothek im Kloster «Paradies» bei Schaffhausen ermöglichte das Studium der naturwissenschaftlichen Quellen der nationalpatriotischen Vorstellungen des 17. und 18. Jahrhunderts.

Die Arbeit wäre unmöglich gewesen ohne die Mithilfe von Barbara Braun-Bucher, die kritisch-einfühlend von Schritt zu Schritt deren Entwicklung verfolgt hat.[16]

Identität – Nationalbewusstsein – Geschichtsbild: dieser Problemkreis hat unsere Generation begleitet und bedrängt seit unseren Studententagen, die in die Jahre des aktiven Dienstes während des Zweiten Weltkrieges fielen. Was im Kameraden- und Freundeskreis damals unterschwellig erlebt, aber auch diskutiert und formuliert wurde, fand unter anderen Zeitumständen seine Fortsetzung durch «Kalten Krieg», Hochkonjunktur, Achtundsechziger Bewegung bis in die heutigen Tage. Unter den vielen war es für mich vor allem einer, mit dem man «Freud und Leid am Vaterland» immer wieder aufs neue teilen konnte, jener zu früh verstorbene Studienfreund und spätere Kollege an der Universität Bern, der Theologe und Historiker Andreas Lindt. Darum sei dieses Buch seinem Gedenken gewidmet.

1 Das heroische Zeitalter

1.1 Das kommunale Bewusstsein: «Vom Ursprung der Eydtgnoschaft»

Die schweizerische Eidgenossenschaft ist als Bund von Kommunen, bzw. Republiken in der Auseinandersetzung mit dynastischen Mächten entstanden. Ein heroisches Zeitalter von etwa zweihundert Jahren liegt an ihrem Beginn:

> «Do mitt macht sich ein grosser stoß
> dauon entsprang der erst Aidgenos»,

heisst es im «alten Tellenlied», aus der Zeit des «grosse[n] Stoß[es]» der sich abzeichnenden Burgunderkriege. Der «erst Aidgenos» kommt aus «eynem land, das heysset Ure». Als «Ursprung» gilt:

> «Ein edel land, gůtt recht als der kern,
> das beslossen lyt zwüschen berg,
> vil vester dann mitt muren;
> [Hier] ... hůb sich der pundt zům ersten an, ...»[1]

Dies ist das Geschichtsbild einer Epoche, welche die Geschehnisse, die hundertfünfzig Jahre, fünf Generationen weit zurückliegen, konzis zusammenfasst. Es stellt sich nun die Frage, ob denn dieser «ursprung» tatsächlich dort oben, am Gotthard, in den Bergen zu suchen oder ob er nicht in der Stadt Zürich oder in der Stadt Bern mit ihren verbündeten Städten und Adligen anzusiedeln ist. Soviel scheint heute mindestens festzustehen: Uri, Schwyz und Unterwalden allein hätten dieses politische Gebilde nie zustandegebracht, die Städteallianzen aber vielleicht noch weniger. Tatsächlich wurde vom Ende des 13. bis zum Beginn des 15. Jahrhunderts durch Kommunen zweierlei Charakters, ländlicher und städtischer Art, ein festes föderalistisches System erarbeitet.

Natürlich hatten die Städte im System den ersten Rang vor den Ländern: Zürich, Bern, Luzern vor Uri, Schwyz und Unterwalden, Zug vor Glarus. Die fünf «Neuen» Orte von 1481 an jedoch hatten ihren Platz nach den «VIII Alten Orten» zu nehmen und unter ihnen die Bischofsstadt Basel vor Freiburg und Solothurn. Dann folgten Schaffhausen und das Land Appenzell. Den Beschluss machten die «Zugewandten Orte», in erster Linie die Fürstabtei St. Gallen, die Stadt St. Gallen und die Stadt Biel, die ihre festen Sitze an der Tagsatzung endgültig erst im 17. Jahrhundert erhielten.

Der Freistaat der III Bünde und die Republik Wallis waren verbündete, aber eigenständige Staatswesen.[2]

Im spätern Selbstverständnis aber stehen eindeutig die Länder, d.h. die Grosskommunen Uri, Schwyz und Unterwalden am Beginn.

1.1.1 Das politische Bewusstsein der alpinen Grosskommunen: «die lantlůt gemeinlich der lender»[3]

«Landlůt» ist schon im 14. Jahrhundert die politische Bezeichnung für die Bewohner der «lender».[4] «Land» bedeutet im alpinen Bereich souveräne, «bäuerliche» Grosskommune. Abgesehen von den Ländern Uri, Schwyz und Unterwalden, den «Drei Waldstätten», gehören zu den Ländern, die in der Eidgenossenschaft den Rang von Orten oder Ständen innehalten, noch Glarus, das «Äussere Amt» von Zug[5] und Appenzell. Als kleinste Republik der Welt gilt Gersau, das Dorf am Vierwaldstättersee, das dem Schutz, bzw. Protektorat der Vier Waldstätte untersteht.[6]

Die Erscheinung einer freien Landschaft ist nicht einzigartig, sie findet sich im ganzen alpinen Raum südlich und nördlich des Alpenkamms, vom Tirol bis nach Briançon. Ähnlich freie oder autonome Kommunen kommen im Spätmittelalter verstreut auch im übrigen Europa vor. Aber nur den sechs[7] schweizerischen Ländern gelang es, dank dem eidgenössischen Gesamtsystem, die Vollfreiheit zu erlangen und durchzuhalten. Ihnen vorgelagert waren autonome Talschaften, das Entlebuch etwa, die Leventina, die March etc. Diese weisen zwar keinen souveränen Status auf, erfreuen sich aber vielerlei Privilegien und eigener Verwaltung. Zweiundzwanzig darunter kennen die Institution der Landsgemeinde, was diesen Talschaften ein ganz besonderes Selbstbewusstsein verlieh. Da fühlte man sich als eigene «Landschaft» und nicht als untertänige Herrschaft. Dies gilt etwa für Sargans, die oberen Tessintäler, die bernischen Verbündeten Oberhasli und Saanenland, das an sich dem Abt von St. Gallen unterstellte, jedoch mit den Orten Schwyz und Glarus verbündete Toggenburg oder die recht autonome, mit Bern verburgrechtete Propstei Moutier-Granval des Bistums Basel.

Ein besonderes politisches Selbstbewusstsein kann sich auch in privilegierten Dörfern entwickeln, etwa im schaffhausischen Hallau, im bernisch-waadtländischen Ste-Croix, in den «Terre separate» der Landvogtei Lugano oder in der «Communitas» Brissago. Selbst der Kanton Zürich kennt bis zur Revolution zwei kleine Dörfer, Freudwil und Ottenhausen, wo sich das niedere Gericht als Lehen der Stadt Zürich noch in der Hand der Dorfleute befindet.

Autonome Landschaften[8]

In Klammern der regierende Kanton (bzw. die Kantonsgruppe)

I) Mit Landsgemeinde und Landrat

Oberhasli (BE)
Saanen (BE)
Obersimmental (BE)
Urseren (UR)
Leventina (UR)
Waldstatt Einsiedeln (SZ)
March (SZ)
Küssnacht (SZ)
Werdenberg (GL)
Val Lavizara (XII Orte)
Sargans (VII Orte)
Bellinzona (UR, SZ, NW)
Blenio (UR, SZ, NW)
Riviera (UR, SZ, NW)
Uznach (SZ, GL)
Gaster (SZ, GL)
Engelberg (Abt, IV Waldstätte)
Toggenburg (Abt SG)
Maienfeld (III Bünde)
Lötschental (VS)
Valangin (NE)
Moutier-Granval (Bistum BS)

II) Ohne Landsgemeinde, mit Landrat (Congresso generale), eigenen Behörden oder besonderen Privilegien.

Entlebuch (LU)
Höfe (SZ)
Lugano (XII Orte)
Locarno (XII Orte)
Mendrisio (XII Orte)
Valle Maggia (XII Orte)
Val Lavizzara (XII Orte)
Veltlin (III Bünde)
Bormio (III Bünde)
Chiavenna (III Bünde)

Das politische Bewusstsein der «Landleute» der sechs bzw. acht Länderorte gründet auf der Tradition des Reichslandes.[9] Bezeichnenderweise bilden sie über ihrem Standeswappen den Reichsadler ab. In der Regel handelt es sich um geschlossene, von einem Fluss durchzogene Talschaften, die «beschlossen» sind «zwischen bergen fester dann mit muren».[10] Gewaltiger und wirksamer als die städtischen Mauerringe bieten die Bergkämme Schutz, sie umgrenzen die Talschaft und lassen nur ein paar Passübergänge frei. «Letzinen», Mauer- oder Erdwerke, sichern die offene Talseite etwa am Morgarten, bei Rothenturm, bei Näfels, am Stoss.

Die Vorstellung von in der Regel legendären Befreiungsaktionen veranschaulicht die Burgruine, etwa von Zwing Uri, von Lowerz, von Schwendi bei Appenzell oder von Fardün im bündnerischen Schams. Ob «gebrochen» oder nur «zerfallen» – jedenfalls ist die Absenz von Schlössern in beherrschender Lage in den «Ländern» augenfällig. An der Stelle des einstigen habsburgischen Schlosses auf dem Landenberg ob Sarnen tagt seit 1646 die Landsgemeinde von

Obwalden. Der Landsgemeindeplatz stellt das eigentliche symbolische Zentrum des Landes dar. Da wird unter dem Vorsitz des gewählten Landammanns Jahr für Jahr unter Gottes freiem Himmel über Wohl und Wehe des Landes in letzter Instanz durch die Landleute entschieden. Zwar sind nicht alle Einwohner im Besitz des «Landrechts», es ist jedoch vorderhand leicht zu erwerben.

Der Landsgemeindeplatz fällt mehr ins Gewicht als das Rathaus im Hauptort. Dort tagen die Räte, die – im Zeichen kommunaler Demokratie – je nach Bedeutung der Angelegenheiten zum zwei-, drei-, vierfachen Landrat erweitert werden können, womit das Volk, bzw. die verschiedenen Dorfschaften, deren Delegierte den Landrat bilden, eine stärkere Vertretung und Mitsprache erhalten. Das Rathaus entwickelt sich mit der Zeit nach Möglichkeit zu einem repräsentativen Gebäude. Heute noch besitzen Sarnen und Appenzell ihre Rathäuser aus dem 16. Jahrhundert, Schwyz und Stans bauen 1642/45 und 1713 neue.[11]

Die Souveränität des Landes drückt sich durch bestimmte Herrschaftssymbole aus: Landesbanner, Landessiegel, Landesschwert, Gerichtsstab. Sie werden an der Landsgemeinde sichtbar. Dazu treten je nachdem noch kriegerische Zeichen, wie Harsthörner, etwa der «Stier von Uri».[12] Bedeutsam sind die Landesfarben, die von den Landesweibeln getragen werden. Der kirchliche Landespatron präsentiert sich in Glarus am augenfälligsten: St. Fridolin, der den Sieg von Näfels erringt, wird in der Landesfahne geführt.[13] Das Land verfügt also über alle Repräsentationszeichen eines unabhängigen, freien Staatswesens.

Den «Ländern» verwandt sind die zwei grossen Alpenrepubliken Wallis und Graubünden, die mit der Eidgenossenschaft im Verlauf des 14. Jahrhunderts in engere Verhältnisse treten, sich aber – ganz besonders Graubünden – bis zur Revolution als eigene Staatswesen betrachten. Innerhalb dieser beiden Föderationen von selbständigen Gemeinden oder Talschaften können grössere an Bevölkerung und Territorium durchaus einem Landkanton gleich kommen. Wallis nennt sich erst ab 1635 Republik, obwohl es schon längst weitgehend unabhängig vom ursprünglichen Landesherren, dem Bischof von Sitten, war. Graubünden bezeichnet sich später als «Freistaat der III Bünde». Die sieben «Zenden» schaffen im Wallis als mehr oder weniger geschlossene Talschaften mit Ausgang ins alle verbindende Rhonetal die politische Grundlage. Aus dem Zusammenschluss der Drei Bünde, dem Oberen oder Grauen Bund (1395), dem Gotteshausbund (1367) und dem Zehngerichtebund (1436) entstand Graubünden. Die drei Bünde, nach der Landeslegende 1471 im Bund zu Vazerol vereinigt, begannen bereits ab 1450 zusammenzuarbeiten. An sich handelt es sich um eine Vielzahl von über fünfzig Einzelgemeinden oder Talschaften mit teils sich überlagernden Gewalten, die als «Gerichte» (drettüra, dertgira, cumain, commune etc.) bezeichnet werden.

Basis bildet hier die Autonomie der einzelnen Talschaft oder Gemeinde, die über die üblichen demokratischen Einrichtungen – Landsgemeinde und Räte –, Banner und Siegel verfügt. Für den Gesamtstaat sind ein auf Delegationen beruhender «Landrat» im Wallis, der bzw. die Bundestage in Graubünden zuständig. So kommt hier ein doppeltes politisches Bewusstsein zum Ausdruck. Das Gemeinde- oder Talschaftsbewusstsein: Goms, Oberengadin, Mesocco, Vals, Disentis, Davos etc. halten alle eigene Landsgemeinden freier Landleute ab. Darüber steht ein Gesamtbewusstsein als Ausdruck republikanischer Herrlichkeit mit Abgrenzung gegen alle Nachbarn, auch die schweizerischen.

Ob Graubünden, Wallis oder die «Länder», sie betrachten sich alle als Kommunen freier Landleute mit voller Regierungsgewalt. Dies ist das historische Resultat einer Entwicklung, die im 13. Jahrhundert beginnt, im 14. mit der Abschüttelung der letzten feudalen Herrschaftserinnerungen eskaliert und im 15. Jahrhundert zur vollen Ausbildung gelangt. Natürlich waren die gleichzeitigen wirtschaftlichen Veränderungen von grossem Einfluss, d.h. die weitgehende Umstellung von der Selbstversorgerwirtschaft zur Graswirtschaft, zum Hirtenland mit seiner Viehzucht und dem entsprechenden Export von Schlachtvieh und Milchprodukten. Es gab jedoch Landstriche – im Wallis oder in Graubünden –, die bei der gemischten Wirtschaft des Ackerbaus und des Alpwesens blieben. Je nach Region nimmt das Transportwesen einen gewichtigen Platz ein. In der Regel war alles auf Gemeindeebene genossenschaftlich organisiert. Der politische Kommunalismus ist unter anderem die Folge dieser genossenschaftlichen Basis. Die Identität findet der Landmann im Älpler- und Kleinbauerndasein des freien Mannes.

Selbstverständlich liegt die Führung stets bei den Eliten, der «Obrigkeit», der «erberkeit». Die Eliten sind in die kommunale Welt eingebettet. Möglicherweise wäre für die Welt der Landleute der Begriff «Patriarchaldemokratie» zutreffend.

1.1.2 Das politische Bewusstsein der Stadtrepubliken: «die burger gemeinlich der statt»[14]

«Burger» und «statt» – das ist die andere Komponente eidgenössischer Identität. Zu den bäuerlichen Kommunen der Länder treten schon früh die Städte. Gegenseitige Bündnisse zeichnen sich Ende des 13. Jahrhunderts ab.[15] Auch wenn, wie bereits erwähnt, im späteren Selbstverständnis das Bundessystem von den Drei Waldstätten ausgeht, bestimmt die Stadt jedoch schon früh die Entwicklung. Obwohl das offizielle Bundessystem der vollberechtigten Orte anfangs weniger Städte als Länder zählt, nimmt deren Einfluss stetig zu, bis sie im Laufe des 15. Jahrhunderts die Oberhand gewinnen. Zu den ersten Städten des Systems, Luzern, Zürich, Zug und Bern, stossen schon bald Biel und Solothurn, später St. Gallen, Schaffhausen, Freiburg, Mülhausen, Rottweil, Basel und zuletzt Genf.[16] Städtischen Habitus besitzen auch die zwei Zentren der Alpenrepubliken Wallis und Graubünden, Sitten und Chur. Gesamthaft zählt die Eidgenossenschaft schliesslich fünfzehn Stadtrepubliken.

Zwei Hauptstädte einer grösseren Region sind nicht selbständige Republiken: Neuenburg bildet Sitz der Regierung einer Grafschaft und verkörpert damit den Typus einer Residenzstadt. Sie erfreut sich allerdings relativer Unabhängigkeit, geht 1406 ein eigenes Burgrecht mit Bern ein. Auch Lausanne, bis zur Reformation Sitz eines Bischofs mit schwacher weltlicher Gewalt, geniesst relative Selbständigkeit, bleibt aber beim Übergang an Bern 1536 untertänige Stadt und steht damit an der Spitze der Munizipalstädte, die sich zwar intra muros recht autonom verwalten, letztlich jedoch in ein städtisches oder gemeineidgenössisches Territorium eingegliedert sind. In der Schweiz weisen über 60 solche Markt- und Gewerbezentren in recht verschiedener Position den Status von «Freistädten» oder privilegierten Munizipien auf. Sie entwickeln ein städtisches Selbstbewusstsein, betrachten sich als Mittelpunkt ihrer Region, ziehen unter ihrem Banner aus, verfügen über selbstgewählte Behörden und verkörpern analog der entsprechenden autonomen Landschaften ein eigenes Bewusstsein.[17]

Von den 15 Stadtrepubliken haben einige römischen Ursprung, wie Genf, Zürich, Solothurn, Chur, Basel, Sitten, Biel und Rottweil. Klosterstädte sind St. Gallen und Schaffhausen, Sitz von Bischöfen Sitten, Chur, Genf und Basel, dynastische Gründungen Freiburg und Bern.

Alle Stadtrepubliken – ausser Biel und Sitten – erreichen den Status einer freien Reichsstadt, als erste Zürich, Bern und Solothurn 1218, als letzte Genf. Die ökonomische Basis bilden grösserer Transitverkehr, Gewerbe sowie die Landesverwaltung in den Städten mit grösseren Territorien. Es handelt sich bei allen – ausser Biel, St. Gallen und Mülhausen – um Hauptstädte eines Territoriums.

Ursprünglich sind diese Städte Ausläufer der rheinischen bzw. schwäbischen Bündnissysteme. Dank den eidgenössischen Bündnissen gelingt es ihnen, sich der dynastischen Entwicklung des Reiches zu entziehen.[18] Sie werden mittels aristodemokratischer Mischverfassung regiert. Die östlichen, Basel, Zürich, Schaffhausen, St. Gallen und Chur, machen nach süddeutschem Beispiel die Zunftbewegung durch, ihr Regiment beruht also auf den zum Grossen Rat

Autonome Städte (Munizipien)
In Klammern regierender Kanton (bzw. Kantonsgruppen)

I) «Freistädte»

Winterthur (ZH)
Stein am Rhein (ZH)
Zofingen (BE)
Aarau (BE)
Lenzburg (BE)
Brugg (BE)
Lausanne (BE)
Frauenfeld (VII Orte)
Diessenhofen (VII Orte + SH)
Baden (VIII Orte)
Bremgarten (VI Orte)
Mellingen (VI Orte)
Rapperswil (IV Orte)

II) «Halbfreie Städte»

Aarberg (BE)
Nidau (BE)
Erlach (BE)
Laupen (BE)
Burgdorf (BE)
Thun (BE)
Morges (BE)
Nyon (BE)
Yverdon (BE)
Moudon (BE)
Payerne (BE)
Avenches (BE)
Aigle (BE)
Vevey (BE)
Willisau (LU)
Sempach (LU)
Sursee (LU)
Liestal (BS)
Bulle (FR)
Estavayer (FR)
Romont (FR)
Olten (SO)
Neunkirch (SH)
Arbon (VII Orte)
Bischofszell (VII Orte)
Steckborn (VII Orte)
Reineck (VII Orte + AP)
Altstätten (VII Orte + AP)
Murten (BE + FR)
Orbe (BE + FR)
Grandson (BE + FR)
Bellinzona (II½ Orte)
Lugano (XII Orte)
Locarno (XII Orte)
Brissago (XII Orte)
Mendrisio (XII Orte)
Wil (Abt SG)
Tirano (GR)
Sondrio (GR)
Bormio (GR)
Chiavenna (GR)
St-Maurice (VS)
Martigny (VS)
Boudry (NE)
Le Landeron (NE)
Valangin (NE)
La Neuveville (Bist. BS)

zusammengefassten Zunftvorständen, während die westlichen, Solothurn, Luzern, Bern, Freiburg und Genf, mehr oder weniger beim alten Ratssystem der Selbstergänzung von ober her verbleiben. Mit der Wende zum 16. Jahrhundert wurde das Amt des Schultheissen bzw. des Bürgermeisters – in jeder Stadt ein wenig verschieden organisiert – doppelt besetzt, ein Jahr regierend, ein Jahr «stillstehend». Auch die Landsgemeindekantone führten das Landammannamt doppelt. Zweifach war auch die Ständevertretung an der Tagsatzung. Grösserer Arbeitsanfall mochte der Grund sein, vor allem aber war es wohl eine Massnahme gegen den möglichen Machtmissbrauch, eine Betonung des Nichtmonarchischen, des Republikanischen. Basel und Genf kannten sogar vier Standeshäupter, je zwei Bürgermeister und Oberzunftmeister bzw. die vier Syndics.

In der Schweiz grenzt Stadtstaat an Stadtstadt, nur die Fürstabtei St. Gallen und die Grafschaft Neuenburg behaupten sich als «monarchische» Staatswesen. In beiden sind aber die Rechte der untergebenen Gebiete, Munizipien wie Landschaften, gut entwickelt. Mit dem Niedergang der italienischen Städtefreiheit, die nur noch in den Republiken Venedig, Genua, Lucca und dem kleinen San Marino überlebt – Ragusa wäre in diesem Zusammenhang nicht zu vergessen –, sowie der Isolation, in welche die deutschen Reichsstädte geraten – wenn wir allenfalls die wirtschaftlich stärksten wie Strassburg, Nürnberg und Ulm ausnehmen –, vermögen die Städte der Eidgenossenschaft, zusammen mit den fünf Ländern, Wallis und Graubünden, als einzige ein republikanisch-kommunales System durchzuhalten. Im Verlauf des 16. und vollends im 17. Jahrhundert findet die städtische Mitbestimmung weitgehend ein Ende: die spanischen Comuneros, die französischen cités royales werden in die absolutistische Monarchie eingebaut, Strassburg und die elsässische Dekapolis gehen an Frankreich über, die norddeutschen Städte werden im Verlauf und in der Folge des Dreissigjährigen Krieges entrechtet, von der Hanse bleiben nur noch Hamburg, Bremen und Lübeck in einer den Fürstentümern ebenbürtigen Stellung. Die Niederlande allerdings können in ihrer neuen Republik ihre alte burgundische Stadtherrlichkeit zu voller Freiheit ausbauen. London und viele englische «Boroughs» bestimmen im Unterhaus mindestens mit. Auch die schweizerischen Städte pflegen ihre spätmittelalterlichen republikanischen Vorstellungen frei weiter.

In diesem Land fehlen der fürstliche Hof und weitgehend das Kastell des Adels, in den übriggebliebenen, nicht zerstörten oder zu Ruinen zerfallenen Burgen residieren die städtischen Landvögte.

Die Stadt versteht sich als geschlossene Gemeinschaft aller Bürger, «arm und rich»,[19] auf der Basis politischer Gleichheit, auch wenn das nicht ausschliesst, dass städtische Nobilität sich halten kann. Die Junker in Zürich und Schaffhausen werden als Korporation ins Zunftsystem eingegliedert. Selbstverständlich besitzen Nichtbürger keine politische Mitsprache, das Bürgerrecht ist aber auch hier vorderhand noch leicht zu erwerben.

Grundsätzlich wird die Gleichheit aller Bürger betont; eine Gleichheit, die selbstverständlich im spätmittelalterlichen Verstand interpretiert werden muss, wo aristokratisch-patriarchalische Vorstellungen und Realitäten sich mit «demokratischen» mischen. Sie findet ihren Ausdruck in der Bürgerversammlung, der «Stadtgemeinde», die sich den letzten Entscheid vorbehält. Ihr haben die Behörden den Eid zu leisten, sie wiederum schwört den Bürgereid. Die Räte der Stadt, der Grosse Rat und als eine Art von regierendem Ratsausschuss der Kleine Rat, präsidiert vom Bürgermeister oder Schultheissen, verstehen sich als

Beauftragte der Bürgergemeinde. Die Bürgergemeinde wählt in St. Gallen den Bürgermeister, in Genf die vier Syndics.

Mit dem Durchschreiten der Stadttore wird sich der Besucher bewusst, dass er sich auf freiem, bürgerlichem Boden befindet. Das vom Reichsadler bekrönte Stadtwappen, beide als ikonographische Einheit gestaltet, versinnbildlicht das freie, unabhängige, souveräne Staatswesen. Das Stadtwappen gilt gleichfalls für das städtische Territorium und wird auf den Landvogteischlössern und in den Dorfkirchen angebracht. Es dominieren die von den Standesläufern, den Weibeln der Räte, der Gerichte und der Landvogteien getragenen Stadtfarben.

Politisches Zentrum bildet selbstverständlich das Rathaus. Die ältesten noch erhaltenen Rathäuser stehen in Bern (1406–1416) und in Schaffhausen (1408–1412), die meisten übrigen werden zwischen 1500 und 1550 neu erbaut. Nur wenige Städte haben sich später neue Rathäuser geleistet, Luzern (1602–1606), Sitten (1660–1661) und Zürich (1694–1698).[20]

Neben das Rathaus sind die Zunfthäuser zu setzen. Sie bilden als Versammlungslokal für politische, ökonomische und gesellige Angelegenheiten die eigentliche politische Heimat des Bürgers, gliedern sich in der Regel schlicht in die Strassenfronten ein und drücken damit auch bürgerliche Gleichheit und Konformität aus.

Städtisches Verständnis macht auch die Hauptkirche der Stadt sichtbar. Berns Bürgerschaft baut von 1421 an das grosse Vinzenzmünster und löst seine Stadtkirche damit vom Deutschen Orden. Wie Bern besitzen Zürich, Luzern, Freiburg und Solothurn ihre Stiftskirchen – Felix und Regula, St. Leodegar, St. Nikolaus, St. Ursus –, deren Domkapitel aus Bürgern zusammengesetzt ist. In Schaffhausen, St. Gallen und Chur wachsen die Stadtkirchen St. Johann, St. Laurenzen und St. Martin zum Gegenpol der alten Kloster- oder Bischofskirchen heran, von denen aus die geistlichen Machtansprüche einst die Stadt beherrscht haben. Gerade weil die Stadtkirchen auch als Versammlungslokale der Bürgerschaft für Schwör- und Wahltage dienen, rücken die Heiligen zu Stadtpatronen auf; für Bern ging man so weit, das Vinzenzhaupt in Köln zu stehlen![21]

Ein weiteres Zeichen städtischen Willens kann das Kaufhaus als Zentrum des Warenumschlags und der städtischen Kontrolle des Handels sein; besonders schön lässt sich das in St. Gallen, der ältesten Industriestadt der Schweiz, nachweisen.

Der Mauerring und die Tore heben die Stadt vom übrigen Land ab, das ihr zwar zugehörig ist, wenn auch damals noch in recht selbständiger Art. Die Bauern gehen ein und aus, halten Markt auf dem grossen Platz der Stadt, die für sie

Zentrum, Sitz der Verwaltung ist und deren Schutz und Schirm sie geniessen. Bezeichnenderweise beherrscht kein dynastisches Schloss, keine Burg mehr die Stadt, Nydegg in Bern ist verschwunden, «Burg» heisst in Basel nur noch der Platz vor dem Münster, regiert wird vom Rathaus am Marktplatz aus. Eindrücklich dominiert der «Munot» in Schaffhausen, nicht als adlige oder kaiserliche Burg, sondern als von der Bürgerschaft erbaute Festung (1564–85). Das Schloss steht aber immer noch über den Städten Neuenburg und Lausanne, die eben nicht souverän sind.

Nähert man sich der Stadt, so geht man am Richtplatz und am Galgenhügel vorbei, auch Kennzeichen der Selbständigkeit, denn die Stadt besitzt den Blutbann.

Eine ganz eigene, kennzeichnende Bedeutung kommt den für die Versorgung der Stadt lebenswichtigen Stadtbrunnen zu.

Symbolgehalt verleihen ihnen die im Laufe des 16. Jahrhunderts allüberall beliebt werdenden Brunnenfiguren. Da fehlen sicher nicht der Schweizerkrieger – sogar in Rottweil –, der Bannerträger, der Schütze Tell als Ausdruck des heroischen Zeitalters. Auch biblische Figuren erfreuen sich grosser Beliebtheit, wie Moses in Bern oder der Mohrenkönig in Schaffhausen, vor allem aber die zahlreichen Darstellungen der Gerechtigkeit.[22]

Die Justitia stellt mit Fortitudo, Sapientia und Temperantia eine der vier Kardinaltugenden dar. Die Statuen der Justitia präsentieren sich im Stil der späten Renaissance, beginnend mit dem Berner Gerechtigkeitsbrunnen von 1543. Ganz vollständig ist die Symbolik, wenn zu Füssen der Justitia mit ihren verbundenen Augen, Schwert und Waage sich die vier Mächte der Welt, Kaiser, Papst, Sultan und Schultheiss, vorfinden, die Monarchie, Theokratie, Despotie und Republik versinnbildlichen. Es geht hier um die Idee, dass die Gerechtigkeit an sich über den irdischen Gewalten stehe, dass das göttliche Recht höher sei als zeitgebundenes, staatliches Recht. Die Staatsauffassung der damaligen Zeit kann kaum treffender ausgedrückt werden.

1.2 Das gesamtstaatliche Bewusstsein der eidgenössischen Föderation

1.2.1 Das «Nationalbewusstsein» der «freien Schweizer»: «die einen ewigen Bund mit einander haltent»[23]

«Freiheit» und «Schweizer» sind Begriffe, die zusammengehören, wobei der Begriff des «freien Schweizers» anscheinend erst im 18. Jahrhundert feststellbar ist. Man war frei im Sinn der kommunalen, genossenschaftlich-bürgerlichen Selbstverwaltung, frei im Sinn des «gemeinen Mannes», der frei in seinem Hause sitzt, frei über sein – bescheidenes – Stück Boden verfügen kann, frei auch von Fremdbestimmung. Weder der Herzog von Österreich, der Herzog von Savoyen, noch der Herzog von Mailand hatten in diesen kleinen und grösseren Kommunen etwas zu sagen. Das war der «freie Schweizer», besonders in der Sicht des Auslandes. Die Wirklichkeit schloss zwar Abhängigkeiten politischer und sozialer Art keineswegs aus. Aber sie gestalteten sich erträglich, weil man sich eben als «freier Schweizer» verstand.

Diese Republik von Republiken entwickelte im Raum zwischen Boden- und Genfersee, Alpen und Jura als Bundessystem ein ausgesprochenes Nationalbewusstsein. Sie steht so mitten in der entsprechenden Entwicklung des Spätmittelalters, wo der Einfluss der umfassenden römischen Reichsidee ständig abnimmt, wo Frankreich, England, Schottland und die nordischen Länder Dänemark, Norwegen und Schweden, ebenso Polen und Ungarn ihre nationalen Monarchien entwickeln, bis schliesslich auch in Italien und in Deutschland ein nationales Bewusstsein um sich greift.[24]

Das schweizerische Nationalbewusstsein verdient als republikanisches Bewusstsein besondere Aufmerksamkeit, da es sich nicht, wie andernorts, an der Dynastie oder der Person des Monarchen orientieren kann. Ausserdem entsteht in der Schweiz eine Art doppeltes Nationalbewusstsein: insbesondere die Städte bauen in ihren Territorien ein Zugehörigkeitsgefühl zur Hauptstadt auf, das Zürichbiet, das Bernbiet, Baselbiet etc., und zwar gerade zu dem Zeitpunkt, als diese Hauptstädte andererseits immer mehr in die Gesamteidgenossenschaft hineinwachsen.

Schon im 13. Jahrhundert sind drei Bündnissysteme erkennbar: dasjenige der Waldstätte Uri, Schwyz, Unterwalden, später um Luzern, Glarus und Zug, also zwei Städte, erweitert, jenes von Zürich, das ursprünglich eher ins System der Bodenseestädte gehört, sich dann auf Schaffhausen, Stein am Rhein und St. Gallen mitsamt der Möglichkeit Konstanz beschränkt, und das der von Bern geleiteten «burgundischen Eidgenossenschaft» mit Solothurn, Biel – samt dem Erguel –, Freiburg, Neuenburg, Moutier-Granval, La Neuveville, Payerne.

Die Schlacht von Sempach bedeutet den grossen Sieg der Kommunen und bringt Bern dem eidgenössischen System näher. Die entscheidende Lücke schliesst sich 1415 mit kaiserlichem Segen durch die Eroberung des Aargaus. Fortan finden die «Acht Orte», d.h. die «landlüte und stette in Switz», vom Reich als Reichsstädte und Reichsländer endgültig Anerkennung.[25] Zwei bedrohliche Bundeskonflikte gefährden das junge System: zunächst der Baronkrieg um die Interessen im Wallis zwischen Bern einerseits und den Waldstätten andrerseits. Er wird relativ rasch beigelegt. Weit heftiger tobt der alte Zürichkrieg zwischen Schwyz/Glarus und Zürich um die Toggenburger Erbfolge, wo Zürich aus dem System ausbricht und sich wieder Österreich zuwendet. Die Überwindung dieses Konflikts jedoch macht das eidgenössische Bundesgeflecht endgültig attraktiv, und Anschlüsse und Eroberungen von Mülhausen/Basel bis zum Thurgau werden perfekt. Der Krieg gegen Karl von Burgund bringt die Föderation zu europäischer Geltung. Nach dem Schwabenkrieg und den italienischen Feldzügen gehört der Raum Jura–Oberrhein–Bodensee–Gotthard mitsamt der östlichen Grenzposition Graubünden und den Vorstössen über den Gotthard und ins Wallis fortan zur Eidgenossenschaft. Offen bleibt noch die Westgrenze, die Waadt ist jedoch schon von 1475 an von eidgenössischen Positionen durchsetzt. Vom bernisch-freiburgischen Schloss Mex aus geht die Sicht über den Genfersee! Im Rahmen der Auseinandersetzungen zwischen Frankreich und Habsburg bietet sich 1536 Bern, Freiburg und dem Wallis die Möglichkeit, den westlichen Raum unter sich aufzuteilen. Bern sichert Genf ab.

Aussichten auf Erweiterung bleiben noch in Hochsavoyen, in der Franche-Comté, im Elsass bis nach Strassburg, im Schwarzwald bis zum eidgenössischen Aussenposten Rottweil und am Bodensee bestehen, während die oberitalienischen Möglichkeiten durch Spanien-Österreich bereits blockiert sind und die Grenze endgültig südlich von Chiavenna und Mendrisio verläuft.

Innerhalb von gut hundert Jahren wächst so aus einem losen Bundesgeflecht im Dreieck Gotthard–Bern–Zürich ein neuer Staat, präsentiert sich als wirtschaftlich und militärisch starke, politisch und sozial gut organisierte Nation. Noch zur Zeit von Sempach wird erst von einem namenlosen Bund gesprochen: Zürich, Bern, Solothurn, Zug, «die ainen ewigen Bund mit ainander haltent».[26] Von der Mitte des 15. Jahrhunderts an erhält dieses Gebilde seinen umständlichen, aber juristisch richtigen Namen: «... gemein Eidgnoschaft des großen punds obertütscher landen von Stetten und lendern» (1507), bzw.

«Seigneurs des anciennes ligues des Hautes Almaigne» (1481) oder «... confederati magne et antique lige Allemanie superioris» (1475).[27] Diese Bezeichnungen halten sich in verschiedenen Varianten bis über das 17. Jahrhundert hinaus.

Schon in der ersten Hälfte des 15. Jahrhunderts aber ist die volkstümliche Bezeichnung «*Schweizer*» üblich. Sie entsteht in Übertragung des Namens des führenden und aggressiven Landes Schwyz auf alle Verbündeten, denn Schwyz trägt damals vor allem den Konflikt mit Österreich, Uri ist mehr am Gotthard interessiert. Die kurze Zeit, in der Schwyz unter Landammann Reding führt, hat der Konföderation in der schwäbischen Form der Diphthongierung des -i- von Schwyz den populären Namen gegeben. Die Schweizer bedienten sich ebenso gern, wenn nicht häufiger des Namens «*Eidgenossen*». Von «Unser Eydgnosschaft» spricht schon 1370 der «Pfaffenbrief» und 1393 der «Sempacherbrief», noch mit dem Ton auf «*unser*», was die besondere Eidgenossenschaft der Städte und Länder zwischen Alpen und Mittelland bezeichnet. Fast jeder politische Bund der Zeit ist ja eine Eidgenossenschaft, ein Schwurbund. Da aber die «schweizerische» Eidgenossenschaft als einzige «Eidgenossenschaft» politische und nationale Gestalt bekommt, wird der Begriff – lateinisch «confoederatio» – zur Bezeichnung der Nation.[28]

Diese Schweizer begannen ihr gemeinsames eidgenössisches Dasein immer intensiver zu pflegen, nicht nur in den Kriegszügen, in Aktionen der politischen Behörden, sondern auch in geselligen Zusammenkünften, gegenseitigen Besuchen, an Fasnachten, Kirchweihen und besonders an Schützenfesten. Der Bericht von einem Zürcher Schützenfest sagt aus: «Der schiessend lasst sich gar wol an. Es ist ein seer eerliche, schöne gesellschaft von meerteils orten der eydgnoschaft ... Sy zeigend och, das sy mer umb früntschaft ze machen dann anderer sachen kummen syend.»[29]

1.2.2 Die Bundesbriefe und ihre Beschwörung: «und darnach schworend sy uns ...»[30]

Der juristische, verfassungsmässige Ausdruck des Bundessystems sind die verschiedenen Bundesbriefe.[31] Ihnen kommt aber mehr als nur die Bedeutung rechtlicher Dokumente zu. Als in Worte fixierter Bund haben sie sakralen Charakter. Zwar sind die ersten Bünde an sich vorläufiger Natur und momentane Zweckbündnisse, sie werden aber mit der Zeit in eine feste Reihenfolge eingebaut: Als «erster» Bund erweist sich nachträglich der Bund von Brunnen, den die Drei Waldstätte 1315 nach der Schlacht von Morgarten abfassen. Er macht den Bundesbrief von 1291 überflüssig, der erst im 18. Jahrhundert wieder entdeckt wird. Auf diesen Dreiwaldstättenbund folgen die Einzelbünde der Städte Luzern, Zürich und Bern mit den Waldstätten.

Bern schliesst erst 1421 mit Luzern und 1423 mit Zürich als Ergänzung zu seinem Waldstättenbund von 1353 eigene Bündnisse. Die weiteren Bundesbriefe können als Dokumente des Beitritts zum nun recht fest gewordenen Bundessystem gelten, wie auch bereits jene von Zug und Glarus 1352. Diesen Beitrittscharakter haben fortan alle Bundesbriefe, auch wenn in der Regel eine gewisse Zeit verstreicht, bis alle Orte mit dem neuen Glied in rechtliche Bindungen treten. Dies gilt zwischen 1481 und 1513 für die fünf «Neuen Orte» Freiburg, Solothurn, Basel, Schaffhausen und Appenzell, wobei sich die «Alten Orte» eine etwas privilegiertere Stellung vorbehalten. Andere bleiben «Zugewandte Orte» der ganzen Eidgenossenschaft, obwohl sie nur mit bestimmten Orten verbunden sind.[32] Auch sie dürfen ihren Bundesbrief als feierliches Dokument des «Beitritts» zur Eidgenossenschaft betrachten. Diese ungleichen Regelungen führen später zu einer falschen Einschätzung der Anciennität im Bundessystem. Appenzell, z.B., gehört nicht erst seit 1513 zum eidgenössischen Bund, sondern als Zugewandter Ort der sieben östlichen Orte – Bern desinteressierte sich – schon ab 1411. Solothurn beteiligt sich bereits 1393 am Sempacherbrief, wird aber erst 1481 eidgenössischer «Ort».

Wichtig ist, dass in der nationalen Vorstellung alle Orte und Zugewandte Orte eigentlich gleichwertig seien, so sehr die Bevölkerungszahl, das Territorium und die effektive Macht wirtschaftlich oder militärisch unterschiedlich waren. Die Drei Waldstätte demonstrierten immer wieder vor, wie relativ kleine Kantone den grossen ebenbürtig sein konnten. Zwar trieb man gerne die eigene Territorialpolitik in benachbarte Kantone hinein, dennoch haben die Grossen die Kleinen nicht aufgefressen. Bern begnügte sich mit dem Reichsland Hasli und liess Freiburg und Solothurn mehr oder weniger in Ruhe. Zürich begnügte sich mit der Reichsstadt Stein am Rhein und stiess nur bis an den schaffhausischen Rhein vor.

Der «Bundesbrief» legt die gegenseitigen Hilfsverpflichtungen und Rechtszusicherungen fest. Auch wenn die Bundesbriefe alle sehr bald von der Bundespraxis – Tagsatzung, eidgenössischem Recht, Schiedsgerichten – überholt werden, der ehrwürdige, sakrale Charakter bleibt ihnen: Ein Pergament, verbürgt durch die an den Schnüren in den jeweiligen Standesfarben befestigten Siegel – in den letzten sind es vierzehn –, «in Gottes Namen Amen» auf «ewig» abgeschlossen. Steht «ewig» zunächst für den Begriff unbefristet, wächst ihm im Laufe der Zeit wirklich die Bedeutung «ewig während» zu. Das Dokument bekommt allmählich höheren Wert als die kaiserliche Verleihung der Reichsstandschaft. Gemeinsame Bundesbriefe, sogenannte Konkordate, gibt es nur drei[33]: den «Pfaffenbrief» von 1370 der Städte Zürich, Luzern, Stadt und Amt Zug und den drei Waldstätten, die Sicherung der Gotthardroute und die Unterordnung geistlicher Privilegien betreffend, den 1393 von allen VIII Orten und Solothurn abgeschlossenen «Sempacherbrief», eine rudimentäre Kriegsordnung, beide finden 1481 Eingang ins «Stanser Verkommnis». Es ist verbindende Gesamturkunde für alle, regelt Anstände aus den Burgunderkriegen bezüglich Verteilung der Beute und territorialer Erwerbungen und enthält repressive Massnahmen gegen Unruhestifter. Über diese etwas zufälligen Vereinbarungen hinaus erhält es nationale Bedeutung als Friedensinstrument der zerspaltenen Länder und Städte, vermittelt durch den Ratschlag des Einsiedlers Niklaus von Flüe, der fortan als grosser Pazifikator die zentrale Integrationsfigur des eidgenössischen Zusammenlebens wird und bleibt.

Diese verschiedenen Bundesbriefe und Konkordate werden als lebendige Zeugnisse des Bundes in regelmässigen Abständen vor dem Volk verlesen und von ihm – Pergament, Siegel und farbige Siegelschnüre leibhaftig vor Augen – beschworen. Alle Beteiligten beeidigen z.B. im 15. Jahrhundert alle zehn Jahre den Zürcher Bund neu. Zwischen 1393 und 1520 sind sechzehn Bundesbeschwörungen aus den eidgenössischen Tagsatzungsabschieden bekannt.[34] Seit dem Stanser Verkommnis besteht die eidgenössische Vorschrift, die Briefe alle fünf Jahre neu zu beschwören: «Und damit alt und junng unnser aller geswornen puͤnde dest fuͤrer in gedaͤchtnuͤs behaltten mögend, und den wissent nachzekommen, so haben wir angesechen und geordnet, das die fuͤrbas hin zuͦ ewigen zytten und allweg in allen ortten von fuͤnff Jahren zu fuͤnffen mit geschwornen eyden ernuwret werden soͤllent».[35] Zu dieser Zeremonie delegiert jeder Ort einen Gesandten. In Gegenwart der Landsgemeinde bzw. der Bürgerschaft von Abgeordneten der Landschaft und der städtischen Behörden wird der Bundesbrief des betreffenden Orts mit den drei Konkordaten verlesen. Vom Schaffhauser Gesandten Junker Hans Stokar besitzen wir eine genaue Beschreibung der bernischen, freiburgischen und solothurnischen Bundesbeschwörungen des Jahres 1526:[36]

> «Uff dye zytt ratt ich von Bern mit den 9 orten gain Fryburg, und als wier dar komend, liesend sy ettlich stück büschen abgon uns zu eren, und lag ich zu Friburg zu herber zu der Kronen und dye anderen erter zum Wysen Krütz, und dett[en] mir gros eren ain. ... Und ain dem zinstag hatt mian gros fest uns zu eren, lütt mit den grosen glogen, und hatt mian ain gesungen amt, und orgalatt mian uns zu eren. Uff mittdag lütt mian der gmiand zusamen mit der grosen glogen ins müster dryg ziachen ... Und im münster las der stattschryber buntbrieff ain der kanzalen und wye zu Bern, und darnach schworend sy uns, dy von Friburg, und mustend wyer inen och schwe[ren], wyer botten von den 10

orten. Und darnach lies mian das schütz ab, und komen ettlich der heren von Frybur und battend uns, das mir belibind; es moch[t] abar nit sin, und hyeltend dye heren von Friburg uns erlichen und lustend uns us der herber, was wyer botten und unser knecht verzarten, das bezalten [sy].»

Soweit der Schaffhauser Gesandte. War das nur ein Zeremoniell der Behörden? Es war mehr als das: die Bürgerschaft füllte die Hauptkirche, die anwesenden Abgeordneten der Landschaft schworen mit,[37] zudem spielte sich die Beschwörung in den Landkantonen vor der versammelten Landsgemeinde ab.[38] Der eidgenössische Zusammenhang wurde durch die Anwesenheit von Vertretern der anderen Orte mit ihren «Knechten» in den Standesfarben alle fünf Jahre wieder deutlich gemacht.

1.2.3 Eidgenössische Tagsatzung und eidgenössisches Syndicat: «Wir von Stetten und Lendern gemeiner aidtgnosschaft Rät und Sandtpotten»[39]

Auch die Tagsatzung der Gesamteidgenossenschaft,[40] die vorerst abwechselnd an verschiedenen Orten tagte, dann endgültig nach Baden verlegt wurde, war Anlass, dem Volk den Gesamtkorpus der Orte mit dem Umzug der Standesvertreter – dem Vor- und Nachgesandten –, dem Standesweibel und weiteren Trägern heraldisch-symbolischer Elemente, und deren Einzug ins Rathaus vorzuführen. Bei offenen Türen wurde der «Eidgenössische Gruss» abgelegt, der mit den Begrüssungsreden jedes Vorgesandten das Eröffnungszeremoniell bildete. Erst danach begannen die Beratungen der Tagsatzungsherren im geschlossenen Ratsaal. Wir besitzen keine Beschreibungen aus der heroischen Zeit, sondern ausgerechnet nur eine von der letzten ordentlichen Tagsatzung von 1797. Allerdings stammt sie von Ulrich Bräker, der wie viele zugereist war, um sich diese gesamteidgenössische Manifestation anzuschauen: «Angenehm ist es einem Schweitzer, die Gesandten aller Schweitzer Cantone und zugewandten Orte an einem Zuge auf das Rathhauss marschieren zusehn – ehrwürdig und rührent – noch grösser ist der Zug von ihrem Gefolge, von Staats bedienten und Dienerschafften, in ihren Uniformen Schildten und Wagen, wo jeder Canton seine eigenen Farben und Abteilungen hat, wo solche bey jedem auf seinem Mantel und Rok zusehen ist, zu welchem Canton er gehört – den sogenandten Eydgenösischen Grus, wie unsere Staatshäubter einander bewillkomen und so Schweitzer brüderlich zusamentretten, gemeinsam und vertraulich die allgemeinen und besondern Angelegenheiten Helvetiens behertzigen und sich darüber berathen. Wehmüthig-rührent ist es, all die Reden anzuhören, unter welchen einige recht aussgezeichnet bündig waren – warhaftig ein festliche feyerliche Handlung die jedem Eydgenoss heilig sein soll – aufs neue den Schweitzerbund zu bevestigen, einander treu und ergeben zusein und alle Misshelligkeiten in Güte beyzulegen ..»[41]

Es ist anzunehmen, dass Aufzug und «eidgenössischer Gruss» aus dem 15. Jahrhundert stammen.

Nicht nur die Tagsatzung, jede Einsetzung eines eidgenössischen Landvogts in den neun, bzw. achtzehn Gemeinen Herrschaften[42] zeigte den betreffenden Herrschaftsleuten – wenn auch in der reduzierten Form des Wechsels von einem Kanton zum andern – die eidgenössische Standesherrlichkeit. Am deutlichsten gestaltete sich die gesamteidgenössische Manifestation wohl in den vier ennetbirgischen Vogteien, vor allem in Lugano, bei der Einsetzung des neuen Landvogtes, des Capitaneo Reggente, und der gegenseitigen Eidesleistung durch die Gesandten der zwölf regierenden Orte von Zürich über Uri bis Schaffhausen, dem «Syndicat». Wir haben nur eine Schilderung aus dem 18. Jahrhundert, diesmal einen englischen Reisebericht:[43] «Der folgende Tag wurde eingeleitet durch Glockengeläute von allen Türmen der Stadt und ihrer Umgebung. Die Strassen waren voll von sonntäglich gekleideten Leuten beiderlei Geschlechts, die von allen Teilen der Vogtei, selbst von jenseits des Sees, gekommen waren, um das frohe Fest zu feiern. Nach dem Frühstück stellten sich die hohen [Ehren] gesandten der löblichen schweizerischen Eidgenossenschaft in Rangordnung auf und begaben sich in feierlichem Zuge hinter ihren Weibeln, Bannerträgern, Trompetern und andern Gefolgsleuten zur grossen Kirche von Lugano hinauf, wo der feierliche Akt sich vollziehen sollte. Wir fanden dort eine zahlreiche Versammlung von elegant gekleideten Damen und Herren, ... die mit höflicher Aufmerksamkeit den aus dem Chorgang herauftönenden rauhen Lauten zuhörten; ... Diese unharmonischen Töne kamen aus dem Munde des Landschreibers oder Protokollführers der hohen Gesandtschaft, der dem neuen Souverän in schweizerischer Sprache die Gesetze, Gebräuche und Verordnungen vorlas, nach welchen er während zwei Jahren die edle Stadt und Landschaft Lugano regieren sollte ...»

Nun legte der Landvogt zuerst auf deutsch den Eid an die Obrigkeit der XII Orte, dann auf italienisch den Eid an die Untertanen ab. Daraufhin schworen die Vertreter der Landschaft und der abgesandten Gemeinden den Huldigungseid. Der Landvogt erhielt darauf vom Zürcher Gesandten den Stab und war damit als «Capitaneo Reggente di Lugano» eingesetzt.

«Sobald dieser doppelte Akt vollzogen war und das Volk sicher war, wieder einen Herrn zu haben, hallten die Gewölbe der ganzen Kirche wider von den Rufen: ‹Evviva! evviva! evviva il nostro grazioso landfocht e gli illustrissimi deputati dei magnifici cantoni!›[44] [viva! viva! long live our gracious bailiff and the most illustrious deputies of the magnificient cantons of Switzerland!] Auf die Ausrufe der Ergebenheit in den silbernen Tönen des Italienischen wurde von den Gesandten auf deutsch die Antwort herausgestossen: ‹Lange lebe die edle Stadt und Vogtei Lauis!›»

Vermutlich weniger spektakulär wiederholte sich dieser Ritus in den drei andern Landvogteien Mendrisio, Locarno und Valle Maggia.

Auch hier ist anzunehmen, dass sich das Zeremoniell schon ab 1512, seit der Übernahme der Landvogteiverwaltung durch die Zwölf Orte, entwickelt hat.

1.2.4 *Das Schweizerkreuz und die kantonale Wappenfolge: «ein wyß ufrecht crütz»*

Josias Simler hält in seinem schweizerischen Staatsrecht fest: «Es tragen alle Eydgenossen im Krieg ein wyß ufrecht crütz.»[45]

Vorerst trägt der Krieger das weisse Kreuz als Abzeichen auf dem Gewand. Später findet es Verwendung als Zierde auf Waffen, auf dem Lederzeug und als beliebte Wirtshausbezeichnung. In Freiburg logieren die Gesandten für den Bundesschwur, wie wir gesehen haben, sinnvollerweise im «Weissen Kreuz».[46]

Das Kreuz, d.h. zwei gekreuzte Leinwandstreifen, sind verbreitete Abzeichen: ein weisses Kreuz in Rot führt auch das Herzogtum Savoyen, in Frankreich kommt es seit den 1480er Jahren häufig vor, die nordischen Staaten, England, Schottland und Irland kennen es als nationales Symbol. Seit den Kreuzzügen pflegte man die Heiligen Mauritius, Victor und Ursus mit ihren roten Fahnen und dem weissen Kreuz abzubilden. Burgund kennt das Andreaskreuz, das die Landsknechte Maximilians ebenfalls verwendeten. Oft werden die Kreuzabzeichen in den Farben des Feindes – rote für die Österreicher, weisse für die Schweizer – als Kriegslist vertauscht.[47]

Es ist möglich, dass das Kreuz auf den Kleidern zuerst, dann auf den Fahnen immer mehr als Ausdruck des sehr intensiven Kultes der Passion Christi empfunden wird. Festgehalten ist die Passion im Eckquartier der Fahne des Kantons Schwyz.[48]

Das weisse Kreuz für alle Schweizer Kontingente, auch für Verbündete der Schweizer, scheint in den Burgunderkriegen üblich geworden zu sein. Ein Dekret aus dem Schwabenkrieg schreibt vor: «... so sölt man sich hie zuo Wil versamlen und zesamenkomen und jedermann wisse crütz an îm haben.»[49]

Als Fahne wird das weisse Kreuz in Rot jedoch nur geführt, wenn aus kleineren kantonalen Kontingenten Einheiten zusammengestellt werden. Sonst gilt:

«... ein yeder zeücht vnder sines Orts fendlin vñ paner», wie Simler festhält.[50] Eigentliche Fahne bleibt das Standesbanner, der Bär von Bern, Appenzell und beiden St. Gallen, die Schlüssel von Unterwalden, der Stier von Uri, St. Fridolin von Glarus, der Baselstab, der Schaffhauser Bock, die gekreuzten Äxte («Bieli») von Biel, das Mülhausener Mühlrad, der Adler mit dem goldenen Kreuz von Rottweil, die zwei Farben der Orte Zürich, Zug, Freiburg, Solothurn, das rote Tuch mit der Kreuzigung von Schwyz. Dazu kommen die sieben Sterne des Wallis, das Schwarzweiss des Grauen Bundes, der Steinbock des Gotteshausbundes oder der Wilde Mann des Zehngerichtenbundes und die vielen Städte- und Landschaftsfahnen der «Angehörigen». Für den Kampf wird jedoch ein weisses Kreuz auf die Ortsfahne aufgenäht. Der Begriff «Schweizerkreuz», «Crux helvetica», steht vom 16. Jahrhundert an fest.

Offizielleren Charakter als das Schweizerkreuz hat die Reihe der eidgenössischen Standeswappen, in der Mitte Zürich und Bern, dann links und rechts davon in wechselnder Reihenfolge die übrigen Embleme. Am besten erhalten ist sie noch an der Stirnfront des Ratssaals in Mülhausen und auf den Dachzinnen des Basler Rathauses, am augenfälligsten wird sie jedoch auf Landvogteischlössern, wo je nach Zahl der herrschenden Orte die Wappen von weither die Machtverhältnisse ankünden, heute noch nachprüfbar auf den Landvogteischlössern von Baden und Sargans (VIII Orte), des Landvogts in Rheineck (IX Orte) oder der Castellanza Sonvico in der Landvogtei Lugano (XII Orte), am Haus des Vierortehauptmanns im äbtisch-sankt gallischen Wil oder in Lottigna, Blenio (II½ Orte).

Auch die Standesscheiben in Rathäusern, von den Orten gestiftete Glasscheiben, die wiederum die Wappenreihe ergeben können, haben grosse Verbreitung gefunden.

Die heraldischen Bereicherungen, die Papst Julius II. Orten, Herrschaften und Munizipalstädten nach dem erfolgreichen Pavierzug am 28. Mai 1512 verliehen hatte, wie z.B. der goldene Baselstab oder die päpstlichen Schlüssel für Uri, wurden meist nicht verwendet, ebensowenig wie das geweihte Schwert und der Herzogshut.

Man blieb bei den Wappenfolgen. Nur die ebenfalls erteilte Titulatur «Defensores ecclesiasticae libertatis» verwendeten die katholischen Orte gelegentlich in der Gegenreformation.[51]

Die Wappenfolge betont mehr das Herrschaftliche, das Schweizerkreuz ist umfassender und allgemeiner, auch ein Untertan trägt die zwei weissen Streifen.

1.2.5 Der Schweizerkrieger: «aberdran heiahan!»[52]

Das Geschichtsbild der entstehenden Schweiz ist nicht nur durch eine Reihe von Bundeseintritten und -briefen, sondern ebenso durch die Schlachten – Morgarten, Laupen und alle folgenden – geprägt. Bei einem andern Ausgang der Schlacht von Sempach hätte sich das Schicksal des besondern Bunds im obersten Deutschland so wie bei Döffingen, der Niederlage der schwäbischen Städte zwei Jahre danach, entschieden. Im österreichisch dominierten Territorium, vom Vorarlberg bis ins Oberelsass, wären nur ein paar Reichsstädte isoliert übriggeblieben: Bern mit einem recht beträchtlichen Hinterland, Zürich und Solothurn mit wenigen Dörfern, nicht mehr. Westlich von Bern hätte das Herzogtum Savoyen die Szene beherrscht, in den Randgebieten etliche Fürstentümer – die grossen geistlichen Basel, Sitten und Chur sowie Konstanz, Lausanne und Genf mit verzetteltem Gebiet, habsburgische oder savoyische Versorgungsanstalten für jüngere Söhne der Dynastie. Fürstabteien wie St. Gallen, Muri, Einsiedeln, das schaffhausische Allerheiligen, Feudalherrschaften wie die Grafschaft Neuenburg, Greyerz und Werdenberg wären nebst ein paar Reichsritterschaften, wie etwa Hohensax im Rheintal, mittelgrosse Enklaven im herzoglichen Bereich geblieben. Und die Waldstätte? Es ist im besten Fall ein halbabhängiges Dasein – wie etwa dasjenige Tirols – zwischen den Herzogtümern Österreich und Mailand mit dem Gotthard in mailändischer Hand denkbar.

Die Entscheidung in Sempach fiel anders aus, weil dort der Geist Winkelrieds den Ausschlag gab. Es folgten siegreiche Feldzüge ins Ennetbirgische und den Aargau ebenso wie die bitteren Niederlagen von Arbedo und St. Jakob an der Birs, die militärischen Sternstunden von Grandson, Murten und Nancy, kurz darauf der Triumph von Giornico, die Siege von Calven, Frastenz und als Bestätigung Dornach. Sie alle zeigten die ins Kriegerische gewandelte Mentalität dieser Bauern und Bürger.

Den schweizerischen Krieg[53] führen zuerst die Hirten und ihre Knabenschaften im alpinen Raum, in der Innerschweiz, im Wallis, in Graubünden und kurz danach im voralpinen Appenzell. Schon bald jedoch färbt dieses Gebaren auf die mittelländischen Bürger und Bauern ab. Auch sie ziehen Burgen brechend durch das Land der kleinen Adligen.[54]

Schweizerischer Krieg lässt sich nicht nur als Aggression oder Verteidigung interpretieren, er ist Kulthandlung mit entsprechenden Riten, die aus der alten Hirtenkultur stammen, fast Selbstzweck, Fehde, Blutrache, Volksjustiz: vom erschreckenden Überfall der Schwyzer auf das Kloster Einsiedeln (1314) bis zum Saubannerzug der Innerschweizer Jungmannschaft in die westliche Schweiz.[55]

All das erscheint dem an «ritterliche» Kriegsführung gewohnten Ausland ungewöhnlich. Die Schweizer respektieren die Regeln nicht. Sie sind alle «unkristeliche lüt und böser denn die Türggen».[56] Selbst aber knien sie vor der Schlacht mit «zertanenen Armen» nieder und beten je fünf Paternoster und Ave Maria.[57]

Die Schweizer sind einerseits gefürchtet, aber wenn man sie als Bündnispartner akzeptiert – vereinzelte klügere Adlige gehen sie darum an –, werden sie zu tauglichen Schutzherren.

Im Laufe des 15. Jahrhunderts gerät das Kriegswesen allmählich in geordnetere Bahnen. Der Schlachthaufe in Igelform setzt sich durch, der Langspiess löst die Hellebarde von Morgarten ab, eine eigentliche Infanterietaktik des kompakten Angriffs zeichnet sich ab.

In Ländern, Städten und Territorien ist Volksbewaffnung eine Selbstverständlichkeit: «... so ist ... yederman / auch den armen tagloͤneren gebotten das ein yeder nach seinem vermoͤgẽ mit weer und waaffen gerüst syge.»[58]

Simler hält auch die kriegerische Art fest:

> «Gleycher weyß wie dz Alp gebirg mit seinẽ thaͤlerẽ/schoͤne hoͤhe boͤüm/und fürtreffenlich guͦt vych gibt vnd zeücht/... es auch deß bodens vnnd luffts art/daß es merchtheils starcke vnd dapffere leüth hat. Jn anderen landen sind etliche kriegsleüt/etliche paursleüt/die andern hãdwercks leüt: aber in der Eydgnoschafft sind sy bey nach allsamen kreigsleüt/also das schier keiner ist der gesundes leybs/uñ es alters halb vermag/in dem mã nit ein dapffer kriegisch gmuͤt gespüre...»[59]

Eidgenössisches Selbstverständnis drückt sich aus, wenn er fortfährt: «... hat die not selbs die unseren gelehrt kriegen, dieweil sie täglich muͦsten streyten für jr vatterland, freyheit, für weyb und kind.»

Es waren Kriege der Konföderation gegen den gemeinsamen Feind. Das Kommando lag bei den Bürgermeistern, Schultheissen und Landammännern, die eine Art Kriegsrat bildeten. Hier erlebte man die in den Bünden vorgesehene gemeineidgenössische Aktion. Grenzgebiete wie das Rheintal, Thurgau, Schaffhausen, Basel und später Genf durften mit rascher Hilfe aus dem Nachbarort rechnen, während sich inzwischen das grosse Aufgebot hinter den Linien bereit machte.

Die zweihundert Jahre Krieg kristallisieren sich zur historischen Erzählung, zu einem Geschichtsbild. Der Schweizer beruft sich auf seine Vorfahren, deren Kriege zu einem Teil der Identität werden. Diese findet u.a. als Volksfrömmigkeit Ausdruck in Form von *Schlachtjahrzeiten*. Regelmässig wird der Toten gedacht,[60] die im Beinhaus, das zu der auf dem Schlachtfeld errichteten Kapelle gehört, ruhen. Das Gedenken geschieht öfters durch eine alljährliche Wallfahrt an den Tatort. Hier als Beispiel jene der Stadt Sempach auf das nahe gelegene

Schlachtfeld am 9. Juli. Nach einem Gottesdienst für die Gefallenen und einer Predigt verlas der Leutpriester von Sempach einen kurzen Schlachtbericht und die Namen der Gefallenen. Danach begab sich die Versammlung in einer Prozession aufs Schlachtfeld, wo der Pfarrer den anwesenden Armen eine Spende austeilte. Vom Schlachtfeld zog man dann ins Städtchen, wo eine gemeinsame Mahlzeit eingenommen wurde. Im 16. Jahrhundert wurden die Festlichkeiten stark ausgedehnt und die Kosten von der Stadt getragen.[61] Stadtschreiber Cysat bemerkt später dazu: «Diss ist allso ein allt harkommen.»[62]

Die Jahrzeit der Schlacht von Näfels entwickelte sich zu einer Wallfahrt aller Landleute des Landes Glarus.[63] Die Appenzeller hielten die Schlacht am Stoss mit einem Bittgang nach Marbach, der Mutterkirche von Altstätten, in Erinnerung.[64]

Daneben besteht als andere Form der Gedächtnisgottesdienst in der Hauptstadt, für Laupen – und später noch wichtiger für Murten – in Bern, für Murten und Grandson in Freiburg, für Dornach in Solothurn und Bern. Morgarten hat seit 1500 für die Drei Waldstätte den hohen liturgischen Rang eines Apostelfestes.[65]

Diese Gedenktage sind keine Siegesfeiern, sondern Totengedächtnis, Ehrung der Gefallenen.

Auch in den historischen Volksliedern lebt die Erinnerung an die Heldenschlachten weiter.[66] «... also haben auch unsere vorderen lieder gmachte von jren schlachten und jren sig also geprisen, als da ist das Sempacherlied, in wellichem die selbig schlacht nit unfleyssig beschriben wird und andere dergleychen mehr», sagt Simler.[67] Das ältere, in der Ruoss Chronik (vor 1491) aufgezeichnete Sempacherlied überliefert zwei typische Bilder des Geschehens: Erstens den Beichtgang der «niderländischen Herren» beim Pfaffen «zu Schwyz», worauf «von handhaften Schwyzern ist ihnen wê beschehen», denn «mit scharpfen Hallenbarten/so gibt man inen den segen»; zweitens die mit dem Beichtmotiv verwobene Kampfszene zwischen dem (österreichischen) Löwen und dem (urnerisch-schweizerischen) Stier. Im Streitgespräch der beiden «zů Sempach vor dem walde» will der Löwe für Laupen und Morgarten Vergeltung üben:

«Der leu begunde růßen
und schmucken sinen wadel.
do sprach der stier zum leuen:
‹wöll wir's versůchen aber,
so trit herzůhar baß,
daß dise grüene heide
von blût werde naß.›

Si begonden z'samen treten,
si griffend's frölich an,
bis daß derselbe leue
gar schier die fluchte nam;
er floch hin biß an berg:
‹wo wiltu, richer leue?
du bist nit êren wert.›»[68]

Im Näfelserlied beschwören die Glarner ihren Landespatron St. Fridolin:

«... Ach richer Christ von himel und Maria, reine magd!
wellend ir uns helfen, so sind wir unverzagt,
Dass wir den strit gewinnend hie uf disem feld;
wellend ir uns helfen, so bstand wir alle welt.
O helger herr sant Fridli, du trüwer landsman,
si diß land din eigen, so hilf's uns mit eren bhan!»[69]

Aber nicht nur Sempach und Näfels, auch die späteren Schlachten und Kriegszüge leben durch die Lieder im Bewusstsein des Volkes weiter, auch die Chroniken, die gegen 1500 sehr zahlreich werden, halten selbstverständlich die Erinnerung für die Nachwelt wach, etwa Heinrich Brennwalds zwischen 1508 und 1516 verfasste «Chronik von den Helvetiern», in welcher der klassische Satz über die Burgunderkriege steht: «Disem Karolo sind tri stet geferlich gesin, namlich Gransen am gůt, Murten am volk und Nanse am lib.»[70]

Chronik und Lied stilisieren und überhöhen in der Regel, die Eidgenossen führen Helden- und Verteidigungskriege, auch wenn da und dort Schweizer Aggressionsgeist durchklingt, wie im «Sundgauerlied», wo der Dichter auf die Heroisierung verzichtet. Hier werden Wildheit und Übermut des eidgenössischen Heerhaufens, der um 1468 den Hilfezug für Mülhausen unternimmt, festgehalten:

«Ein liedli wil ich heben an:
wilde mär han ich vernan,
und wil man's d'eidgnossen nit erlan,
so můßtend s'aber in d'wite kan;
da můßtend si stechen und schlan,
das man frilich kan wol verstan.
bumperlibum aberdran heiahan!
...
Do zugend wir über den Houwenstein ab,
meng breiter vierschrötiger Schwizerknab;
menger hat im seckel lützel hab,
het er vil, er käm sin wol ab!
trůg uf der achsel ein breiten stab,
damit ein jeder gůt werschaft hab,
bumperlibum aberdran heiahan!

...
Wir nit ung'fressen warend gsin,
vergangen was uns des hungers pin.
wir rů̊wtend derselben nacht neben dem Rin
morndes kamend wir gen Kolmar hin;
da liefend wir in die keller în
und wurdend mê wan halb voll win.
bumperlibum aberdran heiahan!»[71]

Dieses Lied zeigt jene Seite des Schweizerkriegers, die sich später ungehemmt in den Italienkriegen auslebt.

Aber Clément Jeannequin, der französische Komponist, schliesst seine «Bataille de Marignan» mit den Zeilen:

«... De campir tout est ferlore by gott/victoire au noble roi François».[72] Diese schweizerdeutschen Worte weisen den Weg, den Schweizer Selbstverständnis nun zu gehen hatte: «Bei Gott verloren» war fortan das Mitmachen als eigenständige Macht im europäischen Krieg. Das heroische Zeitalter ist mit den Niederlagen von Marignano, Bicocca und Pavia am Ende angelangt.

In Erinnerung bleiben neben den kollektiven Taten die Einzelgänger, die Kriegshelden.

Kennt die Überlieferung bei Morgarten noch keinen Anführer, geht 24 Jahre später der Vorkämpfer der Berner und Waldstätter bei Laupen, Rudolf von Erlach, in die Geschichte ein. Für die Schlacht von Sempach nennt die Tradition Peter von Gundoldingen, der an den erlittenen Wunden stirbt, und besonders Arnold von Winkelried:

«Des adels her was veste,
ir ordnung dick und breit,
verdroß die fromen geste;
ein Winkelried der seit:
‹he, wend irs gnießen lan
min arme kind und frouwen,
so wil ich ein frefel bstan!›

‹Trüwen, lieben eidgnossen,
min leben verlür ich mit:
si hand ir ordnung bschlossen,
wir mögends inn brechen nit;
he, ich wil ein inbruch han,
des wellind ir min geschlechte
in ewikeit genießen lan!›

Hiemit so tet er fassen
ein arm vol spießen bhend,

den sinen macht er ein gassen,
sin leben hat ein end.
he, er hat eins löuwen muot,
sin dapfer manlich sterben,
was den vier waldsteten guot.

Also begunde brechen
des adels ordnung bald
mit houwen und mit stechen;
got siner selen walt!
wo er das nit het getan,
müsst menger from eidgnosse
sin leben verloren han.»[73]

Winkelried wurde, wie Ueli Rotach, der am Stoss fiel, und dem Leventiner Francesco Martino Stanga, der bei Giornico den Tod fand, im 19. Jahrhundert die historische Existenz abgesprochen.[74]

Historisch verbürgt ist jedoch der Heldentod des Zuger Ammanns Peter Kolin bei Arbedo. Aus dem Burgunderkrieg kennen wir die ganze Führerschaft: Adrian von Bubenberg, Hans von Hallwyl, Hans Waldmann. Als letzter wahrer Held gilt Benedikt Fontana, der an der Calven umgekommen ist. Kardinal Schiner steht bereits im Zwielicht. Gegen diesen «blůt hund» mit dem «roten hůt» erging die grosse Klage Niklaus Manuels im «Seltsamen und wunderschönen Traum», jener grauenvollen Vision der Italienkriege.[75]

Neben den Helden fehlen auch die Heldinnen nicht[76]: Die Zürcher Frauen erschrecken und täuschen die österreichischen Krieger Albrechts 1292, die Appenzeller Frauen 1405 die Österreicher am Stoss, als sie gerüstet erschienen. Die Lugnezerinnen schlugen 1352 die Grafen von Werdenberg und Montfort in die Flucht, der Letzi-Durchlass des «Frauentors» (Porclas) zeugt bis heute davon. Im Schwabenkrieg hat nicht nur das «tapfere Thurgauer Mädchen» den Schwaben in Konstanz ihre eidgenössische Meinung gesagt, im unterengadinischen Tschlin jagte überdies Donna Lupa den Tirolern die nötige Furcht vor den anrückenden Bündnern und Eidgenossen ein. Schliesslich leerte Mère Royaume während der Savoyer Escalade ihren Kochtopf über die eindringenden Savoyer aus.

Viel später wurde von einem rationalistisch-historistischen Zeitalter fast alle diese schöne Frauenhilfe natürlich in das Reich der Sage verwiesen. Dennoch bekräftigen diese Zeugnisse, dass die Heldensage um die bedeutende Rolle der Frauen wusste.

Mit der Zeit kennt eigentlich jeder Kanton seine Heldenschlacht und seine Helden und Heldinnen. So lebt ihr Beitrag zum grossen eidgenössischen Geschehen im lokalen Gedächtnis weiter.[77]

1.3 Die Schweizer Bauern gegen den Adel: «Si giengen oder ritten/es war menger stolzer pur»[78]

Die zu einem Bund zusammengeschlossene Eidgenossenschaft war getragen von einer gemeinsamen ständischen Idee, einer Art von Bauernideologie. Vom dynastischen Ausland aus gesehen, galt der Schweizer schlechthin als «der Bauer».

Diesen «Bauern» im ideologischen Sinn verkörperte teils sowohl der Hirt der alpinen und voralpinen Regionen als auch der Ackerbauer des Mittellandes und schliesslich sogar der Bürger der Stadt, ob Haupt- oder Munizipalstadt. Der unterschwellige Gegensatz Bürger als Herr und Bauer als Untertan hat sich in den Territorien bei den «unseren» noch nicht richtig ausgebildet, der Bauer ist hier, wie gesagt, Angehöriger einer Stadtrepublik. Darin drückt sich ein kommunales, «demokratisches» Selbstverständnis aus.[79] Auch ein Widerstandsrecht, wie es sich geordnet an Landsgmeinden und in Räten ausdrücken kann oder ungebunden in Unruhen wie dem Saubannerzug und der Mazze im Wallis, dem «Fähnlilupf» in Graubünden.

Diese Sicht der Dinge ist bestimmt schon im 14. Jahrhundert angelegt, wird aber deutlicher fassbar im nachfolgenden mit der postum um 1500 erfolgten Drucklegung des Werks «De nobilitate et rusticitate» aus der Feder des Zürcher Chorherrn Felix Hemmerli (1388–1458). Die Schrift hat zu diesem Zeitpunkt noch nichts von ihrer im eidgenössischen Zwist des Alten Zürichkriegs beanspruchten Aktualität eingebüsst. Hemmerli vertritt die österreichische Partei in Zürich. Da geht es nicht nur um einen Konflikt mit den übrigen Eidgenossen, sondern um den Versuch, die Eidgenossenschaft an sich als auf falscher Ideologie beruhende Vereinigung zu diskriminieren.[80]

Wenn der Thurgauer Adlige Heinrich Wittenwiler im gleichen Zeitraum wie Hemmerli im «Ring» eine Bauernhochzeit als Satire auf den zerfallenden Ritterstand schildert, greift er auf das uralte, gesamteuropäische Motiv, «Wenn Adam grub und Eva spann, wer war da denn ein Edelmann», zurück.

«Sag mir eins, des ich dich frag!
War aus sein die fürsten gmacht?
Von wannen chümpt die herschaft?
Sein seu nicht als wol sam wir
Adams kinder? Daz sag mir!»
«Trauwen», sprach do Riffian,
«Es ist wol war, daz iederman
Chomen ist von Adams leib
Und von Evan, seinem weib!

Doch sein etleich sunderbar
So from gewesen (daz ist war),
Daz seu von dem volk derwelt
Sein ze herren und gezelt.
Etleich warent tugenthaft,
Etleich auch gar ungeschlacht.
Die tugend die prach alweg für,
...
Also sein wir nicht geleich:
Einr ist arm, der ander reich,
Einr ein gpaur, der ander edel.»[81]

Es geht um den «gemeinen Mann», und da steht die Eidgenossenschaft vollständig im Kontext des 15. Jahrhunderts.[82] «Und was kein held nie ein paur», stellt das gegen Ende des 15. Jahrhunderts in Strassburg gedruckte «Heldenbuch» fest.[83] Jedenfalls seit dem Sempacherkrieg war der Bauer schon längst «ein Held». Rückblickend bezeugt das Hans Birker in einem Lied auf die italienischen Feldzüge, wenn er einfach von den «schwyzer puren» spricht. Das jüngere Sempacherlied vermerkt, auch wieder rückblickend:

«Herzog Luipold von Österrich
was gar ein freidig man
keines gůten rats belůd er sich,
wolt mit den puren schlan.»[84]

Der Gegensatz wird sichtbar in einem Lied auf den Alten Zürichkrieg. Isenhofer von Waldshut fasst schon in der ersten Strophe zusammen: «dem adel alls ze leide hand puren zesamen geschworn.»[85]

Zur Zeit der Burgunderkriege heisst es: «Wer da wölte erfaren, ob d'Eidgenossen eins und lebendig wärint, der sölte inen nun einen puren auf einer kilchwihe ze tod schlahen, so wurd ers gewis innen.»[86]

Ein eidgenössisches Lied auf den Schwabenkrieg sagt:

«Küng, laß von dinem kriegen,
din anslag hand dir gefelt;
du wirst dich selbs betriegen,
die puren hand dir gestrelt»...[87]

Bauern haben sich erfrecht, die rechtsmässige Herrschaft zu übernehmen:

«Die puren tribend wunder
ir übermůt ist gross!
Schwyz und Glarus besunder,
nieman ist ir genoss.
Sie tragend iez die Krone
für ritter und für knecht.»[88]

Stier und Kuh Blüemle figurieren im ältern Sempacherlied. Seit dem Appenzellerkrieg häufen sich die Vergleiche, die Kuh wird wichtigster Schimpfname für diese «Bauern» des schweizerischen Hirtenlandes, die das in andern Gegenden den Frauen obliegende Geschäft der Viehhaltung betreiben. Seither spricht man vom «Kuhschweizer», den «Kümelcher(n)», dem «Kalb als Braut», der Eidgenossenschaft als «Kügstall» – von Mülhausen speziell als eidgenössischem Kuhstall –, den «Kuhschwänze(n)», den «Kuhghyer(n)» (Sodomiten). In Konstanz musste die Darstellung einer Kuh im Jüngsten Gericht am Dom auf eidgenössische Vorstellungen sogar durch einen Teufel ersetzt werden.[89]

Waren es nicht die Kuh oder das Kalb, hatte der Kropf, der so vielen alpinen Schweizern ein eigenartig erschreckendes Aussehen verlieh, herzuhalten.[90]

All diesem Reichtum an Schmähbildern vermochten die Schweizer nur mit dem Begriff «Sauschwab» zu begegnen, wobei «Sau» nicht einmal als animalisches Gegenbeispiel für die Kuh stand, sondern simple und unoriginelle verbale Verstärkung bedeutete.[91] In der Regel zogen es die Schweizer vor, auf Injurien mit zornentbranntem Dreinschlagen zu reagieren. Sie selber bauten den Begriff «Bauer» erst spät in ihr eigenes Selbstverständnis ein, es war zuerst das Ausland, das auch die Städte, die Bürger, in dieses üble bäurische Wesen einbezog. Eine besonders günstige Gelegenheit bot der Alte Zürichkrieg: eine Stadt war aus dem System ausgeschert, während Luzern, Bern und andere darin verblieben:

> «Es sigen stet oder puren
> klein ist der unterscheid...
> sie wären selb gern herren.»[92]

Der Schwabenkrieg nimmt das Thema, diesmal auf die bündnerische Stadt Chur bezogen, wieder auf:

> «Es lit obenn an dem Rin ein stat, die heißet Chur
> darinn lůtet auch ein schwizer ků;
> wiltu das nit weren
> die schwizer puren werden sich meren.»[93]

Seit der Schlacht von Dornach aber singen die Schweizer:

> «Si giengen oder ritten
> es war menger stolzer pur.»[94]

Und bei der Frage der Bestattung der Feinde scheint das harte Wort «Die Edeln müssen bey den Bauern bleiben» formuliert worden zu sein.[95]

Die Eidgenossen waren und blieben aber von ihrer Herkunft her «von stetten» und/oder «lendern», jedoch in der durch das Stanser Verkommnis gefestigten Solidarität.

«Schweizer werden»[96] wurde zur Losung für deutsche Bauern und sogar für Städte. Von solchen, die sich aus der Adelsherrschaft befreien wollen, heisst es, sie seien «treulos» in «der böswicht Schweizer orden» getreten.[97]

> «der mainaiden puren fint man gnůg
> sie verlassend wib und Kind, roß, ků
> Und tůnd zu Schwizern loufen
> daß si mit ir verretri
> tetend ir herren verkoufen.»[98]

Aus Thomas Platters Lebensbeschreibung wissen wir um die Sympathie der Bauern für die Schweizer, dem Scholaren gab man gern sein Almosen:

> «drum das ich klein was und ein Schwitzer; dan man hatt die Schwitzer vast lieb, drumb man dan ein groß mittliden hat mit den Schwitzeren, das sy eben zů der zyt in der grossen Meilander schlacht übell gelitten hatten, das der gmein man sagt: ‹Jetz hand die Schwitzer ir best pater noster verloren› (dan vorhin meint man, sy werin schier unüberwintlich).»

Und im fernen Sachsen erlebt er die grosse bäuerliche Bewunderung für die Schweizer:

> «Underwägen, nit wyt von Träsen [Dresden], hatt sich zůtragen, das ich in eim dorff gieng heischen, kam für eins puren huß; fraget mich der pur, wannen ich were. Do er gehört, ich weri ein Schwitzer, sprach er, öb ich nit mer gsellen hette; sagt ich: ‹Mine gsellen warten minen vor dem dorff.› Sagt er: ‹Heiß sy kummen›, rust uns ein gůt mall [Mahl] zů, darzů bier zů trinken gnůg. Als wier gůtter dingen waren und der pur mit uns, do lag sin můtter im bett in der stuben. Zů deren sprach der sun: ‹Můtter, ich han offt von dier gehört, du weltest gären vor dim todt ein Schwitzer sächen; do sichst ettlich, dan dier zlieb han ich sy geladen.› Do richtet sich die můtter uff, danket dem sun von wägen der gesten, sprächend: ‹Ich han so vill gůtz von den Schwitzeren herren [hören] sagen das ich io gären han begärt, ein zů sächen. Mich dunkt, ich well jetz dester lieber sterben; drumb sind frölich›, und ließ sich wieder nider. Wier danktendt dem puren, zugen damit darvon.»[99]

1.4 Die Schweizer und das Reich, die Schwaben und die Landskrechte

1.4.1 Altes und neues Reichsbewusstsein: «Sie fieren on all schwere/im Schild das römisch rich»[100]

Das Sanctum Imperium Romanum, das «Helig römisch Rych», war im politischen Bewusstsein der Schweizer fest verankert.[101] Zur Stauferzeit stand das Herzogtum Schwaben gar in dessen Zentrum. Der Gotthardpass wurde damals erschlossen, und die Stauferkaiser begünstigten den Kult Karls des Grossen als heiligem Kaiser, ein Kult, der an verschiedenen Orten der Schweiz feststellbar ist,[102] besonders gut entwickelt in Zürich, im bündnerischen Münstertal und im Wallis. Noch gehörten die Lombardei, Savoyen, die Freigrafschaft Burgund, Lothringen und Böhmen zum Reich. Die Westgrenze, die Rhone-Saône-Linie, die «Emperi» und «Royaume» schied, lag weit ab.

Am Beginn der Unabhängigkeitsbestrebungen der Städte und Länder steht die Reichsstandschaft, die Bern, Zürich, Solothurn nach dem Aussterben der Zähringerherzöge 1218 zufiel. Uri erwarb sie im Brief von Hagenau 1231, Schwyz im – zwar von Habsburg angefochtenen – Brief von Faenza 1240. Im grossen Jahr 1415 verlieh Kaiser Sigmund von Luxemburg den schon längst unabhängigen Luzern, Zug und Glarus die juristische Reichsunmittelbarkeit. Der Bund der Eidgenossen stellte so primär einen Bund von Reichsstädten wie andere Städtebünde dar.

Reichsstandschaft[103]

Zürich 1218
Bern 1218
Solothurn 1218
Uri 1231
Schwyz 1240/1415
Unterwalden 1309/1415
Mülhausen 1308
Rottweil 1359/1383
Basel um 1390
Luzern 1415
Zug 1415
Glarus 1415
Schaffhausen 1415
St. Gallen 1415
* Bremgarten 1415
* Rapperswil 1415
* Lausanne 1434
* Stein am Rhein 1457
Appenzell 1466
Chur 1464/1489
Freiburg 1478
Genf 1530

(* von vorübergehender Bedeutung)

Das Verhältnis zum Reich gestaltete sich normal, solange die Luxemburger vom fernen Prag aus die Dinge im Reich so gut wie eben möglich regelten. Aber 1438, zu Beginn der Krise des Alten Zürichkrieges, fiel die Kaiserkrone definitiv an die Habsburger, die ja in einer sehr belasteten Beziehung zu den Schweizern standen. Zwar näherte man sich in der «Ewigen Richtung» von 1474 unter neuburgundischem Druck einander an. Dann aber erliess Kaiser Maximilian seine Reichsreform, ein Versuch, die Reichsverwaltung zu straffen.[104] Alles, was da jedoch postuliert wurde, hatten die Eidgenossen in ihrem Gebiet bereits selbst erreicht: Landfriedensordnung, Wehrordnung, einheitliche Rechtspraxis. Die Reichsreform erschien überflüssig, ja lästig – besonders Reichssteuer und Unterstellung unter das Reichskammergericht –, da das Reich in der letzten Zeit nichts mehr für die Eidgenossenschaft geleistet hatte. Städte, im Reich untervertreten, rangierten in schlechter Position als letzte Bank im Reichstag. Was hatten da Stadtrepubliken mit Territorien von fürstlichem Umfang wie Bern, Zürich oder Luzern oder sogar Schaffhausen und St. Gallen neben all den Buchau am Federsee, Pfullendorf, Kaysersberg, Ober-Ehnheim und dergleichen eigentlich zu suchen? Überdies zielte die an sich notwendige, von der humanistischen Elite getragene Reichsreform an den effektiven Machtverhältnissen vorbei, die grossen Fürsten distanzierten sich auch sogleich von ihr.

Das Widerstreben der Eidgenossen war für den süddeutschen und den tirolischen Adel die willkommene Gelegenheit, endlich mit österreichischer Hilfe alte Rechnungen mit der Schweiz zu begleichen. Diese Situation führte zum «Schwaben- oder Schweizerkrieg», den Kaiser Maximilian, Schwiegersohn Karls des Kühnen und «letzter Ritter», zum Reichsexekutionskrieg erklärte. Man will «schlechthin die Schwizer dem rich untertenig [machen] und um iren hochmůt strafen.»[105]

Die Schweizer aber berufen sich in ihrem Kampf ohne Bedenken auf den Reichsgedanken in römisch-religiöser Fassung:

«O got stand uf ir siten
Maria du reine meit
hilf den edlen eidgenossen striten
mit aller gerechtikeit
Got der ist ir herre
Maria des gelich
sie fieren on alle schwere
im schild das römisch rich.»[106]

Reichsadler kämpft gegen Reichsadler. Schwäbischerseits hingegen wollte niemand eine solche Berufung anerkennen:

«Die schwizer puren tunkent sich also groß,
Sie vermeinent, si sigen beider schwertern genoss...
O Maximiliane, des römischen richs ein küng,
Vernim dise ding und tue darzue!»[107]

Nachdem alle Angriffe auf schweizerisches Territorium abgeprallt waren und statt dessen schweizerische Raubzüge die Grenzgebiete unsicher machten, anerkannte das Reich im Frieden von Basel den status quo ante. Kurz danach stellt ein Liedtext resigniert fest:

«Hoffart der falschen Schweizer
Hat manich jar gewert
geschwechet das heilige reich
Darzů den adler gůt...»[108]

Auf dem Hintergrund des beiderseitigen Engagements in der Heiligen Liga kamen die Eidgenossenschaft und Österreich schon 1511 zu einer gutnachbarlichen Regelung. Zum Reich setzten sich die alten losen Beziehungen weiter fort. Eine schweizerische Delegation begab sich jeweils zum neuernannten Kaiser – zuletzt zu Maximilian II. (1564–1576) –, um die formale Privilegienbestätigung einzuholen.[109] Das alte Reichsbewusstsein lebte noch einige Zeit weiter. Das Reich selbst aber hatte sich verändert. Trotz allem führten die Orte den Reichsadler, den «Zug-Rych», «Bern-Rych», «Basel-Rych» etc. weiterhin in ihren Wappenpyramiden, denn sie standen in der *alten* Reichstradition.

1.4.2 Die Aufspaltung des alemannisch-schwäbischen Stammes: «Lieber Eidtgenossen todt, denn lebendig Schwaben»[110]

Der Schwabenkrieg brachte die endgültige Trennung des ursprünglich mehr oder weniger einheitlichen germanischen Volkes, das sich bis in die Alpen vorgewagt hatte. Die Schweiz des 15. Jahrhunderts umfasste Alemannen im alten Sprach- und Stammesbereich zwischen Gotthard–Bodensee und der Reusslinie, Burgunder im alten Transjoranien, die jenseits des Bielersees, der Saane und des Pfynwaldes frankoprovenzalisch sprachen. Die Juragrenze war nun festgelegt, das alte Burgund endgültig gespalten. Des weitern befanden sich ennetbirgische Gebiete lombardischer Zunge, sowie das – abgesehen von den deutschsprachigen Walsern – mehrheitlich rätoromanische Graubünden diesseits der Alpen im Bereich der Eidgenossenschaft.[111]

Die Alemannen differenzierten sich allmählich sprachlich von den Schwaben. Die Sprachgrenze verlief durch den Schwarzwald und nördlich des Bodensees. Das Hochalemannische entwickelte sich zum Schweizerdeutschen.[112]

Als eigentliches Alemannenbistum reichte Konstanz vom Gotthard bis zum Hohen Asperg – im Norden sich noch ins Schwäbische ausdehnend –, stiess mit der Aaregrenze ins Burgundische vor und umfasste an der Rheingrenze noch Kleinbasel. Aber es war ein zu grosses, letztlich schwaches Bistum von politisch geringer Bedeutung. Es besass auch im schweizerischen Bereich, im Thurgau, im Klettgau und um Zurzach herum, etwas Streubesitz. Die Republiken begannen im 15. Jahrhundert sich selbständig in geistliche Belange einzumischen. In der kritischen Zeit hielt die Reichsstadt Konstanz zu den Schwaben und bildete Ausgangspunkt der maximilianischen Kriegsführung.

Zur Stauferzeit hatte das Herzogtum Schwaben noch die alemannischen, später schweizerischen Bereiche umfasst. Es reduzierte sich in der Folge auf das Herzogtum Württemberg. Habsburg bzw. Vorderösterreich erstreckte sich – im sonst zersplitterten Gebiet der klosterreichen Bodensee-Donau-Schwarzwaldregion – vom Vorarlberg bis ins Elsass, die Eidgenossenschaft griff mit Schaffhausen (1454), Stein am Rhein (1459) und Rottweil (1463) über den Rhein.

Primär kommunales oder städtisches Regiment auf der einen Seite steht adligem und fürstlichem auf der andern gegenüber. Zwei unterschiedliche Dialekte markieren die Distanz – Schweiz/Schwiz, die Diphthongierung «Schweizer» ist nur das augenfälligste Beispiel davon. Ja – im 16. Jahrhundert war es so weit, dass man von einer «lingua Germanica communis vel Helvetica», bzw. von einer «tütschen und eydtgnossischen, helvetischen Landsprach», also von einer Art schweizerischer Nationalsprache reden konnte, die auch mehr oder weniger einheitlich geschrieben und gedruckt worden ist.[113] Es prallten zwei Mentalitäten aufeinander, die sich im grossen Schimpfwortkatalog zu entladen pflegten. Diese Bannlinie, dieses Grenzbewusstsein etwa gipfelte im Schreiben der schaffhausischen Gemeinde Thayngen an die Tagsatzung, die in Erinnerung an die verzweifelte Verteidigung ihres Kirchhofs während des Schwabenkriegs die nationale Parole formulierte: «... dann sy lieber Eidtgenossen todt, denn lebendig Schwaben oder Landsknechten syn wellen».[114]

Die politische Orientierung in der Schweiz richtet sich nun eindeutig über die Alpen und in den Westjura aus.

1.4.3 «Schweizer» und «Landsknechte», zwei konkurrierende Soldunternehmen: «Hie Lanz! Hie Schwytz!»[115]

Der Schwabenkrieg sollte der letzte eigentlich nationale Krieg bleiben. Für die Eidgenossen weitaus wichtiger war das Soldengagement in Oberitalien, wo sich Frankreich und Habsburg mit ihren imperialistischen Absichten ineinander verbissen hatten. Das eidgenössische Selbstverständnis betrachtete diese Auseinandersetzungen weiterhin als nationale Kriege. Immer deutlicher zeichnete es sich ab, dieser Waffengang liess sich nicht ohne die zwei wichtigsten Soldunternehmen entscheiden, einerseits der Schweizer, andrerseits der Landsknechte, letztere Süddeutsche, Schwaben und Bayern in kaiserlichem Sold.[116]

So setzte sich der Schwabenkrieg auf den oberitalienischen Schlachtfeldern von Novara, Marignano, Bicocca, Pavia, Ceresole zwischen 1513 und 1544 fort und zog sich bis in die Hugenottenkriege hinein.

Simler hat in seiner «Respublica Helvetiorum» den Gegensatz beider Unternehmen in humanistischer Manier sehr deutlich und sehr einseitig herausgehoben:

«Es ist wol bei den Landtsknechten im brauch/dass sy einanderen Brůder nennen/vñ vermeinē etliche die Teütschen seyen von den Römern Germani/das da ein brůder heisst genēt worde. Aber diss sind rowe brüder die stets mit einanderen schlagen und hauwen/vn[d] da sy mit zerschnittnem angesicht/rowsehen/haben sy mehr sölliche wunden vonn ihren Brüdern/dann von ihren feynden empfangen/dass sy billich nach de Griechischen Sprüchwort Cadmeische Brüder möchten genennt werden/Die selbst einanderen zů todt schlůgen. Dargegen so ist Bey den Eydgnossen vñ in jren legern mehrteils gůter frid vñ rů/vñ da gleych einer dem anderen nit bekannt/allein weisst dass er ein Eydgnoss ist/erzeigt er sich freündlich gegen jm/als weiss er sein bekannter brůder were.»[117]

Auch für die Kriegsmusik hebt Simler den Unterschied hervor: «Sy brauchen trumeten/trummen und Pfyffen/doch ist ein grosser unterscheid zwüschen dem Landsknechtischen und Eydgenösischen schlag/dann der unser etwa gemecher ist.»[118]

Der Unterschied stach sofort ins Auge: Schweizerkreuze auf den geschlitzten Kleidern, Schweizerdolch, langes Schwert, wie sie vor allem die Darstellungen von Niklaus Manuel und Urs Graf überliefern, für den Zeitgenossen ist der langsame Marschrhythmus zusätzliches Erkennungszeichen.

Dieses Bild wird den Schweizer für Jahrhunderte prägen, dies blieb der «alte Schweizer» der heroischen Zeit.

Die Landsknechte mit ihrem Andreaskreuz, dem kurzen Schwert, den kniefreien Hosen und ihrem raschen Marschrhythmus antworten z.B. im nordbayerischen Landsknechtslied des Jörg Graff mit der scharfen Bemerkung, die den Schweizer als wenig grosszügig abstempelt: «Das gelt wöl wir vertemmen/das der Schweizer umb hendschůch geit.» Die Landsknechte sind militärischer, sie repräsentieren den Soldatenstand:

«Ei, werd ich dann erschossen
erschossen auf preiter heid,
so tregt man mich auf langen spiessen,
ein grab ist mir bereit;
so schlecht man mir den pumerlein pum;
der ist mir neun mal lieber
denn aller pfaffen geprum.»[119]

Nach gewonnener oder verlorener Schlacht beschimpft man sich verbal in Liedern. Aus dem «Bicoccalied» Niklaus Manuels 1522 klingt der ohnmächtige Zorn des Schweizers über die Niederlage der Eidgenossen in französischem Dienst an. Im blinden Übermut stürmten sie in die feindliche Artillerie hinein, während die Landsknechte sicher verschanzt waren. Das Lied beginnt mit der wütenden Anrufung von Gottes Marter und der Seuchenheiligen Quirin und Valentin:

> «Botz marter Küri Velti!
> du hast vil lieder gmacht,
> rüempst dich in aller welte,
> du habest gewunnen ein schlacht.
> Du lügst, als wit dir's mul ist
> und rüempst dich din'r eignen schand:
> der graben het dir's leben gfrist,
> keins landsknechts gwer noch hand.»[120]

Die Landsknechte sind Episode geblieben, ihr Unternehmen findet in den Hugenottenkriegen ein Ende, es wird von den Fürsten übernommen. Die Schweizer etablieren sich nun für weitere zweieinhalb Jahrhunderte fest in französischen und anderen fremden Diensten.

Dieses Zwischenspiel kriegerischer Ereignisse auf den ausländischen Schlachtplätzen hat die Entfremdung zwischen Schweizern und Schwaben, bzw. Deutschen vertieft, das Feindbild verdeutlicht.

1.5 Die schweizerische Gründungssage: «Und swüren einandern trüw und wahrheit»[121]

Das Zeitalter denkt mythologisch. Im Herbst des Mittelalters wuchern die Heiligenlegenden. Könige datieren zurück auf römisch-griechische Mythologie und lassen entsprechende, immer ruhmvollere Stammbäume konstruieren. Wo haben da Republiken oder Kommunen ihren Platz? Doch auch ihre Herkunft liegt nicht im ungewissen. Die Urner sind Nachkommen der Goten, Schwyzer und Haslitaler Nachfahren der Schweden, die Unterwaldner Erben der Römer, die Bündner stammen aus Tuscien.[122] Hinter all diesen gelehrten Kompositionen mag vielleicht ein wenig Realität aus der Völkerwanderungszeit stehen. Auch die Städte entwerfen sich phantastische Gründungssagen.[123]

Woher kommen aber die Eidgenossen? Der Bundesbrief von 1315, gültiges Bundesrecht, beweist den nationalen Zusammenschluss der Drei Waldstätte. Zur Zeit der Verdichtung des Bundesgeflechts, der Nationwerdung, also im beginnenden 15. Jahrhundert entsteht der gesamteidgenössische Mythos, die Befreiungssage.[124]

Die Landvögte, der Rütlischwur und der Burgenbruch finden sich als ganze Entwicklung folgerichtig dargestellt im «Weissen Buch von Sarnen», der Obwaldner Chronik zur Burgunderkriegszeit:

> «Dü nü der selb küng Rüdolf abgieng, dü würden die vögt, die er den Lendern geben hat, höchmütig und streng und täten den Lendern ungütlich, ...
> Und kamen also jr drÿ zesemmen: der Stöupacher von Switz und einer der Fürsten von Ure und der usser Melche vön Underwalden, und klagt jeklicher dem andern sin nöt und sin kümber, und wurden ze rat und swüren ze semmen.
> Und als die drÿ ein andern geswörn hatten, dü süchten sÿ und fünden ein nid dem [Wald], der swur öuch zü jnnen, und fünden nü und aber lüt heimlich, die zügen sÿ an sich, und swüren einandern trüw und warheit und ir lib und güt ze wagen und sich der herren ze werren.
> ... und tagten der zÿt niena anders denn im Rüdli.»[125]

Das Eingreifen Tells – im Lied vom «ersten Eydgnossen» – zur gleichen Zeit festgehalten – zeigt die Härte der übermütigen habsburgischen Vögte in aller Deutlichkeit:

> «Do mitt macht sich ein grosser stoß,
> dauon entsprang der erst Aidgenos,
> si wolten die landtvogten straffen»[126]

Gessler wird als Tyrann erschossen, die Burgen der Landvögte werden gebrochen, das Land ist frei.

Die Sage findet sich fortan – durch Einzelzüge angereichert – in Lied, Chronik, Spiel und Bild und erscheint 1507 erstmals gedruckt in der «Kronika von der loblichen Eydtgnoschaft» des Luzerner Stadtschreibers Petermann Etterlin.

Der historisch nachweisbare Kern der Ursprungssage liegt einmal in der richtigen Beurteilung der politischen Lage. Die Länder befinden sich im Bereich der habsburgischen Einkreisungspolitik. Die Bundesbriefe von 1291 und 1315 belegen den engeren Zusammenschluss. Die Schlacht von Morgarten als Abwehrkampf schliesst diese erste Entwicklung ab. Der Schwur auf dem Rütli konzentriert die späteren regelmässigen Bundesbeschwörungen auf einen einzigen, ersten Akt. Die Personalisierung der Führer von Uri, Schwyz und Unterwalden betont die Notwendigkeit des Zusammenschlusses und den föderalistischen Charakter. Es lassen sich gleich drei «Stauffacher» aus dieser Zeit urkundlich nachweisen.

Die Erzählung hält die bedeutsame Rolle der Frau am Beispiel der Gattin Stauffachers fest, denn ohne den Rat dieser «wise[n] fröuwen» wäre das ganze Unternehmen gar nicht begonnen worden.[127]

Die Herrschaftsansprüche der Habsburger an Schwyz und noch ausgeprägter an Unterwalden bestanden weiterhin, denn nur Uri besass eine einwandfreie

Absicherung seiner Reichsfreiheit. Widerstand, wie ihn dann die Eidgenossen in der Abwehrschlacht von Morgarten leisteten, erscheint da fast als Selbstverständlichkeit. Im «Weissen Buch» ist der vom Vogt misshandelte Vater von dem aus «Melche vön Unterwalden», dem dritten Mitverschworenen, ein Bauer, dem der Vogt die Ochsen ausspannen will mit dem Vermerk, die «puren solten den pflüg zien».[128] Da liegt der Kern der schweizerischen Bauernideologie. Es waren ja hauptsächlich Bauern oder Hirten, geführt durch die Oberschicht, welche die Sache an die Hand nahmen.

Rütli und Tell entwickelten sich im 15./16. Jahrhundert zum eidgenössischen Gemeingut. Darstellungen der Drei Eidgenossen und des Tell finden sich überall an und in Rathäusern und weiteren Gebäuden, als Fresko oder Statue, von Mülhausen bis ins Oberwallis,[129] besonders wenn der Eintritt in den eidgenössischen Bund erst spät im 15. oder gar 16. Jahrhundert erfolgt ist.

Schliesslich steht der Burgenbruch als erste Tat gegen Zwing-Uri[130] und Landenberg für alle andern Schleifungen im ganzen Schweizerland.

Die Sage enthält damit die wichtigsten Elemente eidgenössischen Bewusstseins, den Zusammenschluss der III Länder und den in der Bauern- und Bürgerideologie als altrepublikanische Vorstellung stets vorhandenen Widerstand gegen die tyrannische Herrschaft. Dieser kann sich sowohl gegen den äussern Feind und Unterdrücker als auch den Tyrannen im Land («die grossen Hansen») wenden. Da bot sich die Berufung auf Tell geradezu an, und es erübrigte sich, mit den Gelehrten auf Brutus zurückzugreifen.

Die eidgenössische Mythologie ist ausgesprochen kommunal, republikanisch und darum von anderem Charakter als die Mythologie der Monarchien.

1.6 Das Nationalbewusstsein des schweizerischen Humanismus: «Helvetii» und «Helvetia»

Der «Landmann», der «Burger» oder der «Angehörige» fand seine Identität als Schweizer «Krieger» oder als Schweizer «Bauer», sein Signet war das Schweizerkreuz, Tell und Rütli hielt er heilig, er nahm an nationalen Festen, an der Bundesbeschwörung teil, beobachtete den Auftritt eidgenössischer Gesandtschaften zur Tagsatzung oder zur Handhabung eidgenössischen Rechts als Zuschauer. Sein Feindbild war der Adel, der Schwabe, der Österreicher, der Savoyer, der Mailänder. Der Eidgenosse identifizierte sich mit seiner Nation, auch wenn ihn dann und wann ein einheimischer Machthaber ärgern mochte.[131] Galt das auch für die Intellektuellen, die Geistlichen der Stadt- und Landkirchen, der Klöster oder die Schulmeister an den in allen Hauptstädten und in vielen Munizipien aufgebauten Lateinschulen, d.h. für diejenigen, die nicht nur lesen konnten, sondern auch das Lateinische beherrschten? Vermochten sie sich, obwohl gewiss in ihren Städten und Ländern gänzlich integriert, im wilden Wesen des «Bumperlibum aberdran haiahan» wiederzuerkennen?

Gegen 1500 regte sich ein nationalbewusster Humanismus. Die Schweizer Humanisten befanden sich international in einer Defensivposition. Die deutschen Humanisten hatten die Reichsreform, der die Eidgenossen widerstrebten, begrüsst, ein Wimpheling griff 1505 im «Soliloquium pro Pace Christianorum et pro Helvetiis ut resipiscant» die Eidgenossen in globo an.[132] Morus bezichtigte in seiner «Utopia» (1516) die Schweizer als sonderbares, sich verkaufendes Barbarenvolk, die «Zapoleten».[133] Machiavelli allerdings verstand sie besser und stellte sie als Modell für ein freies Italien dar.[134]

Vadian, Joachim von Watt, als Schweizer während des Schwabenkriegs von der Universität Wien gewiesen, dann aber 1516/17 als deren Rektor eingesetzt, wusste um die Aufgabe eines Schweizer Humanisten. 1517 macht er in einem Brief die Anregung, aus dieser Kriegsnation auch eine Kulturnation zu machen, dem streitbaren Mars die kunstverständige Minerva zur Seite zu stellen.[135] Schon vier Jahre vorher hatte er Zwingli die erfreuliche Mitteilung gemacht, in unsern Bergen zeigten sich die Musen, die Zahl der Gebildeten nähme sichtlich zu.[136] 1514 gab Heinrich Loriti, Henricus Glareanus Helvetius, seine «Helvetiae descriptio et in laudatissimum Helvetiorium foedus panegyricum» heraus, eine Beschreibung der Eidgenossenschaft und ein Lobgedicht auf die Schweiz und die Schweizer. In der Dedikation fordert er, anschliessend an die Frage der Erziehung der helvetischen Jugend, dass sich das Land nun Rechenschaft über die eigene Vergangenheit zu geben hat:

> «Ich begann nun selbst zur guten Stunde mir Rechenschaft zu geben und zusammenzutragen, was ich bei den besten Schriftstellern gefunden oder entdeckt hatte, um es den Nachfahren zu übermitteln und zu weiteren Forschungen die Handhaben zu bieten. Von diesem Entschluss schreckte mich die Gewissheit nicht ab, dass auch Gegner und übelwollende Tadler meiner Gedichte auftreten würden. Denn wer weiss nicht, wie lange Helvetien, stark und geduldig, das Geblök der Menschen dieser Art ertragen und bisweilen ihr belferndes Mundwerk abgestellt hat?»

In nationalem Zorn wendet er sich gegen die Diffamation der Schweiz, jene, die

> «gegen uns ein Geschrei ... erheben, dass wir angeblich keine Christen seien, dass wir weder Vernunft hätten, noch sie zu brauchen wüssten, weil wir unsere Freiheit mit Rechtsgründen und Waffen verteidigen, weil wir uns nicht wie Sklaven den Tyrannen fügen, weil wir unsern Staat rechtmässig vergrössern.»[137]

Damit beruft er sich auf Freiheit und Widerstandsrecht.

Das Geschichtsbild des Glarean vertritt die humanistische These, dass die Eidgenossenschaft letztlich auf dem römischen Helvetien beruht. Bereits Aeneas Sylvius verwendet die in der Antike nicht bezeugte Bezeichnung Helvetia für die Eidgenossenschaft. In lateinischen Texten werden Helvetii und Helvetia gängige Bezeichnungen für die Schweizer und die Schweiz. Glarean hegt die Vorstellung, dass eine Kontinuität zwischen dem römischen Helvetien und den Eidgenossen besteht, Brennwald hat in seiner zwischen 1508 und 1516 verfassten Chronik von den Helvetiern den Zusammenhang ausdrücklich hergestellt, denn er beginnt die Schweizergeschichte mit dem Bericht Caesars. Damit betont er die Eigenständigkeit der Eidgenossenschaft im Gegensatz zu den «Tütschen» einerseits und den «Walchen oder Franzosen» andrerseits.[138] Auch Johannes Stumpf übernimmt dieses Geschichtsbild. Aegidius Tschudi räumt mit den Ursprungssagen auf. Den von ihm auf das Jahr 1307 datierten Bundesbrief der Waldstätte analysiert er folgendermassen: «Also war dise obgemelte püntnus von den genanten drijen tapfern personen in dem land Uri von erst gemacht und gesworn, davon die Eidtgnoschafft entsprungen und das land Helvetica (jetz Switzerland genant) wider in sin uralten stand und frijheit gebracht worden.»[139]

Jetzt hatte die politische Realität ihre historiographische Ergänzung und Vertiefung gefunden. Tschudi drückte damit die allgemeine wissenschaftliche, humanistische Meinung aus und definierte das für die nationale Identität so wichtige Selbstverständnis. Nach Tschudi hatten die Schweizer u.a. mit der Eroberung der Waadt einfach das alte Helvetien wieder hergestellt.[140] Auch Graubündens Ursprünge und Vergangenheit erhellt Tschudi in seinem 1538 und 1560 gedruckten Werk «Uralt warhafftig Alpisch Retia – de prisca et vera alpina Rhaetia» auf gleiche Weise.[141]

Simler nimmt den kulturellen Appell Vadians wieder auf und weist in seiner «Respublica» (1576) ebenso nachdrücklich auf das kulturelle Niveau der Schweiz hin[142]: «... von Gottes Gnaden hat die Eydtgnoschaft auff den heutigen tag allen Orten erfarne leut geistlichs und weltlichs stands, die der freyen künsten wol bericht sind.» Er erwähnt die verbreiteten Deutsch- und Französischkenntnisse, lobt die alten, vergangenen Schulen des Klosters St. Gallen und des alten Hofs zu Chur, die jetzige Basler Universität, die «gůten und verümpten Schůlen» von Zürich, Bern und Lausanne sowie die «berümpten und herrlichen» Druckereien der drei Städte Basel, Zürich und Genf. Die Akademie in Genf erwähnt er nicht, sie war immerhin schon 17 Jahre alt. Die Jesuitenkollegien werden erst kurz danach gegründet.

Selbstverständlich setzt Simler als Humanist die Schweizer stets mit der Antike gleich: Volsci, Thebani...[143]

Wie Glarean schrieb Simler lateinisch. Damit konnte sich die gelehrte Welt über die Schweiz historisch und politisch orientieren. Es erschien aber sofort eine deutsche, dann eine französische, später, 1613, noch eine holländische Übersetzung. Das gescheit und umsichtig geschriebene Werk blieb das beliebte Handbuch bis ins 18. Jahrhundert hinein.

Natürlich konnte man sich auch in ausländischen Werken über die Schweiz orientieren, besonders in italienischen. Es waren ja vor allem die Italiener, die mit den Schweizern zu tun hatten, aber auch viele französische Schriften setzen sich mit der Schweiz auseinander, da Frankreich an den Soldunternehmungen höchlichst interessiert war.[144]

Mit dem Humanismus hatte diese neue Nation ihren Platz im schreibenden Europa eingenommen. Das politisch-kriegerische Selbstverständnis war um das intellektuelle ergänzt worden.

1.7 Das eidgenössische Recht und Rechtsbewusstsein: «Wir haben sonderbare Landgebräuche und Rechte»[145]

Ausserdem bildete sich allmählich ein eigenes Rechtsbewusstsein aus. Das lokale Länder- oder Stadtrecht war in Satzungen, Briefen niedergelegt und ist vom 16. Jahrhundert an teilweise kodifiziert worden. Dazu trat die mündliche Rechtstradition, überliefert von Richter zu Richter, von Ratsherr zu Ratsherr, von Generation zu Generation.

Für die das Bundeswesen, die Konföderation betreffenden Fälle entwickelte sich eine Art Bundesrecht, das sich aus Tagsatzungsentscheiden, den Abschieden und den Urteilen der eidgenössischen Schiedsgerichte konstituierte.[146]

Dieses Schiedsgerichtsverfahren, das den Namen «Eidgenössisches Recht» erhielt, sah jeder Bundesbrief vor. Das gängigste der verschiedenen Modelle, im Zürcher Brief, schrieb vor, dass je zwei Richter aus den zwei Parteien der betreffenden Kantone bei Unstimmigkeit einen Obmann zu bestimmen hatten. Der Entscheid des Schiedsgerichts war unbedingt. Gerade weil er unbedingt war, traten diese institutionalisierten Schiedsgerichte relativ selten, dann aber um so spektakulärer, in Erscheinung. Man zog die «gütliche» Übereinkunft vor. Die Tagsatzung ist unter anderm aus dieser Vermittlungsaufgabe entstanden, und sie wurde zu einer von ihren bedeutendsten Aufgaben. Unbeteiligte Orte waren implizite zu einer Vermittlungsrolle verpflichtet. Diese ist für die fünf «Neuen

Orte» Freiburg, Solothurn, Basel, Schaffhausen und Appenzell in den Bundesbriefen ausdrücklich festgelegt. Im Appenzeller Brief heisst es:

> «Wa es ŏch durch eynich unfaͤl darzuͤ kême, das under und zwuͥschen uͥns der Eydtgnoschafft, es were eins oder mer orten, gegen und wider einandern kriegklich uffruͤr wurden erwachsen, das gott ewigklich woͤll verhuͤten, so muͤgen unser lieben eydtgnossen von Appenzêll durch ir bottschafft sich darinn arbeitten, soͤlich uffruͤr, zweyung und spênn hinzůlegen. Und ob aber das je nit sin moͤcht, so soͤllen sy doch sunst dheynem teil hilfflich wider den andern teil anhangen, sonder still sitzen, doch ir fruͥntlichen mittlung, wie obstăt, ob die erschiessen moͤcht, unverzigen.»[147]

Damit entwickelte sich eine ethisch-juristische Haltung bestimmter Art. Bei Konflikten sollte nicht der Stärkere entscheiden, jeder Druck war zu vermeiden. Nicht Gewalt, sondern Recht sollte entscheiden. Niklaus von Flüe ging 1482 in einem Konflikt der Stadt Konstanz mit den Eidgenossen in seinem Schiedsvorschlag noch weiter: «... min raut [Rat] ist och, das ir guͤtlich sigend in dissen sachen, wen eins gutz bringt das ander; ob es aber nit in der frontschaft moͤcht gericht werden, so lausent das recht das böst sin.»[148] Für ihn ist das eidgenössische Rechtsverfahren das «schlechteste» Mittel, um Konflikte zu lösen, da es sich um das starre Recht des endgültigen Schiedsspruchs handelt. «Gütliches» Einvernehmen auf «Freundschaft» wäre das beste Vorgehen.

In diesem Geiste hatte er ein Jahr vorher in den Rechtsstreit zwischen Stadt und Land eingegriffen und mit Hilfe vernünftiger Staatsmänner die «gütliche» Lösung des «Stanser Verkommnisses» zustande gebracht.[149]

Mit der sukzessiven Staatswerdung der Eidgenossenschaft stellte sich die Frage des Verhaltens gegenüber dem nunmehr fast allerorts geltenden römischen Recht, das besonders im Reich zum System ausgebaut wurde.

Simler hatte sich in seiner «Respublica» mit dieser juristischen Tatsache anschliessend an die Rechtsprechung der Tagsatzung, welche zur eigentlichen Appellationsinstanz, insbesondere der Gemeinen Herrschaften geworden war, auseinanderzusetzen. Er bezieht deutlich Position: «Man arguiert aber der sachen halb nit aus dem Römischen Rechten, noch aus den bücheren der Juristen, sondern was recht und billich ist [sed ex aequo et boni] und was die satzungen allten breüch und gewonheiten eines yeden volck vermögen.» Simler führt seine Kritik des «Keyserlichen Rechts» fort: «Dann erstlich kan man nicht leugnen dann das mehrteils derselbigen Juristen nicht allein dess Rechten und billigen beflyssen, sondern grübeln in allen worten und buchstaben der gesatzten, legen die auss nach ihrem gůtbedunken und sehen wie sy die einfaltigen fahen mögen.» Vor allem trachten sie danach, die Rechtshändel hinauszuziehen auf Jahre hinaus. Es mag zwar auch in der Schweiz ein Rechtsirrtum vorkommen, «nun sey denn gleych also, dass etwan geirret werde in gerichten, so dunckle und verwirrte gspän sich zůtragen, das doch wenig beschicht, so empfacht man doch darauss nit so grossen schaden, als aus dem langwirigen rechten. Darzů wirt mit unserer form dess rechtens nit allein der kosten gemindert, und dem Volck verschonet, sonder es ist auch minder rechtens und haderns.»[150]

Die Schweiz bewahrte damit die Tradition des Gewohnheitsrechts, des «Common Law», wie dies die Engländer ihren absolutistischen Königen gegenüber im 17. Jahrhundert tun sollten.

Tatsächlich fand in den Schweizer Republiken keine totale, keine «receptio in complexu» des römischen Rechtes statt. Trotzdem mussten die eidgenössischen Politiker und Richter, insbesondere die dem Reich benachbarten Städte wie Basel, Schaffhausen und St. Gallen, mit der Realität des römischen, des kaiserlichen Rechts arbeiten. Zürich, Bern und die andern konnten sich, da meist stärker, mehr Eigenständigkeit leisten. Künftige Schweizer Politiker studierten oft an ausländischen Universitäten römisches Recht, da sie zu Hause, an den Stadtschulen und den Hohen Schulen wenig oder keine Gelegenheit dazu hatten.[151] Die Universität Basel verfügte jedoch über drei römisch-rechtliche Lehrstühle.

Aber im eigenen Bereich fand eben diese vollständige Rezeption nicht statt. Der Einsitz in die Räte war den juristischen Professoren in Basel versagt! Zudem bildete die lateinische Sprache ein grundsätzliches Hindernis, denn die Rechtsprechung lag bei Gerichten, die aus Laien zusammengesetzt und nur selten, wie z.B. in Basel, von einem Juristen präsidiert waren. Vorderhand sprachen die Bürger, die Landsleute und die Angehörigen der Landschaften auch bei der Ausarbeitung von neuen Rechten mit. Die Gerichte der Landvogteien sind bis zum Ende der Alten Eidgenossenschaft mit Angehörigen der Landschaft besetzt und tagen unter dem Vorsitz von nur selten akademisch-juristisch geschulten Landvögten. Das Recht der Landschaft oder der Stadt kannten sie aus Erfahrung von altersher. Darum jene klassische Antwort des Landgerichts der eidgenössischen Gemeinen Herrschaft Thurgau in Frauenfeld auf die Argumentation eines Konstanzer Advokaten und Dr. juris, der die Postglossatoren Baldus und Bartolus zitiert hatte: «Hört ihr, Doctor, wir Eidgenossen fragen nicht nach dem Bartele und dem Baldele oder andern Doctoren, wir haben sonderbare Landgebräuche und Rechte.»[152]

2 Die nationale Krise der Konfessionalisierung und die Stabilisierung des Nationalbewusstseins (16./17. Jh.)

2.1 Katholische und Evangelische Eidgenossenschaft: Alt- und neugläubige Schweizer

Innerhalb von etwa hundertfünfzig Jahren hatte sich ein schweizerisches Selbstverständnis entwickelt und fest geprägt: Freie Schweizer von Städten und Ländern, sicher durch ihre Bundesbriefe zusammengehalten, vereint unter dem weissen Schweizerkreuz, kriegerisch defensiv wie aggressiv bewährt, stolze Bauern und Bürger, die Adel und Fürst in die Schranken zu weisen wussten, würdige Glieder eines global verstandenen, echten Heiligen Römischen Reichs mit einer republikanischen Konzeption und einer eigenen, gut funktionierenden Rechtsordnung, die auf eine einzigartige Gründungszeit im Zeichen von Rütli und Tell zurückblicken und deren Ursprung auf die heldenhaften Helvetier zurückgeht.

An der gemeinsamen Bundesbeschwörung des Jahres 1526 in Bern schwuren Zürich und Basel jedoch bereits gesondert, da sie nicht die gemeinsame Formel: «... und bei allen Heiligen» akzeptieren wollten. Vom nächsten Jahr an fand keine gemeineidgenössische Bundesbeschwörung mehr statt. Sie wurde auch nicht durch eine konfessionelle ersetzt.

Als erster Stand war Zürich ausgeschert mit seinem Bekenntnis zur Reformation. Andere folgten nach. Im ersten und zweiten Kappeler Krieg waren die Fronten bezogen, es gab fortan zwei Gruppen von Schweizern, die «Neugläubigen» und die «Altgläubigen», deren Vorstellungen nicht nur über die Theologie weit auseinandergingen. Der Bruch war unvermeidlich. Davon zeugt etwa, dass die Zürcher, die Reformierten überhaupt, begannen, die antibäuerlichen Schimpfworte der Schwabenkriegszeit auf die fünf katholischen Orte, die «fünf Kuhdreckli»[1], anzuwenden. Darum bestimmte der zweite Landfrieden von 1531: «Es soll ouch thein teyl den andern von des gloubens wegen weder schmützen noch schmächen, und wer darüber thůn wurdy, das der selbig je von dem vogte daselbs dorum gestraft werden söll, je nach gestalt der sach.»[2] Die Wirkung war natürlich schwach, und die Schimpfworte haben in weniger grober und etwas theologischerer Form Jahrhunderte überdauert. Noch an der Wende vom 17. zum 18. Jahrhundert konnte der katholische Geistliche «Päpstler, Sprützler, Sacrificulus» genannt werden, der reformierte im Gegensatz dazu «Praediculus». Für die Protestanten genügte in der Regel der Allgemeinbegriff «Ketzer».[3]

Die beiden Konfessionsgruppen entwickelten bald ihr eigenes Selbstverständnis.

«Evangelische Eidgenossenschaft» war die Selbstbezeichnung der Reformierten. Hier wurde das reine Evangelium in der zwinglisch-calvinischen Interpretation – gemäss der «Confessio helvetica posterior» – verkündet. Diese evangelischen Eidgenossen vermochten alle wie die Schaffhauser zu bekräftigen:

«Wann Gottes reine Lehr,
wann freündliche geberden
der werthen bürgerschaft,
wann fruchtbarkeit der erden
und ain gesunder lufft,
erheben aine statt
so ist *Schaffhausen* auch,
die dise gaben hatt.»[4]

«Gottes reine Lehre» ist das Primäre, vor den politisch-republikanischen und natürlich-klimatischen Vorzügen. Im Selbstverständnis sah sich jeder evangelische Stand im Besitz der neuen, vom Aberglauben gereinigten, bessern Konfession. Man empfand sich als «Heilsgemeinde», als kleine republikanische «Civitas Dei», als kleines «Volk Israel». «Soli Deo gloria» wurde verwaltet, gearbeitet. Wie Genf hätten alle Kantone die Devise «Post tenebras lux» über ihr Wappen setzen können.[5]. Geistliche und weltliche Obrigkeiten begannen nun mit der folgerichtigen Erziehung, einer Sozial- und Selbstdisziplinierung durch Ehegerichte/Chorgerichte, Consistoires und Schulen und im neuen Sozialbewusstsein mit der Übernahme der Armenfürsorge.[6]

Das Bild von Stadt und Landschaft veränderte sich: «Krüz und helgen», deren Missbrauch Anstoss erregt hatte, verschwanden überall. Die Kirchen wurden ausgeräumt, die Fresken übertüncht, die Klöster und Stifte zu Landvogteien, gelegentlich auch zu Schulen umgewandelt, Kapellen und überzählige Kirchen säkularisiert. Jetzt genügten die eine, alte Dorfkirche und die paar Gotteshäuser in der Stadt, besonders jene Hauptkirche, die sich schon länger zum Symbol der Republik entwickelt hatte. Im französisch sprechenden Landesteil heissen die Kirchen nun nach biblischem Vorbild «temple», die ehemaligen Kathedralen von Genf und Lausanne «grand temple». Oft tritt anstelle oder über dem Kreuz auf den Kirchtürmen der Turmhahn, das Wahrzeichen des Evangeliums. Die Ablösung von alten Vorstellungen ist vielleicht am deutlichsten sichtbar am Berner Münster, wo vor dem Hauptportal um 1575 die Darstellung des Stadtheiligen bzw. der Muttergottes durch eine solche der Justitia ersetzt wird: Justitia hier als Symbol weltlicher und geistlicher Gerechtigkeit. An die Stelle der Stadtheiligenverehrung trat keineswegs ein Kult, aber doch eine dankbare Erinnerung an die Reformatoren, in Zürich statt Felix und Regula an Zwingli, in Basel statt St. Heinrich an Oekolampad, in Schaffhausen anstelle Aller Heiligen an Hofmeister bzw. Ulmer, in St. Gallen statt des Heiligen Gallus an Vadian, in Graubünden an Comander, in Neuenburg an Farel, in der Waadt an Viret, in Genf an Calvin, in Mülhausen an Binder, in Biel an Wyttenbach. Zwingli nimmt natürlich auch im reformierten Teil des Toggenburgs einen gebührenden Platz ein. Aber ein Kult um Zwinglis Reliquien wurde im Keim erstickt.[7]

Welch facettierte Welt, dieses Dutzend grösserer und kleinerer Staatskirchen mit ihren aus Geistlichen und Laien gemischt zusammengesetzten Behörden – den Synoden, dem Kirchenrat, dem Schulrat, dem Ehegericht – unter Oberhoheit der Republik, mit ihrem starken, bald wohlausgebildeten und einflussreichen Pfarrstand, dem eigentlichen Träger der reformierten Intelligenz, präsent in jedem Kirchdorf durch das mit der Zeit immer stattlicher werdende Pfarrhaus und die Pfarrfamilie als Vorbild christlicher Lebensführung!

Die evangelische Schweiz war – im Gegensatz zum monarchisch-hierarchisch strukturierten Luthertum – aristo-demokratisch-republikanisch bestimmt. Hinter ihr standen der Weltcalvinismus, die Reformierten in Frankreich, in den Waldensertälern, in Ungarn, im Reich – besonders in Nassau und der Pfalz –, in den Niederlanden, in England, in Schottland und bald auch in Neu-England. Damit ergab sich eine Öffnung aus dem geschlossenen eidgenössischen Bereich, eine Solidarität, die sich in der Gewährung des Asylrechts für verfolgte Glaubensbrüder ausdrückte, durch Hilfeleistung ebenso wie mit diplomatischem Einsatz. Das verpflichtende Bewusstsein, als Land gleich zweier Reformatoren Wahrer, ja Zentrum der «reinen Lehre» zu sein, war ausgeprägt.

Allmählich gab man sich auch Rechenschaft darüber, wohlhabender und stärker als die katholischen Schweizer zu sein, denn die puritanische Lebensweise und das calvinistische Arbeitsethos zahlten sich aus.[8]

Auf der anderen Seite stand die katholische Schweiz mit ihrem harten innerschweizerischen Kern. Sie lebte in der Überzeugung, allein die echte alte Eidgenossenschaft weiterzuführen.[9] Für sie hatten die Reformierten unzulängliche Neuigkeiten gebracht, die Heiligen, zu denen man schwor, abgeschafft, die Wallfahrten, sogar jene an die Schlachtorte, eingestellt. Tell und die Drei Eidgenossen waren zudem Altgläubige gewesen! Mit der Einführung der Reformen des Tridentinischen Konzils vollzog sich jedoch auch da ein Wandel und ein geistiger Wiederaufbau. Die Schweiz, besonders Carlo Borromeo, der als Erzbischof von Mailand für die ambrosianischen Täler der Ennetbirgischen Vogteien zuständig war und als Abkömmling der Grafen von Arona mit dem innerschweizerischen Patriziat in bester Beziehung stand, hatte sich nachdrücklich dafür eingesetzt. San Carlo ist zum neuen Heiligen der alpinen Welt geworden.[10] Die katholische Reform, die zunächst bei den altgewohnten freien Innerschweizern auf harten Widerstand stiess, vermochte sich zwar erst später richtig durchzusetzen. Sie hatte aber letztlich ähnliche Effekte wie die reformierte Sozialdisziplinierung und Erziehung durch die Läuterung des alten Bekenntnisses durch Glaubens- und Reformdekrete, die Intensivierung der Seelsorge, der Predigtpflicht, der Katechese, die Reinigung des religiösen Brauchtums, durch die Umgestaltung älterer Ordensgemeinschaften und die Gründung von Kongregationen, Bruderschaften und Sodalitäten, der «scholae pietatis», die sich der Armen- und Krankenpflege, der Waisen- und Witwen-Betreuung widmen, durch die Errichtung von Seminarien und Kollegien.[11]

Auch hier veränderte sich der landschaftliche Aspekt, denn die dichte spätmittelalterliche religiöse Welt erhielt durch barocke Neubauten und durch die Barockisierung so vieler Kirchen einen neuartigen Impuls: Alte und neue Kapellen, alte und neue Wegkreuze, neue überdimensionierte Kirchen, geeignet für Wallfahrten und hohe Heiligentage. Die reformierte Schweiz wahrte mit ihren romanischen und gotischen Kirchen, die weiterhin für die religiösen Bedürfnisse genügten, architektonisch stärker den früheren Charakter. Neubauten gab es zwar auch, aber nicht in besonders grosser Zahl. Zudem waren sie, was der reformierten Askese entsprach, innerlich und äusserlich einfach gehalten. Im katholischen Barock dagegen kontrastierten die asketische Gesinnung, der herbe Ernst, die strenge Zucht der von Gesetz, Dogma und Dekret bestimmten nachtridentinischen Frömmigkeit mit der überwältigenden Freude und Siegessicherheit, mit reflektierter Weltbejahung und -wirksamkeit als existenziell beglaubigter Wirklichkeit des menschlichen Daseins. Der Wille, den geschlossenen Heilsraum schon hier auf Erden zu verwirklichen, und die dem Zeitalter so wichtige Selbstdarstellung der Obrigkeit kommen in der prunkvollen Kirche, dem pompösen Gottesdienst, der verschwenderischen Grosszügigkeit barocker Klosterbauten zum Ausdruck.[12]

So sehr die katholische Eidgenossenschaft grenzübergreifend auf Rom (Nuntius) und Spanien (Bündnis) ausgerichtet schien, sie hat ihren ausgesprochen nationalen Akzent und bildet innerhalb der Kirche eigentlich ein Unikum. In der Schweiz fanden sich die einzigen kommunal (demokratisch) regierten katholischen Gebiete, nämlich die alpinen Landsgemeindedemokratien. Hier wählte die Dorfgemeinde dank alten, von den Päpsten bestätigten Privilegien nach wie vor ihren Pfarrer. In ihrem Aufbau gestaltete sich die katholische Welt ausserhalb ausgesprochen monarchisch, die wenigen sehr aristokratischen Stadtrepubliken in der Schweiz, in Italien und in Deutschland abgerechnet.

Der nationale Akzent wurde besonders deutlich in den Tendenzen zur Selbständigkeit innerhalb des Bistums Konstanz, dessen Bischöfe stolze deutsche Adlige im Stil eines Mark Sittich von Hohenems zu sein pflegten. Die Reform kam nicht von Konstanz, sie kam aus Mailand. Die schweizerische Quart des Bistums Konstanz blieb im Domherrenkollegium mit ihren vier Schweizern hoffnungslos minoritär. Dafür aber gelang es Uri, Schwyz und Luzern – mit Unterwalden, Zug und dem Freiamt –, eigene bischöfliche, von hohen Geistlichen der betreffenden Kantone bekleidete Kommissariate zu schaffen, und die Abtei St. Gallen erreichte für ihr Gebiet – wozu auch Dependenzen im Rheintal und im Thurgau gehörten – 1613 die Einrichtung eines eigenen Offizialats.

Ebenfalls nach 1600 gründeten die übrig gebliebenen Benediktiner-Klöster eine eigene schweizerische Kongregation (1601/47). Von der Kapuziner «Provincia Helvetica» lösten sich 1668 die süddeutschen und vorderösterreichischen Klöster ab, die elsässischen (französischen) um 1729. Die Tessiner Klöster blieben bei Mailand oder Como. Man könnte sagen, dass der Abt und die Mönche, sei es in Rheinau, in Muri, Einsiedeln, St-Maurice oder anderswo, die Domherren in Solothurn, in Freiburg, in Luzern immer stärker einen schweizerischen Typus verkörperten. Sie entstammten einheimischem Patriziat und Bürgertum. In der Abtei St. Gallen gelangten immer mehr Einheimische in die Führung. Das nach Freiburg transferierte Bistum Lausanne ging schliesslich an einheimische Patrizier, dasjenige von Sitten befand sich stets in der Hand von Wallisern. In Chur aber und in Basel dominierten in der Regel Österreicher bzw. Reichsadlige. In Como kam gelegentlich ein Tessiner zum Zug, nicht aber in Mailand. So vollzog sich auch in der katholischen Schweiz die Konzentration auf einheimische Kräfte in Kirche und Schule, von den stark international bestimmten Jesuiten abgesehen. Die Kapuziner jedoch setzten die schweizerische Bauernideologie fort, sie nahmen oft Partei für das Volk. Der alte nationale Gegensatz klingt durch, wenn ein ausländischer Pater, «so siner sprach schwäbsch» 1588 mit einer Predigt bei der Bevölkerung des nidwaldischen Stans grossen Anstoss erregte.[13]

Mit einem gewissen Recht hat Friedrich II. von den Schweizer Konfessionsgruppen gesagt: «Ces réformés ressemblent aux présbytériens d'Angleterre par leur rigidité et les Catholiques sont aussi superstitieux que les Espagnols.»[14] Tatsächlich war im Laufe von zweihundert Jahren auf der einen Seite ein bibelfester, nüchterner, sittenstrenger, puritanischer Protestantismus entstanden, während die katholische Schweiz in dieser machtvoll über die Alpen schlagenden Welle des Romanismus heroische Askese, mystische Begnadung und normierte, von der Kirche regulierte strenge Volksfrömmigkeit mit dem «schrankenlose[n] Bedürfnis nach Versinnlichung und Versichtbarung» vereinte.[15]

Gemeinsam war Katholiken wie Reformierten die Idee der engen Zusammenarbeit von Kirche und Staat. Auch für Luzern, Solothurn und Freiburg hätte wohl gelten können, was Zürich für seinen Antistes auf einen silbernen Pokal eingravieren liess:

> «Duplex robur inest cathedrae cui curia nexa est Curiae inest duplex, proxima cui cathedra est.»[16]

Kathedrale und Rathaus sind doppelte Kraft eigen, wenn sie ganz nahe beieinander stehen.

Gemeinsam war aber vor allem beiden das gemeinsame «Vaterland» geblieben. Zwar ist die Divergenz im Konfessionellen gross: «Nicht eine kleinfüge oder geringe zweyspaltung, mißverstand vnd widerwillen, sonder die allerhöchste zertrennung» ist durch den Bruch der religiösen Einheit in der Eidgenossenschaft entstanden, heisst es in der Antwort der katholischen Orte auf einen diplomatischen Friedensschritt der Protestanten (1585), zugleich verdeutlicht die Fortsetzung aber auch den Grundzug des Zusammengehörigkeitsgefühls im eidgenössischen Staatsleben: «Wir begehren mit niemanden lieber zu hausen, dann mit euch; ... in dieser Welt kan vns niemandt nützlicher seyn, noch besser anstehen, dan jhr ...»[17]

2.2 Der Versöhnungsmythos: «Einigkeit und Trew, ... alte Redlichkeit»[18]

Beim ersten kriegerischen Zusammentreffen der Alt- und Neugläubigen, wo vor allem Manuels diplomatisches Geschick verhinderte, dass es zum blutigen Streit ausartete, stellte man fest, dass die aufgestellten Wachtposten beider Parteien «anhübind früntlich einandern zuͤ ruͤffen und gespräch mitt einandren hallten, und dass sy zamen setzen, nit mitt einandren schlahen wölltind». Ja, es geschah mehr:

> «Uff ein zyt namend vil dappfferer xellen von den 5 orten, ein grosse mů̊tten mitt milch, vnd stalltents vff die march, in mitten, schruͤwend den Zuͤrychern zů, ssy habind da wol ein guͤte milchprochen, aber nuͤt darin zůbrochen. Da luffend redlich gesellen der Zuͤrychern, hinzů, mit brot, vnd brochetend yn, Vnd lag yetweder teyl vff sinem erte-

Zusammengekettete Wappen von Uri und Luzern; darüber das Reichswappen. Ausdruck der Bundesfreundschaft von Stadt und Land. Die «Wilden Männer» stehen wohl für das urtümlich alpin-bäuerliche Selbstverständnis der Eidgenossenschaft. Arbedodenkmal in der Luzerner Petruskapelle, 1511. Diebold Schilling, Schweizer Bilderchronik, Luzern 1513, Folio 61 r.

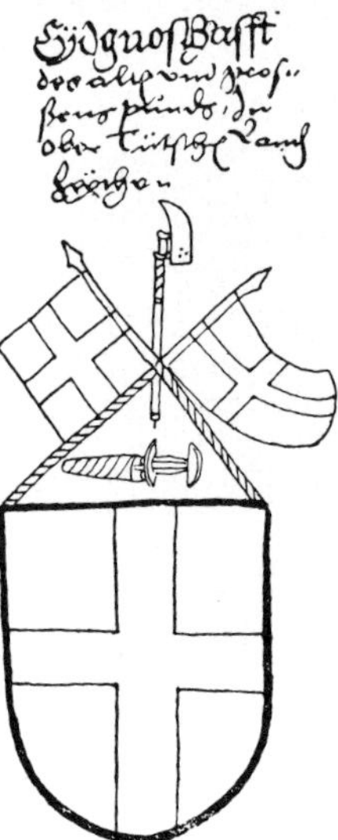

Siegel und Wappen. *Oben:* Wappen der Drei Bünde. Kreuz für den Grauen Bund, Steinbock für den Gotteshausbund, Kreuz und Wilder Mann für den Zehngerichtenbund. Darstellung von A. Pfeffer, 1717. *Unten links:* Siegel der Republik Wallis. Die sieben Sterne symbolisieren die sieben Zenden. Erste offizielle Darstellung, 1582. *Unten rechts:* «Eydgenossschaft des alten und grossen punds in ober tütschen Landen ...» Entwurf eines Schweizer Wappens, das so nie geführt wurde, überhöht von Schweizerdolch und Hellebarde. Nach dem Brennwald'schen Wappenbuch, Mitte 16. Jh.

Wilhelm Tell. Ältestes Tell-Bild, sog. Tugginer-Tell, 1585, von der Hand eines unbekannten Malers. Tellmuseum Bürglen, Uri.

Tellenschuss mit Rütlischwur. Scheibenriss von Chr. Murer (1558–1614). Entwurf, lavierte Federzeichnung. Kupferstichkabinett Basel.

Fahnen der Alten Orte mit aufgenähtem Schweizerkreuz. Aufbruch des Fussvolkes der Eidgenossen vor der Schlacht von Nancy von St. Niklausen aus. Diebold Schilling, Schweizer Bilderchronik, Luzern 1513, Folio 74 r.

Banner der acht Alten Orte und Solothurns. Auf den Beinkleidern das Schweizerkreuz. Diebold Schilling, Schweizer Bilderchronik, Luzern 1513, Folio 74 r.

Oben: Der «Schweizer» (links) und der «Landsknecht» (rechts). Holzschnitt von Hans Rudolf Manuel, 1547. *Unten:* Saubannerzug an der Fasnacht 1477 zur Eintreibung einer Schuld an die Eidgenossen. Das Banner zeigt den Kolben als Zeichen der Volksjustiz. Schodoler Chronik, 1. Hälfte 16. Jh., Folio 263 r.

Auszug des Entlebucher Landsturms. Ex Voto in der Wallfahrtskirche Heiligkreuz. Das «Heilige Kreuz» hat das Land Entlebuch vor Krieg und Unglück wunderbar bewahrt. Unbekannter Maler, 1798. Wallfahrtskirche Hasle-Heiligkreuz.

rich, vnd aassend die milch mitt einandren. Wenn denn einer uͤber die halb mutten vß greyff, vnd aas, schluͤg inn der ander teyl (in Schimpff) vff die haͤnd, vnd sagt fryß vff dinem erterych. Vnd deren schimpffen giengend ettlich me fuͤr, daß do es dem Stattmeister von Straßburg J. Jacoben Sturmen, der ouch vnder den Schidluͤthen was, fuͤrkamm, sagt er, Jr Eydgnossen sind wunderbar leuͤth, wenn ir schon vneins sind, so sind ir eins, vnd vergaͤssend der allten fruͤntschafft nitt.»[19]

Diese Szene ist als «Kappeler Milchsuppe» in Erinnerung geblieben und schon von Bullinger in seiner 1567 abgeschlossenen Reformationsgeschichte festgehalten worden. Sie sollte jedoch Episode bleiben, denn zwei Jahre später kam es beim gleichen Kappel zur blutigen Auseinandersetzung.

Knapp zwanzig Jahre nach den Kappeler Kriegen wird im konfessionell gespaltenen Kanton Glarus eine eigenartig patriotische Vision aufgezeichnet: Nachts tauchen zwei reitende Heerhaufen auf, zwischen ihnen zwei Löwen, über ihnen ein klar strahlendes Schweizerkreuz, die Crux Helvetica. Der eine Löwe verschlingt den andern, worauf die beiden Reiterreihen in den Wolken verschwinden. Das Kreuz aber leuchtet noch etwa eine Stunde lang in rötlichem Glanz.[20]

Vor allem aber wirkte das Nachleben Niklaus von Flües als dauernde Mahnung zur Einheit. Er war es gewesen, der den Streit zwischen Ländern und Städten 1481 hatte schlichten können. Diese Rolle des Eremiten aus der noch katholischen Zeit blieb auch bei den Reformierten lebendig, denn der Reformationskonflikt war ja teils auch dieser Art. Das Wirken Niklaus von Flües lag nur ein bis zwei Generationen vor dem konfessionellen Umbruch zurück. Zwingli und Vadian betonen seine Rolle als Vorläufer im Kampf gegen das Reislaufen. Johannes Stumpf schildert ihn in seiner Chronik ansprechend als Wegbereiter von Reformen. Mut und Gerechtigkeitssinn liessen ihn als echten Eidgenossen erscheinen. Der auf katholischer Seite besonders betonte mystische Zug und der Gehorsam den kirchlichen Vorgesetzten gegenüber wurde allerdings unterschlagen. 1585 gibt Canisius ein Niklausen-Gebetbuch heraus. Er sieht ihn in der Linie der «Devotio moderna». Es gelang jedoch nicht, Bruder Klaus für die militante Gegenreformation zu engagieren. Zu Beginn des 17. Jahrhunderts beschwört der Zuger Johannes Mahler in seinem «Bruder Klausen Spiel» die eidgenössische Versöhnung. Bruder Klaus blieb für beide Glaubensparteien der grosse Mittler von Stans, und das Stanser Verkommnis galt ja nach wie vor für alle.[21]

Die konfessionelle Spaltung hat auch gar kein neues nationales Symbol hervorgebracht. Das Schweizerkreuz verkörpert nach wie vor die Nation;[22] die gemeineidgenössische Tagsatzung – konfessionelle hatten keine gemeineidgenössische Rechtsgeltung – blieb für alle verbindlich. Die den «Neuen Orten» überbundene Pflicht zum «stille sitzen», d.h. nicht Partei zu ergreifen, und der Vermittlung erwies sich während und besonders nach den konfessionellen Konflikten und Waffengängen als sehr kluge Abmachung.

Appelle zur Einheit sind zahlreich aus beiden Lagern, fassbar besonders in den Spielen:[23]

Zwar nennt man die konfessionellen Parteien nicht bei Namen, aber jedermann konnte den Appell an die eidgenössische Solidarität so verstehen. Etwa wenn Josua Wetter im «Karl von Burgund» 1653 gegen Ende den Frieden sprechen lässt:

> «Dass Einigkeit und Trew, daß alte Redlichkeit
> Bey euch stets grün und wachs in Fried und Sicherheit!
> ...
> Und du O grosser Gott erfülle mein Begehr
> so bleibt ein Eidgnoßschafft in süsser Ruh und Ehr!»[24]

Des Zürcher Theologen Johann Heinrich Hottingers «Irenicum Helveticum» von 1653 und des Basler Weihbischofs Thomas Henrici «Irenicum catholicum» von 1659 stehen überdies im internationalen Zusammenhang.[25] In die Richtung konfessioneller Versöhnung weist auch der in Haffners Solothurner Chronik 1666 publizierte Bericht über Schultheiss Wengis Eingreifen in den Kampf der Konfessionen seiner Stadt. Haffner hält die tradierte Erzählung fest, wie der Katholik Wengi vor eine der auf die Reformierten gerichteten Kanonen trat, ausrufend:

> «...lieben fromme Burger/so ihr willens sin. hinůber zuschiessen (will ich der erst Mann sin der vmbkommen muß) betrachtet vnd erdauret die Sachen baß/vff sin manunge ist man mit dem schiessen still gestanden»[26]

Ein weiteres Beispiel aus dem ikonographischen Bereich: In Zuoz im Hochgericht Oberengadin wurde 1570 ein Wappenfries auf das neuerbaute Haus «Crusch Alva» (weisses, d.h. Schweizerkreuz) aufgemalt, die Wappen des Hochgerichts Oberengadin, der drei Bünde, aller XIII Orte samt den Familienwappen Salis, Planta und Juvalta. Darüber steht der Mahnspruch

> «Concordia res parvae crescunt
> maximae discordia dilabuntur»,

eine Mahnung zur Eintracht an Bündner und Eidgenossen, wo kleine Sachen wachsen, grösste aber durch Uneinigkeit zerstört werden. Der Spruch blieb stehen durch die Bündner Wirren und die Villmergerkriege hindurch.

Beide Konfessionen bemühten sich letztlich um das gleiche, um die Erziehung eines christlichen Volkes. Nicht nur Gehorsam der christlichen Obrigkeit gegenüber aufgrund des Römerbriefs, nicht nur der «richtige Glaube» wurden da instruiert. Im Alten und im Neuen Testament sowie in den Katechismen war auch die Rede von Barmherzigkeit, von Nächstenliebe, der Ethik der Zehn Gebote. Frage 107 des Heidelberger Katechismus lautet: «Ist es aber damit genug, dass wir unsern Nächsten, wie gemeldet, nicht töten?» Die Antwort: «Nein, denn indem Gott Neid, Hass und Zorn verdammt, will er von uns haben, dass wir unsern Nächsten lieben als uns selbst, gegen ihn Geduld, Friede, Sanftmut, Barmherzigkeit und Freundlichkeit erzeigen, seine Schaden, so viel uns möglich abwenden und auch unsern Feinden Gutes tun.»[27] Auch in einem Freiburger Canisius-Katechismus beantwortet die «8. Underweisung. Von dem fünfften Gebott Gottes. Su solt nicht toͤdten» die Frage nach den daraus sich ergebenden Verbindlichkeiten mit der Aufforderung zu aktiver Nächstenliebe, «... daß wir unseren Naͤchsten lieben/und ihme helffen/die Unbilden über tragen/und uns mit unseren Feinden versöhnen».[27a]

2.3 Der «freie Schweizer»: «Zugehöriger» oder «Untertan»?

Verstand sich nun der Schweizer primär als Protestant oder als Katholik? Übertünchte dieser Gegensatz einen andern, unterschwelligen, den Gegensatz Herr-Untertan? Lebt sich die Föderation auch in sozialer Hinsicht auseinander?

Das republikanische Bewusstsein tendierte in der barocken Epoche vom mehr Demokratischen zum mehr Aristokratischen. Auch die Eidgenossenschaft hatte auf ihre Weise Anteil an der Weltentwicklung zum «Fürstenstaat». An sich blieben die städtischen und die landrepublikanischen Verfassungen beim Status quo, also kommunal. Die Reformation bekannte sich nochmals ausdrücklich zur Gemeinde. Grosser Rat und Bürgerschaft entschieden in den städtischen Republiken. Dem abschliessenden Urteil gingen ausführliche Volksanfragen in der Landschaft voraus. In den Kantonen Appenzell, Glarus und in den Bündner Gerichtsgemeinden stimmten die Gemeindeversammlungen über die Reformation ab. Aber in den Landsgemeindekantonen nahmen die Häupterfamilien jetzt an Macht und Einfluss zu. Dennoch kann sich der Landmann da und dort an den jährlichen Landsgemeinden Luft machen, auch wenn die «grossen Hansen», die in ihrem Hirtenland zwar nur den Rückhalt von Klientelen besitzen, mit einigem Erfolg gewisse Freiheitsrechte der Landsgemeinde zu verringern suchen. Im Selbstverständnis bleiben die Landleute die «freien Schweizer» par excellence.

Im Selbstverständnis zwar bleibt auch der Stadtbürger Stadtbürger und wacht eifersüchtig über seine traditionellen Rechte, indem er sich periodisch in «Bürgerunruhen» Luft macht. Er kann jedoch nicht verhindern, dass das Patriziat – diese wohl organisierte «Vetterliwirtschaft» – überhandnimmt, dass die Räte eine zunehmend selektivere Auswahl der Ratsherren treffen und damit kleine Familien nach und nach aus dem Rat ausschliessen, dass Kaufleute die Zünfte unterlaufen. Aber auf dem Zunfthaus erfreut er sich nach wie vor seiner Zunftstubengemütlichkeit und sieht mit Vergnügen das Tafelgeschirr immer schöner und üppiger werden. Als Kompensation vermag er wenigstens sein Selbstbewusstsein gegenüber den Angehörigen auf der Landschaft immer deutlicher auszudrücken. Da ist er «Herr und Burger», und die Bauern der Landvogteien sinken immer mehr zu wirklichen Untertanen ab.

Zwischen Obrigkeit und Untertanen hatte sich gegen Ende des 15. Jahrhunderts ein gewisses Gleichgewicht herausgebildet. Man betrachtete sie als «Zugehörige», die «Unsern».[28] Bei Konflikten spielte in der Regel die eidgenössische Vermittlung, trotz der Polizeiartikel des «Stanser Verkommnisses»: «Und ob yeman unnder unns die sinen [d.h. die «Angehörigen» des Territoriums] widerwaͤrttig sin woͤltten oder ungehorsamm wurden, dieselben soͤllent wir [d.h. die Orte, bzw. deren Obrigkeiten] ein anndern mit guͦtten truͤwen fuͤrderlich helffen iren herren wider gehorsamm machen nach lut und durch krafft unnser geswornen pundtbriefen.»[29] Das blieb aber vorderhand weitgehend Buchstabe.

Noch in den «Kappeler Briefen» räumten sowohl Zürich wie Bern ihren Untertanen, neben dem Obligatorium der Ämterbefragungen, vor allem wirtschaftliche Rechte ein. Reformation bedeutete aber – nach dem Ausscheiden des Radikalismus der Täufer – auf längere Sicht Einspuren in die obrigkeitliche Kirche. Die Stadtpfarrerschaft übernahm die Führung, und der Nachwuchs aus der Landschaft wich demjenigen aus den Haupt- und Munizipalstädten. Immer schwächer wurde jene reformatorische Verpflichtung zum Wächteramt – wie sie etwa der «Berner Synodus», die Reformationsordnung, im Kapitel 27 festhielt: «Das die warheit an vertroͤstung eynigs zytlichen anhangs/vß der gschrifft/vnd nit vß gebott der oberkeyt zuͦ sagen gebüre ... Es söllē ouch die pfarrer das schwert goͤtlichs worts glych schnyden lassen/vnd nyemants verschonen/es syen wyb oder man/herr oder knecht/fründ oder fyend/oberherr oder vnderthan/so söllen sy fry herußer sagē/was sy nach goͤtlichem wort zur besserñg dienstlich findē. Es gefall oder mißfall wemm es wöll ...». Immer mehr Gewicht erhielt die im 32. Kapitel formulierte Gehorsamspflicht: «Dz gehorsam gegē der oberkeyt sölle geprediget werden/vnd von zytlichem vnnd geystlichem regiment ... Zvm ersten/diewyl die vnderthanen wider jr oberkeyt/vñ die armen wider die rychen von natur vffruͤrisch/vngehorsam/vñ widerwillig synd/vñ aber zwytracht der Christlichen liebe gar entgegen ist/welche lieb die farb der Christen ist/daby sy erkent/vnd von der verderbten welt vnderscheydet werden/so ist flyssig vffzesechen/das ein zytlich oberkeyt in jrem werd/wie sy Gott jngesetzt/gehalten/vñ dem vnuerstaͤndigen volck jngebyldet werde. Als die goͤttlichs gwalts/vnd zů foͤrchten ist/ouch vmbs gwüssens willen.»[30]

Die katholische Reform tendierte von vornherein in absolutistisch-hierarchische Richtung. Die Aufgaben der Obrigkeit gestalteten sich zudem überall immer vielfältiger und komplizierter. Gemeindefreiheiten waren da störend. Im Zuge der Vereinheitlichung strich der Gesetzgeber in den «Offnungen» dieses und jenes Sonderrecht etwa mit der Begründung: «... ist nützit».[31] Ämterbefragungen mussten allmählich als überflüssiges, retardierendes Relikt erscheinen.

Auch in der schweizerischen Bauernideologie zeichnete sich ein Wandel ab. Seit dem Schwabenkrieg sprach man vom «stolzen pur».[32] Der «stolze Bauer» wird zum Edelmann uminterpretiert:

> «edellüt sind buren worden
> vnnd die buren edellüt ...
> aber die schwizer sind rechten edellüt
> ir tugent inen den adel voruss git...»[33]

Gilg Tschudi hat mit seinen historischen Interpretationen dem freien Schweizer gar einen ursprünglichen Adel zugesprochen, womit insbesondere die Bahn frei war zum ländlichen Patriziat.

In der langen Zeit des Dreissigjährigen Krieges, der während einer Generation Bedrohung war, bedeutende militärische Anstrengungen nötig machte und der Regierung Vollmachten gab, bahnte sich eine politische Wende an. Die Neutralität wurde zur Existenzfrage für die Eidgenossen, die vor vertraglichen Verpflichtungen mit dem Ausland Vorrang hatte; folgerichtig verweigerte die Tagsatzung Durchmarschrechte und rief alle Orte und Zugewandten zu eidgenössischer Einhelligkeit nach aussen auf.

Den Führungsschichten imponierte das absolutistisch-barocke Ausland. Die Jugend der Oberschichten, die dort die Rechte und Theologie studierte, empfing die Lehren des römischen Rechts als System einer absolutistischen Monarchie und die Lehren der zunehmend orthodoxen konfessionalisierten Kirchen, sei es in calvinistischer oder römischer Version. Man übernahm das Gesetz- und Ordnungsdenken, das militärische Denken, das Denken der Disziplinierung. Alles zum Wohl eines christlichen Volkes und christlicher Bürgerschaften.[34]

Diese modernen, zeitgemässen Vorstellungen mussten mit den archaisch gewordenen der «Angehörigen» zusammenstossen. Die Bauern, die im Laufe des Krieges reich geworden waren, hatten eigentlich nicht reich zu sein wie ihre Herren. So kam es 1653 zur Konfrontation: Herrenbund gegen Bauernbund, zur «Rebellion». Aber die offizielle Eidgenossenschaft der Tagsatzung stellte aus der Sicht des Bauern einen Bund der Obrigkeiten der Kantone dar, der auf dem Stanser Verkommnis fusste, dessen repressive Artikel nun plötzlich willkommene Aktualität bekamen. Zwar vermittelte man anfangs noch durchaus, schliesslich siegte aber der Geist der Intransigenz.

Die Bauern ihrerseits beriefen sich im Huttwilerbund auf die nationale Tradition, sie wollten «den ersten eidgenössischen Bund, so die uralten Eidgenossen vor etlich hundert Jahren [es waren etwa 350 Jahre her] zusammen haben geschworen, ... haben und erhalten.»[35] Hier taucht das Verständnis der Bauernideologie des 15. und 16. Jahrhunderts wieder auf. Der Bauer war der «alte Schweizer». Auch er konnte sich mit seinesgleichen in andern Kantonen verbinden, nicht nur die «Herren»: die bernischen Mittellandbauern mit den luzernischen, den solothurnischen, den Baselbietern, Katholische und Reformierte! Sie verstanden die Bünde der grossen, vergangenen Zeit nicht als Bünde von Obrigkeiten, sondern als solche des Volkes. So ganz falsch war das ja nicht! Da half die alte Befreiungstradition, man berief sich selbstverständlich auf Tell. Führend war eine Landschaft, das Entlebuch, das vor 170 Jahren die Obwaldner gerne von seiner luzernischen Obrigkeit befreit hätten. Die drei Tellen geleiten die Entlebucher Bauern nach Luzern. Das Volk singt ein neues Tellenlied:

> «Was wend wir aber singen
> us Gnad Herr Jesu Christ?
> Vom Tellen fürzubringen,
> der längst gestorben ist.
>
> Als man zählt sechszehnhundert
> und drei und fünfzig Jahr,
> ereignen sich groß Wunder;
> ist kund und offenbar.
> ...
> Gleich wie zu Tellen Leben,
> Also thut's jetzt her gon:
> der Landmann sollt hergeben,
> geb, wo'rs möcht überkohn.
>
> Ach Tell, ich wollt dich fragen:
> Wach auf von deinem Schlaf!
> Die Landvögt' wend alls haben,
> Roß, Rinder, Kälber, Schaf.

...
Darum, liebe Eidgnossen,
stönd zsamen, haltet fest,
verachtet Herren-Possen
und schüchet fremde Gäst!

Thüend s'us em Land verjagen
alsbald mit gewehrter Hand,
um Fried und Ruh zu haben
in euerm Vaterland...»[36]

Die Befreiungstradition vertrug sich schlecht mit der Tatsache, dass man den bernischen und luzernischen, baslerischen und solothurnischen Landvögten Untaten in die Schuhe schob, die aus Gesslers Zeiten zu stammen schienen. Letztlich geht es um das Vaterland, man versteht sich als «liebe Eidgenossen», will keine «fremde Gäst», seien es welsche, zürcherische Truppen im eigenen Land.

Wie anders die Mentalität der Herren geworden war, lässt sich am Ausspruch des «Bauernschlächters» General von Erlach, die Emmentaler hätten sich in Herzogenbuchsee besser gehalten, als Bauern zustehe,[37] ablesen.

Die Erinnerung an die Niederlagen, die Demütigungen blieb lange lebendig. Noch in der Helvetischen Revolution schlugen die Liestaler vor den städtischen Abgeordneten das Epitaph des Schultheissen und stadtbaslerischen Landvogts, der im Bauernkrieg die harte obrigkeitliche Linie durchgehalten hatte, in der Stadtkirche herunter, trugen es, den Verräter verfluchend, im Triumph durch die Stadt und warfen die Reste schliesslich in die Gosse.[38]

Der Freiheitsgeist der Mittellandbauern wurde damals gebrochen, aber noch aufgefangen von der wirtschaftlichen Obsorge und letztlich der Erhaltung des Status quo, denn die kommunalkorporativen Mitbestimmungsrechte bei der Verwaltungsmitarbeit in Gemeinde und Landvogtei blieben bestehen, die Volksanfragen jedoch fielen ganz aus. Nach wie vor stützte sich der Staat auf die Bauernmiliz, auf Untertanentruppen. Schon drei Jahre nach dem Bauernkrieg sah sich die Obrigkeit genötigt, sie im Ersten Villmergerkrieg wieder zu bewaffnen. Die konfessionelle Solidarität stand hier wieder stärker im Vordergrund, obwohl gerade der bernische, von Sigmund von Erlach unterzeichnete Sicherheitsbrief – er enthält die unter sozial Gleichgestellten selbstverständliche Zusicherung, das im Kriegsgebiet gelegene Schlösschen des Urner Standesherrn, Zwyer von Evibach, zu schonen – zeigt, dass vordringlichere Interessen durchaus überkonfessionell geregelt werden können.[39]

Sporadische und isolierte Untertanenaufstände sollten dann im 18. Jahrhundert wiederum die gute Ordnung stören, in der Regel aber nur vorübergehend.

Dass aber die Vorstellung des «freien Schweizers» dennoch nicht ausgestorben war, zeigt ein Urteil über einen Berner – allerdings einen Stadtbürger, der als Pietist ausgewiesen worden war und nach vielen Jahren Exil wieder zurückkehren konnte: «Sein Charakter war das Bild eines ehrlichen Schweizers, der redet und thut, wie er denket und sich wenig um das bekümmert, was man von ihm urtheilet.»[40]

2.4 Heroische Tradition: Heimische Miliz und Fremde Dienste: «Frischauf Soldaten all»[41]

Der Heldenkrieg von Morgarten bis Dornach näherte sich seinem Ende. Die letzte aktive Kriegsunternehmung war 1536 die Eroberung der Waadt, zunächst durch die Berner, nachträglich auch durch die Freiburger und Walliser. Vier Jahre nachher plante die Tagsatzung noch einen gesamtschweizerischen Auszug nach Rottweil, um diese zugewandte Stadt vor den Angriffen des Stoffel von Breitenlandenberg zu schützen.[42] Der Konflikt konnte schiedlich gelöst werden, und fortan reduzierten sich die eidgenössischen Aufgebote auf Grenzbesetzungen und Hilfstruppenstellung für bedrohte exponierte Positionen – Thurgau, Basel, Mülhausen, Strassburg, Lindau, Genf – sowie auf Auszüge bei inneren Unruhen und konfessionellen Konflikten.

Die Armee beruhte weiterhin auf der allgemeinen Wehrpflicht[43], d.h. dem Recht der Obrigkeit, kraft Mannschaftsrecht ihre «Angehörigen» aufzubieten. Die Ausrüstung lag zu Hause, man war «bewaffnet»[44] und konnte singen:

«Frischauf Soldaten all,
Ins Felde:
Frischauf, ins Gewehr zumal!
...
Durch exerzierte Waffenwehr
Tragt ihr davon an grosse Ehr'.»[45]

In Friedenszeiten bedeutete das Teilnahme an Musterungen und am Exerzieren, später, meist am Sonntag nach der Predigt, an Schiessübungen, je nach Kanton strenger oder lässiger. Vom Dienst dispensiert blieben Geistliche, sofern sie nicht Feldpredigerdienst leisteten, Kandidaten der Theologie, Studenten überhaupt, Teile der Behörden, Schulmeister, Ärzte, Apotheker, Arbeiter in Pulver- und Getreidemühlen sowie die Schmiede. Es war möglich, Ersatzleute zu stellen. Im Laufe des 17. Jahrhunderts befreiten die patrizischen Städte Bern,

Freiburg, Solothurn, Luzern und auch das zünftische Basel, indem sie die städtischen Kontingente nicht mehr aufboten, ihre Stadtbürger in praxi vom Militärdienst. Den Städtern stand die Offizierslaufbahn offen. Anders in den demokratischer strukturierten Städten Zürich, Schaffhausen und St. Gallen, wo, wie in den Landsgemeindekantonen, jedermann, ob arm, ob reich, zum Aufgebot gehörte. Die Untertanen bildeten so oder so das Gros der Milizen, mehrteils kommandiert von städtischen Offizieren, besonders in höheren Chargen.

Zu Beginn des 17. Jahrhunderts wurde der Ersatz der Miliz durch eine Berufsarmee erwogen. Wie hätten diese Bauern im Ernstfall gegen spanische oder französische Berufsarmeen antreten sollen? Darum boten sich die Anwerbung fremder Söldner oder die Bildung von Kompanien freiwilliger Einheimischer an. Der Verwendung solcher freiwilliger Truppen durch Bern bewährte sich jedoch weder im Veltlin, am Anfang der Bündner Wirren (Tirano), noch im Ersten Villmergerkrieg, wohl aber im Bauernkrieg. Gerade dieser Einsatz weckte aber den besonderen Zorn der Bauern. Aus finanziellen Gründen liess man diese Idee wieder fallen und versuchte stattdessen, die einheimische Miliz in einen bessern Stand zu setzen. Es blieb beim Aufgebot der Untertanen, deren Bewaffnung ihnen eine gesicherte Position garantierte. Gerade deshalb verbot es sich auch, den Untertanen so zu behandeln, wie es die Nachbarstaaten taten. «Ein jeder Burger und Landtmann muß sich verpflichten zu Kriegszeiten sich brauchen zu lassen als ein Soldat und deßwegen zu allen Stunden bereitet sein mit seinen Feuer- oder anderen Gewehren, die er zu tragen bey begehrendem Fall befelchnet wird»[46], sagt Scheuchzer 1706. Rousseau gibt 65 Jahre später ein etwas idealisiertes Bild: «En Suisse tout particulier qui se marie est obligé d'être fourni d'un uniforme qui devient son habit de fête, d'un fusil de calibre et de tout l'équipage d'un fantassin, et il est inscrit dans la compagnie de son quartier. Durant l'été, les Dimanches et les jours de fête, on exerce ces milices selon ordre de leurs rolles, d'abord par petites escouades, ensuite par compagnies, puis par régimens; jusqu'à ce que leur tour étant venu ils se rassemblent en campagne et forment successivement de petits camps dans lesquels on les exerce à toutes les manœuvres qui conviennent à l'infanterie. Tant qu'ils ne sortent pas du lieu de leur demeure, peu ou point détournés de leurs travaux, ils n'ont aucune paye, mais sitôt qu'ils marchent en campagne, ils ont le pain de munition et sont à la solde de l'Etat, et il n'est permis à personne d'envoyer un autre homme à sa place afin que chacun soit exercé lui-même et que tous fassent le service.»[47]

Die einheimische Miliz ist für das schweizerische Selbstverständnis ein wesentlicher Faktor. Der Besitz der Waffen legte ganz selbstverständlich nahe – das galt für die Mannschaft wie für die Offiziere –, sich stolz in die Nachfolge der kriegerischen Vorfahren einzureihen. Im Ausland galt die Schweiz auch im 17. Jahrhundert noch als kriegerische und darum zu respektierende Nation.[48]

An sich war das Militärwesen ausgesprochen kantonale Sache, die «eidgenössischen Defensionale» (1647/1668) verbesserten und modernisierten jedoch die alte, gemeinsame Aufgebotsordnung, schufen vor allem den ständigen eidgenössischen Kriegsrat und erreichten damit eine weitere Kohärenz auf Bundesebene. Der eidgenössische Kommissar repräsentierte in Zeiten der Bedrohung die Allgegenwart der gesamten Nation.

Der Stolz auf die einheimische Miliz machte aber nur die eine Hälfte des eidgenössischen Wehrverständnisses aus. Als «glorreiche» zweite Schweizer Armee galt die Berufsarmee in Fremden Diensten, die man im Notfall hätte nach Hause zurückberufen können, was aber nie geschah. Die Eidgenossen standen seit dem 16. Jahrhundert in französischen, spanischen, piemontesischen Diensten, im 17. auch in niederländischem und zeitweise in venezianischem und österreichischem Sold, und waren von altersher im Kirchenstaat verpflichtet.

Die Schweizer unterstanden in der Regel ihrer kantonalen Jurisdiktion. Das spezifisch Schweizerische, das Nationale sprang sofort in die Augen: Die besondere Uniform, die «roten Schweizer» der Gardetruppen, nicht nur in Versailles – ihr roter Rock über der weissen Kleidung repräsentierte die Schweizerfarben –, in Paris zur Zeit der Revolution «les betteraves» genannt.[49] Die Fahnen zeigten das durchgehende Schweizerkreuz auf den geflammten Farben des Regimentsinhabers oder des betreffenden Kantons. Die Marschmelodien waren die gleichen, es gab den «Schweizermarsch».[50] Als typisch schweizerische Merkmale galten Zuverlässigkeit und Treue bis zur Sturheit, aber auch eine gewisse Härte: «Die Schweizer ... sind wieder die schlimmsten», hiess es noch im Siebenjährigen Krieg.[51]

An die Stelle der kurzfristigen Reisläuferzüge mit ihrer wilden Freiheit[52] trat im Laufe des 17. Jahrhunderts die disziplinierte Ordnung der Garnisonen, das Strassburg des Soldatenliedes:

> «O Strassburg, o Strassburg
> Du wunderschöne Stadt
> darinen liegt begraben
> gar manicher Soldat.»[53]

Die Lieder erzählen zwar auch vom lustigen Soldatenleben, vom Kriegerischen an sich. Oft aber sind es Schicksalslieder, enthalten Klagen der wartenden oder verlassenen Braut und schildern das Heimweh des Soldaten. Es entspricht dem internationalen Berufssoldatenlied, dokumentiert das im 18. Jahrhundert sprichwörtlich gewordene «Soldatenelend».[54] Fremder Dienst bedeutete für viele Schweizer auch bittere soziale Notwendigkeit. Bekannt geblieben ist vor allem das Volkslied:

> «Im Aargäu sy zwei Liebi
> die hettid enandere gern
> Und der jung Chnab zog zu Chriege
> wänn chunt er wiederum hei?
> Über's jahr im andere Summer...»

Wie er wiederkehrt, da hat sein Liebchen einen andern gefunden. Die Lehre:

> «Wärist du deheime bliebe
> So hättist dis Schätzeli no.»[55]

Der Soldat fühlte sich als Fremdkörper im betreffenden Land, militärische Auslandschweizerkolonie, auch in der Armee. Zwar war er keine Ausnahme, denn es gab ja auch schottische, deutsche und andere Fremdregimenter. Aber die Schweizer genossen Privilegien, und sie hatten ihren Preis: «pas d'argent, pas de Suisses!». Man erzählte sich diesbezüglich folgende Anekdote:

> «Le Marquis de ... Louvois, Ministre de la guerre, dit un jour au Roi Louis XIV en présence de Pierre Stuppa, Colonel du régiment des Gardes-Suisses: Sire, si Votre Majesté avoit tout l'or & l'argent qu'Elle & les Rois ses Prédécesseurs ont donné aux Suisses, Elle pourroit en paver d'écus une chaussée de Paris à Bâle. Sire, répliqua le Colonel, cela peut être, mais aussi si l'on pouvoit rassembler tout le sang que ceux de notre Nation ont versé en servant Votre Majesté & les Rois ses Prédécesseurs, on pourroit en faire un canal pour aller de Bâle à Paris.»[56]

Die relative Isolation förderte das Gefühl einer Schicksalsgemeinschaft, eines besonderen Nationalbewusstseins, wie es etwa im Lied vom jungen Soldaten anklingt:

> «Ich bin ein jung Soldat
> von einundzwanzig Jahren
> Geboren in der Schweiz
> das ist mein Heimatland...»

Es ist das Lied des im Fremden Dienst verstorbenen Soldaten:

> «Mit Trommel- und Pfeifenspiel
> So sollt ihr mich begraben.
> Drei Schütz ins stille Grab,
> Die ich verdienet hab.»[57]

Viele Regimenter stammten einheitlich aus einem einzigen Kanton, es gab aber auch solche aus verschiedenen Kantonen und unterschiedlicher Konfession.

Das erlaubte mehr Kontakte als zu Hause, ermöglichte besonders unter den Offizieren die Entwicklung eines schweizerischen Zusammengehörigkeitsgefühls. Ein spätes Beispiel des schweizerischen Selbstverständnisses in Fremden Diensten findet sich bei Christian Emanuel von Zimmermann, Oberst in französichen Diensten, der aus luzernischem Untertanengebiet stammt. Es handelt sich um einen Appell an die Offiziere:

> «Verlieret nie aus den Augen, daß Ihr freie Männer befehligt, wie Ihr es seid; ohne ihre Hilfe werdet Ihr nichts zustande bringen. Unzufrieden mit Euch, können sie zu Werkzeugen Eures Unterganges werden und Euch um den Sieg bringen. Wenn es Euch dagegen gelungen ist, ihre treue Anhänglichkeit zu gewinnen, wird es nicht einen Mann geben, der nicht sein Blut und sein Leben für die Verwirklichung Eurer Ziele einsetzen wird.
>
> Bei den Schweizerregimentern, bei denen seit bald einem Jahrhundert die Disziplin an erster Stelle steht, habe ich gesehen, wie die Offiziere ohne Betonung ihres Ranges in den Unterkunftsräumen ihrer Kompagnie sich vertraut mit den Soldaten unterhielten. Sie erkundigten sich in voller Herzlichkeit über deren Angelegenheiten, über ihre Familie und ihre kleinen Sorgen. Ich war so gerührt, auf diese Weise wahre Männer kennen zu lernen, daß mit darob die Tränen in die Augen traten. Tiefe Anhänglichkeit erstrahlte in allen Gesichtern.... Wenn sich aber alle zum Klange der Trommel um die Fahnen scharten, schlugen die Offiziere wieder ihren bestimmten Ton an, ohne hart zu sein; die Soldaten erschienen stolz wie Löwen, unbeweglich aus Pflicht und Gehorsam aus innerer Verbundenheit.»[58]

2.5 Die schweizerische Nation in Europa: «... und dass sie nicht begehret andern Leuten das Ihrige zu nehmen»[59]

Europa erkannte im 16. Jahrhundert endgültig, dass mit der Schweiz nun eine neue Nation entstanden war. Schon Machiavelli spricht von den «Svizzeri, repubbliche chiamano terre franche.»[60] Joachim du Bellay beurteilt sie 1558 im 135. Sonett von «Les Regrets»:

> «La terre y est fertile, amples les edifices,
> Les poelles bigarrez, & les chambres de bois,
> La police immuable, immuables les loix,
> Et le peuple ennemy de forfaicts & de vices...»

In drei weiteren Strophen besingt er vor allem die Trinkfestigkeit der Eidgenossen:

> «Ilz boivent nuict & jour en Bretons & Suysses,
> Ilz sont gras & refaits, & mangent plus que trois:
> Voila les compagnons & correcteurs des Rois,
> Que le bon Rabelais a surnommez Saulcisses.»[61]

Das Urteil des Auslands schwankt zwischen Bewunderung und Erstaunen, geht bis zur Abscheu gegen diese gleichermassen tüchtige und barbarische Nation. Die Bemühungen der Schweizer Humanisten dringen kaum ins Bewusstsein.

Die Kenntnis dieses Landes vertieft sich jedoch allmählich, im Laufe des 17. Jahrhunderts wandelt sich das Bild. Die Reisenden, besonders die Engländer, sehen differenzierter. Scharfe Kritik übt die «Heutelia» von 1658.[62]

Der deutsche Jurist Pufendorf gibt schliesslich gut hundertfünfzig Jahre nach den italienischen Humanisten in seinem europäischen Staatenhandbuch ein durchaus adäquates Bild der festgewordenen, soliden Nation.[63]

Die Schweizer selbst orientieren sich bewusst nach aussen, teils in verschiedenen Richtungen, je nach Konfession. Im 17. Jahrhundert werden durch die Reformierten die verwandten Niederlande entdeckt, jene Republik, die, anders als die Schweiz, nun Weltmacht ist, auf den Meeren Spanier und Portugiesen überwunden hat und sich mit dem aufkommenden Grossbritannien misst. Die katholischen Schweizer pflegen die alten Beziehungen zu Mailand, wo am «Collegium Helveticum» die Elite der schweizerischen Geistlichkeit ausgebildet wird. Aber ebenso zieht Frankreich jedermann an. Zu Deutschland haben die Katholiken etwelche Beziehungen, sie besuchen die vorderösterreichische Landesuniversität Freiburg, die einzige verbleibende altkirchliche Studienanstalt in diesem Raum, die traditionsreiche Universität Ingolstadt mit erstrangigen jesuitischen Lehrern und vor allem die Hochschule in Dillingen, die mit ihrem bildungspolitischen Modellcharakter Mönche aus St. Gallen, Einsiedeln und Muri anzieht, welche sich später um die Reform der Klöster und der alten Orden verdient machen.[64] Die Protestanten unterhalten entsprechende und recht intensive Kontakte zu den calvinistischen Minoritäten, zur nach Strassburger Vorbild neu strukturierten Hochschule in Herborn mit bedeutenden Staatsrechtlern und Theologen und zur Universität Heidelberg, die vor dem Dreissigjährigen Krieg und besonders nach der 1652 erfolgten Neueröffnung und dem Wiederaufbau der reformierten theologischen Fakultät eine starke Anziehungskraft ausübt.[65]

Schweizer aus allen Regionen bringt die Zurzacher Messe alljährlich mit Kaufleuten aus ganz Deutschland zusammen.

Die sich bildenden Landesgrenzen sind noch recht durchlässig, manche Nachbargebiete gelten als «Vormauern der Eidgenossenschaft». An etlichen Stellen, vor allem an der Nordgrenze, überlappen sich die Kompetenzen der Hohen bzw. Niederen Gerichtsbarkeit: Bischöflich-konstanzische Rechte im schweizerischen Thurgau, äbtisch-st. gallische nördlich des Bodensees, schaffhausische Rechte in österreichischen und anderen Hoheitsgebieten – das Dorf Büsingen ist ein Relikt davon –, schweizerische Hohe Gerichtsbarkeit über dem Rhein bei Zurzach. Der Bereich des Bodensees beidseits des Rheins bis ins halbschweizerische Fürstbistum Basel spiegelt die bunte Pluralität des Heiligen Römischen Reiches Deutscher Nation: Kleinfürstentümer, Reichsstädte, Abteien und zahlreiche vorderösterreichische Gebiete unter kaiserlicher Herrschaft, zum Beispiel das Fricktal. Von Basel bis Genf gingen im 17. Jahrhundert der österreichische Sundgau, die spanische Freigrafschaft und das savoyische Pays de Gex an Frankreich über. Um Genf herum gestaltete sich der Grenzverlauf beinahe noch komplizierter als bei Schaffhausen. Südlich des Genfersees und des Wallis befand sich das Herzogtum Savoyen (Königreich Sardinien), das im 18. Jahrhundert an den Langensee vorstossen sollte, daran anschliessend folgten Mailand, ein Stück weit Venedig und das Bistum Trient, markiert durch die zwei Grenzberge des Pizzo bzw. Corno dei Tre Signori.[66] Vom Stilfser Joch bis an den Bodensee grenzte die Eidgenossenschaft – das neue Fürstentum Liechtenstein ausgenommen – überall an Österreich und befand sich damit wieder an der Reichsgrenze.

Das Ausscheren aber ist vorgezeichnet. Die von Bürgermeister Wettstein für Basel und die übrige Eidgenossenschaft im Westfälischen Frieden erreichte Exemption vom Reich[67] bedeutet einen späten völkerrechtlich-juristischen Abschluss, den die meisten Kantone als nicht sehr wichtig empfinden, da sie anderswo vitaler engagiert sind. Immerhin muss sich der Kaiser zu einer andern Anrede bequemen, und der Reichsadler verschwindet aus den neuen Wappendarstellungen, die bisherigen bleiben. Die Stände begnügen sich mit dem Kantonswappen, dem sie allerhand symbolisches Beiwerk beifügen, die Zürcher den Löwen, die Basler den Vogel Gryff, etc. Nur die Berner, inspiriert wohl vom Beispiel italienischer Republiken, überhöhen ihren Berner Bären mit dem Herzogshut und errichten ihrem Schultheissen einen veritablen Thron, was in andern Kantonen republikanisches Kopfschütteln hervorrufen mochte. Ein Ersatz des Reichsadlers durch ein Schweizer Wappen war unmöglich, da kein solches existierte.

Als Staat in Europa entwickelte nun die Eidgenossenschaft unmerklich ihr Prinzip der Neutralität.[68] Erst im Laufe des 17. Jahrhunderts wurden «Neutralitätserklärungen» zuhanden der kriegführenden Mächte und entsprechende Grenzbesetzungen üblich. Es handelte sich vorderhand um keine Nationalideologie, sondern um eine gebotene Praxis der Selbsterhaltung. Um 1682 hält dies der Staatsrechtler Pufendorf denn auch richtig fest: «Aber dass sie [die Schweiz] ihre Gebiete nicht weiter erstrecket/war Ursach theils ihr vergnügtes Gemüth/

und dass sie nicht begehret andern Leuten das Jhrige zu nehmen; theils auch ihre Regierungs-Form, so zu grossen resoluten Anschlägen gantz ungeschickt ist. Dann in jeder Canton insonderheit ist meist eine democratische Regierung.»[69]

2.6 Die Fixierung des eidgenössischen Mythos: «Als Demut weint und Hochmut lacht, da ward der Schweizerbund gemacht»[70]

Als der Basler Pfarrer Johann Jakob Grasser 1624 sein «Schweitzerisch Heldenbuoch» edierte, setzte er als Quintessenz folgendes Schlusswort:

«Was wöllen wir der Griechen alt gedichte/
Oder der Römer lesen manch Geschichte?
Wir haben hie die Thaten der Eydgnossen/
Von denen wir vns rühmen sein entsprossen.
Dieß seind alß lauter große Heldensachen/
Die vns billich zur nachfolg lustig machen/
Trew/lieb/vnd glaub/nüchter vnd ehrbar leben/
Mannheit/vnd was die Kriegserfahrung geben.
Eyffer vnd sorg fürs gmeine Vatterlande
Damit nicht solchs geraht in frembde hande.
Vertrawligkeit/Gotsforcht vnd was dergleichen/
Für Tugend mehr jhnen hat Gott verliehen.
Folgen wir nun der frommen alten lehren/
Vnd werden wir vns/wie sie/ehrlich nehren/
So wird auch Gott vns hülff vnd rettung bscheren/
Vnd vnser Feinden raht vnd anschläg wehren.»[71]

Grasser macht hier die friedlichen Tugenden der Schweizer geltend: Treue, Liebe und Glaube, nüchternes und ehrbares Leben, Eifer und Sorge für das Vaterland, Vertraulichkeit und Gottesfurcht. Kriegserfahrung und «Heldensachen» sind als grosses Erbe anerkannt. Der Heldenkatalog beginnt mit «Wilhelm Thell», dem «I. Eidgenoß». Als Exempel werden Bürgermeister und Schultheissen, die sich durch politische und diplomatische Klugheit auszeichnen, angeführt: Conrad von Berenfels, der Karl IV. 1348 den Eintritt nach Basel verweigert und die Aufhebung des der Stadt ihrer Treue zu Kaiser Ludwig wegen auferlegten päpstlichen Bannes verlangt, der «fromme, weise» Basler Zunftmeister Jakob Zybol, der grosse Autorität geniesst und nach der Stiftung einer Kartause selbst sein Leben als Mönch beschliesst, der durch Anlagen seiner Kapitalien in Landgüter ausserordentlich reich gewordene Werner Münzer aus Bern steht neben dem aus Biel stammenden ehemaligen Meier des Bischofs von Basel, Rudolf Hofmeister, einem ausserordentlich fähigen Berner Schultheissen mit achtundzwanzigjähriger, ununterbrochener Amtszeit, der als Unterhändler, Vermittler und Tagsatzungsredner gesucht ist. Als grosses Verdienst gilt Heldenmut auf dem Schlachtfeld. Neben dem populären Winkelried erwähnt Gasser unbekanntere Helden aus dem Volk, den listigen Pannerherr Rudolf Bruns, Huldrich Stucky, der sich auf dem Schlachtfeld opfert, den unerschrockenen Berner Rieder, der sich gegen Habgier und Ungerechtigkeit der Grossen wehrt.

Ein summarischer Katalog führt die um 1433 bekannten Namen der Regierungshäupter und hohen militärischen Chargen aus den Kantonen Bern, Luzern, Uri, Unterwalden, Zug und Zürich vor. Auszeichnung im Feld, taktisches Verhandlungsgeschick als Schiedsleute gelten hier als besonders erstrebenswerte Tugenden, die den Ruf der Tapferkeit und der Weisheit, Ansehen, Achtung, Berühmtheit oder gar den Ritterschlag eintragen.

Seit der Burgunderkriegszeit und im Schwabenkrieg werden «fürtreffenliche patrioten», die sich um das «gemeine Vatterland» verdient gemacht haben, nach Schlachten und Ereignissen gruppiert. Der Ritter und Bürgermeister von Zürich, Conrad Schwend, erwirbt sich als Gesandter bei den Friedensverhandlungen mit Kaiser Maximilian in Innsbruck grosse Verdienste, Hans von Lauffen erfährt als Kaplan und Feldprediger bei den Haufen des Schwäbischen Bundes von dessen Anschlagsplänen und informiert nach abenteuerlicher Flucht seine Heimatstadt rechtzeitig und in allen Details. Mülhausens Bürgermeister Ulrich Guͤterolff rettet 1389 seine durch Verrat gefährdete Stadt, indem er laut schreiend durch die Gassen stürmend die Bürger zum Kampf ruft. Hans Schüler von Glarus wehrt sich allein mit seinem Spiess gegen zwanzig Reiter und erhält nach der Gefangennahme von seinen Feinden «seiner Mannheit halber» Brief und Siegel, die ihm die Rückkehr nach Glarus sichern.

Sogar die Frauen fehlen nicht! Nach der Schilderung der Greuel in den Engadiner Kriegswirren mit zahlreichen Kriegerschicksalen lokaler Grössen erzählt Grasser das Leben der Heldin Bona Lombardin aus dem Veltlin, die 1423 vom berühmten Ritter Petrus Brunor von Parma, der «an ihren eine recht Amazonische art verspeuret», in allen ritterlichen Übungen aufgezogen wird. Nach der Gefangennahme ihres Wohltäters durch König Alfons von Neapel presst sie ihn mit diplomatischen Schachzügen frei, führt das Fussvolk als unerschrockene «Obristin» und reitet, bewaffnet «vom Fuss bis zum Scheitel» und «mit Schild und Schwert», an der Spitze eines ganzen Haufens Ritterlicher vor die Festung Pavona. Unter all diesen Kriegergeschichten wird der Tod von Bruder Klaus nur kurz erwähnt. Den Abschluss bildet die «Helden Schlacht» von Marignano.[72]

Kurz vor Grasser hat der Schaffhauser Chronist Johann Jakob Rüeger das Selbstverständnis der Gesamtnation zusammengefasst, indem er die drei geläufigen Bezeichnungen – Helvetia, Eidgenossenschaft, Schweiz – für dieses Land kritisch untersucht:

> «Erstlich würt es von alters har Helvetia genannt, welchen namen es zwar bi den Tütschen verloren hat, würt aber bi den Latinern gemeinklich gebrucht un hat diß land semlichen nammen von sinen inwoneren, den Helvetiern empfangen ... als die fürnemsten und sterkisten in der ganze Gallia celtica, ... von wegen der loblichen und mannlichen taten der inwoneren des lands würt das land [zweitens] genamset, wie ouch die inwoner, die loblich Eidgnoschaft, und das von dem eidgnössischen punt har, so etlich inwoner und gmeinden diß lands, dasselbig mit sampt iren friheiten, wib und kinden, wider allen unbillichen gwalt zůschützen und zůschirmen, mit eiden zůsammen geton habend und dahar Eidgnossen (das ist puntsgnossen), das land aber die Eidgnoschaft von inen ist benamset worden. Welcher nam mit sampt den geschworenen pünten dermassen nach und nach mit hinzůtreten der orten zůgenommen ... Semlicher eidgnössische punt aber dises landvolks hat sinen anfang gnommen uß anlaß der tyrannei des österrichischen adels, welcher in disen landen herschete ... Der anfang gschach, ... im 1308. iar, volkommenlicher aber und zů einer ewigen bstätigung siben iar darnach, namlich im 1315. iar im Christmonat ... Der dritt nam diß lands ist Schwitzerland, ... Etliche wellend, disem land darum semlichen nammen gegeben sin worden, darum daß in disem land Schwitz der Eidgenossen punt sich zum ersten durch einen vom adel, genant der Stouffacher, erhebt hat im iar, wie obstat. Andere wellend, semlichen nammen entstanden sin von der blůtigen schlacht am Morgarten in dem land Schwitz, geschehen den 16. Wintermonats im 1315. iar.»

Rüeger schliesst diese Betrachtung mit dem stolzen Satz:

> «Und so vil von gmeiner loblicher Eidgnoschaft, wellicher die stat Schaffhusen als ein loblich ort und in der ordnung das zwölfte mit ewigem punt zůgeton ist.»[73]

Rüeger spielt hier auf die wesentlichen Elemente an, Bundesschluss und Freiheit durch Überwindung der österreichischen Tyrannei bis zur ersten Heldenschlacht, und führt zusätzlich die Befreiungsgeschichte – er gibt dort eine Übersetzung aus dem Lateinischen von Guilliman – im 6. Buch breiter aus. Hinweise, die sich auch bei Stumpf und anderen finden. Zum seit Beginn des 16. Jahrhunderts verfestigten Nationalverständnis traten keine neuen Elemente mehr, denn Bedeutung und Verständnis des alten Schweizerbunds hatten die Vorfahren ein für allemal festgesetzt. Historiographie und Ikonographie feierten ihn nach wie vor mit Tell, Rütli und den Heldenschlachten, nun aber in zeitgemässer, barocker Darstellung. Guilliman publizierte noch lateinisch, Grassers Heldenbuch und Stettlers Schweizer Chronik waren deutsch geschrieben und damit einem breiteren Publikum zugänglich. Obwohl noch im 16. Jahrhundert – akzentuiert durch den Bruch zwischen Luther und Zwingli mit seinem «filzicht, zotticht deütsch» (so Luther) – eine schweizerische Schreibsprache üblich war, so hat sich die deutsche Schweiz im Laufe des 17. Jahrhunderts der deutschen Entwicklung angeschlossen. Fortan wollte man richtig Deutsch schreiben. Man verzichtete darauf, wie die Niederlande die eigene Schrifttradition weiterzuführen, blieb aber beim mündlichen Gebrauch der Dialekte in allen sozialen Schichten.[74]

Etwa ein Drittel der Schweiz war nicht deutschsprachig. Ihr französischsprechender Teil erhielt 1666 mit dem in Genf erschienenen «Abrégé de l'histoire générale de la Suisse» des Waadtländer Geistlichen und Schulmanns Jean-Baptiste Plantin[75] eine Darstellung von den Anfängen bis ins 17. Jahrhundert, womit Freiburger, Neuenburger, Waadtländer, Walliser, Genfer und Bischofbasler über eine Orientierungshilfe für die Vergangenheit des Staatsverbands, dem sie angehörten, verfügten. Allerdings stand Simlers Respublica schon seit neunzig Jahren in französischer Übersetzung zur Verfügung.

Der eidgenössische Mythus wurde ganz besonders durch die Spiele weitergetragen.[76] Während die muttersprachlichen Chroniken zwar auch mehr als nur ein lesendes Publikum und die Elite einbeziehen, erreichen die Spiele das Volk in seiner Breite.

In der ersten Hälfte des 16. Jahrhunderts treffen wir auf zwei Tellenspiele,[77] auf das Spiel «Von den alten und jungen Eidgenossen»[78] und dasjenige «Vom Wohl und Übelstand einer löblichen Eidgenossenschaft».[79] Dann können für einige Jahrzehnte sowohl die protestantische Kirche wie die Jesuiten solch nationale Spiele durch biblisch-antikisierende, bzw. hagiographische ersetzen. Nachher aber kommen sie wieder, 1598 etwa das «Spiel von dem eydtgnossischen Bund»,[80] und an der Tagsatzung von 1631 wird in Baden die «Comödie von Zweitracht und Einigkeit» aufgeführt.[81] Es folgen 1672 der Zuger Johann Kaspar Weissenbach mit dem «Eidgenossischer Conterfeit auf- und abnehmender Jungfrauen Helvetiae» und andere.

Gleich zwei tagsatzungsähnliche Versammlungen «von den 13. Orthen und St. Gallen» enthält Josua Wetters «Carle von Burgund», denn der Verfasser ist Bürger der Stadt St. Gallen. Wetter überhöht den republikanischen Gedanken bis zur Gottähnlichkeit, dem im Geist der Zeit liegenden monarchischen Gottesgnadentum entsprechend:

«Dann dieses bleibet vest: Es ist das Vatterland,
Gleich als ein andrer Gott, zu dessen wolfahrts stand,
soll jedes recht gemüt mit wahrer trew betrachten.
Sein eigen leben selbst so hoch vnd thewr nit achten,
als Dessen glük vnd heil. Es soll auch jederzeit
Befördern dessen nutz nach eüsserstem vermögen.»[82]

Alle diese Spiele liessen sich unter das alte Leitmotiv «Als Demut weint und Hochmut lacht, da ward der Schweizerbund gemacht»[83] stellen. In den szenischen Darstellungen tritt immer wieder die Freiheitsidee in den Vordergrund: Die Schweiz, ein freies Land, der Mythos der Unabhängigkeit. Getragen von den Bürgerschaften, vom Volk, schliesst er das Verständnis altschweizerischer, bürgerlich-bäuerlicher Freiheit ebenso mit ein wie die immer wieder betonte «Einigkeit» in der konfessionell zerspaltenen Eidgenossenschaft. In den Spielen ist die heroische Zeit die gute alte Zeit des Bundes und damit Vorbild.

Sehr schön wird das nationale Selbstverständnis auf dem Titelbild von Michael Stettlers «Schweizer Chronic» von 1631[84] dargestellt. Den oben in der Mitte schwebenden doppelköpfigen Reichsadler – siebzehn Jahre trennen bei der Herausgabe des Buches noch von der Exemption 1648 – flankieren Kaiser Friedrich II. und Herzog Berchtold von Zähringen mit ihren Wappen: Friedrich II., der Bern, Zürich und Solothurn 1218 die Reichsstandschaft verliehen hat, Berchtold, der Gründer Berns, denn der Chronist ist Berner. Links stehen Tell im Habit des «Alten Schweizers» mit den Schweizerkreuz auf der Brust und sein Sohn mit dem Apfel in der Hand, rechts ein Krieger in antikem Gewand, jedoch mit Hellebarde, auf der ein kleines Schweizerkreuz Platz gefunden hat. Am unteren Bildrand verschlingen sich zwei Hände, Symbol der Eintracht, links davon sitzen Minerva, Kriegs- und Wissenschaftsgöttin, rechts die weibliche Gestalt der Pax, des Friedens, mit Taube und Lorbeer. Damit werden gleichzeitig die heroische Vergangenheit und die kulturell-friedliche Ausrichtung in der Gegenwart hervorgehoben.

Nach wie vor fehlt ein eigentliches Wappen des Gesamtstaates. Das weisse Kreuz, das nun nicht mehr auf den Kriegsgewändern erscheint, hat aber seinen festen Platz auf den in den Standesfarben gestreiften oder später geflammten Kantonsfahnen, dem Blau-weiss der Zürcher, dem Schwarz-rot der Berner oder dem Schwarz-weiss-rot der Glarner und der Stadt-St. Galler oder dem Rot-weiss der Mülhauser und all den andern. Rot und Weiss scheinen allgemein als die schweizerischen Farben zu gelten. Kantonsfahnen mit dem durchgehenden weissen Kreuz sind ein zutreffendes Zeichen für die immer stärker betonte föderalistische Grundstruktur des an sich gemeinsamen Staatswesens.

3 Der neue Patriotismus der Aufklärung

3.1 Die Krise des schweizerischen Bewusstseins: «Das betrübte Heldenvaterland»[1]

Man pflegt die Wende vom 17. zum 18. Jahrhundert als «Crise de la conscience européenne» zu bezeichnen. Auch die Schweiz wird von dieser Bewusstseinskrise erfasst, vor allem als Wende von der Orthodoxie zur Aufklärung, die zuerst ausgerechnet die Stadt Genf erfasst, dann auf Basel übergreift, später in Zürich, Bern wirksam und schliesslich, zeitverschoben, auch in der katholischen Schweiz spürbar wird.

Am Anfang der genannten Epoche steht der bernisch-zürcherische Sieg im Zweiten Villmergerkrieg mit seinen zwei Gesichtern: dem eines, europäisch gesehen, verspäteten Konfessionskrieges und zugleich jenem einer beginnenden Neuorientierung politischer Art, in der Zuwendung der katholischen Städte zu den reformierten, in der Auflockerung der starren Fronten des 16. und 17. Jahrhunderts.

Wie ein Abschied von alten Vorstellungen mutet die 1722 veranstaltete Neuedition von Simlers «Regiment der Löblichen Eidgenoszschaft», des nun 155 Jahre alten Werks an. Allerdings hat der Editor, der Zürcher Jurist Johann Jakob Leu, diese Gelegenheit benützt, das Buch à jour zu führen. Ein gewaltig angeschwollenes Opus ist das Resultat, das 1735 bereits in zweiter Auflage erscheint.[2]

Das Titelblatt, das nochmals das grosse Erbe bildhaft zusammenfasst, erinnert an das neunzig Jahre vorher erschienene Frontispiz von Stettlers Schweizer Chronik. Der Reichsadler ist jedoch durch die Trinität und den Freiheitshut ersetzt, Pax und Minerva werden durch die Frauengestalt der Republik und ihrer Wohlfahrt vertreten, Tell hat den Drei Eidgenossen Platz gemacht. Vieles aber hätte möglicherweise auch 1631 figurieren können. Auf jeden Fall demonstrieren die drei Wappentafeln, die kranzförmige der XIII Orte in der Mitte und die beiden seitlichen der Zugewandten – inklusive Rottweil – und der Gemeinen Herrschaften die schöne Eintracht des Bundes. Der alte Schweizerkrieger, Rüstungen, Fahnen, Kanone, Lanzen und der wehrhafte Löwe als Symbol täuschen ein wenig über die effektive Kraft, die nur noch auf ausländischen Schlachtfeldern der verschiedenen Erbfolgekriege in fremden Diensten ausgeübt wird. So ist das Titelbild doch eher ein stolzes Dokument des Wortes: «Limites quos posuere veteres non moveto» – die Grenzen, die unsere Vorväter gesetzt haben, sollen nicht bewegt werden.[3] Dieser Professorenkommentar zu Reformbestrebungen in der Basler Universität gilt nicht nur für das Bundessystem, sondern auch für die einzelne Republik und deren Kirche, für die zeitgenössischen Vorstellungen überhaupt. Für die späteren Generationen, besonders in der zweiten Hälfte des 18. Jahrhunderts, lief doch vieles aus. Ab 1750 sind die Fremden Dienste finanziell weniger attraktiv und werden zudem grundsätzlich in Frage gestellt. Bedenklich stimmt auch die notorisch schlechte Verwaltung der inzwischen gut drei Jahrhunderte alten Gemeinen Herrschaften, die den modernen Ansprüchen nicht mehr genügt. In den Untertanengebieten ganz allgemein regt sich nicht nur mehr dumpfer bäuerlicher Groll, sondern leise und gelegentlich laut der Wunsch nach Wahrung der ererbten Autonomie, wenn nicht bei den ländlichen und munizipalen Eliten gar nach Mitregierung, und damit der grundsätzliche Zweifel, ob die Herrschaft der Hauptstadt in ihrer aristokratischen Exklusivität ihre Berechtigung hat. Die wachsende Industrialisierung in gewissen Kantonen verändert die sozialen Strukturen unmerklich. Die naturrechtlich denkenden, aufgeklärten Schichten beginnen Fragen zu stellen.

Genügt hier das alteidgenössische Selbstverständnis noch? Lange ist es her seit den stolzen Zeiten der Bauern, die dem Adel trotzten, der alten Schweizer, die Heldenschlachten schlugen, die sich frei in Bürger- und Landsgemeinde aussprachen und mitregierten, der heute vergessenen Bundesbeschwörungen. Die beiden Konfessionen bleiben sich nach wie vor entfremdet.

Das 17. Jahrhundert hat sich nicht in grundlegender Kritik geübt, wie sie das 18. nun fordert. Klagen in Festspielen ersetzen diese nicht. 1725 erscheinen Beat Ludwig von Muralts «Lettres sur les Anglais et les Français». Ist da verdeckt die Schweiz anvisiert in der Ablehnung des französisch-ludovicischen Denk- und Lebensstils? Deutlich wird um 1730 die Kritik Albrecht von Hallers in seinen «Schweizerischen Gedichten», insbesondere in den «Verdorbenen Sitten», mit seiner sehr offenen Darlegung der (bernischen) Patriziatsregierung:

> «Sag an Helvetien, du Heldenvaterland!
> Wie ist dein altes Volk dem jetzigen verwandt?»[4]

und als «betrübtes Heldenvaterland» hat Isaak Iselin die Eidgenossenschaft apostrophiert.[5]

Fünfzehn Jahre nach Haller schreibt der Luzerner Ratsherr Franz Urs Balthasar aufgrund seiner Erfahrungen als eidgenössischer Repräsentant während des österreichischen Erbfolgekriegs (1744): «Man kan ja fast mit Händen fühlen, dass wir dem Ende unserer Freyheit, und dem völligen Verfall ganz nahe sind;

Wir sehen die alte Tapferkeit versunken; die Ehre der Nation verflogen; die Armuht eingedrungen, um so mehr als Pracht, Uebermuth und Verschwendung sich empor schwinget; die gute Verständnuss in denen Tagleistungen verkehret sich in Zuruckhaltung [sic!] und Zerrüttung; ... die Gerechtigkeit selbst muß sich oft geschändet sehen, und zwar öfters von solchen, welche als Väter des Vaterlandes ihre starke Hand bieten sollten.» So wandere das Vaterland dem Untergang zu, «ohne dass sich, auch sonst eiferige Patrioten mit Ueberlegungen bemühen, wie doch dem androhenden Uebel vorgebogen werden möge.»[6] Dies war seit 1758 gedruckt zu lesen!

Die «Patrioten» erwachen allmählich. In den sechziger Jahren sprechen sie – zwar nur brieflich – vom «unordnungsvollen Staat», fragen sich, ob sich eine politische Tätigkeit bei der herrschenden Mediokrität überhaupt lohne, stellen «Verderbnis des Staates», «Untergang der politischen Freiheit» und «allgemeinen Verfall der Sitten und des gemeinen Wesens» fest. Aus Graubünden stammt der Seufzer: «Finden Sie indessen nicht, dass es verdriesslich ist, in einem Lande zu wohnen, wo das gemeine Beste täglich verrathen, die Rechte des gemeinen Wesens verkauft werden und wo der Verfall des Standes täglich über die Hand nimt.»[7]

Graubünden rang, wie die Eidgenossenschaft, mit dem Doppelproblem der Einzelrepublik und der Gesamt-Föderation. Diese beurteilt der junge Balthasar im Zeitpunkt der Publikation der Schrift seines Vaters folgendermassen: «Die Zwietracht und die in unserem Staat uns ehemals unbekannte Staatsbalance haben alles nicht nur verderbet, sondern so verwikelt, dass ohne die wunderbarlichste Staatsveränderung es sehr schwer, ja fast unmöglich ist, sich herauszuwinden.»[8]

So formulierte die junge Generation aus der regierenden Schicht ihr Unbehagen. Vorderhand blieb die Kritik systemimmanent und postulierte lediglich mehr Verantwortlichkeit. Sie trägt kaum politische Züge, verbleibt vornehmlich im ethischen Bereich. Man beklagte zwar die «Unförmigkeit» der gegenwärtigen Verfassungen, war sich aber über die Richtung und Form der Revision nicht im klaren.

Nicht erst in den fünfziger Jahren, schon eine Generation früher war jene neue literarische Bewegung in Gang gekommen, die sich teilweise auch schon patriotisch gab und gesamtschweizerisch dachte. Sie äusserte sich einmal in Zeitschriften wie den «Discourse[n] der Mahlern» in Zürich oder dem langlebigen und repräsentativen «Mercure Suisse» in Neuenburg und vielen weiteren Periodica[9], andrerseits, besonders seit den sechziger Jahren, durch die Gründung von Sozietäten, von Gesellschaften. Ab 1761 strebt die Helvetische Gesellschaft in Schinznach als einziges Ziel die Neugestaltung des eidgenössischen Verständnisses an. Ihr gelingt es sehr rasch, Männer aus allen Kantonen zu sammeln und mit ihrer regelmässigen jährlichen Versammlung zum gesamteidgenössischen Diskussionsforum zu werden, das mit der Zeit allgemeine Achtung geniesst, ja als eine Art von «philosophischer Tagsatzung» oder gar «Nationalversammlung» Sprachrohr schweizerischer Meinung und Gesinnung ist.[10]

Diese Wendung, die man gern als Helvetismus bezeichnet, wäre nicht denkbar ohne den Hintergrund der Zeit. Die Offenheit der aufklärerischen Bewegung wies auch den Schweizern einen neuen Platz an. Sie holte sie aus konfessioneller Einseitigkeit und kantonaler Enge heraus. Die Welt entdeckte die Schweiz sowohl der erhabenen Gebirgswelt wie der Personen, die sie bevölkerten. Das alte Vorurteil des barbarischen oder zumindest unkultivierten Schweizers wurde zugunsten eines eigentlichen «Philhelvetismus», einer «Schweizerbegeisterung» aufgegeben,[11] greifbar in den vielen Berichten, Tagebüchern, Reisememoiren vor allem englischer, französischer und deutscher Herkunft. «Es gibt zuverlässig kein Land, keinen Theil unsers Erdbodens, der in so vielen Rücksichten merkwürdig und interessant wäre als die Schweitz», meint Johann Gottfried Ebel.[12]

3.2 Der helvetische Patriotismus

3.2.1 Patriotismus und Nationalismus – die theoretische Begründung: «Die Liebe des Vaterlandes»

Die Überlegungen der schweizerischen Humanisten und Theologen werden im 18. Jahrhundert nach aufklärerischen Grundsätzen zu Theorien ausgearbeitet.

Deutlich formulierte Isaak Iselin in seiner «Rede über die Liebe des Vaterlandes», die er 1764 als Präsident der Helvetischen Gesellschaft in Schinznach hielt, den Begriff der «Vaterlandsliebe», d.h. des «Patriotismus». Iselin unterscheidet grundsätzlich «zwischen der gemeinen und zwischen der edlern Liebe des Vaterlandes». Die erste ist triebhaft, «sie ist daher meistens ausschliessend; sie findet nur ihr Land, nur ihre Mitbürger, oft nur die Einwohner einer Provinz, einer Stadt, nur die Glieder eines Geschlechtes, eines Stammes, einer Zunft ihrer Achtung, ihrer Liebe würdig.» Iselin leugnet keineswegs die Notwendigkeit dieses Triebes für Entstehung und Ausbau der Staaten, aber «in aufgeklärten Zeiten» sollte das Vaterland anders geliebt werden. Die «wahre Liebe des Vaterlandes», der «wahre Patriotismus» ist nichts anderes als ein «Ausfluss der reinesten Menschen-Liebe; Sie schränket sich nicht in die engen Grenzen eines Landes und einer Nation ein». Nur die Unmöglichkeit, sich für das ganze «menschliche Geschlecht» umfassend einsetzen zu können, ergibt in der Praxis die Beschränkung auf das eigene Land. Ist dieses Land von republikanischer Staatsform, so ist Patriotismus von besonderer Wichtigkeit, weil jeder Bürger Mitverantwortung trägt. Dieser «wahre Patriotismus ist erleuchtet, er schäzet sein Land, er liebet desselben Vorzüge nicht aus einem blinden Triebe; er wiegt mit einer unpartheyischen, mit einer gerechten Waage die Vortheile desselben gegen die von andern Staaten. Er gehet weiter, mit einer edelmüthigen Zuversicht dringet sein scharfes Auge in die innersten Fehler seines Vaterlandes.»[13]

Vier Jahre nach Iselin gab Lavater im «Gebetlied eines Schweizers» den Gedanken einer Mission der Schweiz im Dienste aller Nationen grossen Ausdruck:

> «Laß uns seyn ein Licht auf Erden,
> Und ein Beyspiel stäter Treu;
> Frey, wie wir sind andre werden;
> Und zertritt die Tyranney!
> Gieb, daß alle sicher wohnen,
> Bis die Zeit die Pforten schließt;
> Bis aus allen Nationen
> Eine nur geworden ist!»[14]

Lavater, Iselin und andere[15] vertreten den humanitären Patriotismus, der sich vom Nationalismus – das Wort wird noch nicht verwendet – abgrenzt. Sie betonen damit die Öffnung nach aussen, eine Verpflichtung des Patrioten der ganzen Welt gegenüber. Lavater bezieht dies aber ausdrücklich auf die Schweiz, der er eine Führerrolle zuspricht. Die schweizerische Republik soll ihre Freiheit ausweiten. Sie steht als Beispiel für die Möglichkeit, Despotismus und Tyrannis zu «zertreten». In der humanitären Verpflichtung liegt damit ein göttlicher Auftrag. Viele, nicht nur Lavater, haben damals durch ihr persönliches Wirken bewiesen, dass dieser Anspruch nicht nur Phrase war.

Das Thema Nationalismus behandelt ausser Iselin auch der Arzt Johann Georg Zimmermann aus der bernischen Munizipalstadt Brugg eingehender. 1758 gab er sein Büchlein «Von dem Nationalstolze» heraus, das bis 1780 vier Auflagen erlebte. Zimmermann und Iselin stehen am Beginn der allgemeinen Patriotismusdiskussion. Zimmermann geht es um die «eingebildeten» und die «wahren Vorzüge» des Stolzes ganzer Nationen. «Eingebildete Vorzüge» sind der Stolz auf Alter, Adel, Religion, die «eingebildete» Freiheit und Tapferkeit, Macht, Ansehen, Unwissenheit über das Ausland, Ignoranz ganz allgemein und schliesslich der Hass auf andere Nationen. Zimmermann prägt die Formulierung: «Die Liebe des Vaterlandes ist freilich in vielen Fällen mehr nichts als die Liebe eines Esels für seinen Stall.»[16] Als «wahre Vorzüge» des Nationalstolzes gelten «Tapferkeit der Voreltern», Wissenschaft und Künste sowie die gute Regierungsform. Das Gründermitglied der Helvetischen Gesellschaft gibt der Republik, d.h. der «vermischten Regierungsform» von Aristokratie und Demokratie, den Vorzug.

Der «Patriotismus» der Aufklärung ist als «eine auf das Gemeinwesen bezogene moralisch-politische Gesinnung, die das jeweilige eigene Vaterland als gesetzlich gesicherte Stätte menschenwürdiger Existenz einrichten und erhalten will», zu verstehen. Dies geschieht «in weltbürgerlicher Absicht»,[17] denn wie Isaak Iselin sich ausdrückt: «... au fonds les honnêtes gens se ressemblent partout.»[18]

Es lassen sich verschiedene Komponenten des Patriotismus unterscheiden: Der *politische* Patriotismus, der sich im Fall der Schweiz mit der republikanischen Tradition deckt, findet sich bereits in Athen, im alten Rom, in den Stadtstaaten der Renaissance und neuerdings auch in der nordamerikanischen Republik.

Der *nationale* Patriotismus drückt sich in der Schweiz durch die Tendenz nach einer stärkeren Kohärenz des föderalistischen Systems aus und nimmt sich die heroische Zeit als Vorbild. F.C. von Moser vermisst bei dem «gemeinen Deutschen eine solche National-Denkungsart, eine allgemeine Vaterlandsliebe..., wie man sie bey einem Britten, Eydgenossen, Niederländer oder Schweden etc. antrifft».[19]

Der *universale* Patriotismus meint die von Iselin postulierte «echte Vaterlandsliebe», so wie sie 1773 Chorherr Gugger aus Solothurn formuliert: «Die Tugend des Republikaners muss nämlich die Grenzen seines Vaterlandes überschreiten und benachbarte Völker müssen überführt werden, dass sie an ein Volk grenzen, wo Uneigennützigkeit und Tugend die höchste Politik ist.»[20]

Schliesslich fordert ein *ökumenischer* Patriotismus Toleranz in religiösen Dingen.

Diese Einsichten führten in der Praxis zum patriotischen Einsatz für pädagogische, soziale und ökonomische Reform.[21] Wie richtig sagt nicht der italienische Aufklärer Carlantonio de Pilati von den Schweizern: «Ils n'approfondissent la théorie que pour l'appliquer à la pratique; leur esprit entièrement tourné vers le bien de l'humanité et de la patrie, ne leur permet pas de se borner à la spéculation.»[22]

Solche Bemühungen sind vor allem durch Lavaters «Schweizerlieder» (1767 f.)

auch im Volke populär geworden. Insbesondere deren zweiter Teil, die «patriotischen Lieder», handeln vom Einsatz des Bürgers für eine bessere, patriotischere Schweiz, in diesem humanitären Sinn bleiben sie auch über die Schweiz hinaus gültig. Das sehr beliebte Lied «Der Schweizer» gibt diesen «Patriotismus» konzentriert wieder:

«Wer, Schweizer! wer hat Schweizerblut?
Der, der mit Ernst und frohem Muth
Dem Vaterlande Gutes thut;
In seinem Schoose friedlich ruht;
Nicht fürchtet seiner Feinde Wuth;
In dem fließt reines Schweizerblut.

Wer Falschheit haßt, und arge List;
Wer ferne flieht vor Zorn und Zwist;
Und, was ihm Gott giebt, froh genießt;
Gern sein gesundes Blut vergießt,
Wenn sein Tod andrer Leben ist;
Der ist ein Schweizer und ein Christ.

Wer seiner Väter Tugend ehrt,
Sie ausübt und sie andre lehrt.
Das Gute schützt, dem Bösen wehrt;
Des Schmeichlers Stimme niemals hört;
Und Treu hält, wenn er auch nicht schwört;
Der ist des Heldennamens werth.

Wen vieler Glük und Sicherheit
Mehr, als sein eigen Glük erfreut;
Wen keine schöne That gereut;
Wer frühe den Tyrannen dräut;
Und Knechtschaft als ein Laster scheut;
Der, der hat Schweizerredlichkeit.

Wer immer, wo er stehn soll, steht,
Sich niemals über andre bläht;
Den graden Weg in allem geht;
Gold, Wollust, Ueppigkeit verschmäht;
Da erndtet, wo er selber sä't;
Jst über Könige erhöht.

O Schweiz! du Heldenvaterland!
Sey niemals deiner Väter Schand',
Und halt das festgeknüpfte Band
Der Einigkeit mit treuer Hand!
Dann ist in dieser Welt kein Land
Dir gleich, du Heldenvaterland.»[23]

3.2.2 Die Grundrechte und die schweizerische Republik: «Die unauslöschlichen Rechte der Menschheit»[24]

Die neue Interpretation der «Vaterlandsliebe» erforderte ein Neuüberdenken des Republikanismus.

Da naturrechtliches Denken den schweizerischen Intellektuellen eine Selbstverständlichkeit geworden war, standen sie mitten in der Diskussion der Zeit. Anteil an der Bewegung hatte vor allem die westschweizerische Naturrechtsschule Barbeyrac, Burlamaqui und de Vattel. Rousseau, «citoyen de Genève», schuf die Utopie dieses Landes.

Die nachfolgende helvetische Generation stand primär in der republikanischen Tradition der jeweiligen Kantone. Die zwei in der Schweiz entwickelten Staatsformen – Demokratie und Aristokratie – werden als historische Tatsache zur Kenntnis genommen. Beide Formen sind legitim, beide sollen nebeneinander bestehen.

Die Landsgemeindedemokratie in den alpinen Republiken kennt als einzige die volle Freiheit und Gleichheit als Staatsgrundlage, die Zeitgenossen hielten sie jedoch nur in bezug auf alpin-bäuerliche Verhältnisse für passend. Die intellektuelle und politische Elite sah den richtigen republikanischen Staat weit mehr in der alten Stadtrepublik. Als in Frankreich die grosse Revolution begann, stellte ein Zürcher Bürger fest: Die «bürgerliche Freyheit» bedeutet Mitbestimmung, denn Gesetze regieren die Republik, «die ich entweder selbst machen geholfen oder zu deren Anordnung ich durch Übertragung meines freyen Willens auf Andere, beygestimmt habe». Unabhängigkeit des Bürgers wird auf «den Besitz eines ordentlichen, seinem Stand und seiner Geburt angemessenen, ererbten oder selbst erworbenen Vermögens» zurückgeführt, denn «auch in dem freyesten Staate» ist «Verschiedenheit der Stände nothwendig».[25]

Im Selbstverständnis ist der Bürger «Demokrat», da er den Staat mitregiert und die Behörden wählen kann. Das historische Recht von Stand und Vermögen entscheidet. Jedem Stand fallen seine bestimmten Aufgaben zu im Staat, dem Bauern als Nährstand, dem Bürger als verwaltendem, den Staat regierendem Stand. So versteht sich die herrschende Schicht.

Der Begriff der Freiheit bildet Gegenstand einer sehr regen Diskussion. «... die Freyheit..., dieses der Menschheit eigene Recht... sich der ihm angeborenen natürlichen Rechte zu bedienen, ist dem empfindenden Menschen äusserst kostbar». Der «Gesetzgeber und Regent» hat «kein Recht», «die natürliche Freyheit und Sicherheit eines Menschen zu verletzen...», sagt Iselin. Zimmermann sieht als Kennzeichen der republikanischen Mentalität «Liebe der Freyheit, des Vaterlandes, der Gesetze und die Vermaledeyung der Despotie».[27] Die Freiheit des Bürgers in der Republik, diese althergebrachte Selbstverständlichkeit, findet nun allerdings aufklärerische Ausweitung. Man spricht von «unauslöschlichen Rechten der Menschheit», die für jedermann gelten.[28] Diese Rechte umfassen etwa «Freyheit des Gewissens, Freyheit der Gewerbe, Freyheit zu denken, zu schreiben, zu handeln».[29] Besonders stark wird dabei die Meinungsfreiheit betont: «Bey dem Republikaner aber ist auch seine Sprache frey. Denn er redet wie er denkt und das ist es öfters, was dem Vaterland die grössten Dienste leistet».[30] Tatsächlich beanspruchen diese Stadtbürger die Freiheit der Rede in ihren Ratsversammlungen, auf der Zunft, in der Stadt überhaupt und, trotz staatlicher Zensur, die Freiheit des Schreibens, sowie die Freiheit der Versammlung, die Vereinsfreiheit.

Diese Freiheit republikanischer Provenienz wird in den «Schweizerliedern» immer wieder evoziert. Ein Beispiel sei hier aus des Schaffhauser Schulmanns, Johann Jakob Altdorfers, «Die Freiheit, ein Schweizerlied» von 1767 zitiert:

«O du, der Erde höchstes Gut
Du die uns in Gefahren Muth
Zum Glück Empfindung giebt
O Freiheit, edler Seeln Lust
Mit Dank verehrt des Schweizers Brust
Dich, die er kennt und liebt.

Wer, wie ein guter Bürger soll
des theuren Vaterlandes Wohl
Mehr, als sein eignes liebt;
Und wenn es ihm sein Ruf gebeut,
Sein Leben selbst mit Freudigkeit
Für seine Brüder giebt;

Wer dem Gesez gehorsam lebt,
Und frey von niedrer Absicht strebt,
Sich ganz dem Staat zu weyhn;
Der ist, was wir nicht alle sind,
O freye Schweiz, dein ächtes Kind,
Und würdig, es zu seyn.»[31]

Freiheit und Gleichheit finden oft als republikanischer Doppelbegriff Verwendung, Freiheit und Eintracht werden auch als Gleichheit verstanden. Allerdings ist der Begriff seit Rousseaus «Inégalité» umstritten. Für Berner Patrizier etwa war der Mensch von Geburt an in Abhängigkeit von andern Menschen gestellt, das bedeutete naturrechtlich die Rechtfertigung der Aristokratie. Andere standen jedoch auf dem Boden einer naturrechtlichen Gleichheit aller

Menschen, was insbesondere Chancengleichheit bedeutete. Diese lehnen die hereditäre Aristokratie ab, erheben allerdings Anspruch auf mehr Rechte bei mehr Leistung für die Gesellschaft.[32] Auffallenderweise findet sich der Begriff «Gleichheit» in keinem «Schweizerlied».

Ein republikanisches Gleichheitsideal war jedoch der wesentliche Promotor im Kampf gegen Luxus, «Pracht» und «Üppigkeit», in einer der Zeit angepassten Fortsetzung puritanischer Traditionen der reformierten Kirche, die aber auch im katholischen Raum postuliert wurden. Als Kampf gegen eine unrepublikanische Art der Lebensführung manifestierte sich der Versuch von Selbsterziehung und Selbstdisziplinierung der Elite. Sie stellt den Reichtum nicht zur Schau, sondern lässt ihn sozialen Werken zufliessen, häusliche Erziehung leitet zu republikanischer Bescheidenheit an, denn die Republik erträgt allzu grosse Unterschiede nicht. Es ging hier um eine Auseinandersetzung in der wohlhabenden Oberschicht, ein Ringen unter Standesgenossen in Patriziat und Unternehmertum.[33]

> «Weh, wenn Wollust, Stolz und Pracht
> Sklaven aus uns Freyen macht»,

sagt Lavater im «Gemeineidgenössischen Lied», und im «Lied einer Schweizerischen Obrigkeit» heisst es:

> «Kein Armer soll vor Reichen zagen.»[34]

Ob allerdings diese Selbstdisziplinierung der herrschenden Schicht genügte, die offensichtliche Ungleichheit auszuebnen? Der Gleichheitsgedanke findet seine Schranke in der Existenz von abhängigen, beherrschten Territorien, denn niemand packt das Problem der untertänigen Landstädte und Landschaften grundsätzlich an. Über die einfache Feststellung des Faktums von Herrschaft und Untertänigkeit gehen die Überlegungen nicht hinaus. Einst rechtens erworben, sind diese Gebiete anvertrautes Gut, für das man Verantwortung trägt. Der Begriff «Untertan» wird tunlichst vermieden, die in gewissen Regionen noch bestehende Leibeigenschaft als «die Menschheit entehrend» bezeichnet.[35] Das 18. Jahrhundert kennt jedoch zahlreiche lokale und regionale Untertanenaufstände. Die Obrigkeit betrachtet sie als Störung der rechtmässigen Ordnung und ahndet sie entsprechend. Die Untertanen berufen sich dabei in der Regel auf überkommene, in den Augen der Obrigkeit jedoch veraltete und überholte Rechtsverhältnisse. Einzig der Landschaft Toggenburg gelingt es, sich gegen den st. gallisch-äbtischen Landesherr durchzusetzen, und auch das nur, weil der sonst recht autoritäre Stand Zürich sie nachhaltig unterstützt hat.

Konnte die aufklärerische Bewegung da im Namen von Ordnung und Gesetz einfach billigend zusehen?

Grundsätzlich hat sich allem nach nur der Zürcher Historiker und Politiker Johann Heinrich Füssli mit dieser Frage öffentlich auseinandergesetzt. In seiner Präsidialrede vor der Helvetischen Gesellschaft im Jahre 1782 sprach er unter anderem über den alteidgenössischen Freiheitsbegriff.[36] Aus der Geschichte der Befreiung, den ersten zwei Jahrhunderten des schweizerischen Bundes deduzierte er, dass es ein «mit der Muttermilch eingesogener, in unseren Städten und Ländern noch stets, besonders unter den mittleren und niedrigsten Ständen lodernder Freyheitssinn» war, der die «Conföderation der XII. kleinen Schweitzerkantone ... unabhängig von Aussen, blühend und glücklich von Innen» bis heute erhalten hat. Diesen besonders unter den «mittleren und niedrigen Ständen ... lodernden Freyheitssinn» bezieht Füssli keineswegs nur auf freie Städte und freie Länder, sondern ganz eindeutig auch auf die untertänige Bevölkerung. Die Auflehnung gegen die Obrigkeit sieht er als Mahnzeichen, für den «ächten Freyheitssinn» in allen schweizerischen Staaten Sorge zu tragen. Füssli greift mit dem Begriff des «lodernden Freyheitssinns» letztlich widerstandsrechtliches Gedankengut auf. Es liegt ihm daran zu zeigen, dass die Obrigkeit zu respektieren hat, «was in den Städten Innungsrecht und Übung oder auf den Dörfern Herkommen, Brauch und Sitte» ist, da «mancherley Lokalrechte» mit «rechtsbeständigen Titeln» bestehen. Füssli weist unmissverständlich auf die aktuellen Ereignisse im Kanton Freiburg und in der Stadt Genf hin! Er prangert eine behördliche Politik an, die in falsch verstandener Machtbefugnis die bisherigen «Schweitzerverfassungen» als ungenügend («ohnmächtig») betrachtet und nach ausländisch-monarchischem Vorbild ein Polizeiregime errichten möchte. Er lehnt die spätabsolutistische Konzeption des Staates ab, die darauf ziele, «den Polizeyplunder von ganz Europa in jedem Winkel» zur Schau zu stellen.

Füsslis Äusserungen stehen in der Linie der beginnenden historischen Schule. Er sucht Freiheit und Gleichheit nicht primär im naturrechtlichen System, sondern in der historisch gewordenen Welt des «Herkommens», des altschweizerischen Gewohnheitsrechts. Unter den gedruckten Meinungen der Zeit stand diese Aussage isoliert, sie erfasste aber eine schweizerische Rechtsrealität, die sich zäh gehalten hatte.

Vierzehn Jahre später nahm der Luzerner Politiker Franz Bernhard Meyer von Schauensee als Präsident vor der Helvetischen Gesellschaft und nicht zum Gefallen aller Mitglieder, aber auf dem Hintergrund obrigkeitlich-repressiver Verhaltensweisen den Gedanken vom «Polizeyplunder» noch einmal auf: «Die

Weisheit einer Regierung besteht nicht bloß in der Activität ihrer Polizey: aber wohl darin, daß sie den Geist der Nation ergründe, ihre Anlagen und Gebrechen, ihre Bedürfnisse und Hülfsquellen kennen lerne, sich besonders damit beschäftige, alle Kräfte der Nation in Thätigkeit zu setzen, alle Bewegungen zu einem Zwecke hin zu leiten, alle Fähigkeiten zu entwickeln, jedem Übel vorzubeugen, das Laster zu beßern, und eher bedacht zu seyn, das Volk moralisch beßer zu machen, als sich einer Strenge zu bedienen, die das Übel nie in seiner Wurzel hebt. Gebote und Verbote liegen in dem Gesichtskreise jedes Alltagsmenschen. Nichts scheint ihm leichter zu seyn ...»[37]

3.2.3 Konfessionelle Toleranz als Ausdruck helvetischer Eintracht: «Christ und Bürger»

Vor lauter Christlichkeit hatte man sich seit der Reformation auseinandergelebt. Das 18. Jahrhundert versuchte hier allüberall Brücken zu schlagen, sei es im England der «Broad Church», im Frankreich Fénelons, im Luther-Deutschland schon längst vor Lessing und schliesslich im Österreich eines Joseph II.

Die Schweiz allerdings lebte im Trauma oder im Triumph des protestantischen Berner-Zürcher-Sieges von 1712. Der Tag des Sieges von Villmergen, der St. Jakobstag – la St-Jacques –, wird schon ab 1714 in Deutsch- und Welschbern mit einem jährlichen Gottesdienst gefeiert.[38]

Immerhin war die harte Front der V Orte aufgebrochen, seit das Luzerner Patriziat in Zürich und Bern und den andern reformierten Städten Anschluss gesucht hatte als Rückhalt gegen Volksbewegungen, die wie 1712 die konfessionell-politischen Möglichkeiten hätten gefährden können. Auch Freiburg und Solothurn intensivierten allmählich die Beziehungen zu Bern, verstärkt jedoch erst in den sechziger Jahren, nicht ohne Zutun der helvetischen Begegnungen in Schinznach und später in Olten. 1787, im Jahr der Aufhebung des Gottesdienstes des St. Jakobstags, erklärte der Solothurner Staatsmann und helvetische Präsident Urs Glutz von Blotzheim: «Der Wanderer, wenn er in die Schweiz eintrittet, wird ohne sich aufzuhalten über die Felder von Villmergen eilen und wenn er Schinznach und Olten erblicket, wird er mit Entzücken ausrufen – Hier ist der Ort, wo eine Anzahl patriotischer Männer ... eine Gesellschaft errichteten ... Freundschaft, Liebe und Eintracht unter den Eydsgenossen zu stiften und zu erhalten!»[39]

Doch das war Elitedenken. Auch wenn die theologischen Kontroversen gegen die Mitte des Jahrhunderts aufhörten, bestand doch Misstrauen gegen die «jetziger Zeit so angerühmte Toleranz-Parität». Der Vierte Landfriede hatte tatsächlich die rechtliche Parität in den Gemeinen Herrschaften eingeführt, und das 18. Jahrhundert kennt kaum mehr konfessionelle Konflikte. Aber ein religiöses Zusammengehen war doch nicht so selbstverständlich. Die evangelische Theologie hatte zwar von der Orthodoxie zum Latitudinarismus geschwenkt, die katholische – hier wirkte sich die frühaufklärerische Schulung im Mailänder «Collegium Helveticum» allmählich aus – zog in der Schweiz relativ spät nach. Im Laufe der Zeit lassen sich freundschaftliche Beziehungen unter Theologen und Nichttheologen beider Konfessionen belegen.

Im übrigen begegneten die Obrigkeiten von Zürich, Bern und Glarus den ihnen unterstellten, im aargauischen Surbtal im 17. Jahrhundert angesiedelten Juden nach und nach mit mehr Toleranz, wahrten ihre Rechte in diesem katholisch-protestantisch gemischten Gebiet, liessen die Tätigkeit von Rabbinern, den Bau von Synagogen und die Anlage eines eigenen Friedhofs zu.[40]

Ein neues Bewusstsein gegenseitiger Toleranz zwischen Katholiken und Protestanten drückte Lavater im «Loblied auf die helvetische Einigkeit» aus:

> «Einen Gott im Himmel bethen
> Wir, nur einen Vater an;
> Einen nur, der uns vertreten,
> Und uns selig machen kann.
> Brüder! Er will wol uns allen!
> Jede Tugend jedes Stands,
> Redlichkeit wird ihm gefallen,
> Mit und ohne Rosenkranz.»[41]

Dieses Lied sang ein Bubenchor 1782 im katholischen Olten,[42] und Domherr Beroldingen bekräftigte 1784:

> «Reformierte Schweizertreu
> ist mit röm'scher einerlei.»[43]

Der katholische Pfarrer Ringold hielt 1780 seine in katholischen Landen gut aufgenommene «Lobrede auf den seligen Einsiedler Nikolaus von Flüe», wo von dessen Vorahnung der Spaltung der Kirche als notwendiger Folge des Sittenzerfalls die Rede ist. Bei einer gereinigten Kirche und vorbildlichem Lebenswandel der Gläubigen wäre eine Wiedervereinigung der getrennten Christen möglich. «Hassen wir doch unsre getrennten Brüder nicht; umfangen wir sie vielmehr in dem Liebesgeist Jesu Christi, der immer das erste und untrüglichste Kennzeichen des ächten Christenthums gewesen ist, und in welchem unsre Väter sogar Heyden und Barbaren umfangen haben.»[44] Es fehlt hier die politische Rolle des Eremiten. Diese aber stellt Lavater, der Bruder Klaus in der ersten Liedersammlung vergessen hatte, umso eifriger in den Vordergrund. Niklaus von Flüe ist «des Vaterlandes Retter, ein Heiliger und ... ein Held».[45] «Vater Tell und Bruder Klaus» werden zu den wichtigsten Repräsentanten helvetischer Heldenmythologie. Als ein Nachkomme des seligen Bruder Klaus, der Unterwaldner Simon von Flüe 1790 die Helvetische Gesellschaft besuchte, widerfuhr ihm besondere Ehre: «... il fut témoin de la vénération profonde et générale qu'inspirait ce beau nom, si précieux à tous les vrais enfans de la patrie; et il dut être bien doux à son cœur d'entendre les *Réformés* comme les *Catholiques* bénir la mémoire sacrée d'un homme qui mérita le titre de pacificateur de son pays ...».[46] Das Melchtal wird zur nationalen Kultstätte erklärt.[47]

Lavaters Vorschlag eines Lieds über die «Kappeler Milchsuppe» mit dem Thema «Die Eintracht der Eidgenossen während ihrer Zwietracht im Jahre 1529 bei Kappel»[48] wurde zwar weder von ihm noch seinen Nachfolgern umgesetzt, er lag aber in der Möglichkeit der «Schweizerlieder». Bodmer hielt das Geschehen in einer historischen Erzählung fest.[49] Man darf von einem «ökumenischen Patriotismus» sprechen.

Es ist nicht so sehr die theologisch-religiös fundierte Annäherung, sondern vor allem die patriotisch-vaterländische, die überzeugt. «Gleich den Söhnen Israels» wurden die «Väter» durch Gott zur Freiheit und zum Bund geführt: «Machtest durch sie deinen Namen/Deine Treu und Stärke kund.»[50] Für die Gegenwart gilt:

«Namen sollen uns nie trennen
Wer Gott liebt und redlich ist,
Mag – wie er nur will sich nennen
Bruder ist er und ein Christ.»[51]

«Bruder» liesse sich in andern Zusammenhängen auch durch den Begriff «Bürger» ersetzen. «Christ und Bürger» war für die Republik eigentlich seit je, vor der Reformation und nachher, ein deckungsgleiches Begriffspaar. Die enge Verbindung von Staat und Kirche steht nur als äusseres Merkmal dafür. Das 18. Jahrhundert versuchte, die beiden Begriffe dem aufgeklärten Bewusstsein nahe zu bringen: «Bürgerliche und christliche Tugenden sind untrennbar», «Religion und Sitten» bilden die Grundlage der patriotischen Erziehung.[52] Diese Akzentverschiebung von der confessio zur ethica christiana wird von reformierter wie katholischer Seite formuliert, von aufklärerisch oder pietistisch Gesinnten. Die katholische Version kann z.B. so lauten: Christliche Erziehung betrifft «die Erkenntniss des höchsten Wesens, den dem Urheber aller Dinge gebührenden Liebes-Zoll der Ehrfurcht und Dankbarkeit Tribut, die wahre geoffenbarte, wohlthätige würksame Religion, lautere uneigennützige Nächstenliebe, gleiche Abweichung von Aberglauben und Unglauben, von Lausinn, der zum Unchrist umschafft, und schwärmerischer *Intoleranz,* die den zahmen Menschen auszieht und Tiegerwild werden lässt.»[53] Die intensive Betonung der «uneigennützigen Nächstenliebe», die Abgrenzung gegenüber «Aberglauben und Unglauben» – ein Hallersches Thema – steht in der Linie alter christlicher Ethik und vernunftgemässen Christentums. Neu ist jedenfalls die scharfe Verurteilung der Intoleranz.

3.2.4 Die Utopie des Gesamtstaates: «Das allgemeine Vaterland»[54]

Das Problem des weitgehend föderalistischen Gesamtstaates, der Uneinheitlichkeit bzw. Uneinigkeit der Eidgenossenschaft liess das 18. Jahrhundert noch weniger los als die vorherige Generation. Die Beschäftigung mit diesem Fragenkomplex geschah primär – mittels der gedruckten Chroniken – im historischen Rückblick auf die stärkere Kohärenz der Frühzeiten. Die aktuellen politischen Probleme des eidgenössischen Gesamtstaates fanden immerhin einen besonderen Niederschlag in juristischen Dissertationen und Disputationen an der Basler juristischen Fakultät. Hier sind Themen wie die eidgenössischen Gesandtschaften, die militärischen Institutionen, die Exemtion vom Deutschen Reich, die Freiheit («Libertas Helvetica») der Schweizer und, von Isaak Iselin, das schweizerische Staatsrecht («Tentamen Juris publici Helvetici») ausgeführt worden.[55] Nicht unerwähnt bleiben dürfen die Sammlung schweizerischer diplomatischer Akten, Johann Rudolf von Waldkirchs und Johann Jakob Leus Neuedition von Simlers Republik und sein Kompendium des «Eydgenößische[n] Stadt und Landrechts». Diese Zeugnisse bestätigen das wache juristische Bewusstsein, seit der Exemtion vom Reich ein eigentliches Staatswesen mit voller Souveränität zu sein.

An sich blieb aber alles beim alten. Die Schweiz bot staatsrechtlich nicht viel mehr an als das nun bald drei Jahrhunderte alte «Stanser Verkommnis». Das «Defensionale» zählte ebenfalls schon seine hundert Jahre, der Vierte Landfrieden von 1712 wiederum regelte nur die konfessionellen Verhältnisse in den Gemeinen Herrschaften und blieb bei der schweizerischen Version des «cuius regio eius religio» stehen. Der im Rahmen der allgemeinen europäischen Pazifikationsbestrebungen des Kardinal Fleury stehende anonyme Vorschlag von 1738, der einen ständigen eidgenössischen Rat bzw. eine ständige Tagsatzung mit konfessioneller Parität vorsieht, blieb momentane Utopie.[56]

Das lose gesamtstaatliche System dieser «13 kleinen Ameisenhaufen»[57] musste jedoch im Zeitalter stärkerer staatlicher und nationaler Konzentration von den reformerischen Kreisen als nicht mehr genügend betrachtet werden.

Unter den gegebenen Umständen war nur eine Änderung der Mentalitätsstrukturen denkbar, z.B. die Überbrückung der Gegensätze zwischen den Konfessionen, zwischen Stadt- und Landrepubliken, zwischen grossen und kleinen Kantonen; in privater Korrespondenz auch die Verleihung autonomer Regierung an die Kondominate, die «Gemeinen Herrschaften».[58]

Weiter ging die Helvetisch-militärische Gesellschaft mit ihrem – zwar erfolglosen – Bemühen um stärkere militärische Vereinheitlichung.[59]

Erst 1777 machte der Schaffhauser Johann Georg Stokar in der Helvetischen Gesellschaft die Frage der Veränderung der gesamtstaatlichen Zusammenhänge zum Thema seiner Präsidialrede. Vor- und nachher erging man sich lediglich im allgemeinen Lobpreis der gegenwärtigen Annäherungstendenzen. Stokar setzt Iselins und anderer Ausführungen über die «Vaterlandsliebe» voraus, hält nun aber fest, dass der Schweizer ein «gedoppeltes Vaterland» besitze, das «besondere Vaterland» des Kantons und das «allgemeine Vaterland» der Gesamteidgenossenschaft: «In viele von einander unabhängige Staaten vertheilt, bleibt das allgemeine Vaterland für uns eine unsichtbare Schönheit, die blos mit den Augen des Verstandes kann gesehen werden: Wie würde sie uns entzücken, wenn wir sie in leiblicher Gestalt erblickten; wenn irgend eine Nationalversammlung uns diese herrliche Aussicht auf das Ganze gewährte, und wenn wir dann von einem solchen Anblick begeistert mit all unserer Kraft auf dasselbe wirken könnten ..., da wir keine gemeinschaftliche Regierung haben noch haben können»,[60] ist heute keine Transponierung der patriotischen Gesinnung auf die gesamte Schweiz möglich, kantonale Interessen dominieren. Wenn jedoch die Einzelstaaten aus einer engeren Struktur des Gesamtstaates «beträchtlichere Vortheile» ziehen könnten, wäre ihnen ein Verzicht auf gewisse Rechte zuzumuten. Die Geschichte der Schweiz zeigt, dass in Konfliktfällen solche Opfer möglich waren.

Dann formuliert Stokar den für seine Epoche kühnen Wunsch, «daß doch unsere Freystaaten, nicht nur wie sie wirklich sind und ewig bleiben sollen durch Bündnisse unauflöslich verknüpft, sondern ganz in Einen Staat zusammengeschmolzen seyn möchten, dessen Bürger alle gleiche Rechte und Verbindungen hätten.»[61] Stokar führt diesen Gedanken nicht weiter aus. Seine Forderung nach «irgend eine[r] Nationalversammlung», beziehungsweise einer «gemeinschaftliche[n] Regierung», das heisst eines schweizerischen Parlaments und einer entsprechenden Exekutive, war zu einer Zeit, als es noch kein modernes Beispiel gab – die nordamerikanischen Kolonien befanden sich eben erst auf dem Wege dazu –, an sich schon revolutionär genug. Noch weiter geht der Anspruch «gleicher Rechte und Verbindungen» für alle Bürger. Man wüsste gerne, ob dieser ausserordentlich heikle Punkt 1777 in Schinznach diskutiert worden ist.

Die Verwirklichung der zwei Postulate Stokars hätte die alte Ordnung grundsätzlich und total verändert. Stokars Utopie ist isoliert geblieben.

3.3 Der Rückgriff auf die Geschichte: «Das Heldenvaterland»[62]

An der Beinhauskapelle der bei Murten gefallenen Burgunder wurde 1755 die von Haller verfasste «Aufschrift» angebracht:

> «Steh still, Helvetier, hier liegt das kühne Heer,
> Vor welchem Lüttich fiel und Frankreichs Thron erbebte...
> Nicht unsrer Ahnen Zahl, nicht künstlichers Gewehr,
> Die Eintracht schlug den Feind, die ihren Arm belebte.
> Kennt, Brüder, eure Macht, sie liegt in unsrer Treu'!
> O würde sie noch heut in jedem Leser neu!»[63]

Haller stellt hier die alten Schweizer den neuen, zerstrittenen, uneinigen als Beispiel vor. Der Rückgriff auf die Geschichte soll hier Abhilfe schaffen. Schon früher hatte Bodmer bekräftigt: «Die Histori der Schweitzer ist eine Quelle der schönsten Expeditionen der sie schreibet, der macht die Lobrede eines gantzen Volks.»[64] Der Rückgriff auf die Heldenzeit dient als Rettung für die jetzige «lendenlahme Epoche».[65]

Zwar ist der Stoff vorhanden in Chroniken, in den historischen Volksliedern, deren Sprache jedoch wirkt veraltet. In der baslerischen Satire «Reise nach dem Concerte» lässt der Autor einen alten Pfarrer aus dem Saanenland das «Tellenlied» singen, das vom Basler Publikum als Relikt aus uralter Zeit empfunden wird.[66] Gleichzeitig wird 1734 bis 1736 Gilg Tschudis «Chronicon Helveticum», das fortan die Sicht der Schweizer Geschichte bestimmen wird, zum Druck befördert.[67]

Viele Historiker suchen die Verbindung des Gesamtschweizerischen mit dem sonst weitherum dominierenden Kantonalismus und dem besonders in den sich als Wiege des Staatswesens betrachtenden Urkantonen stark ausgeprägten Regionalismus. Wallis und Graubünden führen ein Eigenleben, letzteres ist doch am Rand vom «Helvetismus» tangiert.[68] Nicht nur die Urkantone, sondern ganz besonders die zwei Grossen, Zürich und Bern, halten sich für «die» Schweiz und haben einen grossen Eigenstolz zu überwinden. Dieses Selbstbewusstsein war in den Randkantonen und in den Gemeinen Herrschaften am schwächsten entwickelt. Da bot sich rasch der Gedanke der Geborgenheit in einem grösseren Ganzen an und damit das Angewiesensein auf die grosse gemeinsame Vergangenheit, wo man in Heldenschlachten dem Feind entgegengetreten war, auch wenn recht viele erst am Burgunderkrieg und einige überhaupt nicht teilgenommen hatten. Über diesen schweizerischen Krieg sagt Bodmer: «So gerecht und billigmässig sind ihre Kriege, so eingezogen ist ihre Ambition, so patriotisch und dapfer sind ihre Burger.»[69]

Bodmers Programm wird ein halbes Jahrhundert später auf der Basis von Tscharners «Historie der Eidgenossen», durch Lavaters «Schweizerlieder», Vorbild für viele weitere Lieder, auf eine besondere und besonders populäre Art verwirklicht.[70] Die letzte Edition aller «Schweizerlieder» gibt die ganze Reihe der Schlachtlieder wieder, «Der Zug nach Gallien», «Albrecht vor Zürich», Morgarten, «Der zweite Sieg auf denselbigen Tag» (d.h. den Obwaldner Abwehrkampf), die Belagerung von Solothurn (zwei Lieder), Laupen, Sempach (drei Lieder), Näfels, der Bruch der Zwingburgen («Die Trümmer») (vier Lieder), Stoss (zwei Lieder), St. Jakob, die schweizerischen Thermopylen (drei Lieder), Grandson, Murten (drei Lieder), Nancy und der Schwabenkrieg (zwei Lieder). Als einziger Rückgriff auf ein altes, historisches Volkslied in einer Neubearbeitung steht Veit Webers «Von dem strît vor Murten» mit dem zügigen Anfang: «Die Zeitung flog von Land zu Land / Vor Murten liegt Burgund».[71] Die andern Lieder sind alle in der Sprache des «Sturm und Drang», der Vorromantik verfasst. In dieser Sprache hat Johannes von Müller in seinen fünf Büchern «Geschichten schweizerischer Eidgenossenschaft» (1786–1807) alles, was an Geschichte vorhanden war, zusammengefasst und in genialer Art gestaltet. Wie schicksalhaft bedingt, vermochte er die Geschichte nur bis kurz vor den Schwabenkrieg zu führen, mit dem Schwabenkrieg aber war die heroische Zeit abgeschlossen. Schon vorher zeigten sich in den Augen der Helvetischen Gesellschaft Anzeichen der Verwilderung und des Zerfalls. Das Reislaufen bot sich nicht als Gegenstand für patriotische Betrachtungen an, und wenn schon, für negative. Die Mailänderkriege finden keinen Platz in den «Schweizerliedern». Die Reformation wird vermieden, um die andersgläubigen Eidgenossen nicht zu provozieren. Das 17. Jahrhundert bietet keine Heldentaten mehr im vormaligen Sinn – höchstens Wettstein findet noch etwelche Beachtung –, es ist eine Zeit, über die man lieber schweigt.

Schon vor Müller gilt die Überzeugung: «Was bey uns grosses geschah, that die Nation.»[72] Das Heldenkollektiv vollbringt die Heldentaten, die Glarner bei Näfels, «ganz Appenzell» bei Vögelinsegg und am Stoss und vor allem der Haufe von St. Jakob an der Birs: «Helden ergeben sich unter Gott, gewöhnliche Menschen meinen durch Niederträchtigkeit dem Schicksal zu entweichen.»[73] Das hindert nicht, dass – wenn überliefert – auch der Einzelheld herausgehoben wird, besonders jener, der fürs Vaterland fällt: Winkelried und der Luzerner Schultheiss Gundeldingen bei Sempach, Uli Rotach am Stoss, der Engadiner Gebhard Wilhelm bei Ramosch, Peter Kolin und sein Sohn Hans bei Arbedo, der Leventiner Stanga bei Giornico. Aus dem Schwabenkrieg sind Fontana an der Calven und Wolleb bei Frastenz beizufügen. Neben den Schlachthelden gebührt auch den Befehlshabern ihr Platz: Waldmann, Hallwyl, Bubenberg im Burgunderkrieg, Erlach bei Laupen.

Die Verehrung beschränkt sich jedoch nicht nur auf Kriegshelden. Wie bei den Humanisten einst werden ebensosehr nichtkriegerische Tugenden hochgehalten. Beispiele lassen sich – von Bodmer bis Müller – viele aufzeigen, Vorbilder für den persönlichen Einsatz in der Republik. Die Schweizer der Heldenzeit haben den Anforderungen an ein Heldenvolk zu genügen. Tun sie es nicht, kann auch ein Müller kritisch werden: «Man hat in der Schweiz nie verstanden, irgend ein Privatrecht, irgend etwas dem Vaterland aufzuopfern als in den Schlachten das Leben», oder: «... man hat in dem Schweizerischen Gemeinwesen nie gern etwas neu machen wollen», oder schliesslich: «Denn diese eure Historie, o Eidgenossen! ist geschrieben ... damit ihr aufwachet und sehet, wie ihr gewesen, wer ihr seyd und wer ihr seyn sollt in besseren Zeiten, wenn ihr es würdig seyd, auch wohl wieder werden könnet.»[74]

Alle diese Kriegshelden aber, alle späteren Helden überragen weit die Bundesgründer, die Drei Eidgenossen vom Rütli. In Lavaters Lied «Der Schweizerbund» stehen die Verse:

«Da schwuren sie den theuren Eid,
Und schlugen Hand in Hand,
Zu retten von der Dienstbarkeit
Das liebe Vaterland.
...
Die stille felsigte Natur
Sah sie auf ihrem Knie;
Im Himmel hörte Gott den Schwur,
Und strömte Muth in sie.

Still drükte jeder seinem Freund
Die Hand: ‹Sey Patriot!›
Und jeder schwur, indem er weint,
Der Tyranney den Tod.»[75]

Die letztzitierte Strophe sieht die Helden zeitgemäss in aktueller Sprache: Es sind Patrioten, die weinen dürfen.

Mit dem Stichwort «Tyranney» erhebt Lavater das Postulat des Widerstandsrechts, in dem Moment spielt sich Tells Geschichte ab:

«Nein! vor dem aufgestekten Hut,
Du Mörderangesicht!
Bükt sich kein Mann voll Heldenmuth,
Bükt Wilhelm Tell sich nicht...

Knirsch immer, du Tyrannenzahn
Wer frey ist, bleibet frey...»[76]

Nach dem Tyrannenmord in der Hohlen Gasse betrachtet Tell mit «Patriotenlust» das «Mörderblut» Gesslers.

Tell aber war zu einem zweifachen Problem geworden, zunächst zu einem politischen. In gewissem Sinn blieb Tell der Obrigkeit suspekt – die drei Tellen des Bauernkriegs mochten wohl nicht ganz vergessen sein –, sie scheute sich, den «Untergebenen» Geschichtsbücher der Eidgenossenschaft in die Hand zu geben. Darum befliss sich die helvetische Generation, die Gründung der Eidgenossenschaft als nichtrevolutionären Akt, «als das grösste Beyspiel der Mässigung und Ehrforcht gegen die Obrigkeiten» darzustellen, sie war demnach «keine Rebellion», ... nicht von «aufrührerischen Bauern» gemacht.[77]

Andrerseits stellte sich in diesem mythenzerstörenden Jahrhundert das grundsätzliche Problem des Mythos. Man bezweifelte – und manche Historiker taten dies schon lange – Wilhelm Tells Existenz. Voltaire schrieb in seiner Weltgeschichte: «Il faut convenir, que l'histoire de la pomme est bien suspecte. Il semble qu'on ait cru devoir orner d'une fable le berceau de la liberté hélvétique.»[78] Damit machte er die Zweifel der Historiker aller Welt bekannt. Schon vorher hatte etwa Iselin, als ihm im Zürcher Zeughaus die «gleich einer Reliquie» ausgestellte Armbrust gezeigt wurde, sarkastisch gemeint: «... als ob iemals ein Wilhelm Tell gewesen wäre!».[79] 1760 erfolgte dann die Aufsehen erregende Publikation der Berner Historiker Freudenberger und Haller, «Der Wilhelm Tell, ein dänisches Mährgen». Die Tellgeschichte wurde als nordische Wandersage entlarvt. Freudenberger will «es wagen, in dieser kurzen Schrift einen förmblichen Angriff wider das so tief eingewurzelte Vorurtheil meiner Landsleuthen zu thun und zu zeigen, dass die Eydsgenossen den Ursprung ihrer wider hergestellten Freyheit nicht solchen Mährlin zu danken haben, sondern dass sie der lieben Einfalt der Alten solche Gedichte zu gute halten, aber auch bey geschehener Untersuchung ihnen nicht mehr kindisch nachsprechen sollen, weil es in unseren Zeiten, die nach dem Grunde der Dingen forschen, uns wenig Ehr bringen würde.»[80] Tatsächlich vermieden es Historiker in den nächsten Jahren, Tell zu nennen.

Das dänische Märchen aber führte nicht nur zur offiziellen Empörung in Uri und der Innerschweiz. Auch viele andere, Gebildete eingeschlossen, liessen sich ihren Tell nicht nehmen. Schon wenige Jahre nach dem schlimmen Büchlein schrieb Lavater sein wildes Tellenlied, das den Beginn eines eigentlichen Tellenkults in der Helvetischen Gesellschaft markiert,[81] der ab 1782 in der institutionellen Feier um die Tellenstatuette Alexander Trippels und dem Umtrunk des «Schweizerbluts», des Weins von St. Jakob, seinen Höhepunkt findet. Tell wird bei Trippel in seiner menschlichen Erscheinung erfasst, nach dem Apfelschuss, im Moment, in welchem er, «les larmes aux yeux», den Sohn in die Arme schliesst. Vermutlich vollzog auch die andere gesamtnationale Vereinigung, die Helvetisch-militärische Gesellschaft, dieses Tellenritual nach. Fortan war Tell wiederum gerettet.

Neben Tell und den Drei Eidgenossen erscheint stets mit Vorzug Niklaus von Flüe als personifizierte Befreiungs- und Bundesidee. Diese Männer und all die andern alten Eidgenossen verkörpern die «Schweizertugenden»: «Einfalt der Sitten, Gefühle der Gleichheit, Weisheit der Erziehung, Bescheidenheit, Treue, Tapferkeit».[82]

Obwohl sich das patriotisch-nationale Ritual der Helvetischen Gesellschaft – ausländische Gäste hatten freien Zutritt – nicht öffentlich, sondern im Estrich des Kornbodens der «Krone» Olten abspielte, versuchte man durchaus, die erneuerte Ideologie, den erneuerten Mythos ins Volk zu tragen. Das geschah durch Zeitschriften, Neujahrsblätter für die Jugend und durch neue Spiele: Samuel Henzis «Grisler» war ein früher Anfang, am Ende steht Johann Ludwig Am Bühls «Wilhelm Tell»![83]

Vor allem aber gestaltete sich die historische Landschaft neu. Eigentliche patriotische Wallfahrten sollten als «Schweizerreisen» insbesondere die Jugend mit den Kultstätten eidgenössischer Heldenzeit vertraut machen, mit den drei Tellskapellen am See, in der Hohlen Gasse und an Tells Geburtsort, mit dem «einsame[n] Grütlin», dem Dorf Brunnen, «wo von den 3 ältesten Cantonen der Grund zu unserm Bunde entworfen wurde»,[84] und dem Melchtal des Niklaus von Flüe. Dazu gehörten auch die Schlachtfelder: Morgarten, Laupen, Sempach, Näfels, Fraubrunnen (Guglerkrieg), Grandson, Murten, Dornach, Stoss und St. Jakob. Die «Schweizerreise», von einer Zürcher Gruppe der Helvetischen Gesellschaft propagiert und 1773 durchgeführt, wurde von da an patriotische Verpflichtung: Man soll in der Schweiz, nicht im Ausland reisen und dort, wenn schon, stets in patriotischem Sinn.

Zu den alten nationalen Begriffen des «Schweizerischen» oder des «Eidgenössischen» trat nun der Begriff des «Helvetischen». Verschiedene mehr oder weniger gelehrte Gesellschaften oder entsprechende Zeitschriften verwendeten ihn, etwa «Der Helvetische Patriot», das «Journal helvétique», die «Etrennes helvétiennes et patriotiques».[85] Die Mitglieder der Helvetischen Gesellschaft bezeichneten sich als «Helvetier». Die Symbolgestalt der «Helvetia» spielte nur eine untergeordnete Rolle, der Begriff wird verwendet, aber noch nicht bildhaft dargestellt.

Das Schweizerkreuz bleibt selbstverständliches Zeichen auf den kantonalen Fahnen, für die helvetische Bewegung scheint es jedoch ohne Bedeutung, denn im Zentrum stehen Tell und die Drei Eidgenossen.

In diesem beginnenden Zeitalter der «Denkmäler» drängte sich der Gedanke an ein «Monument für die Stifter unserer helvetischen Freiheit» geradezu auf. 1783 liess der französische Schriftsteller Abbé Raynal am Vierwaldstättersee zu Ehren der Bundesgründer einen Obelisken errichten, Ausdruck des europäischen Philhelvetismus. Im gleichen Jahr dachte Alexander Trippel, der Schöpfer der helvetischen Tellstatuette, an ein möglicherweise auf dem Rütli aufzustellendes Denkmal, als Stufenpyramide aus rohen Quadern aller Wappen der XIII Kantone – in historischer Reihenfolge, d.h. Uri, Schwyz und Unterwalden als Basis –, überhöht vom Tellenhut, geplant, blieb es aber Idee. Dasjenige Raynals wurde nach einigen Jahren durch Blitzschlag zerstört.[86]

Das Symbol des Tellenhuts ist an sich die Wiederaufnahme des antiken Freiheitshutes, nun aber als Barett des alten Schweizers, des Kriegers der Mailänderzeit. Als spezifisch schweizerisches Zeichen verdrängt der Tellenhut auch die phrygische Mütze, die eine Zeitlang beliebt war.[87]

Der Stolz auf dieses einzigartige Land verstärkt sich: «Wenn ich ... unser helvetisches Vaterland mit jedem andern ebenfalls glücklichen Lande vergleiche, so erfolgt mir daraus das wohlthätige Resultat, daß die Total-Summe unsers Menschenglücks, jedes andere zum Theil aufwiege, zum Theil übersteige.»[88] Pfarrer Bridel, dieser begeisterte Vertreter des Helvetismus, sagt:

> «Mets le chapeau de Tell sur nos fronts triomphans
> que son fier panache ombrage nos enfants.»[89]

3.4 Der alpine Mythos: «Die Natur im Schweizerland»[90]

Wurde die Schweiz im 18. Jahrhundert mit neuen Augen betrachtet, galt das ganz besonders ihrer gebirgigen Natur. Zwar hatten ansatzweise schon Humanisten wie Albrecht von Bonstetten, der die Rigi als «Regina Montium» preist, Glarean, der die Schweiz als «Caput Europes» sieht,[91] und Simler mit seinen beiden Werken «De Alpibus commentarius» und «Vallesiae descriptio» eine Ehrenrettung der unwirtlich gebirgigen Natur dieses Landes versucht. Es brauchte jedoch eine neue Mentalität der Forschung, um das Gebirge in seiner ganz besonderen und vielfältigen Bedeutung zu erfassen: «Die allgemeine Beschaffenheit der Berge, ihre Aufthürmung, ihre – Verbindung, Gestalt, die seltsamen Krümmungen der Thäler, sind Sachen, die einen gemeinen Mann zwar in stumme Verwunderung, einen fleissigen Naturforscher aber in noch grösseres Nachdencken setzen.»[92]

Der Zürcher Johann Jakob Scheuchzer, eigentlicher Begründer der Hochgebirgsforschung, sieht zu Beginn des 18. Jahrhunderts seine Aufgabe folgendermassen: «... wie solchen von mir selbs gemachte Observationen können zu der Ehre des Höchsten, zum nuzen des Vatterlands, auch jeden Privat-personen bekant werden».[93] Die Ehre Gottes, der Nutzen des Vaterlandes sind die Leitbilder, unter denen die wissenschaftlichen Interessen und Beschäftigungen stehen.[94] Scheuchzer stellt zur Bedeutung der Alpen lapidar fest: «Betrachten wir fehrner die Situazion des Schweizerlands, wie solches insonderheit oben bey verschiedenen Anläsen ist auf der Erfahrung- und Vernunftwag abgewogen worden, so werden wir ohne vil Umschweiff bald sehen, daß wir die reineste und subtilste Luft geniessen unter allen Europeischen Völkeren. Wir wissen ja, daß unsere Landt den obersten Gipfel machen von Europa und hiemit andere Lande unter uns ligen...»[95] Damit ist der durch die Alpen gegebene Rang des schweizerischen Vaterlandes festgelegt.

Erst Albrecht von Hallers Lehrgedicht «Die Alpen» zeitigte die weitläufige Wirkung auf die nationale Identität der Schweizer und deren Ruf im Ausland:

«Dann hier, wo Gotthards Haupt die Wolken übersteiget
Und der erhabnern Welt die Sonne näher scheint,
Hat, was die Erde sonst an Seltenheit gezeuget,
Die spielende Natur in wenig Land vereint...

Allein der Himmel hat dies Land noch mehr geliebet,
Wo nichts, was nötig, fehlt und nur, was nutzet, blüht;
Der Berge wachsend Eis, der Felsen steile Wände,
Sind selbst zum Nutzen da und tränken das Gelände.»[96]

Neben das gewaltige Alpenepos tritt eine Generation später die Idylle Salomon Gessners, der damit gleichermassen die Welt des Hochgebirges durch die ebenso schweizerische der Voralpen ergänzt.

Auf Haller und Gessner folgt schliesslich und entscheidend Rousseau mit dem 23. Brief im 1. Teil der «Nouvelle Héloise», erschienen im Februar 1761. Vom einzigartig erfassten Naturerlebnis kommt Rousseau zu den Bewohnern: «J'aurois passé tout le tems de mon voyage dans le seul enchantement du paysage, si je n'en eusse éprouvé un plus doux encore dans le commerce des habitans. Vous trouverez dans ma description un léger crayon de leurs moeurs, de leur simplicité, de leur égalité d'ame, et de cette paisible tranquillité qui les rend heureux par l'exemption des peines plutôt que par le goût des plaisirs.» Von der Gastfreundschaft der Walliser der hohen Täler und dem Kontrast zum profitablen Handel an der Italienstrasse geht Rousseau zum politischen Zustand, zum spezifisch Schweizerischen über: «Le seul compliment qu'ils me firent après avoir sû que j'étois Suisse, fut de me dire que nous étions freres et que je n'avois qu'à me regarder chez eux comme étant chez moi. Puis ils ne s'embarrassèrent plus de ce que je faisois, n'imaginant pas même que je pusse avoir le moindre doute sur la sincérité de leurs offres ni le moindre scrupule à m'en prévalaoir. Ils en usent entre eux avec la même simplicité; les enfans en âge de raison sont les égaux de leurs pères, les domestiques s'asseyent à table avec leurs maîtres; la même liberté regne dans les maisons et dans la république, et la famille est l'image de l'Etat.»[97] Rousseau schildert hier durchaus realistisch, aber natürlich mit positivem Akzent. Es geht weder um idealisierte Hirten noch um die «guten Wilden».

Inzwischen hatte das Reisen in der Schweiz seinen Anfang genommen: «Es war also kein Wunder, dass Tausende begierig wurden, ein Land zu sehen, das so grosse und so reizend ausgemalte Naturszenen darbot. Wer sollte nicht mit *Gessners* Idyllen in der Hand den Zürichsee zu befahren oder mit *Saussure* die Gipfel der Alpen zu besteigen wünschen?»[98]

Unter dem Titel «Für wen ist die Schweiz merkwürdig?» gibt Ebel die Anleitung: «Das Alpengebirg' ist eine unermessliche Ruine, gleich wichtig für den Philosophen, Geognosten und Mineralogen; dessen Gletscher und Eismeere sind die Wasser-Vorräthe des festen Landes. Als das höchste Land in Europa bietet die Schweitz dem Botaniker, Insekten- und Thierforscher, so wie dem Physiker, den reichsten Stoff von Produkten und anzustellenden Beobachtungen dar. Die Völker der Schweitz sind durch ihre alte und neue Geschichte dem Geschichtsforscher, dem Staatsmann, dem Kriegsmann, dem Weltweisen und jedem gebildeten Menschen gleich wichtig. Die Landwirthschaft ist in einigen Zweigen sehr vervollkommnet, und Industrie und Fabriken blühen hie und da in hohem Grade. Einige eigenthümliche Krankheiten der Alpenbewohner sind dem Arzte wichtig. Die Naturschönheiten sind unerschöpflich, und versprechen dem Landschaftsmaler, dem Dichter und jedem fühlenden Menschen die schönste Befriedigung.»[99]

Dieser Katalog erstreckt sich auch auf die voralpine Schweiz, er reicht vom Appenzellischen bis ins Greyerzerland, bezieht die Jurakette von der Dôle bis zum Weissenstein ein.[100] Die Natur, die Alpen werden stets auch als historische

Zeugnisse der Heldenzeit betrachtet! Im Sinn des neuen Erlebens figurieren in den «Schweizerliedern» neben Lavaters späterem «Die Natur im Schweizerlande» und Johann Gaudenz von Salis' «Bergreiselied» z.B. auch der «Morgengesang eines Wanderers nach der Schweiz», der «Rheinfall bei Schaffhausen» und zwei Lieder auf den Zürichsee, sie fügen also die national umgrenzte Welt, die nördlich von Schaffhausen beginnt, ein, obwohl die Alpen das Zentrum bleiben.

Die Schweizer selbst werden nicht allein der Schönheit und der Erhabenheit der «Schweizerberge» gewahr, für sie sind sie zugleich «undurchdringlich/hohe Festung der Natur».[101] Schon Scheuchzer formuliert 1716: «Unsere Vestungen, innert welchen wir ruhig schlaffen, wo nicht entschlaffen, sind unsere hohen Gebirge, angelegt nicht durch Menschen Witz und Hände, sondern durch die allmächtige Weißheit GOTTES und beschützen innert diesen unsern Mauren unsere Geist- und Leibliche Freÿheiten, sowohl unter und gegeneinander als gegen frömde Potentaten.»[102]

Die Alpen haben also durchaus ihre politische Funktion, man erkennt, dass sie Charakter und Verhaltensweisen der Menschen prägen: «Wir Schweitzer bewohnen ... den obersten Gipfel von Europa, athmen desswegen in uns eine reine, dünne subtile Luft, welche wir auch selbst in uns essen und trinken durch unsere Land-Speisen, und Getränke, so eben dieselbige Luft enthalten... Kommen wir in andere, fremde nidrige Länder, so stehet über uns ein höhere Luft, welche ihre schwere Trukkkraft auf unsere Leiber ... ausübet ...»[103]

Darum leidet der Schweizer unter der «unaussprechlichen Begierden nach dem Vatterland». Er wird vom «Heim-Wehe», von der «Nostalgia» heimgesucht,[104] jener Krankheit, die, erstmals vom Mülhauser Medizinstudenten Johannes Hofer 1688 als medizinisches Phänomen beschrieben, bis zu Heidis Heimweh in Frankfurt als den Schweizern eigenes Leiden gilt. Heimweh insbesondere nach der unvergleichlichen Alpenwelt, wo eigentlich bessere Menschen wohnen.

So wird der Älpler, der Hirt zum Vorbild. Dies hält etwa de Saussure fest: «Le moral, dans les Alpes n'est pas moins intéressant que le physique. ... si l'on peut espérer trouver quelque part en Europe des hommes assez civilisés pour n'être pas féroces & assez naturels pour n'être pas corrompus, c'est dans les Alpes qu'il faut les chercher; dans les hautes vallées où il n'y a ni seigneurs, ni riches, ni un abord fréquent d'étrangers ...»[105]

Den moralischen Aspekt hat schon Haller erwogen:

«Ihr Schüler der Natur, ihr kennt noch güldne Zeiten!
Nicht zwar ein Dichterreich voll fabelhafter Pracht;

Wer mißt den äußern Glanz scheinbarer Eitelkeiten,
Wann Tugend Müh' zur Lust und Armut glücklich macht?
...
Wohl dir, vergnügtes Volk!, o danke dem Geschicke,
Das dir der Laster Quell, den Überfluß, versagt;
Dem, den sein Stand vergnügt, dient Armut selbst zum Glücke, ...»[106]

Als ob das christlich-mönchische Armutsideal auf den Älpler hin säkularisiert würde! Eine aufgeklärt-aristokratische Bauern-, bzw. Hirtenrührseligkeit ist Mode geworden, wobei die Realität dort oben hart genug war.[107] Sie zwang in fremde Dienste, zu Auswanderung oder heimischen Abhängigkeiten und sollte sich dann im Pauperismus des 19. Jahrhunderts fortsetzen. Ganz grundlos war das Hirtenideal trotzdem nicht. Dahinter stand auch der Stolz auf eine wenn auch kleinräumige Freiheit auf eigenem Grund und Boden und auf ein demokratisch-politisches Mitspracherecht. Dieses Identitätsbewusstsein unterschied sich gewaltig von jenem des wohlhabenden, aber untertänigen Bauern des Unterlandes.

Die Erinnerung an die grosse Vergangenheit blieb stets wach:

«Bald aber spricht ein Greis, von dessen grauen Haaren
Sein angenehm Gespräch ein höher's Ansehn nimmt;
Die Vorwelt sah ihn schon, die Last von achtzig Jahren
Hat seinen Geist gestärkt und nur den Leib gekrümmt.
Er ist ein Beispiel noch von unsern Heldenahnen,
Jn deren Faust der Blitz und Gott im Herzen war.
Der malt die Schlachten ab, zählt die ersiegten Fahnen,
Bestürmt der Feinde Wall und nennt die kühnste Schar.
Die Jugend hört erstaunt und wallt in den Geberden,
Mit edler Ungeduld, noch löblicher zu werden.

Ein andrer, dessen Haupt, mit gleichem Schnee bedecket,
Ein lebendes Gesetz, des Volkes Richtschnur ist,
Lehrt, wie die feige Welt ins Joch den Nacken strecket,
Wie eitler Fürsten Pracht das Mark der Länder frißt,
Wie Tell mit kühnem Mut das harte Joch zertreten,
Das Joch, das heute noch Europens Hälfte trägt;
Wie um uns alles darbt und hungert in den Ketten
Und Welschlands Paradies gebogne Bettler hegt;
Wie Eintracht, Treu' und Mut, mit unzerstrennten Kräften,
An eine kleine Macht des Glückes Flügel heften.»[108]

Vergangenes greift jedoch ganz konkret in die Gegenwart über. Wir befinden uns in den Tälern der Landsgemeinden – vom Saanenland über die Innerschweiz, dies- und jenseits des Gotthards, bis ins bündnerische Münstertal, mitsamt dem vorgelagerten Appenzellerland. Politische Freiheit, «Demokratie», macht die Besonderheit der alpinen Schweiz aus, sie findet sich weder in den österreichischen, den oberitalienischen noch den savoyisch-französischen Alpenländern.

Allerdings schätzen die städtischen Schweizer diese alpine Freiheit, so wie sie sich an den Landsgemeinden äussert, schon längst nicht mehr sonderlich. Landsgemeinden waren verdächtig, anarchisch. Den Beweis lieferten die Ereignisse in Appenzell Ausserrhoden in den dreissiger Jahren, in Schwyz und Zug in den sechziger Jahren und der Justizmord Innerrhodens am ehemaligen Landammann Suter.

Die jüngere patriotische Generation war da weniger heikel. Zeugnisse geben hier wiederum die «Schweizerlieder», nicht nur Lavaters zurückhaltend domestizierendes «Lied der demokratischen Kantone an ihrer jährlichen Landsgemeinde», sondern auch die Lieder «Vom Rigiberg auf die democratischen Kantone» und «An das gute Volk des Cantons Appenzell»,[109] ganz besonders aber Rousseaus Urteil im «Contrat Social»: «S'il y avoit un peuple de Dieux, il se gouverneroit Démocratiquement. Un gouvernement si parfait ne convient pas à des hommes.»[110]

Es sind jedoch vornehmlich Ausländer, die einen guten Teil an dieser politischen Entdeckung haben. Der «Philhelvetismus», die «Schweizerbegeisterung»[111] ergänzen das Reiseerlebnis der erhabenen Gebirgsnatur, da hat auch die Landsgemeinde ihren Platz. Der Elsässer Ramond de Carbonnières etwa – mit dem Vorteil, die Mundart zu verstehen – beschreibt die Glarner Landsgemeinde von 1777: «Kann man sich ein feierlicheres und erhebenderes Schauspiel denken, als eine Versammlung freier Männer, welche zusammen ihr Gemeinbestes unter freiem Himmel beraten, im Angesichte des Vaterlandes, welches sie gegen Zwangsherrschaft und Dienstbarkeit, die auf der Welt lasten, beschützen, im Angesicht ihrer Kinder, die schon beim Namen Freiheit aufglühen, und von ihren Vätern lernen, dieses unschätzbare Gut unangetastet den Enkeln zu übergeben? Welches Gebäude gliche an Erhabenheit diesem Tale, beschützt von seinen natürlichen Felsmauern und übersät mit Wohnungen und Herden, welchen diesen Republikanern ihr glückliches Land vor Augen malen und in aller Herzen Vaterlandsliebe entflammen? Ich war durchdrungen von allem, was ich sah. Dieses erhabene Gemisch von Grösse und Einfachheit, wovon ich bisher keine Vorstellung gehabt hatte, setzte mich in Erstaunen. Alles schien mir den ersten Zeiten der Völker würdig; so waren die alten Römer und die freien Männer Griechenlands, so die tugendhaften Gallier, die mutvollen Germanier unsere ehrwürdigen Vorväter.»[112]

4 Die Demokratisierung des erneuerten Patriotismus

4.1 Staatskrise und Spaltung der politischen Identität: «Untergang», «Revolution» oder «Regeneration»

Unter dem Titel «Innschrift am Freyheitsbaum zu Bern samt Klagen eines Schweizers» setzte sich 1798 ein anonymer Verfasser mit der Eroberung der Schweiz durch die französische Revolutionsarmee auseinander: «Hier liegt begraben Helvetia, ihres Alters 490 Jahr, gebohren im Grütli im Jahre 1308, gestorben am 5. März 1798. Ihr Leben war das Leben einer Rose, kraftvoll und blühend als Knospe, welkend und zerfallend, als schwüle Hitze von außen und der zerstörende Andrang von innen die erbleichenden Blätter auseinander trieb. Angebetet in ihrer Jugend von jedermann, ward sie im Alter ihren Anbetern zum Gelächter und ihren eigenen Kindern zum Gespött; bis auch sie nach überstandenen Altersschwachheiten Ruhe fand im Dunkel des Todes. Ihr Untergang fragt ernst, – was ist irdische Größe? und ihre Asche erinnert schauderhaft an die alles zerstiebende Kraft der Zeit. Ich arme Tanne bin der Erblaßten zum armen Denkmal gesetzt, meine abgehauenen Wurzeln, meine abgestutzten, nie wieder grünenden Äste und der leere Helm über mir und die Flitter-Bänder um mich reden vernehmlich zum fühlenden Herzen: ‹Wanderer, opfere der Abgeschiedenen eine Rührung der Seele und eine Thräne des Mitleids!›»[1]

Hier spricht das Bewusstsein eines endgültigen Untergangs. Bern gibt es nicht mehr, die Schweiz existiert nicht mehr. Übrig geblieben ist ein Satellit der grossen Republik, eine uneheliche Tochter der Revolution. Frankreich beabsichtigte zunächst sogar, die Schweiz vierzuteilen, in die Rhodanische und die helvetische Republik, die Waldstätte und Graubünden. Diese vier Republiken wären dann vielleicht in irgendeiner Form in das französische Kaiserreich oder das Königreich Italien eingegliedert worden. Dann müsste man auch in bezug auf Bern vom «Glanz des Niedergangs» sprechen, wie man das bei Venedig zu tun pflegt,[2] denn Bern hätte überlebt, sei es als Chef-lieu du Département Aar et Jura, sei es als Hauptort des grossherzoglich-badischen Landeskommissariatsbezirks Bern.

Ging 1798 tatsächlich alles unter? Gewiss, weggefegt wurden tradierte politische Formen: Die Staatserscheinung, die sich seit Jahrhunderten allen Schweizern stets aufs neue eingeprägt hatte, denn seit vierhundert Jahren versammelte sich die Eidgenössische Tagsatzung alljährlich. Bereits um die Mitte des

18. Jahrhunderts hatte Iselin allerdings festgestellt: «Le louable corps helvétique est véritablement confusio divinitus conservata», ein durch göttlichen Ratschluss erhaltenes Durcheinander ... oder: «Il y a pourtant de la dignité, il y a quelque ombre de l'ancienne splendeur de nôtre république à ces assemblées»,[3] ein Schatten einstiger Herrlichkeit also!

Ein Besucher der letzten Tagsatzung in Frauenfeld bekräftigt, in gewisser Weise das Ende vorausahnend: «Wehmüthig-rührent ist es, all die Reden anzuhören, unter welchen einige recht ausgezeichnet bündig waren – warhafftig ein festliche feyrliche Handlung, die jedem Eydgnoss heilig sein soll – aufs neue den Schweitzerbund zu bevestigen, einander treu und ergeben zusein und alle Missheligkeiten in Güte beyzulegen...»[4]

Es ging unter, was sich bis gegen 1500 herausgebildet hatte: die jährliche Landsgemeinde mit ihrem feierlichen Behördenumzug und dem Landesschwur, der Schwörtag in den Städten, wo Bürger und Obrigkeit sich gemeinsam – sei es in der Stadtkirche oder auf öffentlichem Platz – zum gegenseitigen Schwur zusammenfanden, die alle zwei Jahre wiederkehrende Amtsübergabe des eidgenössischen Landvogts in den gemeineidgenössischen Vogteien, wo z.B. im ennetbirgischen Maggiatal der freiburgische Landvogt vom zugerischen das Amt übernahm, um es nach zwei Jahren dem bernischen in die Hände zu legen. Durch den kantonalen Wechsel erlebten die Einwohner eidgenössische Staatsrepräsentation hautnah, den Wechsel von Blau/weiss zu Schwarz/blau und zu Schwarz/rot.

Als Ersatz für diese drei- bis vierhundertjährigen Traditionen machte die Helvetische Republik eigene Angebote. Anstelle des Schweizerkreuzes setzte sie ihre revolutionäre Trikolore. Es war doch kein Untergang. Die Schweiz existierte weiter, denn die revolutionäre Republik stellte noch weit mehr zur Verfügung. In der neuen Verfassung hiess es: «L'unité de la patrie et d'intérêt succède au faible lien qui rassemblait et guidait les parties hétérogènes, inégales, disproportionnées et asservies à de petites localités et des préjugés domestiques... L'universalité des citoyens est le souverain...»[5]

Das war das Selbstverständnis der «Revolutionäre». Wenn auch bald mehr Programm als Realität, sollte dieses Bewusstsein 1803 zumindest offen und deutlich in den «neuen» Kantonen weiterleben, wie es etwa im Lied des neuen Kantons Waadt zum Ausdruck kommt:

«Vaudois, un nouveau jour se lève,
Il porte la joie en nos cœurs:
La liberté n'est plus un rêve,
Les droits de l'homme sont vainqueurs.

De notre antique dépendance
Chassons l'importun souvenir
Et du plus riant avenir
Osons concevoir l'espérance.
  Que dans ces lieux règnent à jamais
  L'amour des lois, la liberté, la paix!»[6]

So manifestierte sich ein befreites ehemaliges Untertanenland. Zwar führte man in den alten Stadtkantonen und den Landsgemeindekantonen wieder mehr oder weniger die alte Ordnung ein, und bis 1830 durfte es dabei bleiben. Die fünf Jahre Helvetik sollten ausgelöscht werden. Die Regenerationsbewegung von 1830 griff jedoch wieder darauf zurück, und jetzt zeigte sich klar, wie sehr sich die Identität der Schweizer verändert hatte.

Heinrich Zschokke hat damals als Präsident des aargauischen Verfassungsrates diese Versammlung scharfsinnig analysiert: «Es war der Kampf schlauer Aristokraten, stürmischer Radikalen oder gemässigter Liberalen; steifer Praktiker und jugendlicher Theoretiker; rohen Priesterhasses und frommer Dummgläubigkeit (Bigotterie); spiessbürgerlichen Ortsgeistes und grossartiger Gemeinnützigkeit...»[7]

Damit drückt er das polarisierte Selbstverständnis, das vom Aargau leicht auf die gesamte Schweiz jener Jahre transferiert werden kann, aus. Die ganze Entwicklung von 1798 bis 1848 lässt sich daraus ablesen:

«Schlaue Aristokraten», die Gruppe, die mit ihrem Bewusstsein im Ancien Régime verblieben und seit 1803/1815 in den alten Stadtkantonen und den Landsgemeindekantonen teils noch an der Herrschaft ist, ewig Gestrige vielleicht. Das alte Recht halten sie für ihr Recht: Aristokratischer Grundbesitz und Magistratur.

«Stürmische Radikale», die Neuen, die eine Totalveränderung anstreben, eine Schweiz des Zentralismus, vormals in der Helvetischen Republik verwirklicht, ein nun in noch demokratischerer Art neu zu schaffender Staat, wenn möglich mit Tendenzen zu einem gewissen Sozialismus.

«Gemässigte Liberale», die seit 1803 in den neuen Kantonen regierende Schicht mit Besitz und Bildung und viele Industrielle, die auf die Wirtschaftsfreiheit setzen.

«Steife Praktiker», die Verwaltungsleute, die den Kanton strukturiert haben, Vertreter des neuen, organisierten Staates.

«Jugendliche Theoretiker», die junge Generation, die ihre Staatsweisheit an deutschen Universitäten geholt hat und sie fortan an den zur Universität umgestalteten radikal-liberalen Berner und Zürcher Hochschulen beziehen kann und die den modernen Rechtsstaat auf demokratischer Basis verwirklichen will.

«Roher Priesterhass», die blind Aufgeklärten, darunter viele liberale Katholiken, die Minorität in ihren angestammten Kantonen – in Zschokkes Aargau die nun schweizerisch gewordenen, im Josephinismus geschulten ehemaligen Österreicher des Fricktals –, die in Klöstern und Jesuiten die Erzfeinde des Landes sehen. Aber auch die Mehrheit der Reformierten denkt so.

Mit «fromme[r] Dummgläubigkeit», bzw. «Bigotterie», apostrophiert Zschokke die Mentalität der «Länder» katholischer Konfession – im Aargau der Freiämtler –, des unaufgeklärten Teils der Katholiken, der sich im Sonderbund bald gegen Radikalismus und Freisinn organisieren wird. Ihnen ist die alte Schweiz, wo man noch in den Kantonen geschlossen konfessionell zusammensein durfte, Vorbild.

«Spiessbürgerlicher Ortsgeist» – auch das war schweizerische Identität! –, im Dorf, in der Kleinstadt, dem Ort, wo man wirkt und lebt und mitregiert.

«Grossartige Gemeinnützigkeit» vertraten viele Bürger, auch konservativer Observanz. Hier liegt die soziale Komponente der «Philanthropie», Erbe der gemeinnützigen Gesellschaften des 18. Jahrhunderts, das sich nun im Dachverband der schweizerischen Gemeinnützigen Gesellschaft neu organisiert und das soziale Anliegen hic et nunc unter jeder Regierungsform verwirklichen möchte.

Für die einen ist schweizerisches Bewusstsein Festhalten am Überkommenen, für die andern eröffnen sich ab 1830 mit der Regeneration der alten Verhältnisse ganz neue Möglichkeiten.

Das seit 1798 Erlebte hat die Schweiz jedoch in ihrem Selbstverständnis aufgesplittert. Unversehens schlittert man in bürgerkriegsähnliche Zustände hinein, mit Putschen, Unruhen, Kantonsspaltungen (Basel und Schwyz), eidgenössischen und kantonalen Truppenaufgeboten zur Wahrung der Ordnung, Freischarenzügen, dem Sonderbund der katholisch-konservativen Kantone und dessen Niederwerfung durch eidgenössische Intervention.

Triumphierend-parodistisch darüber ein Schweizer «Vaterunser»:

«Vater unser
Freiburg ist unser
Der du im Himmel bist.
Zug mit einem Zug genommen ist.
Geheiligt werde dein Nam,
Der Sonderbund ist schon an zwei Füssen lahm.
Zu uns komme dein Reich,
Luzern das haben wir auch gleich.
Dein Wille geschehe wie im Himmel also auch auf Erden,
Die vier andern machen uns nit mehr viel Beschwerden.
Gib uns heute unser täglich Brod,
Wir haben Geschütz für alle Noth.

Vergib uns unsre Schulden,
fremde Einsprach wollen wir nit dulden.
Wie wir unsern Schuldigern vergeben,
aber die Jesuiten sollen zur Hölle schweben.
Führe uns nicht in Versuchung,
denn Jesuiten gibts überall genung.
Erlöse uns von allem Übel deßwegen,
wir wollen gern selbst die Hände dabei regen.
Denn dein ist die Kraft und die Herrlichkeit
und wir sind für unsere Freiheit zu sterben bereit
In Ewigkeit. Amen.»[8]

Hier spiegelt sich die Stimmung der Radikalen, die im eroberten Freiburg und besetzten Luzern zu plündern begannen, bis sich der Armeebefehl General Dufours durchzusetzen vermochte: «Zieht dem Feind kühn entgegen, schlagt Euch tapfer und steht zu Eurer Fahne bis zum letzten Blutstropfen! Sobald aber der Sieg für uns entschieden ist, so vergesset jedes Rachegefühl, betragt Euch wie großmütige Krieger, denn dadurch beweist Ihr Euren wahren Mut. Tut unter allen Umständen, was ich Euch oft empfohlen habe. Achtet die Kirchen und alle Gebäude, welche dem Gottesdienst geweiht sind! Nichts befleckt Eure Fahne mehr als Beleidigungen gegen die Religion. Nehmt alle Wehrlosen unter Euern Schutz; gebt nicht zu, daß dieselben beleidigt oder gar mißhandelt werden. Zerstört nichts ohne Not, verschleudert nichts...»[9]

4.2 Patriotismus und Nationalismus

4.2.1 Die allgemeine Förderung des schweizerischen Nationalbewusstseins: «Rufst Du, mein Vaterland?»[10]

Als erste Organisation hatte sich die Helvetische Gesellschaft von Schinznach für die Förderung eines schweizerischen Bewusstseins engagiert. Was sie auch noch in den polarisierenden Jahren nach der Eskalation der französischen Revolution zusammenhielt, war die vom Präsidenten Sarasin formulierte These: «Wir müssen Schweizer und nichts als Schweizer sein, wenn wir glücklich sein wollen... Vaterlandsliebe ist's, die uns zusammen treibt, reiner warmer Patriotismus.»[11] Das galt für die Mitglieder der Helvetischen Gesellschaft direkt, richtete sich aber als Apell an alle revolutionär und konterrevolutionär Gesinnten überhaupt.

Mit der Begründung der Helvetischen Republik übernahm der neue Einheitsstaat die Funktion der Förderung des Nationalbewusstseins und versuchte es durch verschiedenste Mittel zu beleben: durch direkte Propaganda – vor allem durch das «Bureau für nationale Kultur» –, durch das Schulwesen, die Presse, nationale Feste, nationale Symbole und Zeremonien und mit der Schaffung eines neuen Liedguts.[12]

Als die Kantone wieder souverän wurden, schien die grosse Bemühung vertan. Nun war es wiederum Sache der Vereine, sich um das allgemeine schweizerische Nationalbewusstsein zu kümmern. Es folgen bald zahlreiche Gesellschaftsgründungen schweizerischer Ausrichtung: die neubelebte Helvetische Gesellschaft (1807), die Gemeinnützige (1810), die Geschichtsforschende (1811/1842), die Naturforschende (1815), die Künstlergesellschaft (1805), der Musikverein (1808), der Zofingerverein schweizerischer Studierender (1819).[13] Es waren Vereine der Elite, «unter den Gebildeten vorzugsweise den mittleren Ständen. Noch aber lag eine große Masse in Schlummer und harrte des Hauches, der sie ins Leben rief, in den Seelen ruhte der echte Schweizersinn; aber die besondere Richtung, in welcher die vorhandenen Vereine sich bewegten, berührte sie nicht.

Die Gegenstände, mit welchen sich dieselben befaßten, lagen den meisten zu hoch oder zu ferne, außer dem Bereiche ihrer Kräfte, banden also nur die zusammen, welche in der gegebenen beschränkten Richtung sich bewegten, waren aber nicht ein Bindungsmittel für die Masse, für die Nation. Auf die Nation träufelte ihr Segen; die Mehrzahl aber wusste nicht, woher dieser Segen kam, so wenig als sie weiß, woher und auf welche Weise der Tau auf die Pflanzen kömmt. So waren die Vereine wohl Nationaleigentum, aber national waren sie nicht, das heißt, die Nation genoß ihre Frucht, aber ihren Wert kannte sie nicht. Das geschieht wohl oft, daß der eigentliche Nationalschatz mitten in der Nation vorhanden liegt, ja, vor ihren Augen liegt, aber diese Augen sehen ihn nicht, sie sind gehalten, bis Gottes Finger sie berührt, bis er den Schlüssel zu der Kammer, die ihn birgt, der Nation in die Hände legt.»[14] Diese Analyse stammt aus Gotthelfs «Manifest der schweizerischen Scharfschützen-Eidsgenossenschaft» von 1842. Tatsächlich schlossen sich die Schützen 1824 als erster Volksverein gesamtschweizerisch zusammen, gefolgt vom Turnverein (1832) und dem Sängerverein (1842), Zusammenschlüsse von oft schon bestehenden kantonalen oder lokalen Vereinigungen, die das Bekenntnis zum gemeinsamen Vaterland – in dieser restaurativen Epoche in unpolitischer Art – über ihr spezifisches Vereinsziel stellten.

Der sich steigernde Kult des Vaterlandes an den Jahresversammlungen[15] verband die Kantone und alle Schichten. Man konnte als Naturforscher oder Historiker auch Turner und Schütze sein.

Die ersten nationalen Feste aber, die Unspunnenfeste von 1805 und 1808, als Anlass schweizerisch-alpiner Folklore,[16] als grosses Einigungsfest nach dem Scheitern der helvetischen Bemühungen gedacht, hatte kein Verein, sondern ein Berner Schultheiss ad hoc organisiert. Schultheiss Mülinen wusste als ehemaliges Mitglied der alten Helvetischen Gesellschaft, was not tat. Das Unspunnenfest ist ein Fest des Volkes und der Elite geworden. Ihm folgten andere nach.

Schon drei Jahre später entstand im Rahmen einer weiteren gesamtschweizerischen Veranstaltung, im schweizerischen Artillerielager in Bern von 1811, jenes Lied, das für weit mehr als hundert Jahre die Rolle der Landeshymne übernehmen sollte.[17] Hier drückt sich das neue nationale Empfinden in einer Sprache aus, die dem Bedürfnis der Zeit ebenso entsprach wie die der englischen Nationalhymne entlehnte Melodie in ihrer getragenen, choralmässigen Feierlichkeit:

«Rufst du, mein Vaterland?
Sieh uns mit Herz und Hand
All dir geweiht!
Heil dir, Helvetia!
Hast noch der Söhne ja,
Wie sie Sankt Jakob sah:
Freudvoll zum Streit.

Da wo der Alpenkreis
Nicht dich zu schützen weiß,
Wall dir von Gott,
Steh'n wir den Felsen gleich,
Nie vor Gefahren bleich,
Froh noch im Todesstreich,
Schmerz ihnen Spott.

Nährst uns so mild und treu,
Hegst uns so stark und frei,
Du Hochlands Brust!
Sei denn im Feld der Noth
Wenn dir Verderben droht,
Blut uns ein Morgenroth
Tagwerk der Lust.

Sanft wie der Alpensee,
Sturmlos am Gletscherschnee
Webt unser Muth.
Graus tobt der See, geschreckt,
Wenn ihn Gewitter deckt,
So wir zum Kampf erweckt,
Wuth wider Wuth.

Und wie Lawinenlast
Vorstürzt mit Blitzeshast –
Grab allumher –
Werf in den Alpenpfad,
Wenn der Zerstörer naht,
Rings sich Kartätschensaat
Todtragend schwer.

Frei und auf ewig frei!
Ruf unser Feldgeschrei,
Hall unser Herz!
Frei lebt, wer sterben kann,
Frei, wer die Heldenbahn
Steigt als ein Tell hinan
Nie hinterwärts.

Doch wo der Friede lacht
Nach der empörten Schlacht
Drangvollem Spiel;
O, da viel schöner traun,
Fern von der Waffen Graun
Heimath, dein Glük zu bau'n,
Winkt uns das Ziel»![18]

Das «Vaterlandslied» steht in der Schweizerliedertradition, die ja auch «Kriegslieder» enthält. Es evoziert die wesentlichen Elemente schweizerischer Identität, die heldische Vergangenheit, die neue Wehrhaftigkeit, den alpinen Mythos und die Tellenfreiheit. Besondere Bedeutung kommen den letzten sieben Verszeilen, «Doch wo der Friede lacht...», zu. Diese relativieren die ersten sechs Strophen, die damit vorläufigen Charakter erhalten, denn als Ziel gilt der Wunsch, «Heimath, dein Glük zu bau'n».

Wyssens Text ist eine der frühesten Nationalhymnen nach dem Vorgang der «Marseillaise». Die deutschen Lieder folgen zwei Jahre später, im Befreiungskrieg. Ein blutrünstiger Ton liegt in so gut wie allen nun entstehenden Nationalhymnen. Die Umdeutung zur Friedenshymne – wie in der letzten Strophe des «Rufst du, mein Vaterland?» – wird bei der belgischen «Brabançonne» und sogar bei der «Marseillaise» in der Dritten Republik möglich. Die Anfangsworte erinnern an das «Allons enfants de la patrie».

Die Übernahme der Melodie von «God save the King» – schon im preussischen «Heil Dir im Siegerkranz, Herrscher des Vaterlands» 1793/94 vorausgenommen – rechtfertigt sich mit der zwar umstrittenen, aber gut schweizerischen Nationalthese, dass das englische Lied eigentlich auf einen Genfer Psalm zurückgehe![19]

Kein altes «Schweizerlied», sondern dieses «Artilleristenlied» ist zur Nationalhymne erkoren worden. Allerdings hatte es in diesem vielfältig strukturierten Lande – trotz Übersetzungen ins Italienische und Französische – mit viel Konkurrenz zu rechnen. Es erlag schliesslich dem «Schweizerpsalm».

4.2.2 Neuer Wehrwille: «Stehn wir den Felsen gleich»[20]

Das Nationallied «Rufst du, mein Vaterland?» stand für die Erkenntnis, dass es zur Erhaltung der Freiheit – was immer man auch darunter verstand – eines Verteidigungswillens und der entsprechenden Wehrkraft bedurfte. Die Schweizer Freiheit aber war 1798 durch die französische Eroberung, 1799 durch den österreichisch-russischen Einmarsch verloren gegangen. Dreihundertzwanzig Jahre nach den Burgunderkriegen präsentierte sich die Schweiz wieder als Operationsfeld eines europäischen Krieges. Nach dem Ende der Helvetik wurden die französischen Besetzungstruppen zurückgezogen, 1815 erfolgte jedoch der Durchmarsch der alliierten Armeen Richtung Burgund.

1798 hatte Bern seine Milizen noch gegen die zwei französischen Armeen geführt, mit erstaunlichem Erfolg im Süden bei Neuenegg, aber katastrophaler Desorganisation im Norden bei Fraubrunnen und im Grauholz. Es folgte der isolierte, heldenhafte Widerstand in den Bergen, in Schwyz, im Wallis, in Nidwalden und im Bündner Oberland. Dieser altschweizerische Widerstand – Auflehnung gegen die helvetische Zentralregierung, hinter welcher die französische Besatzungsmacht stand –, insbesondere der verzweifelte Aufstand der Nidwaldner, ist eine Art Prüfstein für die spätere Wertung der Helvetik geworden. Er bildete bald – auch für Nichtkonservative – einen Lichtpunkt in diesen dunklen Tagen. Der sonst so eifrige Helvetiker Heinrich Zschokke bezeichnete schon 1801 den Widerstand in den Waldkantonen als Kampf von «Tugend, Männlichkeit und erhabenem Sinn» für die «Ehre des Vaterlandes».[21] Die Älpler retteten die Ehre dieses erst noch im Sinn der Helvetik, bzw. im Sinn des Liberalismus zu errichtenden Vaterlandes.

Die schlimmen Erfahrungen, welche die Eidgenossenschaft mit dem Grossteil Europas teilte, führten zum Entschluss, das alte Wehrwesen, einigermassen vereinheitlicht, neu aufzubauen.[22] Die Neustrukturierung sah den eidgenössischen Generalstab, die Offiziersausbildung durch die Zentralschule in Thun, ein Militärreglement, eine Kriegskasse und Übungslager vor. Dahinter stand die neue nationale Bewegung. Überdeutlich kommt sie zum Ausdruck in Albert Bitzius', Jeremias Gotthelfs, «Eines Schweizer Wort an den Schweizerischen Schützenverein»: «Noch ist dem Schweizer die Freiheit sein höchstes irdisches Gut, noch lebt in ihm der Sinn, es zu wahren, und die Kraft dazu, und darum liebt er auch und ehret, was sie ihm soll wahren helfen, was seine Kraft zur Hand sein muss: er liebt seine Waffe. Diese Waffe ist ihm jetzt das schwere Feuerrohr, zu welchem ein klares Auge, eine sichere Hand gehören, beide des Schweizers angebornes Eigentum. In dieser Waffe liegt zugleich etwas Geheimnisreiches, Wunderbares, welches zu jeder Zeit seine besondere Gewalt üben wird über der Menschen Gemüter, ein fernes Ziel zu treffen, den Tod in die Weite zu senden mit sicherer Hand, daß das erzielte Opfer fällt, wie vom Blitz aus Gottes Hand getroffen, unerwartet und ohne Abwehr, hat etwas Götterhaftes...»[23]

Die nationalpatriotische Bewegung trug diese Armee. Sie erhielt 1840 die einheitliche Fahne, 1850 die einheitliche Uniform. Nur die kantonale Kokarde am Käppi erinnerte noch an die kantonale Herkunft. 1860 trat das Obligatorium der allgemeinen Schiesspflicht an die Stelle verschiedenartiger kantonaler Regelungen. Allüberall absolvieren fortan am Sonntagmorgen nach der Predigt die Schiesspflichtigen ihr «Obligatorisches» im örtlichen Schützenstand.

1875 erfolgt die Neueinteilung der Armee, die neue Truppenordnung,[24] die jene nationalen Nummern schafft, die für die Infanterie fortan mit wenig Veränderungen die gleichen geblieben sind, beginnend mit den Waadtländer Bataillonen 1 bis 9, endend mit dem Tessiner Regiment der Bataillone 94 bis 97. Uri ist das Bataillon 87, Schaffhausen das Bataillon 61, Appenzell-Innerrhoden die Kompanien III und IV des Bataillons 84; erkennbar sind sie durch Nummer, Kantonalkokarde und Schleife in den Kantonalfarben an der Bataillonsfahne. Ein Stück kantonaler und schweizerischer Identität!

Parallel zu dieser Organisation geht die Intensivierung der allgemeinen Wehrpflicht. Artikel 25 der Verfassung der Helvetischen Republik sagt schon: «Jeder Bürger ist ein geborener Sohn des Vaterlandes» / «Tout citoyen est soldat né de la patrie».[25] Die Mediationsverfassung sah die Formulierung vor: «Tout Suisse agé de 16 ans est soldat. Il est tenu d'avoir son uniforme et son équipement lorsqu'il se marie». Napoleon strich den Artikel.[26]

Viele Kantone begannen mit der schärferen Erfassung ihrer Bürger. Gewisse hätten zwar lieber Militärsteuern eingezogen, als die Leute zum Dienst zu verpflichten, und sorgten gerade noch knapp dafür, dass das eidgenössische Kontingent zahlenmässig stimmte. Die Waadtländer zeigten sich vorbildlich. Bei der eidgenössischen Inspektion von 1831 waren sechs Bataillone zu stellen, sie marschierten mit sechzehn auf.[27] Dispensationen, früher – mit der Möglichkeit, einen Ersatzmann zu stellen – gang und gäbe, gingen zurück. Das Privileg der Freistellung von Studenten wurde 1848, jenes der Lehrer – «Jeder Lehrmann ein

Wehrmann»[28] – 1874 aufgehoben. Die schärfere Erfassung brachte aber Probleme, z.B. die Dispensation von Dienstverweigerern aus Gewissensgründen. Die Militärorganisation von 1874[29] hatte eine allgemeingültige Basis geschaffen: Rekrutenschule für jeden Militärtüchtigen, auch für künftige Offiziere, d.h. ohne Privileg der «Einjährig Freiwilligen» wie im wilhelminischen Deutschland oder einst in gewissen eidgenössischen Stadtrepubliken. Ausrüstung und Waffe, beide unentgeltlich abgegeben, befanden sich nun überall in der Hand des Mannes, die uralte Waffentradition war damit vom modernen Staat und der modernen Verwaltung allgemein gültig reglementiert.

Die Armee verstand sich als Ausdruck nationaler Einheit und «Schule demokratischer Tugenden». Diesen alten, geretteten und neu belebten Milizgedanken verwirklichten die Nationen des europäischen Festlandes nun seit der französischen Levée en masse und der preussischen Wiedererhebung auf ihre Art mit der Schaffung ihrer nationalen Reservearmeen. Auch dort wurde man fortan als Soldat geboren!

Besonderheit der Schweiz bildete nur noch die Art und Weise der Organisation der eigenen Volksarmee und die Absenz einer Berufsarmee, denn die potentielle schweizerische Berufsarmee in Fremden Diensten überlebte das 19. Jahrhundert nicht und hatte bereits vorher ihre Attraktivität eingebüsst. Viele Kompaniebestände mussten ja mit Ausländern, vor allem Deutschen, aufgefüllt werden.

In der Revolution entliess Frankreich die Fremdtruppen. Allerdings engagierten sich die Schweizer Söldner nun anderswo, und das Frankreich Napoleons brauchte sie erneut. Das «Beresinalied» hält in ganz unkriegerischer Art den Rückzug aus Russland fest und wirkt wie ein Abschied von der Tradition der Fremden Dienste:

«Unser Leben gleicht der Reise
Eines Wandrers in der Nacht.
Jeder hat auf seinem Gleise
Etwas was ihm Kummer macht.

Aber unerwartet schwindet
Vor uns Nacht und Dunkelheit
Und der Schwergedrückte findet
Linderung in seinem Leid.

Darum lasst uns weitergehen,
Weichet nicht verzagt zurück;
Dort in jenen fernen Höhen
Wartet unser noch ein Glück.»[30]

Das Lied deutet auf eine mögliche Erinnerung an die Fremden Dienste – als dunkel- und leidensvolle Wanderung durch die Kriege der Jahrhunderte – hin. Eine andere Interpretation verkörpert das nach dem Modell Bertel Thorwaldsens zur Erinnerung an den Heldentod der Schweizergarde in den Tuilerien errichtete Löwendenkmal in Luzern mit einer Gedenkkapelle und dem Motto «Helvetiorum fidei ac virtuti».

Schweizertruppen waren nunmehr eindeutig zu «Soldtruppen der Reaktion» geworden. Mit den nationalen oder liberalen Bewegungen entliessen denn auch die Niederlande und Frankreich ihre letzten Schweizerregimenter. Die allerletzten kämpften unter Neapels Fahnen im italienischen Befreiungskrieg. Was blieb, war glorreiche Erinnerung, sorgsam gepflegt in den Kreisen des Patriziats, suspekt jedoch in den Augen der Liberalen und der Demokraten, suspekt wie die ganze Landvogteizeit überhaupt.

4.2.3 Freiheit, Gleichheit, Demokratie: «Frei und auf ewig frei»[31]

«Der freie Schweizer», Realität im Heldenzeitalter, wurde in den folgenden zwei Jahrhunderten immer mehr zum Mythos. Für das Ausland blieb der «freie Schweizer» reiner Tatbestand.

An sich hätte schon die Entstehung der nordamerikanischen Republik der «Vereinigten Staaten» den Schweizern diesen Platz streitig machen können. Bei allem Interesse für diesen hochinteressanten Vorgang, er fand eben doch weit weg von Europa statt und hing mit den allgemeinen Problemen der Entkolonisierung zusammen. Die Niederlande galten infolge ihrer starken Abhängigkeit von den oranischen Statthaltern nicht mehr als echte Republik. Sie verloren zudem nach der Niederlage der Patriotenpartei, Opfer einer preussischen Intervention im Interesse des Statthalters, 1787 weitgehend ihren republikanischen Charakter. Und die britische Freiheit war eingebaut in den Rahmen der Monarchie. So blieb die Schweiz doch die Republik par excellence, das Land, wo man in den Alpen die Freiheit suchte und fand.[32] Mit der französischen Revolution und der Proklamation der Republik war jedoch die Schweiz als Modell plötzlich nicht mehr interessant.

Sah Goethe richtig, wenn er im Zusammenhang mit der Redaktion seiner Schweizerreise sagte: «Frei wären die Schweizer? frei diese wohlhabenden Bürger in den verschlossenen Städten? frei diese armen Teufel an ihren Klippen und Felsen? Was man den Menschen nicht Alles weis mach kann! besonders, wenn man so ein altes Märchen in Spiritus aufbewahrt... nun erschuf ihnen die liebe Sonne aus dem Aas des Unterdrückers einen Schwarm von kleinen Tyrannen durch sonderbare Wiedergeburt... und nun sitzen sie hinter ihren Mauern, eingefangen von ihren Gewohnheiten und Gesetzen, ihren Fraubasereien und Philistereien, und da draussen auf den Felsen ist's auch wohl der Mühe werth, von Freiheit zu reden, wenn man das halbe Jahr vom Schnee wie ein Murmelthier gefangen gehalten wird.»[33]

Diese Worte erschienen 1808 im Druck und wurden wahrscheinlich schon 1795 diktiert. Goethe geht es hier eigentlich weniger um die sonst so viel berufene politische als um die innere Freiheit des Menschen, auch wenn sich mit den «kleinen Tyrannen» doch ein politischer Klang beimischt.

Goethes Passage stammt aus der Zeit, als das Ausland die sprichwörtliche Freiheit der Schweizer zu hinterfragen beginnt: «Die Gemälde von den kleinen demokratischen Staaten der Schweiz, von den wilden Völkern der andern Welttheile,... diese Gemählde, die nicht treu nach der Natur gezeichnet sind, die wenigstens ihre Reize der vorgefaßten Meinung, oder der Phantasie des Künstlers, verdankten, haben die Einbildungskräfte vieler Menschen mit einer Vorliebe zum Hirten=Leben entzündet.. Man hat vergessen, daß gerade unter der bey den Demokraten so verhaßten aristokratischen Regierung der Republik Bern die Hirten=Völker am meisten blühen, vergessen, wie unglücklich wir mit unserer Bildung und Cultur uns in die Länge unter diesen Hirten=Völkern fühlen würden, wenn wir auch unter ihnen leben könnten.»[34]

Mit diesen an sich richtigen, 1792 publizierten, in der Linie von Burkes Revolutionskritik stehenden Feststellungen des hannoverschen Staatsbeamten Ernst Brandes sind allerdings diejenigen von Johann Gottfried Ebel, einem guten Kenner der Schweiz, zu konfrontieren. Zur gleichen Zeit sagt er – und das in positivem Sinne: «Nur hier allein in Europa bestehen Hirtenvölker und Volksregierungen.»[35]

Es boten sich seit 1789 zwei Freiheits-Möglichkeiten an: die neue, naturrechtlicher Konzeption, basierend auf den Ideen eines Zentralstaates, der die Grundrechte wirklich durchzusetzen und zu garantieren versteht, und die alte, spätmittelalterliche der kommunalen Freiheit. Beide boten sich unzufriedenen Schweizern als Modell an.

Im Laufe der Hallauer Unruhen von 1790 ist die alte Vorstellung fast klassisch formuliert worden: «Wir sind keine Unterthanen! Wir sind freye Schweizer, und wollen seyn wie die Katholischen und die in Bündten», d.h. wie die Innerschweizer der «Länder» und die Einwohner von «Alt fry Rätien». Diese Worte erfolgten als Replik auf die übliche Anredeformel, welcher sich der Vertreter der schaffhausischen Obrigkeit bedient hatte: «Ehrsame, M[einer] G[nädigen] H[erren] zu Schaffhausen getreue liebe Untertanen.»[36]

Siebeneinhalb Jahre darauf brach die «Helvetische Revolution» aus,[37] im Januar 1798, als schon zwei französische Interventionsarmeen bereitstanden, um die stark nach französischem Muster sich richtende Waadtländer Befreiung von Bern zu decken und zu schützen. Schon vorher hatte am 20. Januar Basel das Signal gegeben mit der freiwilligen Abdankung der alten städtischen Regierung. Luzern folgte in gleicher Weise, während Zürich und Schaffhausen dem Druck von unten nachgaben. Aus diesen Stadtkantonen wurden Repräsentativdemokratien ehemaliger Untertanen und ehemaliger Herren, als ob die alte freie Verfassung der Stadt nun auf das Territorium übergriffe! So hatten es sich die Zürcher Untertanen von Stäfa drei Jahre vorher vorgestellt, wenn sie beklagten, «dass diese Konstitution innert die Mauern der Stadt vergraben und das Landvolk davon ausgeschlossen ist».[38] Die Basler Untertanen sahen die Schlösser im Elsass brennen, während ihre eigenen noch intakt standen. Im Frühling 1798 gingen sie – altschweizerischem Beispiel nachfolgend – an die Zerstörung der Landvogteisitze Farnsburg und Waldenburg. Die Berner begnügten sich mit der Plünderung ihrer Landvogteischlösser Signau und Bipp und des schaffhausischen Hallau mit dem Herunterschlagen der Schaffhauser Böcke von ihren Kanzeln.

Gleichzeitig erklärten sich die ländlichen Herrschaften zu selbständigen Landsgemeinderepubliken, und die Obrigkeiten bemühten sich, für alle Gemeinen Herrschaften Freiheitsurkunden auszustellen. Plötzlich gab es ein freies Lugano, ein freies Rheintal, ein freies Toggenburg.

Eine Schweiz aus etwa zwei Dutzend Landsgemeinde- und gegen zwanzig Repräsentativdemokratien, eine Erweiterung der XIII Orte auf über vierzig «Kantone» – vom ehemalig zürcherischen Sax bis zum ehemals bernischen Aargau – war Wirklichkeit geworden; eine echteste, in den Heldenzeiten unterschwellig schon angelegte Eidgenossenschaft!

Ein solch altväterisch-freier Staat war aber nicht nach dem Sinne der Zeit, dem Sinne der Aufklärung und noch weniger nach dem Sinne der französischen Republik, die gleichartige Schwesternrepubliken (républiques sœur) wünschte. So fiel wie ein Reif in Frühlingsnacht über diese alteidgenössische Euphorie die Ordnung der Helvetischen Republik, die mit dieser Kantonsvielfalt nichts anfangen konnte. Sie stellte sich jedoch unter die Devise «Freyheit/Gleichheit».[39] Nicht nur in der Waadt, sondern in den vielen Untertanengebieten überhaupt begrüsste man auch diese Ordnung mit Freuden, wie etwa Seckelmeister Hürner in Thun, der künftigen Hauptstadt des neuen Kantons Oberland: «Was wollt ihr kümmern, die Franzosen bringen uns Freiheit, das Vaterland verlieren wir nicht, höchstens die Landvögte.»[40]

Die neuen «Kantone» der Helvetischen Revolution

Januar bis April 1798.
(Daten der Freilassung, bzw. *Loslösung von den Obrigkeiten; in Klammern: Ehemals regierende Kantone)

*Léman 24. Jan. (BE)
*Greyerz 28. Jan. (FR)
*Welschfreiburg 28. Jan. (FR)
Toggenburg 1. Febr. (Abt SG)
Unterwallis 1. Febr. (VS)
Sax 5. Febr. (ZH)
Landschaft St. Gallen 14. Febr. (Abt SG)
Lugano 15. Febr. (XII Orte)
Mendrisio 15. Febr. (XII Orte)
*Riva San Vitale 23. Febr.–16. März (XII Orte)
Thurgau 3./5. März (VIII Orte)
Rheintal 3./5. März (IX Orte)
Sargans 3./5. März (VIII Orte)
Uznach anfangs März (SZ/GL)
Gaster anfangs März (SZ/GL)
Locarno 6. März (XII Orte)
March 8. März (SZ)
Werdenberg 10. März (GL)
*Oberland 16. März (BE)
Valle Maggia Mitte März (XII Orte)
Baden 19. März (ZH/BE/GL)
Unteres Freiamt 19. März (ZH/BE/GL)
*Aargau 22. März (BE)
Gams 24. März (SZ/GL)
Oberes Freiamt 28. März (VIII Orte)
Bellinzona 4. April (UR/SZ/UW)
Riviera 4. April (UR/SZ/UW)
Blenio 4. April (UR/SZ/UW)

Auch bei geteilter Meinung, ob den Franzosen die Freiheit – für die Untertanen – zu verdanken sei, das Prinzip der Gleichheit jedenfalls war nicht mehr rückgängig zu machen. Die Mediationsakte hält in Artikel 3 fest: «Es gibt in der Schweiz weder Untertanenlande, noch Vorrechte der Orte, der Geburt, der Personen und Familien»,[41] eine deutliche Absage an das Patriziat und an die territoriale Herrschaft der Städte.

Auch im Bundesvertrag von 1815 liess sich – so sehr das teilweise gewünscht wurde – das Rad der Zeit nicht viel weiter zurückdrehen. Die Existenz von fünf Kantonen, vormaligen Untertanengebieten, verbot das: Umständlich hält Paragraph 8 fest: «Die Eidgenossenschaft huldigt dem Grundsatz, daß so wie es nach Anerkennung der XXII Kantone keine Unterthanenlande mehr in der Schweiz gibt, so könne auch der Genuß der politischen Rechte nie das ausschliessliche Privilegium einer Classe der Kantonsbürger sein.»[42] Eine historisch-bundesrechtliche und keine naturrechtliche Begründung!

Die Verfassungen der Kantone der Regeneration nahmen die Formulierungen der Helvetik bzw. der französischen Revolution wieder auf, 1830 im Tessin: «La Sovranità del Cantone risiede essenzialmente nell' università dei cittadini»,[43] und 1831 im Kanton Zürich: «Alle Bürger des Kantons haben gleiche staatsbürgerliche Rechte»,[44] die 1848 in den Artikel 4 der Bundesverfassung münden: «Alle Schweizer sind vor dem Gesetze gleich», und dann fast wörtlich wie 1803: «Es gibt in der Schweiz keine Untertanenverhältnisse, keine Vorrechte des Orts, der Geburt der Familien oder Personen.»[45]

Im Selbstverständnis durfte sich von 1798 an jeder Schweizer als freier Bürger verstehen. Die Wirklichkeit sah – auch weit über 1848 hinaus – natürlich von Kanton zu Kanton recht verschieden aus.

Nicht alle Schweizer begrüssten diese Demokratisierung. Und nicht nur der Stadtbürger, der Patrizier trauerten der alten Herrlichkeit nach. Die «befreiten» Untertanen selbst begriffen die neuen Möglichkeiten nur teilweise, viele hatten gute Erinnerungen an die alte Zeit, bessere jedenfalls als an die Helvetik. So erklärte der nichtrevolutionäre Teil der Schaffhauser Untertanen zur Stecklikriegszeit: «Die Stadt bedarf unser, aber wir bedürfen noch viel mehr der Stadt!»[46] Noch 1830 betonte das bernische Amt Frutigen seine «Treue Untertanenschaft».[47]

Bäuerliche Untertanen und gewöhnliche Stadtbürger vermochten sich der neuen Situation allmählich anzupassen. Schwerer war das für die Patrizier. Ihnen blieb nur die innere Emigration, oder sie gaben ihre Adelsbezeichnung – deren Führung in amtlichen Bereichen wurde 1848 in Graubünden gar verboten – von selbst bewusst auf. Nur dort, wo sich das Patriziat stets hatte volkstümlich geben müssen, in den katholischen Landsgemeindekantonen, war ihm ein politisches Überleben möglich.

Andrerseits bot sich gerade die Landsgemeinde als Modell für die ehemaligen Untertanen an. Sie ist bekanntlich gegen das Ende des 18. Jahrhunderts wieder entdeckt worden, vornehmlich durch Ausländer. Ebel stellt noch einmal fest: «Diejenige Regierungsart, welche Demokratie oder reine Volksregierung genannt wird, und von der man in Griechenlands Geschichte so viel liest, besteht jetzt nirgends als im Schweizerlande.»[48]

Eine der stolzesten und freisten aller Landsgemeinden, diejenige von Schwyz, hatte zu Beginn des 18. Jahrhunderts statuiert: «Dass die Mayen-Landsgemeind der grösste Gewalt und Landesfürst seyn solle und ohne Condition setzen und entsetzen möge.»[49] Diese Vorstellung von der Landsgemeinde als «Landesfürst» war im 19. Jahrhundert noch ebenso lebendig.

Das Umfunktionieren der bisherigen Landsgemeinde zur obersten Instanz des neuen Kantons in der helvetischen Revolution hielten die meisten Untertanengebiete für die Form der Zukunft einer neuen demokratischen Schweiz. Die Wahlversammlungen der Helvetik boten keinen rechten Ersatz dafür. Das

Justitia. Frontispiz mit symbolischen Darstellungen der acht Alten Orte. Justitia im Zentrum, oben die «Drei Eidgenossen», unten zwei «alte Schweizer». Aus: «Ordnung des peinlichen Gerichts Kaiser Karl des Fünften, insgemein genannt die Carolina», Zug 1743.

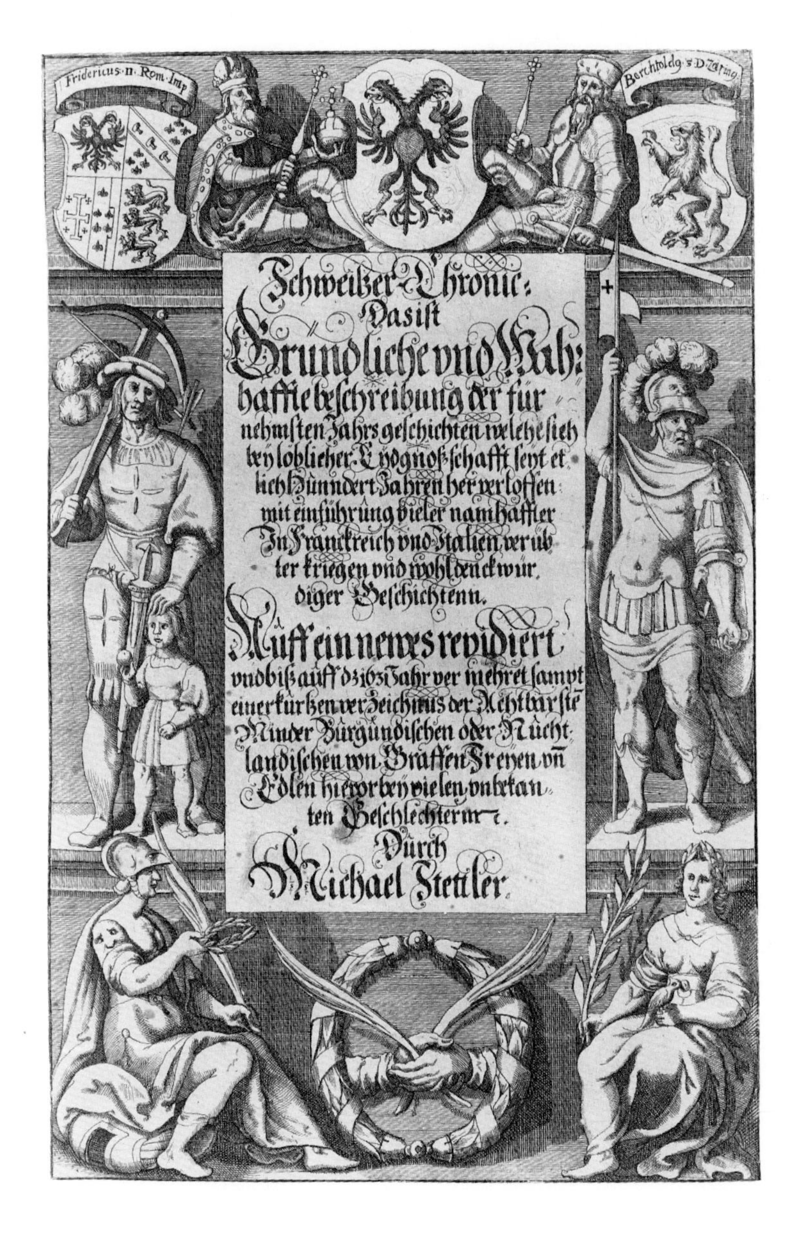

«Schweitzer Chronic. Das ist gründliche und wahrhafte Beschreibung der fürnehmsten Jahrsgeschichten welche sich bey löblicher Eydgenossschaft seit etlich hundert Jahren her verloffen... Durch Michael Stettler». Bern 1631 (Kommentar im Text).

Winkelried in der Kriegsausrüstung des 17. Jh. Holzschnitt aus dem «Schweizerisch Heldenbuch darin die denkwürdigsten Sachen Gemeiner loblicher Eydgenossschaft», Basel 1624. Zentralbibliothek Luzern.

«Regiment der loblichen Eydgenossschaft». Titelbild der von Hans Jacob Leu 1722 veranstalteten Neuausgabe von Josias Simlers Werk. 2. Auflage 1735 (Kommentar im Text).

Der schweizerische Judenschutz im Surbtal. Titelblatt der «Sammlung jüdischer Geschichten ... in der Schweiz» von Johann Caspar Ulrich, Basel 1768. Juden aus dem Surbtal kommen aus dem Thorazelt, um ihrer Schutzherrschaft, den drei Ständen Zürich, Bern und Glarus, zu huldigen, Orten, denen die Schutzherrschaft der Gemeinen Herrschaft Baden (Wappen über der Frauenfigur) obliegt. Im Hintergrund die 1755 erbaute Synagoge von Lengnau oder die 1764 errichtete Synagoge von Endingen.

Oben links: Siegel der Republique Rauracienne, der ersten Schwesterrepublik Frankreichs (1792–1793). Ihr Gebiet deckte sich in etwa mit dem heutigen Kanton Jura. Als Symbole Rutenbündel mit phrygischer Mütze. *Oben rechts:* Siegel des französischen Departements «Mont Terrible», in welches die Raurachische Republik 1793 umgewandelt wurde. *Unten:* Die Waadt als Beispiel eines neuen Kantons von 1803. Symbol: Schweizerischer Tellenhut über weissgrünem Wappen.

Symbolische Darstellung von Freiheit und Gleichheit als weiblichen Figuren. Im Hintergrund auf dem Kirchplatz der Freiheitsbaum. Neujahrsblatt der Musikgesellschaft «ab dem Musik-Saal» auf das Jahr 1799. Zentralbibliothek Zürich.

Der helvetische Bürger zeigt seinem Sohn den Rütlischwur als patriotisches Vorbild. Neujahrsblatt der Musikgesellschaft «ab dem Musiksaal» auf das Jahr 1799. Zentralbibliothek Zürich.

grosse Jahr 1803 sah nach fünf Jahren Unterbruch die Wiedereinführung der souveränen Landsgemeinden in den neu erstandenen Länderkantonen. Stolz erklärte nachträglich der Kanton Uri: «Dass wir zwar nie eine Urkund geschriebene Verfassung unseres Kantons gehabt haben, dass aber durch die Jahrhundert lange Übung und bestehende Gesetze dieselbe auf folgenden Grundsätzen beruht, die wir unter dem Schutz des Allerhöchsten unsern Nachkommen unverändert übertragen wollen... Die Landsgemeinde trifft nach bisheriger Übung die ihre zustehende Wahlen und verfügt über die Angelegenheiten des Landes...»[50]

Mit der Einführung des Titels Landammann – deutsch und französisch, italienisch Landammanno – für den Regierungspräsidenten griffen die neuen Kantone Tessin, Waadt, St. Gallen, Thurgau und 1831 Aargau – natürlich ohne Landsgemeinden – auf das «ächt schweizerische und republikanische» Führungsmodell zurück.[51]

Landsgemeindecharakter trugen die grossen Volkstage, die von 1830 an – beginnend mit den Thurgauern in Weinfelden – die Geschicke ihrer Kantone in die Hand nahmen. Später benutzten die Konservativen sie ebensosehr als politisches Mittel, die Berner 1850 in Münsingen, die Freiburger 1852 in Posieux.

Das eigentliche Regierungsmodell der Landsgemeinde verwendeten die Oberländer 1837. Sie postulierten: «Die Einrichtung sollte wie im Canton Unterwalden sein, Landammann, und Landräthe, und Burger ... und nach der Sitte der Urcantone Landsgemeinden eingeführt werden.»[52] Noch 1844 sprach man im Niedersimmental von der Einführung der direkten Demokratie nach dem «System der Landsgemeinden wie in den Urkantonen».[53]

Bezirksversammlungen, die teils wie eine Renaissance der ehemaligen Landsgemeinden wirkten – Uznach, Gaster, Sargans –, kannte der neue Kanton St. Gallen. Die Landsgemeinde von Gaster hat 1847 für den Kanton und durch ihn für die Eidgenossenschaft nichts geringeres vermocht, als den Entscheid gegen den Sonderbund in Gang zu setzen.

Schliesslich ersetzte aber doch die repräsentative Urnendemokratie letztlich überall diese Landsgemeindeansätze, ja Zug und Schwyz haben 1848 im Zuge der Sonderbundsniederlage ihre kantonalen Landsgemeinden gar aufgehoben. Uri folgte 1929, so dass heute Kantonslandsgemeinden nur noch in beiden Unterwalden, Glarus und beiden Appenzell existieren, auf Bezirksebene im alten Land Schwyz und in vielen bündnerischen Kreisen.

Basisdemokratie ist allerdings in kleineren Einheiten auf Gemeindeebene in allen Kantonen erhalten geblieben, bzw. im 19. Jahrhundert erweitert worden, denn die bisherigen Hintersassen mussten ins politische System eingebaut werden. In grösseren Gemeinden und durch Eingemeindungen in die wachsenden Städte wurde vom Ende des 19. Jahrhunderts an die Gemeindeversammlung jedoch durch ein Repräsentarsystem ersetzt. An sich hätte die Wahlurne, wäre sie nicht ein so nüchterner Kasten, zu einem Symbol der Demokratie werden können.[54]

Das Kapitel «Freiheit, Gleichheit, Demokratie» im Selbstverständnis findet hier seinen Abschluss mit einer anonymen Bittschrift aus der helvetischen Zeit: «Ich bitte nicht um partheiliche Schonung, sondern um Gleichheit im Republikanischen oder Gerechtigkeit im Aristokratischen Styl.»[55] Hier liegt die ganze Problematik offen da. «Gerechtigkeit» der alten Stadtrepublik im Renaissancestil der «Justitia» wird zeitgemäss durch das republikanische Prinzip der «Gleichheit» ersetzt, das keines Symbols bedarf, bzw. keines mehr haben will, da die Konstitution, die «Verfassung», Symbolgehalt genug zu haben scheint.[56]

4.3 Menschenrechte – Menschenbildung

4.3.1 Die Einführung der liberalen Grundrechte: «Les droits de l'homme sont vainqueurs»[57]

«Die Menschenrechte sind Sieger», dieser Ausruf eines begeisterten Anhängers der neuen Zeit zeigt deutlich, dass die Menschenrechte im Bewusstsein zum integrierenden Bestandteil eidgenössischen Selbstverständnisses werden sollten. Das bedeutet eine Neuorientierung – an sich waren die Menschenrechte in der eidgenössischen Tradition wenig verwurzelt –, denn erst die Aufklärung hatte schwache diesbezügliche Ansätze aus Antike und Christentum, aus dem Humanismus ins Zentrum ihres Denkens und Wollens gesetzt.[58]

Immerhin, die alte Schweizerfreiheit implizierte bestimmte Individualrechte. Das freie Wort war Selbstverständlichkeit in den Landsgemeindekantonen und nicht nur an der Landsgemeinde. Die Appenzeller zum Beispiel sind berühmt für ihre «Freymüthigkeit im Reden ..., welches ihren Umgang lebhaft und jedem, der einen natürlichen Witz zu schätzen weiß angenehm macht».[59] Ähnliches liesse sich in den Stadtrepubliken, insbesondere in Basel und Genf feststellen, wo man im Quartier oder auf der Zunft ungestört und nach Herzenslust «poltern» konnte.[60] In untertänigen Verhältnissen wurde die Sache allerdings heikler. Die Praxis der Vereinsfreiheit war gang und gäbe, nicht nur für etablierte Gesellschaften, frei und ungehemmt sprossen Sozietäten wie Pilze aus dem Boden. Einzig in den patrizischen Städten wie Bern, Solothurn und

Luzern verhielt sich die Obrigkeit repressiv, vermochte aber auf die Dauer nicht durchzudringen.[61]

Die spätere Aufklärung begnügte sich nicht mehr mit solch ungeschriebenen Freiheitstraditionen, sie formulierte die «persönlichen Rechte des Menschen und des Bürgers» grundsätzlich, und das bereits vor 1789.

Mit der Revolution finden auch die französischen Postulate Eingang. Man beruft sich nun auf sie – und das ist neu – den Obrigkeiten gegenüber. Der Arzt Markus Vetsch verlangt in der Helvetischen Revolution vom Februar 1798 als Sprecher der Herrschaft Werdenberg im Namen «natürliche[r] Freiheit ... Völker und Menschenrechte» die «Unabhängigkeit, ein Recht, das uns ebensowohl von Gott gegeben und von Natur angeboren ist».[62] Man beruft sich auf das Naturrecht, im Glauben, dass es sich mit der ererbten, aber vorenthaltenen alten «Schweizerfreiheit» deckt. Früher hätte man sich nur auf das historische Recht gestützt, auf alte Freibriefe und Privilegien. Zwei Monate darauf sind die naturrechtlichen Grundsätze, die der Helvetischen Republik zugrunde liegen, in der Verfassung nachzulesen: «La liberté naturelle de l'homme est inaliénable ... La liberté de conscience est illimitée ... la liberté de la presse dérive du droit d'acquérir de l'instruction ... Les propriétés particulières ne peuvent être exigées par l'Etat que sauf une juste indemnité ...»[63]

Die Grundrechte der helvetischen Verfassung bilden den ersten Versuch, die gesamte Schweiz unter naturrechtliche Prinzipien zu stellen. Zwar dominierte historisches Recht in der restaurativen Epoche nach wie vor, der Gedanke aber liess sich nicht mehr ausrotten. Aus den zwanziger Jahren stammt das Lied der Brienzer Mädchen von der Gedankenfreiheit. Brienz marschierte, neben Thun und dem Bödeli im Oberland, stets an der Spitze der Oberländer Freiheitsbewegungen, was auf eine gewisse Verankerung von Freiheitsrecht im Sinn der Menschenrechte im Volke hindeutete:

> «Die Gedanken sind frei! Wer kann sie erraten?
> Sie fliehen vorbei wie nächtliche Schatten
> Kein Mensch kann sie wissen, kein Jäger erschiessen;
> Es bleibt dabei: Die Gedanken sind frei!»

Die dritte Strophe klingt politisch:

> «Und sperrt man mich ein in finsteren Kerker,
> das alles sind rein vergebliche Werke:
> Denn meine Gedanken zerreissen die Schranken
> und Mauern entzwei. Die Gedanken sind frei.»[64]

Endlich, 1830/31, haben die Regenerationskantone die Grundrechte in ihre Verfassungen eingebaut. Der Kanton Tessin erklärt am 23. Juni 1830 – einen Monat vor der Julirevolution! –: «E garantita la libertà della stampa … Nessuno può essere arrestato nè processato, che in virtù della legge … E garantito il diritto di petizione … E garantita la libertà del commercio».[65] Acht Monate später heisst es im Kanton Zürich darüber hinaus: «Die Glaubensfreyheit ist gewährleistet», und «Die Verfassung sichert die Unverletzlichkeit des Eigenthums».[66]

Schon seit 1803 hatten manche Grundrechte – etwa die Niederlassungsfreiheit – durch Konkordate zwischen den Kantonen mehr oder weniger allgemeine Gültigkeit, waren aber eben nicht für alle Kantone verbindlich. Da die meisten Kantonsverfassungen seit 1830/31 einen Grundrechtskatalog enthielten, verzichtete die Bundesverfassung von 1848 auf deren Wiederholung und reihte die notwendigen Artikel dort ein, wo ihnen sachbezogen ihr Platz zukommt. Sie sind in der Revision 1874 gleichlautend übernommen worden.[67]

Die Grundrechte bestimmen fortan das Bild, das sich der Schweizer von seinen Rechten macht. Er lebt im Glauben, dass sie auch der Rechtswirklichkeit entsprechen und er einen verbindlichen Anspruch auf sie hat. Es handelt sich vor allem um bestimmte Individualrechte. Sie bestehen:

1) aus dem Grundsatz der Rechtsgleichheit (Art. 4): «Alle Schweizer sind vor dem Gesetze gleich …» (Juristen haben das ironisch so ausgelegt, die Schweizer seien nur *«vor»* dem Inkrafttreten des Gesetzes gleich!) Artikel 4 wird durch Artikel 53 (1874 Art. 58) ergänzt: «Niemand darf seinem verfassungsmässigen Gerichtsstand entzogen und es dürfen daher keine Ausnahmegerichte eingeführt werden.» Eine Art von schweizerischer «Habeas corpus Act»!
2) aus dem Grundsatz der Pressefreiheit (Art. 45, 1874 Art. 55): «Die Pressefreiheit ist gewährleistet…» Wir befinden uns im Zeitalter der jungen liberalen Zeitungen, die in so vielen Kantonen für eine neue, freie Schweiz kämpften. Aber die Zeitungen waren schon immer abhängig von Verlagen und Druckerei…
3) aus dem Grundsatz der Vereinsfreiheit (Art. 46, 1874 Art. 56): «Die Bürger haben das Recht, Vereine zu bilden, sofern solche weder in ihrem Zweck noch in den dafür bestimmten Mitteln rechtswidrig oder staatsgefährlich sind …» Das bedeutet zwar teils Bestätigung alter Gewohnheit, ermöglichte nun aber darüber hinaus die politischen Vereine der Parteien und die sozial-politischen der Gewerkschaften, und dies überall.
4) aus der Petitionsfreiheit (Art. 47, 1874 Art. 57): «Das Petitionsrecht ist

gewährleistet.» Hier zog der Gesetzgeber die Lehre aus der Missachtung der «Vorstellungen», welche die Untertanen jeweils früher an ihre Herren gerichtet hatten, und die für die Verfasser bis ganz kurz vor der helvetischen Revolution schwerste Strafen nach sich zu ziehen pflegten. Allerdings stellt das Petitionsrecht nur eine stumpfe Waffe dar, da es für die Behörden nicht verbindlich ist.

Einen der wesentlichen und wirkungsvollsten Verfassungsgrundsätze, der schweizerischer Tradition ganz widerspricht, bildete

5) das Recht auf freie Ausübung des Gottesdienstes beider Konfessionen (Art. 44). Er ist 1874 erweitert worden. Zu diesen fünf politischen und rechtlichen Individual-Grundrechten traten noch zwei weitere mehr wirtschaftlicher Natur:

Der Grundsatz der Niederlassungsfreiheit (Art. 41): «Der Bund gewährleistet allen Schweizern, welche einer der christlichen Konfessionen angehören, das Recht auf Niederlassung im ganzen Umfang der Eidgenossenschaft.» Dieser Artikel wurde 1866 und 1874 verändert und erweitert (1874 Art. 45).

Die Niederlassungsfreiheit sollte sehr folgenreich sein, sie schuf die Basis für die Durchmischung der Bevölkerung, was Verlust oder Veränderung kantonaler Identität, die Schaffung einer neuen vom Kanton unabhängigen, aber schweizerischen Identität bedeuten konnte: Die Walliser in Genf, die Berner im Thurgau, die Deutschschweizer im Tessin. Verschiebungen, die sich im Rahmen der Industrialisierung immer mehr intensivieren sollten.

Bleibt noch der Grundsatz der «Handels- und Gewerbefreiheit» zu erwähnen, der erst 1874 als Artikel 31 in die Bundesverfassung gelangt. 1848 schien der Grundsatz selbstverständlich und figurierte in vielen Kantonsverfassungen. Freiheit des Handels und des Gewerbes kannte man schon mehr oder weniger in den Landsgemeindekantonen, ganz besonders in Appenzell-Ausserrhoden oder in Glarus, im Toggenburg und im Fürstentum Neuenburg, was die Industrialisierung in diesen Gebieten sehr erleichterte. Die zünftisch kontrollierten Stadtrepubliken verhielten sich restriktiv, während sich die merkantilistisch beeinflussten Patriziate der Landschaft gegenüber oft etwas grosszügiger zeigten. Im 19. Jahrhundert waren nun dem Bau von Fabriken keine Grenzen mehr gesetzt, und der Boden um die Stadt herum konnte in die Hand vermöglicher Privatleute geraten, wie die Allmend in diejenige von reichern Bauern.

Ebenso selbstverständlich wie die Handels- und Gewerbefreiheit bestand die Eigentumsgarantie, obwohl diese erst 1969 in einem neuen Artikel der Bundesverfassung verankert wurde (22ter). Die Eigentumsidee war – abgesehen von entsprechenden kantonalen Verfassungsartikeln – so verankert, dass es sich nicht –

wie in der Französischen Revolution – aufdrängte, «la propriété» zum «droit inviolable et sacré» zu erklären.[68] Schon die Schweizer Aufklärer waren in der Lage, «Freiheit und Eigentum» als «geheiligte Dinge, wie sie es auch sind» zu «verehren».[69] In den Augen der Besitzenden war das Eigentum gewiss unverletzlich, allerdings selbstverständlich in die Stadt-, Dorf- und Flurordnungen eingebettet. Diese Ordnungen fielen nun weg. Um 1860 konnte Huonder seinen Gebirgsbauern aus vollem Selbstverständnis sagen lassen:

«Quei ei miu grep,	«Das ist mein Fels
quei ei miu crap	Das ist mein Stein
cheu tschentel jeu miu pei;	Drauf setz ich meinen Fuss
Artau hai jeu vus da miu bab ...»	Was mir mein Vater gab, ist mein ...»[70]

Der Grundrechtskatalog der Bundesverfassung von 1848 erscheint von heute aus gesehen «sehr dürftig»[71]; damals, mit den kantonalen Rechten zusammen, genügte er vollauf. Es stellt sich allerdings die Frage, ob sich hier nicht mehr Juristenweisheit, Oberschichtsdenken der Besitz- und Bildungsschicht manifestiert. Gelangte dieses Gedankengut überhaupt ins Volk hinüber? «Aufklärung ist Kontreband», seufzte noch ein Zuger Politiker um 1820.[72] War das Bewusstsein des Volkes für naturrechtliche Vorstellungen geweckt? Es mangelte ihnen gewiss an Popularität. Was zumindest Gewerbler und Industrielle begriffen, die Wirtschaftsfreiheit, hatte einen wesentlich handfesteren Charakter. Was wollte man mit Gewissensfreiheit, Schreibfreiheit, Druckfreiheit – die Redefreiheit immer ausgenommen – schon anfangen?

Ein deutscher Reisender notiert 1821 bei seinem Besuch der Schweiz: «Die Kapuziner, die Rinderhirten, die armen Leute, die hier wohnen, haben sie wirklich die richtige Freiheit? Ist Freiheit nicht vielmehr in der aufgeklärten Luft der Städte zu suchen?»[73]

Aber nicht nur althergebrachte, überkommene Bewusstseinsinhalte erschwerten eine wirkliche Sensibilisierung für die Menschenrechte. Der romantische Nationalismus brachte auch in der Schweiz eine Verengung. Um 1838 bemerkt der St. Galler Gelehrte Peter Scheitlin hellsichtig, es stimme zwar, «dass wir zu wenig vom Vaterland sangen, ehe Lavater kam, dass wir jetzt aber über dem Vaterlande manches Allgemeine, das heisst Humane verlieren, ist nicht minder ersichtlich.»[74]

4.3.2 Glaubens- und Gewissensfreiheit im bikonfessionellen Lande: Zwischen Kreuz und Turmhahn

Erst bei der Revision von 1874[75] wird der bereits in der Helvetik deklarierte Grundsatz «La liberté de conscience est illimitée»[76] als Artikel zur Glaubens- und Gewissensfreiheit endgültig in der Verfassung verankert.

Doch das Land der zwei festgefügten Konfessionen tat sich damit schwer. Diesem Prinzip – weder in eidgenössischer noch allgemein europäischer Tradition – wurde lediglich in den Niederlanden und in England schon seit hundert bis zweihundert Jahren nachgelebt. Wie hatte man doch die Wiedertäufer und die Pietisten im reformierten Bereich wacker verfolgt, und wie wachsam sorgten doch die Katholiken für Reinerhaltung ihrer Domänen in den «Gemeinen Herrschaften». Zunächst blieben zum Beispiel die Freimaurerlogen überall verboten, die Bücherzensur hielt sich bis in die Restauration.

Der erste Schritt war die Duldung der andern Konfession, d.h. die Erlaubnis zur Gründung katholischer Gemeinden in reformierten Kantonen und reformierter Glaubensgemeinschaften in katholischen Gegenden. Schon vor der Revolution machten Genf dem französischen und dem sardischen,[77] Basel dem kaiserlichen Residenten[78] das Zugeständnis, in privater Kapelle Messe lesen zu lassen. Bern erlaubte den Katholiken in Lausanne Seelsorge und Gottesdienst.[79] Die Helvetik brachte die Öffnung in den Hauptorten, in Aarau, in Bern und im katholischen Luzern. Père Girard wurde vom Directorium als katholischer Pfarrer in Bern berufen! Dies liess sich nie mehr rückgängig machen.

In allen Hauptstädten konstituierten sich entsprechende Diaspora-Gemeinden, denen in der Regel nicht mehr benutzte alte Kirchen zugewiesen wurden.[80] Dies bedeutete aber eben nicht mehr als Duldung! Die andersgläubigen Gemeinden – oft mehrheitlich Ausländern dienend – blieben mit ihrem einzigen, isolierten Seelsorger Fremdkörper. In der zweiten Jahrhunderthälfte folgten im Zuge der Niederlassungsfreiheit bzw. der sich intensivierenden Mischung der Bevölkerung in allen grösseren Siedlungen entsprechende Gemeinden. Anspruchsvolle Kirchen, meist neugotischen Stils, wurden gebaut. Der Weg zur wirklichen Integration aber war lang und führte über die allmählich sich aufdrängende Erkenntnis, solche Minoritätsgemeinden, denen schliesslich auch Schweizer angehörten, eben jene seit der Reformation jeweils andere Gruppe von Miteidgenossen, hinzunehmen.

Etwas schwieriger gestaltete sich das Verhältnis zu den Juden.[81] Die Schutzfunktionen über die zwei Surbtaler Gemeinden hatte ab 1803 der Kanton Aargau übernommen. Aber man hatte mit einem gewissen Antisemitismus zu rechnen. 1848 bestimmte Artikel 41 noch: «Der Bund gewährleistet allen Schweizern, welche einer der christlichen Konfessionen angehören, das Recht der freien Niederlassung», erst die Verallgemeinerung von 1866 aber «keinem Schweizer kann die Niederlassung in irgend einem Kanton verweigert werden» gewährleistet den Schweizer Juden die Toleranz. Trotzdem passierte 1893 der antisemitische Schächtartikel. In den grossen Städten entstanden allmählich Synagogen in orientalischem Stil.

Nicht immer leicht hatten es die Freikirchen, die Sekten im protestantischen Bereich. Bereits die Abspaltung der «Eglise libre» von der staatskirchlichen «Eglise nationale» in den welschen Kantonen geschah unter viel Hohn und Spott von seiten der «nationalen» Mehrheit. Die schärfere Erfassung durch die Militärorganisation von 1874 mit der Aufhebung der Möglichkeit, einen Ersatzmann zu stellen, führte zur letzten grossen Auswanderung der Täufer nach Nordamerika. In der Folge konnten sie (durch vernünftige Aushebungsoffiziere) waffenlosen Einheiten zugeteilt werden, was die Täufer akzeptierten.[82] Das gleichzeitig in Kraft tretende Prinzip der «Glaubens- und Gewissensfreiheit» erlaubte ihnen, eigene Gotteshäuser zu erbauen. Schliesslich konnte die Heilsarmee – für die sich Bundespräsident Ruchonnet, der Staatsrechtler Carl Hilty, der Philosoph Charles Secrétan und der eidgenössische Artillerieinstruktor Oberst Louis de Perrot einsetzten[83] – ein Lied von schweizerischer Intoleranz singen.

Lange Zeit war ein rechter Schweizer entweder Katholik oder Protestant, den man zudem am liebsten in seinem angestammten Kanton sah. Das Hauptproblem blieb darum die Haltung der jeweilig herrschenden Konfession den andern gegenüber. Die Annäherung des «ökumenischen Patriotismus», sichtbar in der Institution des eidgenössischen Bettags, setzte sich da doch fort.[84] Diese rein protestantische und nicht besonders hervorragende Feier entwickelte sich, angesichts der schwierigen Lage der Schweiz im Weltkrieg der Mächte 1794, zu einem gesamteidgenössischen Gedenktag. Endlich war es möglich geworden, dass Katholiken und Protestanten als «Bürger und Christen», ja als ganze Nation vor «Gott den Allmächtigen» traten, um ihm für seine Fürsorge zu danken, für unchristliches (unpatriotisches) Verhalten Busse zu tun und Fürbitte für die Obrigkeit und die ihr Anvertrauten zu leisten.

Die Helvetische Republik – besonders Minister Stapfer – führte diesen neu konzipierten Feiertag bewusst weiter. Der bereits stark verankerte Bettag überdauerte die Krise der Helvetik und wurde in der Folge schliesslich als feste Institution beider Kirchen, laut Tagsatzungsbeschluss von 1832, endgültig am 3. Septembersonntag, aber selbstverständlich in konfessionell getrennten

Gottesdiensten, gefeiert. Ein staatskirchlich verordneter «Dank-, Buss- und Bettag» also mit jeweils obrigkeitlichem «Bettagsmandat», das auch etliche Male vom Zürcher Staatsschreiber Gottfried Keller verfasst wurde. Die entsprechende Predigt bot der im allgemeinen sehr patriotisch gesinnten Geistlichkeit eine willkommene Gelegenheit, sich mit diesem Vaterland auseinanderzusetzen, das des besonderen Schutzes durch den Allmächtigen stets sehr bedürftig blieb.

Die Geistlichkeit beider Konfessionen war seit den Tagen der alten Helvetischen Gesellschaft ein wichtiger Promotor des nationalen und patriotischen Gedankens, von Lavater über Jeremias Gotthelf als Feldprediger, Schützenfestredner und Bettagsprediger[85] bis zum Katholiken Thaddaeus Müller, bischöflichem Kommissar in Luzern, dessen Wirken das Epitaph von 1826 charakterisiert:

> «Ein Priester, Vorbild seiner Heerde;
> Ein Licht der Welt, ein Salz der Erde;
> Ein guter Hirt, bereit sein Leben
> Für seine Schafe hinzugeben;
> Ein Eidgenoss, voll alter Treue;
> Sein Wahlspruch: ‹Wahrheit macht nur Freie.›[86]

Das Urteil eines Kirchenhistorikers über die protestantischen Theologen des 19. Jahrhunderts lässt sich wohl – mutatis mutandis – auch auf manche katholische Geistliche übertragen: «... die schweizerische protestantische Kirchlichkeit und das Selbstverständnis gerade auch der Theologen [waren stark integriert] in den liberalen Staat und die liberale Bildungswelt. Der freie und selbstverständliche Kontakt mit den geistigen Gütern und mit dem Lebensstil der Zeit bildeten die Lebensluft, in der die Theologen aufwuchsen und in der sie auch später ihren Beruf ausübten. Diese Grundstimmung ist den Theologen aller Schulen und Richtungen gemeinsam... Dazu kommt die stark empfundene Verpflichtung gegenüber Volk und Staat... Die Theologen haben sich ... – ob sie nun darüber reflektierten oder nicht – in die Gemeinschaft eingereiht, deren ideelle Grundlagen sich weithin deckten mit denen der neuen Eidgenossenschaft, in deren Rahmen die Theologen ja ihren besonderen Dienst zu tun aufgerufen waren...»[87]

Der symbolische Ausdruck der eidgenössisch-christlichen Haltung war – bei Lavater erst Wunsch – die Wiederbelebung des Versöhnungsmythos des 16. Jahrhunderts, d.h. der Kappeler Milchsuppe.

Der Basler Theologe Karl Rudolf Hagenbach widmete ihm ein vielstrophiges Gedicht:

«Und ob dem Glauben ist die Lieb entzweit;
Ob Roms Gesetz, ob Zwingels neuer Lehre
Setzt Schweizer gegen Schweizer sich zur Wehre.»
...
«So ward der Streit zum Guten noch gelenkt
Ihr, will euch je der arge Feind verlocken,
Ein bös Gericht den Brüdern einzubrocken,
So stellt euch auf die Marchen und gedenkt
Der Milch, die eure Väter dort gegessen
Und unter Brüdern sei der Groll vergessen.»[88]

Das hat Hagenbach, der irenische Theologe, in Hinsicht auf die gegenwärtige Lage geschrieben, Beschwörung der alten Einheit, wie einst durch Niklaus von Flüe.

Später, 1869, hat Anker die Darstellung der «Kappeler Milchsuppe» geschaffen,[89] und seither gehört sie zum selbstverständlichen Gemeingut des schweizerischen Geschichtsbildes.

4.3.3 Menschenbildung – Erziehung – Schule: «Es ist ... keine Rettung mehr möglich ... als durch die Bildung zur Menschlichkeit»[90]

«Menschen- und Bürgerrechte» forderten Menschenbildung und Bürgerschulung. Als Philipp Albert Stapfer den Räten der Helvetischen Republik das grosse Schul- und Erziehungsprogramm unterbreitete, ging er von diesen Überlegungen aus: «Ihr werdet also, Bürger Gesetzgeber, zuerst einen Unterricht veranstalten, der alle Volksklassen umfasse und jeden Bürger des Staates bis auf denjenigen Grad der Einsicht und Fähigkeit fortbilde, auf welchem er einerseits seine Menschenrechte und Bürgerpflichten genau kenne und auszuüben verstehe, andererseits in einem Beruf, der ihn seinen Mitbürgern nothwendig macht und ihm eine sichere Unterhaltsquelle eröffnet, mit Lust zur Arbeit ohne Schwierigkeit fortkomme.»[91]

Ganz neu waren diese Forderungen nicht. Bereits 1776 verlangt die Zuger Schulordnung, die Schule solle «tugendhafte Männer, redliche und nützliche Bürger und vor allem gute Christen bilden».[92] Pestalozzi hält im Rückblick auf die Schulung, die er einst selbst genossen hatte, fest: «Unabhängigkeit, Selbständigkeit, Wohltätigkeit, Aufopferungskraft und Vaterlandsliebe war das Losungswort unserer öffentlichen Bildung.»[93]

Dem entspricht etwa, was Lavater im «Lied einer glücklichen Republik» ausführt:

«Schulen lehren Ordnung, Tugend,
Fleiss und männlichen Verstand
Bilden früh und leicht die Jugend
Nur für Gott und Vaterland.»[94]

Eigentlich manifestiert sich in der spontanen Art Lavaters bereits das ganze Programm der Bewegung des 19. Jahrhunderts: die Disziplinierungsidee mit Ordnung, Fleiss, die rationalistische mit «männlichem Verstand», die ethische mit «Tugend». «Früh und leicht» impliziert den ausgesprochenen Volksschulunterricht vom frühen Kindesalter an und die der jugendlichen Altersstufe angepasste Wissensvermittlung. Die religiöse und die nationale Forderung fasst er in der sittlichen Devise «Nur für Gott und Vaterland» zusammen.

Später formuliert Zschokke, in veränderter politischer Umwelt, neu und lapidar: «Volksbildung ist Volksbefreiung.»[95]

Die Helvetische Republik, die fortschrittlicheren Kantone schon ab 1803 und endgültig ab 1830, verstanden es, in Fortführung und Ausbau des vorhandenen Schulwesens das aufklärerisch befreiende Moment mit demjenigen der «Veredelung» durch Menschenbildung zu verbinden. Dies leitete einen Zivilisierungsprozess, einen Prozess der «Sozialdisziplinierung» ein. Ausserdem war hier das politische Moment nicht ausser acht zu lassen. «Die angestrebte ‹Veredelung› des Volkes bedeutete im Klartext aber auch die ideologische Formung eines Souveräns, dessen Loyalität die bürgerliche Elite in einem kulturell und sozial höchst verschiedenartig zusammengesetzten Staatsgebilde kaum recht sicher sein konnte.»[96] Mit anderen Worten: Die Identitätsfindung erfolgte fortan immer intensiver durch die Schulung des Volkes. Hier bot sich vor allem der Geschichtsunterricht an, der sich allmählich zum Schulfach entwickelte und in einem gewissen Grade den immer mehr an den Rand gedrängten Religionsunterricht «ersetzte».

Gegen dieses mehr oder weniger laizistische Bildungsprogramm sträubten sich allerdings bäuerliche Schichten, nicht nur in den katholischen Kantonen. In der Schweiz ist im Gegensatz zu Frankreich der Laizismus nie beherrschend geworden – mit Ausnahme des Kantons Genf, der sich 1907 mit knappem Volksentscheid für die strikte Trennung Kirche/Staat entschied. Auch der Freisinn blieb auf seine Art religiös. So blieb auch der Religionsunterricht in der Schule, wo weiterhin die Geschichte des auserwählten Volkes Bildungsgut war – nun aber ergänzt durch die Geschichte des im Grund auch auserwählten Volkes der Schweizer, so wie dies etwa im Kanton Bern gefordert wurde: «... wenn nicht in den Volksschulen durch einen begeisterten Geschichtsunterricht wahre innige Liebe zum Gesamtvaterland gepflanzt, Nationalismus geweckt und

Selbstsucht und Eigennutz verbannt wird, so werden die Schweizer nie, nie ... zu einem Brudervolke werden, zu dem sie doch von der Vorsehung berufen und bestimmt sind.»[97]

Der Geschichtsunterricht richtete sich auf das Programm der Heldenväter, der Schlachtenideologie aus. «Ein verbindliches Bewusstsein kollektiver Vergangenheit» wurde dem Volk «übergestülpt».[98] Dem Vaterland zu dienen, ihm zu sterben, war das Schönste. Es erfüllten sich die Lehren des 18. Jahrhunderts: Schweizergeschichte hiess republikanisches Bewusstsein, sekundiert von der Bildung am Gymnasium anhand der antiken Idealwelt, der neuhumanistischen Wiederbelebung uralter europäischer Bildungselemente durch die Geschichte des alten Griechenland und des alten Rom, auch der ja grossteils republikanische und kriegerische Vorbilder. Lesebuchtexte des muttersprachlichen Unterrichts unterstützen alle diese Intentionen zusätzlich.

Dem Schweizer waren damit fortan zwei Geschichtsbilder vertraut, das alttestamentlich-biblische und das national-patriotische der Eidgenossenschaft, wozu sich als drittes das klassisch-antike gesellen konnte

In dieses national-patriotische Geschichtsbild wurde auch der Gesangsunterricht einbezogen. Neben das Kirchenlied trat nun das Vaterlandslied. Von «Rufst du, mein Vaterland?» über «Von Ferne sei herzlich gegrüsset» bis zum «Ich bin ein Schweizer Knabe»... Ein Beispiel ist der von Nägeli vertonte «Zuruf an's Vaterland», dessen dritte Strophe lautet:

«Bleibe wach, o Vaterland
Wenn der Geist zum Geist sich fand
Bring ihn zum Gedeihen!
Führe, wo aus voller Brust
Weisheit strömt in Sangeslust
Freiheit, du den Reihen.»[99]

Das Schulwesen blieb auch nach 1848 Sache der Kantone. Zentralisierungsversuche wie die Schaffung einer eidgenössischen Universität in den ersten Jahren des neuen Bundesstaates und dreissig Jahre später des «Schulvogts», des eidgenössischen Schulsekretärs, scheiterten. Dennoch glichen sich die kantonalen Systeme allmählich und nahmen zumindest die gleiche national-patriotische Mentalität an, auch wenn in katholischen Kantonen Lehrschwestern den Volksschulunterricht erteilen und anderswo freisinnige Absolventen der neuen Lehrerseminare. Die Lehrschwester fand allmählich auch ein Häuflein protestantischer Kinder vor sich und der protestantische Lehrer entsprechende Diasporakatholiken. Beide wussten um das gemeinsame Vaterland. Das waadtländische Geschichtsbuch, der «Rosier», zeigte auf dem Deckel Kisslings Wilhelm Tell.

Das Schulsystem gab sich demokratisch. Man sass für die ersten Jahre in Dorf und Stadt auf der gleichen Schulbank – wie einst in den Stadtschulen –, wo der Sohn, die Tochter des Handwerkers neben dem/der des Grosskaufmanns in der gleichen Klasse unterrichtet wurde. «La république est au Collège»,[100] bzw. «se formait dans la cour du Collège»,[101] gilt nicht nur für Genf. Privatschulen waren in der Regel eher die Ausnahme, auch wenn z.B. «freie Schulen» evangelischer Prägung oder Klosterschulen den staatlichen weltanschauliche Konkurrenz machten. Aber das waren Lehranstalten von Minoritäten. Das offizielle Geld ging an die demokratische Staatsschule. Für die Möglichkeit des sozialen Aufstiegs und breitere Bildung sorgten die Sekundarschule und ein ausgebautes Gewerbeschulwesen, ja auch die Gymnasien, die neben dem vornehmeren Griechisch-Lateinzug nun mit ihrer Handels- und technischen Abteilung auch lateinlose Möglichkeiten anboten.

In ihrer inneren Haltung gibt sich die Schule ebenso demokratisch. Nicht nur in der Primar- und der Sekundarschule herrscht die Sorge um den guten Durchschnitt. Elitenbildung sollte sich von selbst vollziehen, ohne rigide Selektion, die Mitte sollte befördert werden, sie wurde später in einem demokratischen Staatswesen gebraucht. Leistungsdruck blieb darum, verglichen mit dem deutschen und dem französischen Schulsystem, relativ erträglich. Dazu genoss der Lehrer aller Stufen eine grosse Freiheit. Der Rektor der aargauischen Kantonsschule schrieb in der Jahrhundertmitte über seine Schule: «An unsrer Kantonsschule ist es, so lange ich weiss, nie Mode gewesen, dass die Behörde dem Lehrer Lauf, Methode und Mass des Stoffes ängstlich und peinlich abgezirkelt hätte. Wenigstens hab ich mich darüber nie zu beschweren gehabt. Man bezeichnete im Allgemeinen Art und Grenze des Pensums und liess dem Lehrer Spielraum. Ich habe das Verständige dieses Vertrauens und dieser Maxime unsrer Schulbehörden zu meinem grossen Vortheil empfunden. Wo man von oben her nicht gegängelt noch beengt wird, dagegen durch die Umgebung und wohl auch durch das politisch Anregende, welches republicanische Einrichtungen in ihren gesunden Zuständen an sich haben, angefeuert wird, Alles zu thun, um es an seiner Stelle wenigstens ehrenhaft zu machen, in diesem Bestreben aber Missverständnisse und nicht billigen Tadel sich nicht zu tief gehen zu lassen, da ist man streng auf sich selbst und sein Gewissen angewiesen ... und erlangt allmählich eine gewisse Selbständigkeit, um welche Lehrer mancherlei Anstalten im Auslande die hiesigen Lehrer beneiden dürften.»[102]

Auch im Aargau war die «république au collège» und sollte es bleiben. Es ist die Schule, an welcher sich Einstein, als er 1895 vom Gymnasium München in die Schweiz wechselte, so wohl fühlte: «Diese Schule hat durch ihren liberalen

Geist und durch den schlichten Ernst, der auf keinerlei äusserliche Autorität sich stützenden Lehrer einen unvergesslichen Eindruck in mir hinterlassen; durch Vergleich mit sechs Jahren Schulung an einem deutschen, autoritär geführten Gymnasium wurde mir eindringlich bewusst, wie sehr die Erziehung zu freiem Handeln und Selbstverantwortlichkeit jener Erziehung überlegen ist, die sich auf Drill, äussere Autorität und Ehrgeiz stützt. Echte Demokratie ist kein leerer Wahn.»[103]

In der schweizerischen Schule reflektieren sich bei allen nationalistischen und sozialdisziplinierenden Vorkehrungen durchaus «Republicanische Einrichtungen in ihren gesunden Zuständen».[104] Die pädagogische Bewegung brachte Gestalten hervor, die viel für diese «gesunden Zustände» getan haben. Die Reihe beginnt mit Rousseau und setzt sich fort mit Fellenberg, Vinet, Girard, Florentini. So gut wie jeder Kanton brachte seine hervorragende Persönlichkeit, die sich um «Verbesserung des Schulwesens» mühte, hervor, nennen wir nur den Schaffhauser Johann Georg Müller oder den St. Galler Peter Scheitlin. Ein einziger aber stand als nationale, ja internationale Symbolfigur über allen: Heinrich Pestalozzi.

Es bleibt immer merkwürdig, wie sich dieser «Heiri Wunderli von Thorlikon» zur schweizerischen Integrationsfigur, die einem Niklaus von Flüe den Rang streitig machte, zu entwickeln vermochte. Und das schon früh. Schon im Kreis der Helvetischen Gesellschaft sprach man vom «tiefdenkenden Pestalozzi», der «zu sehr Genie ist, um ganz Volkslehrer zu sein».[105] Sein genialer Wurf mit dem Buch «Lienhard und Gertrud» und weitere Publikationen sollten ihn zu einem der bekanntesten Schriftsteller der Epoche machen.

Pestalozzi wurde in der entscheidenden Zeit Politiker: Der Ehrenbürger der französischen Revolution, der sich – als es noch gefährlich war – vor und in der Helvetischen Revolution exponierte, weil er die Zeit für den Siegeszug des Patriotismus für gekommen hielt.[106]

Direktor Legrand und Minister Stapfer haben Pestalozzi an entscheidenden Stellen eingesetzt, einmal als Redaktor des «Republicanischen Volksblatts» und später für die so schwere Mission in Stans nach dem Nidwaldner Volksaufstand. Dort ist er zum Mythos geworden, als Mann, der sich für die verwahrlosten Kinder, Opfer der zerspaltenen Schweiz, bis zum letzten eingesetzt hat. Darauf wirkte er in den Schulen von Burgdorf und Yverdon, in zwei Munizipien, in denen der neue Geist bereits Fuss gefasst hatte.

Kaum ein anderer war von der Herkunft her prädestinierter für die Rolle einer schweizerischen Integrationsfigur, vom Vater her Zürcher Bürger, mütterlicherseits aus dem Zürichbiet stammend – «Meine Mutter war von Land» –,[107] vereinte er Bürger und Untertan. Von Geburt an bot sich ihm damit eine einzigartige Chance, die er auch wahrgenommen hat. Das machte ihn früh zum Patrioten.

Pestalozzi starb 1827; zwanzig Jahre später, 1846, wurde am Schulhaus zu Birr eine Gedenktafel angebracht, 1890 errichtete Yverdon,[108] 1899 Zürich das Standbild «Pestalozzi und die Kinder».[109] Man ehrte damit den grossen Erzieher, den Erzieher zur Freiheit, zur Demokratie und zur Menschlichkeit. Er selbst hatte in der Krisenzeit von 1815 jenen Appell «An die Unschuld, den Ernst und den Edelmut meines Zeitalters und meines Vaterlandes» verfasst, der sein eigenes Verhältnis zur Nation festhält: «Unser Volk – ist gut. Unsre Nation ist – in allen ihren Ständen und Abteilungen noch schweizerisch, noch eidgenössisch gut. Die Mode- und Zeitfreunde der willkürlichen Gewalt in unsrer Mitte sind gottlob im allgemeinen noch nicht tiefsehende, vielseitig erleuchtete und kraftvoll gewandte Feinde der Menschheit und der Freiheit. – Das hie und da in unsrer Mitte sich zeigende rechtlose Spucken gegen die Freiheit des Landes, d.i. gegen das gesetzlich gesicherte Recht des gesellschaftlichen Vereins, geht gegenwärtig im allgemeinen noch gar nicht aus der Tiefe verdorbener Herrscherherzen, es geht gottlob noch jetzt nur aus dem Wirrwarr verdorbener Regierungsmanieren hervor, die ohne Bewußtsein ihrer eigentlichen und endlichen Tendenz sich aus Eitelkeit eingeschlichen, in der Schwäche der Vorzeit Nahrung gefunden und durch die Mißstimmung unsrer letzten Jahre zwar ihre alte Unschuld und Einfalt verloren haben und etwas gichtig geworden, aber doch noch nirgends und noch nie in ganz vollendete Regierungsverhärtung hinübergegangen...

Es ist heute wesentlich darum zu tun, daß das alte Freiheits- und Rechtsgefühl der Schweizer im ganzen Umfang unsrer Verhältnisse und im innern Wesen unsers Denkens, Fühlens und Handelns erneuert werde, von welchem belebt wir die höchste Gewalt, das Souveränitätsrecht, von jeher nur in den Briefen und Siegeln des Landes und in den mit dem Geist und Wesen dieser Briefe und Siegel übereinstimmenden Nationalwillen und durchaus nicht in einer diesen Briefen und Siegeln widersprechenden Majorität des Regierungspersonals erkannten...

Vaterland! Äußere Einheit in der politischen Form deiner Verfassungen ist durchaus noch keine genugtuende Garantie für das innere Wesen einer wahren Staatseinheit, für das innere Wesen der Eintracht im Staat...

es ist für den sittlich, geistig und bürgerlich gesunkenen Weltteil keine Rettung möglich, als durch Erziehung, als durch die Bildung zur Menschlichkeit, als durch die Menschenbildung!»[110]

4.4 Das neue Element der Viersprachigkeit

4.4.1 *Das alte Nebeneinander der vier Sprachen: «... cette diversité de langage dans un aussi petit pays que le nôtre»*[111]

Im 19. Jahrhundert, in der gewandelten Umgebung nach der Revolution, werden Werte und Vorstellungen, die sich in der Aufklärung entwickelt haben, zu Notwendigkeiten: Schulreform, Armeereform, Staatsreform. Dazu hätte auch eine Sprachreform gehört, denn der moderne Staat postulierte die Einheitlichkeit der Staatssprache, was in der Regel den Kampf gegen die Mundarten bedeutete. Die Schweiz aber realisierte erst jetzt richtig, dass in ihrem Territorium nicht nur Dialekte, sondern vier verschiedene Standardsprachen geschrieben und gesprochen wurden.

Die achtörtige Eidgenossenschaft war im wesentlichen deutschsprachig.[112] Rege gestalteten sich aber seit je die alten Beziehungen nach aussen in den Randgebieten, jene Uris über den Gotthard in italienischsprechende Talschaften, insbesondere in die Leventina, die sich 1441 durch ein Landrecht endgültig dem Land Uri anschloss, und jene zu den mehrteils rätoromanisch wie auch deutsch und italienisch sprechenden Bündnern, die im 15. Jahrhundert durch verschiedene Bündnisabschlüsse bestätigt werden, Beziehungen der unmittelbaren Nachbarn Uri und Glarus sowie der Handelszentrale Zürich.

Berns «burgundische Eidgenossenschaft» bewegte sich seit dem 13. Jahrhundert im Raum der Sprachgrenze gegen Westen. Bern ging Burgrechte ein mit Payerne, Neuenburg, Freiburg, Greyerz und Moutier-Granval im Bistum Basel. Die zwei untersten Zenden des Wallis sind französischsprechend, wobei allerdings in den Zentren Sitten und Siders eine gewisse Germanisierung stattfindet, nicht aber in den Dörfern.

Sprachlich bewusst war das alles wohl nicht. Ein antiwelscher Affekt der Eidgenossen gegen alles Lateinische lässt sich im Krieg gegen die französischen Armagnaken (St. Jakob an der Birs) und besonders im Burgunderkrieg feststellen. Beide Male ging es gegen die «Welschen», gegen zwei besonders starke Monarchien, Frankreich bzw. Burgund. Aber nicht nur die Welschwalliser und die Grafschaft Greyerz, auch die Neuenburger standen auf eidgenössischer Seite. Freiburg gab sich 1481, als es zum eidgenössischen Ort erhoben wurde, zwar ausgesprochen deutsch. Deutsch wurde Behördensprache, bis man es später in den Regierungskreisen kaum mehr verstand. Die deutschsprachigen Freiburger gerieten nach dem Mitmachen Freiburgs an der Teilung der Waadt in die Minderheit.

Der Schwabenkrieg, die Italienkriege und die Reformation führten dann zum Ende des antiwelschen Affekts, denn nun gestalteten sich die Beziehungen zu Mailand, zu dem noch fernen Frankreich, zu Genf und zur Waadt enger.

Sprachlich bedeutete dies für die Berner in der Waadt, die XII Kantone in den «Italienischen» bzw. «Ennetbirgischen Vogteien», für die Walliser in den Gouvernements von St-Maurice und Monthey Anpassung an die einheimische Sprache, auch wenn sich vor allem im Tessin für Behörden und Advokaten Deutschkenntnisse empfahlen. In der Waadt war das weniger nötig. Zwar hielt Bern noch im 17. Jahrhundert offiziell an ««Teütsch... unser Muttersprach altem herkommen nach» fest.[113] Die endgültige Französisierung der Oberschicht hatte jedoch bereits eingesetzt.

Eigentliches Bewusstsein der Vielsprachigkeit der Schweiz wird erst zu Beginn des 18. Jahrhunderts bei Reisenden fassbar. Jedenfalls hält – als erster wohl – Johann Michael von Loen nach den Beobachtungen von zwei Schweizerreisen 1719 und 1724 fest: «Es ist zu verwundern, wie so verschiedene Menschen in der Religion, in den Sitten und in der Sprache ungleich, sich miteinander in eine so genaue und unverbrüchliche Vereinigung haben einlassen können.»[114] In der Schweiz wird das sprachliche Problem vorderhand kaum realisiert. Latein genügte noch zur Verständigung unter Gelehrten. Die Oberschichten, nicht nur in Bern und Solothurn, sprechen deutschen Dialekt und französisch und schreiben ihr altes Kanzleideutsch. Die Eglise française ist die Kirche der Vornehmen. Das Italienische geht allerdings allmählich zurück. Englisch trat langsam an seine Stelle.

Ein wesentlicher Faktor ist das Wiedererwachen der deutschen Sprache. Im Laufe des 17. Jahrhunderts begann die Elite der deutschsprachigen Schweiz ihr Schriftdeutsch der allgemein gültigen Hochsprache anzupassen.[115] Bodmer postulierte etwas später ein allgemeines Schweizerdeutsch nach dem Beispiel der Niederländer. Denn er hielt eine einheitliche «Schweitzerische Sprache» für richtig in einem Land, «wo die Freyheit alle Einwohner untereinander so genau verbindet».[116] Bodmer nimmt sich auch liebevoll nationaler literarischer und historischer Traditionen an und weckt den Stolz auf eine eigene Literatur (Minnesang). Gleichzeitig will aber gerade Bodmer in der allgemeinen deutschen literarischen Diskussion mitreden, was zu angemessenem schriftlichem Ausdruck zwingt.

Im Westschweizer Bereich zeichnet sich eine gegensätzliche Bewegung ab. Bewusst wird auf den «Patois» verzichtet, erst in den Städten, in Genf und darauf in Lausanne. Der italienische Sprachraum pflegt im Gegensatz dazu seine Dialekte weiter.[117]

Gleichzeitig wächst die Sensibilität dafür, in einem viersprachigen Land zu leben. Die Bewegung des Helvetismus beginnt in die französische Schweiz überzugreifen, insbesondere von der Helvetischen Gesellschaft aus, bei deren Versammlungen sich gegen die achtziger Jahre immer mehr Welsche, besonders Neuenburger einfinden. In der Regel verstehen sie wohl Deutsch und sprechen es wohl auch. Der «Mercure suisse» nimmt seit langem reges Interesse an gesamtschweizerischer Literatur und Publikation.[118] Pfarrer Bridel, der Waadtländer an der Basler französischen Kirche, schlägt mit verschiedenen Publikationen später bewusst eine Brücke.

Das Einheitsdenken der Aufklärung empfindet die Vielsprachigkeit eher als Hindernis.

Bridel formuliert: «C'est certainement sous le point de vue politique, un mal que cette diversité de langage dans un aussi petit pays que le nôtre; elle rend un tiers de la Suisse presque étranger aux deux autres; elle paraît annoncer deux peuples et par conséquent deux intérêts distincts; s'il n'y avait qu'une seule langue de Constance à Geneve, cela donnerait plus de consistance à la confédération générale en rapprochant davantage et les Etats et les individus.»[119]

4.4.2 Die Viersprachigkeit als Prinzip der Helvetischen Republik: «Dass alle Cantons Helvetiens die Aufklärung jeder in seiner Sprache erhalten sollen»[120]

Inzwischen war die Erkenntnis herangereift, dass das Sprachenproblem vordringlicher Natur sein könnte. Charles Victor von Bonstetten schreibt 1795: «Die Schweiz hat das grösste Problem zu lösen, Völkerschaften, die an Sprache, Sitten, Religion und Lage ganz verschieden sind, in eine Republik zu vereinen. Da kommt alles darauf an, dass man das Eigene in allen Teilen respektiert.»[121]

Die Polarisierung vor der französischen Eroberung schien auch einen sprachlichen Aspekt zu haben. Die welsche Waadt bildete den Unruheherd. 1791 heisst es im Lied der Auszüger:

> «Drum deutsche Männer unverzagt
> Fürs Vaterland das Blut gewagt
> Das ist der Weg der Ehren.»[122]

Aber auch «brave welsche Brüder» werden angesprochen, damit sind die berntreuen Welschen gemeint. Im Freiburgischen bleiben am Schluss nur noch die Deutschfreiburger der Hauptstadt zugetan, die Welschen schlossen sich der Umwälzung an. Solche Spaltung politischer Art ging aber auch durch die deutsche Schweiz.

Sofort entbrannte im «befreiten» Waadtland die heftige Diskussion um die Errichtung eines helvetischen «Canton Léman» oder einer eigenen «République Lémanique». Hauptsächlich die Frage des Anschlusses an einen mehrheitlich deutschsprachigen Staat beschäftigt die Verantwortlichen, die sich unter dem Einfluss Frédéric de La Harpes für die helvetische Lösung entschieden und damit der Waadt gleichzeitig einen starken Einfluss auf die Entwicklung der Helvetischen Republik sicherten.[123]

In den Ennetbirgischen Vogteien versuchte die cisalpinische Bewegung den Anschluss auch mit sprachlichen Gründen zu motivieren. Das «Liberi e Svizzeri» erwies sich als stärker.[124]

Die tessinischen Landvogteien gelangten nicht an die cisalpinische Republik, sie wurden als Kantone Lugano und Bellinzona an die helvetische angegliedert, wie die Waadt als Kanton Léman. Sprache erwies sich als weit weniger wichtig als altschweizerische Bindungen, und die neue Republik liess sich wohl besser in diesem Rahmen als in einer historisch doch ganz anders gewachsenen cisalpinischen Schwesterrepublik verwirklichen.

In der Helvetischen Republik musste sich die Sprachenfrage – auch ohne Verankerung in der Verfassung – einfach aus der zentralistischen Praxis heraus stellen. Vier Fünftel der Bevölkerung waren deutschsprachig, aber andere Faktoren hoben diese Frage einer erdrückenden Mehrheit auf.[125] Die Verfassung erschien ebenso in drei Sprachen wie das Gesetzesbulletin und das amtliche Volksblatt. Es gab keine Sprache mit dem Vorrang des authentischen Textes. Bei den Münzen fiel die Entscheidung zugunsten des Lateins, in der Armee jedoch für Deutsch als Kommandosprache, was wohl Theorie blieb. Die Behörden verkehren mit den Kantonen in deren Mehrheitssprache, mit Léman, Valais und Fribourg französisch, mit Bellinzona und Lugano italienisch, und nahmen bei dem noch mehrheitlich rätoromanisch sprechenden Graubünden ebenfalls Rücksicht.[126]

Ein deutscher und ein französischer Protokollführer nahmen an den Verhandlungen in den Räten teil. Die Diskussion um die Frage des Italienischen vom 5. Juli bis zum 12. November 1798 führte zum Entscheid, alle wichtigen Akten sowie die Voten in den Parlamenten auf Wunsch zu übersetzen.[127]

Das waren von der Praxis diktierte Notlösungen. An sich standen sich zwei grundsätzliche Meinungen gegenüber: Das Prinzip Einheitssprache oder Gleichheit der verschiedenen Sprachen. Einheitssprache hätte Deutsch als «Muttersprache» der Helvetischen Republik bedeutet. La Harpe hoffte, dass sich die französische Sprache als Sprache der Revolution irgendwie durchsetzen würde. Viele fanden die Sprachenfrage überflüssig, man befinde sich nicht in einer Sprachschule! Im Senat formulierte ein Mitglied anlässlich der Erörterung um die Anstellung eines italienischen Dolmetschers resigniert die Hoffnung: «...dass die Helvetier einst durch irgend ein Wunder zu einer Sprache gelangt sein werden».[128]

Die Verordnung vom 25. Oktober 1798 erklärte schliesslich die Vielsprachigkeit zum Prinzip: «Dass alle Cantons Helvetiens die Aufklärung jeder in seiner Sprache erhalten» sollen.[129] Noch höher visierte Stapfer in seinem Universitätsprojekt: «Dieses Institut wird der Brennpunkt der intellectuellen Kräfte unserer Nation, das Verschmelzungsmittel ihrer noch immerfort bestehenden Völkerschaften und der Stapelort der Cultur der drei gebildeten Nationen sein, deren Mittelpunkt Helvetien ausmacht. Es ist vielleicht bestimmt, deutschen Tiefsinn mit fränkischer Gewandtheit und italiänischem Geschmack zu vermählen und den Grundsätzen der Revolution durch ihre Vereinigung mit den Lehren einer ehrfurchtgebietenden Rechtschaffenheit unwiderstehbaren Eingang in die Herzen der Menschen zu verschaffen.»[130]

Die ganze Diskussion spielt sich schliesslich auch vor dem Hintergrund des Sprachnationalismus der französischen Republik ab. Eine kurze Zeit, unter den Jakobinern, wurde die französische Sprache zur «langue républicaine» erklärt und die Minoritätssprachen in Frankreich in der «terreur linguistique» gegen das Baskische, Flämische, Katalanische und Deutsche, bzw. gegen «les idiomes anciens, welche, gascon, celtique, wisigoth, phocéens et orientaux» unterdrückt.[131] Deutsch galt eine Zeitlang als Sprache der Konterrevolution. Diese Sprachenpolitik fiel jedoch mit den Eroberungen weg. Es war undenkbar, etwa die Rheinprovinzen zu romanisieren. Wichtiger als Sprachzugehörigkeit blieb doch das revolutionäre Bekenntnis an sich, d.h. die Modernisierung.[132]

4.4.3 Mehrsprachigkeit im restaurativ-föderalistischen System: «Souvenons-nous bien que nous sommes les compatriotes de Tell»[133]

Mit der Aufhebung der Zentralrepublik fielen wichtige, aber nicht alle Sprachprobleme weg. Die Schaffung von selbständigen Kantonen garantierte kantonal die eigene Sprache, vorerst für den Tessin und die Waadt, für die sich ja Napoleon als Médiateur besonders stark gemacht hatte: «Die italienischen ehemaligen Vogteien, eben so wie das Waadtland, müssen eigene Kantone bilden. Bern hat der Wiederherstellung selbständiger Kantone gerufen, dabei aber die Waadt für sich angesprochen. Waadt ist Genosse unseres Blutes, unserer Sitten, unserer Sprache, nie würde ich zugeben, daß es Untertan würde. Für diesen Zweck allein hätte ich fünfzigtausend Mann aufgeopfert. Unsere und der Italiener Ehre ist hieran und an den Tessin geknüpft.»[134] Allerdings ist von der Sprache in den Gesamtverfassungen nicht mehr die Rede. In der Praxis gab sich die Tagsatzung der Mediation, wenn es nötig erschien, noch dreisprachig. Diejenige der Restauration tendierte bereits wieder zur «Deutschen Nationalsprache». Die Verhandlungen aber blieben durch Zweisprachigkeit geprägt, wobei sich die Berner Tagsatzungsherren gerne des Französischen bedienten. An sich hatte sich die Position der nicht deutschsprechenden Kantone durch den Wiedereintritt von Wallis, Neuenburg und Genf 1814 erheblich verstärkt.[135]

Parallel dazu schlugen sich die zweisprachigen Kantone mit ihrer Sprachenfrage herum. Die französisch-deutsche Sprachgrenze verlief fast überall quer durch die betreffenden Kantone. Das konservative Freiburg nahm die alte deutsche Behördensprache wieder auf, auch Bern gab sich im französischsprechenden Jura gerne deutsch. Die Regeneration von 1831 regelte dieses Problem, in den neuen Kantonsverfassungen figurierte nun ein Sprachenartikel, in Bern mit voller Gleichstellung des Französischen, in Freiburg mit Vorrang des Französischen. Wallis anerkannte als einziger zweisprachiger Kanton mit dem Wiedereintritt in die Eidgenossenschaft von 1814 beide Sprachen als Amts- und Nationalsprachen.[136]

Soweit die offiziellen Regelungen! Im sich nun einspielenden Zusammenleben im politischen wie im nichtpolitischen Bereich und aus wirtschaftlichen Gründen zeigte es sich, daß die gebildeten Schichten der deutschen Schweiz der französischen Sprache mehr oder weniger mächtig waren – je weiter östlich zwar, desto weniger – und daß an den Akademien von Genf und Lausanne die deutsche Sprache als Sprache der immer bedeutsamer werdenden deutsch-protestantischen Theologie ihren Einzug hielt. Deutsch und Französisch (Vinet in Basel!) bedeuteten als moderne Fremdsprachen den ersten Einbruch in die rein altphilologische Welt der akademischen Bildung...

Entscheidend war wohl, daß die französische Schweiz seit ihrem gleichberechtigten Eintritt in den Bund keine minoritäre Rolle spielte, weder wissenschaftlich noch sozial.

In all den vielen gesellschaftlichen Zusammenschlüssen wissenschaftlicher, politischer und volkstümlicher Art scheint die Verschiedenheit der Sprachen keine besondere Rolle gespielt zu haben. Die Gründungen erfolgen zwar in der Regel zwischen einer kleinen Gruppe deutschsprachiger Kantone, aber die eidgenössischen Vereine tendieren möglichst rasch zur Kontaktnahme über die Sprachgrenze hinaus. Es spielte sich überall ein Wechsel der gesamtschweizerischen Vereinsleitung ein, in welchen neben den konfessionellen vor allem die sprachlichen Gruppen ihre regelmässige Vertretung erhielten.[137] Nationale

Feste und weitere Vereinsaktivitäten machten eine sehr breite Schicht mit der Selbstverständlichkeit und dem Reiz einer mehrsprachigen Schweiz vertraut. Neben den Vereinen leistete die neue Armee hier viel – Dufour war Leiter der Zentralschule in Thun! –, wobei primär die Beziehungen Welsch-Deutsch spielten. Das Tessin und das dreisprachige Graubünden kamen nach Möglichkeit ebenfalls zum Zuge, doch waren das kantonale Einzelfälle, während die französische Schweiz doch ihre fünf relativ starken Kantone zählte.

Das neue Zusammenspiel, zumindest zwischen der deutschen und der französischen Schweiz, drückt sich besonders deutlich im neuen Liedgut aus. Man fand die nationale Identität im gleichen Lied, sang nach der gleichen Melodie den Text in der eigenen Sprache. Bahnbrechend wirkten da die welschen Zofinger, die – kaum war der gesamtschweizerische Verein 1819 gegründet – sich mit Begeisterung auf das allgemein nationale Lied stürzten.[138] Sie haben damit weit über das rein patriotische Lied hinaus das Singen in der Welschschweiz bestimmt. Teils wurden deutschschweizerische sowie deutsche Texte und Melodien adaptiert, teils schuf eine begabte Elite des Landes eigene Lieder.

Mit der Zeit fand sich in den Liederbüchern jeweils die gewichtige Abteilung der «chants patriotiques» bzw. «Vaterland und Heimat».

Beispiele aus den Frühzeiten für diese neue Thematik sind die Lieder:[139]

für *Tell und Grütli:*

«Souvenons-nous bien que nous sommes les compatriotes de Tell».
«Seht die heilge Waldkapell...» (d.h. die Tellskapelle).
«Sur le Grutli trois fois ma voix proclame les noms sacrés de nos libérateurs».
«Hier standen die Väter zusammen für Freiheit und heiliges Gut».

Für die *Heldenschlachten:*

«Sur tous nos monts brillaient des feux. Ils appelaient les Suisses au combat».
«Wo je mit Heldenblute getränket ward ein Land».

In bezug auf *Gott, den Allmächtigen:*

«Zuerst zu Gott empor, drum jauchzet Hand in Hand».
«Eternel devant qui nos pères/Fléchissaient leurs poudreux genoux».

Und schliesslich für den *Lobpreis der Natur:*

«Je suis berger, je n'ai point d'or».
«Schöner Garten, Schweizerland, von den Alpen fest umschlossen».

Auch die alte Nationalhymne «Rufst Du, mein Vaterland» wurde übernommen: Der liberalradikale Luganeser Politiker Pietro Peri schrieb, sich relativ eng an den Text von Wyss haltend, um die Jahrhundertmitte sein «Ci chiami o patria», mit den Versen: «Morat, San Jacopo non obliar» oder «E dolce Elvezia morir per te».[140]

Die französische Version verfasste der Genfer Theologiestudent Henri Roehrich mit dem Anfang «O monts indépendants répétez nos accents».[141] Dieser Text, der sich weiter von demjenigen des Originals entfernt, zeigt den Einfluss der Kampfstimmung des Neuenburger Konflikts:

«Nous voulons nous unir
Nous voulons tous mourir
pour te servir
O notre mêre,
de nous sois fière,
Sous ta bannière
Tous vont partir.»

An Stelle des «Frei, wer die Heldenbahn / Steigt wie ein Tell hinan» heisst es: «Gardons avec fierté / L'arbre au Grutli planté». Hier ist das Andenken an die helvetische Vorstellung des Freiheitsbaums erhalten geblieben. Die Rätoromanen leisteten sich gleich drei Versionen des «Rufst du, mein Vaterland?», entsprechend ihren drei Hauptsprachen.[142]

Die neue, nationalpatriotische Liedpoesie sollte sich viersprachig bis in den Beginn des 20. Jahrhunderts fortsetzen. Lavater hat man vergessen, aber Gottfried Keller, Eugène Rambert, René Morax und viele andere treten an seine Stelle. Fortan stimmen die Eidgenossen gemeinsam den Schweizerpsalm, die Nationalhymne, das Sempacherlied, das Calvenlied, das Rütlilied («Von Ferne sei herzlich gegrüsset»/«De loin, salut! calme prairie») und Kellers «O mein Heimatland»/«O mon beau pays» an, sie alle sind übersetzt.

In der welschen Schweiz wird «Le peuple des bergers» aus Morax'/Dorets «Tell» populär, und auf französisch singen die übrigen Schweizer Amiels «Roulez tambours», die Marseillaise des Neuenburgerkonflikts.

4.5 Alte und neue kantonale Identität: «Helvetische Republik» oder «Schweizerische Eidgenossenschaft»

Der helvetische Traum Stokars ging wohl rascher als angenommen in Erfüllung. Zwanzig Jahre nach seiner Präsidialrede vor der Helvetischen Gesellschaft präsentierte sich das erträumte Gesamt-Vaterland als Wirklichkeit. Fraglich blieb allerdings dessen Annäherung an die erwünschte Gestalt, denn Stokar hatte von einem doppelten Vaterland gesprochen. Die Helvetik brachte jedoch die Abschaffung der alten Kantonsherrlichkeit. Immerhin behielten acht Kantone wenigstens mehr oder weniger ihren alten Umfang. Man war da noch unter sich, auch wenn der Regierungsstatthalter gelegentlich aus einem andern Kanton stammen konnte.

1803 brachte die Wiederauferstehung der alten Schweiz mit ihren selbständigen Kantonen, nunmehr unter dem Namen «Schweizerische Eidgenossenschaft»,[143] der als offizielle Bezeichnung fortan Bestand haben sollte. Die alten kleinen Landesgemeindkantone und die Stadtrepubliken mit ihrem nun freieren Territorium, alle XIII Orte – Bern blieb allerdings um die Waadt und den Aargau erleichtert, das Oberland hatte schon 1802 seine Selbständigkeit aufgegeben –, Graubünden nun als Kanton und nicht mehr als unabhängiger Freistaat, waren wieder hergestellt. 1814 kamen auch die Frankreich einverleibten Wallis, Neuenburg und Genf wieder zurück: eine alte Landrepublik, ein Fürstentum der Hohenzollern – als typisches Restaurationsphänomen – und eine alte Stadtrepublik.

Begierig löschten die wiedererstandenen Kantone jegliche Erinnerung an die Helvetik bzw. die französische Herrschaft. 1803 sah auch erneut die alten Hoheitszeichen, Fahnen, Wappen und Farben der Kantone. Appenzeller und Berner Bär feierten fröhlich Urständ. Das Dialektlied «Bärn, du edle Schwizerstärn,/bisch d'Hauptstadt wohl im Kanton Bärn/Viel gepriesen und viel genannt,/alle Völkere wohl bekannt» spiegelt den Stolz des grössten Schweizer Kantons. Bern hat «die schönsti Chleiderpracht», «das schönsti Schwizergeld», «der schönsti Stierestand». «Der tapfere Bär mit frohem Muet,/Die Krone, sie ist dem Wappen Huet.»[144] Das ist echte Restaurationsmentalität.

Allerdings mussten fünf recht grosse Kantone eine neue kantonale Identität aufbauen. Am mühelosesten gelang das dem Kanton Waadt, der als Welschbern schon längst eine gewisse Einheit bildete und als Pays de Vaud mittelalterlicher Herkunft war. Die Waadt hatte von vornherein eine natürliche Hauptstadt, die einstige Bischofsstadt Lausanne, in welcher die alte Akademie nun die Elite des Kantons unabhängig ausbilden konnte. Modern wirken die Farben Grün/Weiss und modern die Devise «Liberté et Patrie».

Der Kanton Aargau umfasste drei bzw. vier historische Teile – wenigstens ein Teil davon, das Fricktal, war zum Glück von der österreichischen Verwaltung her an eine gewisse Modernität gewöhnt. In der – allerdings durch verschiedene ebenso starke Munizipien konkurrenzierten und nicht sehr zentral gelegenen – neuen Hauptstadt Aarau wurde sofort die entsprechende Zentralanstalt für die Elitenbildung des Kantons errichtet. Die Kantonsbezeichnung hatte zwar als Landschaftsbezeichnung Tradition, galt aber im eigentlichen Sinn nur für den bernischen, an sich dominierenden Teil. Ohne einheitliche Konfession waren die Schwierigkeiten vorprogrammiert. Im neuen Wappen repräsentieren die drei Sterne die drei Teile. Die moderne Dominanz der Geographie – Fluss auf schwarzem Grund – ist deutlich. Die geographische Bezeichnung Aargau erinnert an die Benennungen der neuen französischen Departemente.

Das war auch der Fall im neuen Kanton Tessin. 1803 vereinigte man die zwei helvetischen Kantone Bellinzona und Lugano – die schon aus recht verschiedenen Teilen zusammengesetzt worden waren – zum Kanton Tessin. Es gab keine natürliche, historische Hauptstadt, was den Wechsel zwischen Bellinzona, Locarno und Lugano geradezu herausforderte, und lange Zeit keine einheitliche höhere Schule. Eine Basis bildete die einheitliche Religion, auch wenn das Gebiet in zwei Bistumsorganisationen geteilt war. Die Farben Rot oder Blau kamen einzeln in allen bisherigen Landvogteiwappen vor, und ein Symbol fehlte. Die Schaffung einer «Ticinesità» sollte die grosse Aufgabe werden. Armut und Grenzlage machten das Band aus.[145]

St. Gallen hatte dreizehn Teile zu vereinen: eine Hauptstadt mit republikanischer Tradition, eine nun säkularisierte Fürstabtei, die etwa die Hälfte des Territoriums umfasste, daneben kleinere und grössere eidgenössische Landvogteien und disparate Einzelstücke. Das Fehlen einer einheitlichen Konfession verunmöglichte lange die Errichtung einer gemeinsamen Kantonsschule. Es brauchte den Willen des Kantonsgründers Müller-Friedberg, aufgeklärt, des Segens einer zentralistischen Organisation und Verwaltung bewusst, nach dem Muster der badischen, württembergischen und bayerischen Ministerpräsidenten in ihren napoleonischen Monarchien eine gewisse Einheit zu schaffen. Das Symbol war gut gewählt: das Rutenbündel mit der alteidgenössischen Hellebarde und dem kleinen, wohl an St. Gallus erinnernden Kreuz, das Rutenbündel, der Skiluros, ein klassisches und nun revolutionäres Symbol der Einheit, in den Farben Grün/Weiss, wie die Waadt und der Thurgau, der anstelle der etwas lose organisierten Landvogtei trat und mit seinen zwei Kyburger Löwen historisch zurückgriff. Grün bedeutete das Bekenntnis zum Grün der kantonalen Helvetik, da kantonale Beamte und der Regierungsstatthalter die grüne Schärpe zu tragen hatten.

Die fünf neuen Kantone hatten – wenigstens von aussen gesehen – gerade genügend Zeit, bis 1848 zu kantonalen Einheiten mit einer gewissen Identität zu werden. Ihre Schaffung war irreversibel und bald selbstverständlich. Ihre autoritären Magistraten machten sich gut an der Tagsatzung: Die Landammänner Monod und Muret (Waadt), Müller-Friedberg (St. Gallen), Morell und Anderwert (Thurgau), Quadri (Tessin) mit dem Ersten Bürgermeister Herzog (Aargau) waren den Landammännern, Schultheissen und Bürgermeistern aus den alten Kantonen durchaus gewachsen.

Mit dem alten Schweizerkreuz auf kantonal geflammtem Feld der grün-weissen und andersfarbigen Fahnen drückt sich symbolisch das Schweizertum aus. Sie waren den alten gleichwertig, auch durch ihr zahlenmässiges Gewicht.

In dieser Zeit bürgerte sich auch der Mythos der kantonalen Eintrittsdaten fest ein. Es galt bei den VIII alten Orten der erste Bund, bei den «neuen» des 15./16. Jahrhunderts die Erhebung zum Ort – z.B. Freiburg 1481, Schaffhausen 1501, Appenzell 1513 –, für die «neuen» der nachrevolutionären Zeit 1803 bzw. 1814. Daraus ergab sich ein falsches historisches Bild, da z.B. Neuenburg spätestens 1406 durch das Burgrecht mit Bern Glied der Eidgenossenschaft wurde und nicht erst 1814. Das liberal-juristisch denkende 19. Jahrhundert wertete damit die historischen Zusammenhänge ab, zugleich aber auch die Tatsache einer eidgenössischen Eroberung und des Landvogtsregimes. Es zählte nur der Beginn voller Souveränität im Rahmen der Eidgenossenschaft.

Als wirklich neu haben nur die savoyisch-französischen Gemeinden, die 1815/16 zum Kanton Genf geschlagen wurden, und der «Reichsboden» des Bistums Basel (der heutige Kanton Jura mit Laufental und Birseck), das österreichische Fricktal (1802) zu gelten. Gebiete – zumindest die beiden ersten –, die dann tatsächlich ihre Mühe hatten, im historisch anders gewachsenen Kanton ihre alte Identität zu bewahren bzw. eine neue zu gewinnen.

Und die Verluste? Die Republik Mülhausen verlor ihr Schweizertum, das sie dank Stadtschreiber Josua Hofer und einer helvetischen Gruppe noch sehr intensiv gepflegt hatte. Das Schicksal entschied sich 1798. Doch heute noch dominiert die Wappenfolge der XIII Orte und ihrer Zugewandten den Ratsaal der Munizipalität und die Rathausfassade, in der Stadt findet sich ein Gasthof Wilhelm Tell, an einem Haus eine Erinnerung an die Schlacht von Sempach, und im Archiv ruhen die Tagsatzungsabschiede. Mülhausen teilt fortan die Schicksale des Département du Haut Rhin.[146] Das bündnerische Veltlin, das weniger gute Erinnerungen an die bündnerische Zeit hegte als Mülhausen an die schweizerische, kam 1797 an die Cisalpinische Republik und bald darauf mit der Lombardei an Österreich. Immerhin beabsichtigte das Val San Giacomo, bei der Schweiz zu bleiben. Noch immer sind über einem Stadttor von Chiavenna und im Podestatensitz von Teglio die Wappen der III Bünde angebracht.

Zschokke hat sich zu dieser Zeit sehr richtig zu den Traditionen und zum föderalistischen Bewusstsein in allen Kantonen geäussert: «Aus den Gemeindseinrichtungen ist ihre Staatseinrichtung, aus der Heimatliebe ihre Vaterlandsliebe entsprossen», und: «Die entlegenern Nachbarn betrachten einander nur wie entfernte Verwandte, deren Wohnungen sie nicht, aber deren Bergspitzen sie noch sehen.»[147]

Parallel zur Neueinrichtung der kantonalen Zusammensetzung der Schweiz wurden damals die Bistümer dem neuen nationalen Rahmen angepasst. National geschlossen, d.h. rein schweizerisch, waren lediglich das Bistum Sitten und das Bistum Lausanne (Freiburg). Konstanz kam im deutschen Bereich zu Freiburg oder Rottenburg, der französische Teil von Basel zu Strassburg. Chur verlor den Vintschgau und den Südteil des Vorarlberg, behielt aber das Fürstentum Liechtenstein. Nach vielem Hin und Her schuf man endgültig St. Gallen, das sich mit dem neuen Kanton deckte und Appenzell einschloss. Basel verlagerte sich nach Solothurn, die Innerschweiz und Zürich gingen an Chur. Zuletzt verselbständigte sich der Kanton Tessin, löste sich von Mailand und Como und konstituierte sich als Apostolische Administratur Lugano. Die Landesgrenze deckte sich schliesslich – entsprechend den Vorgängen in Deutschland und Frankreich – mit der geistlichen Grenze.[148]

Die schweizerische Landesgrenze drang stärker ins Bewusstsein. Schon der Helvetismus hatte die Naturschönheiten auf die Schweiz beschränkt. Die neue Dufourkarte[149] hörte mit der Schraffierung etwa fünf bis zehn Kilometer über der Grenze auf, und der weisse Grund um die Eidgenossenschaft herum ergab für die vielen zivilen und militärischen Benutzer dieses nationalen Dokuments dieses neue Bild des geschlossenen nationalen Bereichs des Schweizerlandes. Das geographische Bild der Nation prägte sich so, vermittelt durch die Wandkarte im Schulzimmer, von Jugend auf ein und führte dazu, dass im Bewusstsein die Alpen nun schweizerisch sind, die Welt hinter Chancy–Boncourt–Bargen–Vinadi und Pedrinate eigentlich aufhört. Oder im Lied:

> «Unsre Berge liegen übers ganze Land,
> Von dem Rhonethale zu des Rheines Strand,
> Und in allen Gauen mahnt ihr heller Schein,
> Sich des einen, schönen Vaterlands zu freun.»[150]

4.6 Vom helvetischen zum schweizerischen Mythos

4.6.1 Fortführung des vorrevolutionären helvetischen Mythos: «Da ist ein freies Leben, da ist die Alpenwelt»[151]

Die helvetische Bewegung hatte die alten Geschichtsbilder erneuert. Ihr Werk sollte nun das ganze 19. Jahrhundert hindurch bis weit ins zwanzigste hinein in weiter Verbreitung, allgemein geworden und differenziert die Vorstellungen beherrschen.

Das in der Geniezeit neu Konzipierte empfing in der Romantik einen weitergehenden Impuls. Wenn etwa Uhland «ganz im Sinne der Romantik versuchte, ... den Volksgeist zu erfassen, universales und noch unpolitisches nationales Denken verbindend»,[152] so gilt das auch für die Schweiz mit dem wichtigen Unterschied, dass nationales Denken in der Schweiz immer auch politisch war.

Als wirksames Mittel bot sich vor allem das Lied an. Auf Lavater, den «Schweizerliederdichter», folgte Hans Georg Nägeli, der «Sängervater», der durch die Gründung des ersten Männerchors im Jahre 1810 Entscheidendes über die Schweiz hinaus geschaffen hat. Der Zürcher Männerchor setzt sich «auch jene höheren Zwecke vor, wonach in [seiner] Vaterstadt, gleichwie im grossen Vaterland durch Erweckung des Schönheitssinnes auch der vaterländische Gemeinsinn höher belebt wird und so die mitbürgerliche Verbrüderung an der Hand der Kunst gedeiht...»[153]

Man machte es sich allerdings einfach. Nägeli erklärte: «Was die eigentlichen Vaterlandslieder betrifft, so kann, wer es so genau nimmt, nur das Wort ‹Schweizer› mit dem Wort Deutscher vertauschen, so hat man daran gleich ein deutsches Vaterlandslied.»[154] Dies war an Deutsche gerichtet. Für die Schweiz steht etwa Methfessels «Wo Mut und Kraft in deutschen Seelen flammen». Sie flammen in der schweizerischen Version «in Schweizerseele». Das deutsche «So schwört es denn bei unserm Schwerdte/Dem Bunde treu, im Leben und im Tod» wird kontrafaktiert mit dem «Schweizerschwerte». Interessanterweise ist der «Bund» durch die «Freyheit» ersetzt, und «Noch einmal schwört es, meine Brüder, dem König treu und treu dem Vaterland!» macht der Formulierung «Helvetias wackre Brüder/Der Freiheit treu und treu dem Vaterland» Platz.[155]

Später lässt sich das «Deutschland, Deutschland über alles» verschweizern zu «Heimath, Heimath über Alles». «Deutsche Frauen, deutsche Treue/Deutscher Wein und deutscher Sang» in richtiger nationaler Abhebung zu «Schweizer Herzen, Schweizertreue, Schweizerbiederkeit und Sang» abwandeln.[156]

Neben das Lied tritt allmählich auch das Bild, die nationale Ikonographie, das Denkmal, das historische Bilderbuch.[157]

Nach wie vor steht die Heldengeschichte im Mittelpunkt, in ihr beherrschend Wilhelm Tell.[158] Schillers Schauspiel, immer wieder gelesen und aufgeführt, wirkt nun als neuer Impuls.[159] Wesentlich war hier die ausdrückliche naturrechtlich-philosophische Verankerung der Tellengeschichte, ihre Ausrichtung auf die Berechtigung des Widerstandsrechts, verdeutlicht in der Begegnung Tells, des Tyrannentöters, mit dem Königsmörder Johannes Parricida. Schiller gab der alten nationalen Erzählung in der überwältigenden Sprache deutscher Klassik die zeitgemässe Form.

Gleichwertig neben Tell behaupten sich die Drei Eidgenossen vom Rütli. Das Rütli wird nun endgültig zum Wallfahrtsort, zum «heiligen Land», wie es im Grütlilied heisst: «Hier standen die Väter zusammen/für Freiheit und heimisches Gut/und schwuren beim heiligsten Namen/zu stürzen der Zwingherren Brut!», vielleicht das verbreitetste Nationallied, von Johann Georg Krauer (1792–1845) zur eingängigen Melodie von Joseph Greith gedichtet.[160] Es wird bald ins Französische übersetzt.

Auch Niklaus von Flüe hielt seinen Platz als Mediator, aber sein Flüeli-Ranft stand doch immer im Schatten der Rütliwiese und den drei Tellskapellen an der Tellsplatte, in der Hohlen Gasse und in Bürglen.

Ganz gross aber wird nun der Kult der Heldenschlachten in Szene gesetzt, die sich so schön auf das ganze Land verteilen. Die erste feierliche Begehung führen die Berner durch, die nach Laupen ziehen. Dann folgen alle andern säkularisierten Wallfahrten, nur die Näfelser Fahrt und die an den Stoss verlegte Appenzeller Schlachtfeier behalten ihre religiöse Tradition. Hier kann sich kantonales Empfinden mit dem schweizerischen vermählen, waren doch schon im bernischen Laupen die drei Waldstätte dabei.

Im Zentrum aber steht wohl die Schlacht von Sempach. Dort ist die Konfrontation Hirtenkrieger, Fussvolk gegen Ritterheer am deutlichsten sichtbar. Als Höhepunkt ereignet sich die Tat des Schlachthelden, der Opfertod Arnold Winkelrieds, ungemein populär erfasst in Bosshards Lied mit Wehrlis packender Melodie: «Lasst hören aus alter Zeit, von kühner Ahnen Heldenstreit», ganz im Lavaterschen oder Müllerschen Ton. In der 5. Strophe der grosse Appell: «Erhaltet mein Weib und Kind, die eurer Hut empfohlen sinnd, ruft Struthan [Winkelried], er umfasst mit Mannskraft, drückt nieder der langen Speer' Schaft, gräbt's in die weite Heldenbrust, mit Gott der Freiheit sich bewusst» ... «Und über die Leiche tritt, das Heldenvolk im Sturmesschritt...»[161]

Über all diesem Schlachtenheroismus ist aber nicht zu vergessen, dass die Kappeler Milchsuppe – dieses muntere Versöhnungsmahl – ebensosehr in den Vordergrund rückt und über das Konfessionelle hinaus Mahnung für die politisch zerstrittene Schweiz wird.

Sehr treffend gibt um die Jahrhundertmitte eine deutsche Zusammenstellung den schweizerischen Geschichtsmythos wieder. Es handelt sich um die «Klio» des Adolf Schottmüller,[162] eine Sammlung historischer Gedichte aus europäischer Sicht – vom alten Judentum an über Griechenland, Rom ins Mittelalter bis zur heutigen Zeit –, alle europäischen Staaten erfassend, historisierend, national und liberal. Zur Geschichte der Eidgenossenschaft figurieren siebzehn Gedichte mit teilweise bekannten Autoren wie Haller, Schiller, A.W.

von Schlegel (Tellskapelle bei Küssnacht), Follen (Winkelried) und Lavater (Der Schweizer). Viel ist von Tell und den ersten Eidgenossen die Rede (acht Stücke). Es folgen einige Schlachtlieder (Sempach, St. Jakob, Murten), Zwingli nach Hagenbach und die «Kappeler Milchsuppe» vom gleichen Verfasser. Am Schluss stehen zwei Gedichte Gottfried Kellers, «Warnung» vor dem Sonderbund und das «Jesuitenlied».

Eine Einleitung erklärt breit die als Geschichtsrealität verstandene Gründungssage, dann wird, im Sinne Goethes, die relative Freiheit erörtert: «Jetzt heisst die Schweiz noch das Land der Freiheit und ihre Bewohner meinen selbst frei zu sein, weil ihre Ahnen einst die Freiheit ihres Landes errungen haben.» Nach Napoleon hat sie «das Bächlein ihrer Freiheit zurückgeleitet in das Bette überkommener Formen».[163] «Das Land ist gespalten zwischen ultra-liberaler Partei und der conservativen. Erstere zu stark auf Abstraktionen gestützt, als dass sie das Volk zur Entwicklung eines geistig freieren Zustandes anregen könnte», ganz also im Sinn von Kellers «Warnung, bei Gelegenheit des Sonderbundes der 7 katholischen Kantone gegen die Eidgenossenschaft»: Der Feind steht mitten drin, «wenn du nicht tapfer magst den Geist entbinden ... und heilig deiner freien Einsicht pflegen».[164]

Der Appell geht immer noch, wie fast hundert Jahre vorher, in Richtung Vorbild der «alten Schweizer», der Schweizer vom Rütli. Das tradierte Geschichtsbild, so wie es Johannes von Müller erneuert hatte, wird ergänzt und weiter geführt, besonders durch die Waadtländer Vulliemin und Monnard. 1823 erschien Mallets französische Kurzfassung von 1803 auf italienisch.[165] Schliesslich erreichte Zschokkes «Des Schweizerlands Geschichte für das Schweizervolk» ab 1822 alle drei Sprachgruppen. All dies stand immer in der Gefahr, zur «saft- und kraftlosen Idolatrie der Alt-Schweizerei» zu entarten.[166] Aber diese Bemühungen hatten ihre immense Wirkung auf den sich entwickelnden Unterricht in «vaterländischer Geschichte».

In Zschokkes «Klassische Stellen der Schweiz» (1836)[167] verbindet sich – wie im Vaterlandslied schon gang und gäbe – der historische mit dem alpinen Mythos. Während es dem Schweizer nun möglich war, seine «klassischen Stellen» in jedem Kanton zu erkennen, hält das Ausland primär am nur alpinen Mythos fest. Jetzt wurde die Reise in die Schweiz zum touristischen Obligatorium, zuerst für die Engländer, dann für alle, die es sich finanziell leisten konnten. Man übertrug das Modell gar auf hügelige Gegenden im flachen Lande, die sächsische Schweiz,[168] die holsteinische Schweiz und – wie im 18. Jahrhundert angelegt – das Idealbild der Landschaft immer noch und immer mehr auf deren Bewohner, die «Älpler». Er ist definitiv der echte Schweizer, der nun in äusserst populär gewordenen Liedern in allen Landessprachen besungen wird. Widmer, der Verfasser des «Schweizerpsalms», z.B. lässt in seinem «Alpenleben» diese Welt erstehen:[169]

«Wo Berge sich erheben
Zum hohen Himmelszelt
Da ist ein freies Leben
Da ist die Alpenwelt»,

diese Welt der Lawinen, der Gletscher, der geschützten Alphütten, wo der Älpler wohnt und wo er einzig und allein leben kann:

«Dem Älpler nehmt die Berge
Wohin mag er noch ziehn
Paläste werden Särge
Drin muss er fern verblühn.»

Auch der historische Heldenappell fehlt nicht:

«Schallt Kriegsgeschrei vom Tale
Der Älpler drob erwacht
Er steigt vom hohen Walle
Und stürzt sich in die Schlacht.»

Ähnliches Erleben, aber friedlicher, hält Fröhlichs «Unsre Berge lugen übers ganze Land» fest:

«Gegen unsre freien Berge mildes Angesicht
Kehren tausend Hütten froh das Angesicht».

Alle freuen sich des «einen, schönen Vaterlands», der bergwandernde Schweizer aus dem Tiefland und der Sänger, der all das in unendlich vielen Varianten von zur Verfügung stehenden Liedern besingen kann:

«Und an Feiertagen steiget man empor,
Zu den heitern Hügeln, singt der Schweizerchor.»[170]

Hier wurde eine Idealwelt verewigt. Die Realität lässt nun in den Touristenzentren Hotelpaläste entstehen, wo der Älpler und seine Kinder Arbeit finden, sofern er nicht «fern verblüht» bzw. aufsteigt, sei es als Auswanderer in Amerika oder in den Arbeiterquartieren der Industriestädte des schweizerischen Mittellandes. Im Auswandererlied von Bagnes im Wallis heisst es:

«Quittons joyeux et contents
Une terre de misère
Quittons joyeux et contents
Nos hameaux presque indigents.»[171]

Dieser Ton liegt jedoch abseits der allgemeinen Lieddichtung, abseits der alpinen Verherrlichung. Zschokke schliesst seine «Klassischen Stellen der Schweiz» mit dem frommen Anruf «Gott waltet». Gott waltet und wacht über diesem Land überhaupt. Das religiöse Moment fehlt selten. Deutlich wird es etwa im «Lueget vo Berg und Tal», diesem mundartlichen Lied: «Vater im Himmel, dä wacht» über diese Welt des «Chüjerglüt, üsere Lust», der «Gletscher so rot».[172] Das «Alles Leben strömt aus Dir» von 1825 – seit 1877 offizielles Appenzeller Landsgemeindelied[173] – ist von der gleichen Religiosität, die den «Schweizerpsalm» prägt. Er ist um 1840 vom Zürcher Leonhard Widmer verfasst und dem Graduale einer vierstimmigen Messe des Wettinger Paters Alberich Zwyssig, einem Urner, angepasst worden und bald ebenso populär wie das «Rufst Du mein Vaterland» – in der welschen Schweiz noch mehr. Der «Schweizerpsalm» ist schliesslich nach vierzehnjährigem Provisorium 1975 endgültig zur Nationalhymne erklärt worden:[174] «Betet, freie Schweizer, betet», betet «in kindlichem Vertrauen» zu «Gott im hehren Vaterland». Der «Hocherhabene» offenbart sich, «wenn der Alpenfirn sich rötet», im «Abendglühn», im «Sternenmeer», im «Wolkenmeer», «im wilden Sturm». Er ist «Hort und Wehr», «allmächtig Waltender, Rettender». Da waltet eine romantische, naturfromme Religiosität, die so sehr jener Zeit entsprach. Jeder Schweizer, gleich welcher Konfession, sang solche Lieder, in denen es später trotz Sonderbundskrieg und Kulturkampf möglich war, das Gemeinsame zu finden.

4.6.2 Die Symbolik der Helvetischen Republik: Grün-Rot-Gold, Wilhelm Tell und Freiheitsbaum

Die Helvetische Revolution begann mit der Zerstörung alter kantonaler bzw. schweizerischer Staatssymbolik.

Schon zu Zeiten der kurzlebigen «République rauracienne» von 1792 hatten die Revolutionäre die bischöflichen Symbole zerstört, den roten Baselstab und die privaten Wappen der Fürstbischöfe, die Zeichen der nun überwundenen Monarchie.

In Basel zog Remigius Frey – als «Vögeli-Frey» ist er bekannt geblieben[175] – durch die Strassen und schlug alle Reichsadler, wohl als Symbole der Gegenrevolution, der Reaktion und der Österreicher, von Toren und weiteren Bauten. Deshalb sucht man heute vergeblich nach diesem Reichs- und Freiheitssymbol in der alten freien Stadt Basel, während es anderswo durchaus noch anzutreffen ist. Die sich konstituierende Helvetische Republik suchte so rasch als möglich Ersatz für die obsolet gewordenen alteidgenössischen Staatssymbole.

Es lag nahe und in der Zeit, als «République Sœur» eine Trikolore zu schaffen. Neben das Blau-Weiss-Rot der Mutterrepublik trat nun das Grün-Rot-Gold der Helvetischen Republik: Grün als Farbe der neuen Zeit, der Freiheit.[176] Rot möglicherweise die Farbe von Schwyz, Gold bzw. Gelb von Uri. Wilhelm Tell – so Zschokke – trug in der Regel das geschlitzte Alt-Schweizer-Kleid in solchen (oder ähnlichen) Farbkombinationen.[177] Tell tritt uns als Staatssymbol auf Siegel und Papieren der Helvetik in Erscheinung. Als Modell bot sich der Tell von Trippel, Signet der Helvetischen Gesellschaft,[178] an. Auch darum, weil die vornehmlich mit dem Druck der Helvetica beauftragte Firma Haas in Basel, seit sie die Herausgabe der «Verhandlungen der Helvetischen Gesellschaft» übernommen hatte, über diesen Druckstock verfügte. Später gesellten sich weitere Varianten der Telldarstellung dazu: auf dem Briefkopf der Helvetischen Regierung, jeweils flankiert von den alt- und neurepublikanischen Devisen «Freiheit» und «Gleichheit». Die Bürger Direktoren, Grossräte und Senatoren trugen eine modische Amtstracht und die helvetische Schärpe.[179] Im Kanton traten die neuen Verwaltungsbeamten mit der grünen Schärpe auf. Der Unterstatthalter von Schaffhausen berichtet darüber: «Unsere Districts-Gerichts-Wahlen müssen Morgen neu gemacht werden, und da werde ich zum erstenmal in meiner grünen Scherpe, nebst blauem Kleid, ‹à la Republicain› und schwefelgelben ‹Veste› erscheinen. Die Scherpe ist sehr groß, und hat an der linken Seite eine Schleife (ich kann das rechte deutsche Wort für ‹Schlik› nicht gerade finden) und Fransen von 3 Farben.»[180]

Die neuen helvetischen Farben sollten auch als Nationalkokarde von jedem Bürger getragen werden.[181] Als Ausdruck des Protestes gegen die Helvetik wurde sie jeweils z.B. an Kuh- und Schweineschwänzen angebunden.

Der jeder Gemeinde auferlegte, mit gehöriger Feierlichkeit zu leistende Bürgereid[182] knüpfte an die Tradition der «Bürgergemeinde» in den städtischen Verhältnissen, an die des Landsgemeindeeids oder an jene des Huldigungseids beim Aufzug eines neuen Landvogts an. In den Gegenden, wo die Helvetik unpopulär war, bot er Anlass zur Manifestation oppositioneller Haltung bzw. Verweigerung.

Schliesslich sollte in jeder Gemeinde ein Freiheitsbaum mit Wurzeln hinter dem «Vaterlandsaltar» eingepflanzt werden.[183]

Freiheitsbäume waren in Frankreich schon mit dem Beginn der Revolution errichtet worden. Im Herbst 1792 tauchten die ersten im Neuenburgischen auf, weitere folgten in Genf und 1795 im oppositionellen Stäfa. Damit übernahm man das französische Revolutionssymbol, das seinerseits auf den «Liberty Tree» der amerikanischen Revolution zurückgeht.

In den im Frühjahr 1798 von der Helvetischen Revolution erfassten Gebieten – beginnend mit Basel und der Waadt – bedeutete die Errichtung des Freiheitsbaums einen Markstein der Wende, so im thurgauischen Hauptwil, d.h. in der bisherigen Gerichtsherrschaft des Grossindustriellen Johann Jakob von Gonzenbach, Freiherrn von Hauptwil und Freiherten und späteren helvetischen Regierungsstatthalters des Kantons Thurgau. Zur Feier sangen die bejahrten Männer und Frauen den 121. Psalm, «Mein Augen ich gen Berg aufricht», während die jungen Leute den Freiheitsbaum mit dem «Ça ira» umtanzten und das Freiheitslied anstimmten:

«Freiheit, Gleichheit, Menschenrechte
Lehrt uns Gott und die Natur;
Alle haben gleiche Rechte,
Keiner ist des andern Knechte,
Alle einen Vater nur.
Es wird gehen, es wird gehen,
Seht den Freiheitsbaum hier stehen,
Heil der Schweizernation!»[184]

Auf dem Freiheitsbaum prangte in der Regel der Freiheitshut – besser gesagt der Tellenhut –, ein oft der altschweizerischen Tracht des 16. Jahrhunderts entnommener, grüner Hut. Zur Errichtung ihres Freiheitsbaums führten die Hallauer «die Geschichte Wilhelm Tells auf».[185]

Die neue Hauptstadt Thun beging am 12./13. März das Fest der Gründung des Kantons Oberland «mit aller möglichen Feierlichkeit und Ceremonie ... [und] unter dem Klang der Militair Music ... [erfolgte] die Pflanzung des Freyheits-Baumes». Bis zum 21. März wurden in Stadt und Schloss «überall alle Insignia vom Stand Bern – folglich alle Bären, Halseisen & & – durchgehends und überall» beseitigt.[186]

Eine besondere Rolle spielte der Tellenhut in den ennetbirgischen Gebieten. Da traten in den südlichen Distrikten der helvetische «capello di Tell» in Konkurrenz zur cisalpinischen phrygischen Mütze auf dem Freiheitsbaum und sicherlich auch das helvetische Grün-Rot-Gold zum cisalpinischen Grün-Weiss-Rot.[187]

Der Freiheitsbaum, das sichtbarste und nun weit verbreitete Symbol der Helvetischen Republik, wurde zum Hauptobjekt der Gegner. Es lassen sich schon ganz früh Reaktionen dagegen belegen, etwa der Sturm auf Weinfelden im Thurgau durch Einwohner von vornehmlich katholischen Dörfern am 27. März 1798: «Wirklich wurde der Freiheitsbaum umgehauen, seine Fähnlichen und Bänder samt dem glänzenden Freiheitshut unter drohendem Spott und Hohn zertreten...»[188] Die Errichtung des Freiheitsbaums in Bern – vier

Tage nach der Kapitulation, am 9. März – geschah ohne Anteilnahme der Bevölkerung und gab Anlass zum bissigen Kommentar: «Für dergleichen ist unser Volk beinahe ganz unempfänglich. Es hält mehr auf der Sache als auf dem Scheine...»[189] Da mochte auch bernische Nüchternheit mitschwingen. In Basel dagegen war das, als Pfarrer Faesch seine Predigt zur Freiheitsfeier und zur Pflanzung des Freiheitsbaums hielt, ganz anders.[190]

Überall, wo Aufstände oder die «Befreiung» durch die Alliierten spielten, wurde der Freiheitsbaum jeweils umgeholzt. Er galt bald als eigentliches Symbol des Parteiwechsels, wurde nach seiner Errichtung umgeholzt, wieder errichtet, erneut umgeholzt...

Mit der ersten Restauration zu Ende der Helvetik schien dieses Symbol zu verschwinden, sobald sich aber Widerstand gegen die Reaktion zeigte, tauchte der Freiheitsbaum sofort wieder auf – 1830 in Baselland, danach in Murten, Solothurn, Schaffhausen und in der Waadt und später im Oberland –, und man schmückte ihn teils wieder mit den helvetischen Farben.[191]

Nach der Kapitulation der Sonderbundsregierung des Kantons Zug errichteten die dortigen Freisinnigen einen Freiheitsbaum, den die Schaffhauser Ordnungstruppen allerdings beseitigten.

In sonderbarer Umkehrung liess sich aber der Freiheitsbaum auch von Konservativen nutzbar einsetzen, als Symbol der Befreiung von einer verhassten Herrschaft, wie 1841 im Fall der Freiämtler gegen die freisinnige Aarauer Regierung.

Eine kurze Zeit lang erhielt der Freiheitsbaum gemeineidgenössische Bedeutung. 1838 stand ein grosser Freiheitsbaum auf dem Festplatz des eidgenössischen Schützenfestes in St. Gallen, ebenso 1840 im basellandschaftlichen Pratteln während des Basler Festes. Aus ihm sprudelte «in starkem Born reines, geistiges Schweizerblut» – vergeistigter Wein von St. Jakob!

Die Zürcher verzichteten jedoch anlässlich der Eintrittsfeier 1851 auf dieses Symbol. War das Bekundung eidgenössischer Einsicht oder Zeichen des Verzichts auf die Fortsetzung der Revolution?

Etwa ein halbes Jahrhundert lang vermochte der Freiheitsbaum seine Rolle als eidgenössisches Revolutionssymbol zu spielen.[192] Im Kanton Zürich stehen noch drei der damals gepflanzten Freiheitsbäume, die Platane in Ellikon, die Silberpappel in Urdorf und die Linde in Sünikon.[193]

4.6.3 Die neue Bundessymbolik: «Das weisse Kreuz im roten Feld»[194]

Die grün-rot-goldene Zeit war kurz. 1803 reduzierte sich die gesamtstaatliche Symbolik auf ein Siegel, das nicht mehr Tell, sondern einen «Alten Schweizer» mit Hellebarde und einem Schild mit der Aufschrift der XIX Kantone darstellte. Man blieb, wie die Helvetik, immerhin bei der Vorstellung der idealen Vorwelt der «Alten Schweizer».

Fast alles spielte sich wieder auf kantonaler Ebene ab: keine helvetischen Schärpen mehr, keine helvetische Amtstracht, kein helvetischer Bürgereid, kein Freiheitsbaum. Wieder schreiten die Weibel in den historischen Standesfarben den Tagsatzungsgesandten voran, die allerdings nicht mehr die alten Amtstrachten tragen. Das alte Schweizerkreuz – es erlebt seine Aufwertung ab 1815 – erscheint erneut auf den kantonalen Farben. Selbstverständlichkeit für die konservativen Schweizer, aber auch Symbol für die Fortschrittlichen, Nationalsymbol, das über den Kantonen steht.

Im neuen Siegel von 1815 gruppieren sich die 22 Kantonswappen im Rund um das Schweizerkreuz.

Bei den militärischen Aufgeboten des Gesamtstaates ist von 1817 an die rote Armbinde mit dem Schweizerkreuz zu tragen. 1814 wird den vier Bataillonen, die aus französischen Diensten zurückkehren, eine rote Fahne mit dem – schmalen, aber freischwebenden – Schweizerkreuz übergeben. 1833 führt als erster Kanton der regenerierte Aargau die Schweizerfahne für seine Truppen ein, die endlich 1840 durch die Tagsatzung für alle Kantone verbindlich wird. Den Kanton bezeichnet eine goldene Inschrift auf dem Kreuzbalken und eine Schleife in den entsprechenden Farben.[195] Diese Initiative geht auf Dufour zurück. Die verschiedenen nationalen Vereine hatten jedoch schon seit etwa zwanzig Jahren einen eigentlichen Kult um die Schweizerfahne entwickelt:

> «Das weisse Kreuz im roten Feld
> hoch flatterts überm Plan
> Das Zeichen, das den Sieg behält...»,

formulierte später der Basler Pfarrer Friedrich Oser, und Carl Attenhofer komponierte die packende Melodie dazu ...

> ...
> «Gott selber droben,
> der hat's erhoben
> Und gabs zum Hort
> dir in die Hand
> vor aller Welt
> mein Vaterland

...
Und wer muss sterben,
der lässts den Erben...»,[196]

ganz im militärisch-kriegerischen Ton der Vereine des vaterländischen Zeitalters.

Es bereitete der Schweiz weniger Mühe als etwa Italien und Deutschland, ein Einheitszeichen zu finden. Frankreich schwankte zwischen dem «Drapeau blanc» des Königs und dem «Bleu-blanc-rouge» der Republik und des Empire, Deutschland besass seinen Reichsadler sowie den österreichischen und den preussischen und bewegte sich im «Schwarz-Rot-Gold» der nationalen Bewegung zum «Schwarz-Weiss-Rot» des Bismarckreiches, während Italien das «Grün-Weiss-Rot» der transpadanischen bzw. cisalpinischen Republik allmählich auf die ganze Nation auszudehnen vermochte. Mit England, Schottland, Island, Dänemark, Norwegen, Schweden und Finnland behielt die Schweiz das mittelalterliche Kreuzzeichen bei.[197]

Das «Weisse Kreuz» als Name für Häuser und besonders für Gasthöfe trifft man neben den XIII Orten – 1803 bis 1814 XIX Kantone – schon früher an, es scheint aber im beginnenden 19. Jahrhundert beliebt zu werden: Croix suisse, Croce biancha, vervollständigt durch Tell, Grütli, Schweizerbund und Trois Suisses. In der Regel bleibt der alte, traditionsbewusste Gasthof, der Bären, der Löwen, die Krone; Grütli und Tell sind oft bescheidene Cafés oder Pinten der Neuzeit.[198]

Aber auch das ganze Haus verschweizert: «Das Schweizerhaus», das «Schwyzerhüsli»,[199] das Holzhaus der Älpler, der Schweizer Bauernhof. Ein «Laubsägeli-Stil», der sich dann an den ersten Schweizer Bahnhöfen ausleben wird.

Vor allem das Ausland entdeckt seit dem späten 18. Jahrhundert diese pittoreske Schweiz. Schweizer Themen sind beliebt: Gessners Landschaften, Alpendarstellungen, Seen, «Paysage composé imitation des sites de la Suisse», Trachtenbilder – man lässt sich als «paysanne suisse» malen –, Büsten von Rousseau und Lavater und vor allem Tellbüsten. Dies alles ist in Pariser Galerien zu bewundern.[200] Der König von Württemberg lässt 1822 einen echten Berner Bauernhof in seinem fürstlichen Garten zu Klein-Hohenheim kopieren.[201] Zu Hause findet dieser Stil in den ersten Tourismusbauten Verbreitung.

Dies geht natürlich im kulturellen Austausch. Englische Gärten mit gotisierenden Elementen sind auch in der Schweiz anzutreffen.

Zeitgemäss nimmt als Pendant zu Britannia, Gallia, Italia und Germania der grossen Mächte die Symbolfigur der «Helvetia» ihren gewichtigen Platz ein. Gelegentlich war im Barock und im 18. Jahrhundert die Rede von ihr, aber niemals beherrschend, nicht einmal in der Helvetik. 1815 erscheint ihre Abbildung – überhöht von Tell und Winkelried – am Kopf des Textes des Bundesvertrages. Die Schiffsflotte auf dem Genfersee tauft 1840 ein Schiff «L'Helvétie», nachdem bereits «Guillaume Tell», «Winkelried» und «Léman» die Wasser pflügen.[202]

1832 gaben sich die aus dem Zofingerverein austretenden, politisch orientierten freisinnigen Studenten den Namen «Helvetia». Mutter Helvetia wird vor allem das Zeitalter des Bundesstaates beherrschen.

Wie ein Abschluss und eine Zusammenfassung der möglichen schweizerischen Symbolik wirkt ein Unikum, das an einem der Palazzi der aus Spanien zurückgekehrten Poschiaviner angebrachte Wappenbild: Auf dem Schild prangt, überhöht von der phrygischen Mütze, das Winkelmass der Freimaurer. Den links und rechts von Schweizerfahnen eingerahmten Schild krönt der Freiheitshut, darunter ist die Jahreszahl 1847 angebracht, das Datum des Sieges der Freiheit im Sonderbundskrieg.[203] Alle diese Symbole tragen den zeitgebundenen Charakter der liberalen Bewegung.

5 Nationale Identität im Bundesstaat

5.1 Die bürgerlich-freiheitliche Schweiz als Wahrerin alter und neuer Identität

5.1.1 Die Schweiz des Freisinns: «Gedankenfreiheit» – «Wirtschaftsfreiheit» – «demokratische Freiheit»

Die Staats-, Verfassungs- und Identitätskrise, die 1798 begonnen hatte, war 1848 zu Ende. Es zeigte sich, dass die neue Bundesordnung Bestand hatte und eine Schweiz prägte, die Imperialismus, Kulturkampf, soziale Frage überstehen sollte. Aber konnte sich die ganze Schweiz zu 1848 bekennen?[1]

Der liberale Staat war verwirklicht. Industrie und Gewerbe, aber auch die Grosszahl der Intellektuellen und ihre Universitäten, die meisten Reformierten[2] und ihre Kirchen, die liberalen Katholiken,[3] die Mehrheit überhaupt vermochte sich mit ihm zu identifizieren. Für die vollständige Demokratisierung war die Bahn frei, was breite Schichten vital interessierte. Freisinn nannte man die liberal-demokratische Einstellung, die nun in der führenden Volkspartei in «radikaler» Art dominieren sollte. Nach 1848 brach allmählich des «Freisinns Maien-Sündenblüte» an – wie ein Konservativer im Rückblick meinte[4] –, jenes Régime der Helveter-Freimaurer mit ihren uneinnehmbaren Bastionen der Kantone Waadt, Bern, Solothurn und Aargau.[5] Nach 1848 war im Selbstverständnis nur der Freisinn die richtige Schweiz und dies noch weit über die Nationalratswahlen von 1919 hinaus, wo er die parlamentarische Mehrheit verlor, die Mehrheit im Bundesrat hielt er sogar noch bis 1943.

Mit dieser «Maien-Blüte» konnten sich, abgesehen von den zurückgesetzten Patriziern, die reformierten und vor allem die katholischen Konservativen keineswegs befreunden, aber es zeigte sich bald, dass es den gedemütigten Sonderbundskantonen gelungen war, sich wieder einigermassen komfortabel in ihren Kantonen einzurichten, zumal die Kantonalsouveränität erhalten blieb. Im Bund zwar minoritär, regierten sie jedoch zu Hause. Der Kulturkampf erwies sich nach anfänglich schwerer Bedrohung als Episode. Die immer stärker mottende soziale Frage begann dann allerdings das freisinnige Bürgertum zu beunruhigen. Sozialistische Demonstrationen waren schlimmer als katholische Prozessionen... In sozialistisch regierten «roten Zitadellen» ergab sich da und dort der Schulterschluss zwischen Freisinnigen und Konservativen, insbesondere nach der Zerreissprobe des Landesstreiks. Es dominierte aber das Empfinden, den vierjährigen Ersten Weltkrieg heil überstanden zu haben. Noch führte die freisinnige Mehrheit die bürgerlichen Parteien in Bundesrat und Parlament zusammen. Auch wenn die zwanziger Jahre das Hinterfragen der Vorkriegswelt mit sich brachten, überdeckte das Selbstverständnis der bürgerlichen Mehrheit Polarisierung und Zerrissenheit. Zwar gab es eine schweizerische Linke, sie war aber minoritär. Mit dem Aufkommen des Faschismus und besonders des deutschen Nationalsozialismus sollten sich von 1933 an schlagartig alle Fragen neu stellen.

Mit der Bundesverfassung von 1848 wurde der neue Staat auch zu einem Pfeiler der schweizerischen Identität, allerdings in einer demokratischen Republik mit ihren föderalistischen Spielarten. Die patriotisch-nationalen Vereine blieben dabei ebenso wichtige Träger nationaler Identität. Sie erweiterten sich 1863 durch den «Schweizer Alpenclub»[6] mit seinem ganz bewusst nationalen Programm. 1914 wurde – im Gefühl der Bedrohung schweizerischer Identität durch die nationale Kulturpolitik der umliegenden Grossmächte – die «Neue Helvetische Gesellschaft» gegründet.[7]

Mit dem 1914 errichteten Auslandschweizerwerk hat die «Neue Helvetische Gesellschaft» die emigrierten Schweizer in die schweizerische Nationalität eingebunden: «Die Bemühungen, die Bindungen an die alte Heimat nicht durch eine Integration in der neuen Umgebung abbrechen zu lassen, sind eine eigenartige Erscheinung des schweizerischen Nationalbewußtseins... Es sei hier lediglich auf die Tatsache hingewiesen, daß die Reibung mit einer andersgearteten fremden Umgebung das Bewußtsein und die Besinnung auf die eigene Herkunft stets weckt und daß außerdem die Heimat aus der Distanz der Fremde sich viel leichter zu einem handlichen Begriff abrundet als in der unmittelbaren Anschauung, wo die Vielfalt der einzelnen Erscheinungen das vorgefaßte Bild einer Einheit immer wieder stört. Der Fremde leistet darum der Ausbildung leicht faßlicher nationalideologischer Vorstellungen Vorschub, was dann jeweils auf die Heimat zurückwirkt.»[8]

Viele dieser Auslandschweizer waren noch als Schulkinder über das Wesen dieses Vaterlandes orientiert worden. Das Lesebuch der bernischen Primarschule hält modellhaft fest:

> «Die Schweiz ist also ein von Gott reichlich ausgestattetes und gesegnetes Land. In diesem Lande wohnt aber schon seit vielen hundert Jahren ein Volk, das seine Heimat über Alles liebt, ein freies, starkes und muthiges Volk. Lernet die Geschichte dieses Volkes kennen, und ihr werdet vernehmen, wie oft euer Vaterland gegen raubgierige

Angriffe hat vertheidigt werden müssen, wie viele Tausende im heißen Kampfe gefallen sind, um euch eine freie Heimat zu hinterlassen...
In der Schweiz lebt ein fleißiges, arbeitsames Volk. Die einstige Wildniß des Landes ist in einen blühenden Garten umgewandelt, der seine reichlichen Früchte bringt... – Wo aber der Mensch fleißig ist, da giebt Gott seinen Segen.
In unserm Vaterlande regt und bewegt sich ein frohes und heiteres Volk. Der Hirt auf der Alp, der Landmann hinter dem Pfluge, der fleißige Handwerker, der unternehmende Gewerbs- und Handelsmann: Alle begegnen sich wieder bei gemeinsamen Festen...
Endlich birgt unser Vaterland ein treues und brüderliches Volk. Treu ist der Schweizer in Wort und That; treu hängt er an guter Sitte und fest am Glauben seiner Väter. Und wenn er auch im fernen Lande glücklich lebt, so denkt er doch mit Liebe an seine theure Heimat zurück...
Wie das Schweizervolk in der Freude sich so gerne begegnet, so hält es auch in Leid und Noth brüderlich zusammen... Da macht man keinen Unterschied zwischen deutsch, französisch und italienisch. Da fragt man nicht: Ist er reformirt? Ist er katholisch? – Da sagt das Herz kurz: «Wir Alle müssen einander treu beistehen in Noth und Gefahr; wir sind ein einzig Volk von Brüdern.»[9]

5.1.2 Schweizerische Nationalität und Kleinstaatlichkeit: «S'Schwizerländli ist nu chli» / «Il est petit le territoire»[10]

Die Schweiz war ab 1848 mehr nationale Einheit als je vorher, im Zeitalter des imperialen Nationalismus – seit den nationalen Einigungen von Italien (1860) und Deutschland (1871) – endgültig Kleinstaat. Sie sah sich gezwungen, sich in veränderten Umständen über ihre nationale Identität Rechenschaft zu geben.

Es ist kein Zufall, dass gerade nach dem Deutsch-Französischen Krieg sich zwei Staatsrechtler – der Zürcher Altliberale Johann Caspar Bluntschli und der Werdenberger Freisinnige Carl Hilty – mit der Identität ihrer Nation auseinandergesetzt haben.

Hilty – Rechtslehrer in Bern – äusserte sich 1875 über die schweizerische Nationalität: «Nicht Rasse, nicht Stammesgenossenschaft, nicht gemeinsame Sprache und Sitte, nicht Natur und Geschichte, haben den Staat schweizerischer Eidgenossenschaft gegründet. – Er ist vielmehr entstanden im vollen Gegensatz zu allen diesen Großmächten, aus einer Idee, aus einem politischen, sich zu immer größerer Klarheit entwickelnden Denken und Wollen und beruht darauf noch heute, nach fünfhundertjährigem Bestehen, sowie wie am Ersten Tag. – Alles was Natur, Sprache, Blut und Stammeseigenart vermag, zieht die Schweizer vielmehr auseinander ... Die Eidgenossenschaft hat sich im Gegenteil vom Ersten Tage ihres Daseins ab das hohe Ziel gesetzt, aus diesen verschiedenen Stämmen durch wohltätige Vermischung in einem freien Gemeinwesen eine eigene neue Nationalität mit bestimmtem Charakter – nicht deutsch und nicht lateinisch – zu bilden, die stärker als all der natürliche Zug zur Stammesverwandtschaft, diese vergessen machen soll.»[11]

Hans von Greyerz erkannte eine gewisse Widersprüchlichkeit in Hiltys Konzeption, aber «die Eindringlichkeit, mit der Hilty seine nationalpolitische Mystik in einfachster sprachlicher Form an seine Hörer weitergab, verschaffte ihm großes Ansehen als Pater patriae.»[12]

Johann Caspar Bluntschli, damals Rechtslehrer in Heidelberg, schrieb für die deutsche Zeitschrift «Gegenwart» 1875 seinen Aufsatz «Die schweizerische Nationalität».[13] Er geht darin der Frage nach, ob die Schweiz als «nationales» bzw. «internationales» Staatswesen zu verstehen ist. Tatsächlich bereitet die längst spaltende Verschiedenheit der Religion der schweizerischen Nation Mühe. «Später wirkte der Unterschied der Sprachen und der Literaturen.» Darum kann die Schweiz nur «als Werk der politischen Idee» dargestellt werden. Sie muss – er zitiert Hilty – «immer fortfahren eine Nation zu werden». Beispiele historischer Art findet Bluntschli in der Antike, in den italienischen Renaissancerepubliken, in der Unterscheidung der nordamerikanischen Nationalität von der englischen. Hier bindet nur die politische Zusammengehörigkeit, nicht Sprache, Religion und Recht.

Neben das Politische tritt nach Bluntschli die bei Hilty nicht evozierte «Natur der Landes», die «Liebe zur schönen Heimat». «Das Schweizerland bildet doch ein so abgerundetes und reich gegliedertes Naturganzes.» Der Schweizer ist «Sohn der Gebirgsnatur im Gegensatz zu dem Flachländer und als Binnenländer zugleich im Gegensatz zu den Küstenbewohnern».[14]

Das Besondere ist, abgesehen davon, jedoch «die Übung schweizerischer Politik»: «Ererbte Freiheitsliebe, Erinnerung an Behauptung der Volksfreiheit, festgewurzelte republikanische Gesinnung... gesunder Menschenverstand... harter Egoismus..., der rücksichtslos auf Erwerb und Geldgewinn los geht». «Die Liebe zur Freiheit artet zuweilen in rohe Frechheit aus.» Das ergibt zusammen eine «Kulturgemeinschaft».[15]

Dazu tritt «als Grundzug der eidgenössischen Politik» die Neutralität, sie ist ewig. Sie verlangt ebenso eine stärkere Zuwendung zum «innern vaterländischen Leben», wie sie sich zur Erhaltung des Staates als notwendig erweist, denn ohne sie würde die Schweiz «in die mächtige Strömung der grossen Nationen hereingerissen, in Gefahr geraten, dass ihre verschiedenen Bestandteile von den verwandten Nationen ... nach Attraktionsgesetz ... der Physik» angezogen würden.

Die Schweiz «steht und fällt mit dem Staate, aus dem sie geboren ist, der sie grossgezogen hat, der sie erhält» im «Vollgenuss politischer Gemeinfreiheit».[16]

Damit kommt der Schweiz Vorbildcharakter zu, denn solche Staaten «wirken insofern auch vorbildlich für andere Völker und haben auch einen Anteil an der Fortbildung der Menschheit».

Die Schweizer halten sich – diese Überzeugung teilt auch Hilty, so stellt Bluntschli fest – für die «vollkommenste und höchste Staatenbildung in Europa». «Dieser Glaube schmeichelt der Selbstgefälligkeit und reizt zur Selbstüberschätzung, ... hat [aber] keinen realen Boden und keinen Kern; er ist hohl und eitel.» Denn kein Kulturvolk betrachtet die Schweiz als «Musterstaat», argumentiert Bluntschli, «keines denkt an Nachbildung der schweizerischen Einrichtungen». Die schweizerische Verfassung erweist sich als «ganz ungeeignet und unfähig zur Übertragung auf andere Länder»,[17] und er fährt fort, «wenn es eine schweizerische Nationalität gibt, so hat dieselbe in hohem Grade internationalen Charakter», der sich gerade darin manifestiert, dass «die Schweiz ... in der Tat ein schweres Problem für sich selbst gelöst [hat], das für Europa noch nicht gelöst ist: Bundesregierung, Bundesversammlung, Armee und Volksfest verbinden die drei Sprachen.» Die Schweiz «hat der Freiheit und dem freundlichen Zusammenwirken der grossen romanischen, germanischen und weshalb nicht der slavischen Nationalitäten als Genossen der zivilisierten Menschheit durch ihr Beispiel die Wege gezeigt.»[18]

Gerade in dieser Frage vertritt Hilty eine andere Auffassung: «Die Eidgenossenschaft hatte ursprünglich eine rein deutsche Nation und Bestimmung. Dass sie nun eine andere hat, ist nach unserer Auffassung auch ein schöner und brauchbarer Lebenszweck, aber nicht ihr ursprünglicher und nicht der schönere.»[19]

Bluntschli führt den Gedanken des freiheitlichen und freundlichen Zusammenwirkens noch weiter aus: «Wenn dereinst das Ideal der Zukunft verwirklicht sein wird, dann mag die internationale Schweizernationalität in der grösseren europäischen Gemeinschaft aufgelöst werden, sie wird nicht vergeblich und nicht unrühmlich gelebt haben.»[20]

Auch Hilty spricht – etwas später – davon: In der Rektoratsrede von 1902 über «Die Zukunft der Schweiz» wagte er die Prognose: es sei unausweichliches politisches Schicksal aller Völker, «daß sie einer Periode der Zusammenschmelzung der bestehenden Staaten zu wenigen größeren Gemeinwesen entgegengehen».[21] Die einzelnen Staaten würden dabei einesteils ihrer Souveränität entledigt und nur noch in geringerem Maße Selbständigkeit behalten.

Dieses starke Geschlecht schaute mit offenen Augen in die Zukunft eines Endes der Souveränität, zugunsten der umfassenden Integration. Gottfried Keller ging 1860 im «Fähnlein der sieben Aufrechten» weiter, indem er Frymann eine Endvision formulieren lässt: «Wahrhaftig, wenn ich in der Zeit lebte, wo die schweizerischen Dinge einst ihrem Ende nahen, so wüßte ich mir kein erhebenderes Schlussfest auszudenken, als die Geschirre aller Körperschaften, Vereine und Einzelbürger, von aller Gestalt und Art, zu tausenden und abertausenden zusammenzutragen in all' ihrem Glanz der verschwundenen Tage, mit all' ihrer Erinnerung, und den letzten Trunk zu tun dem sich neigenden Vaterland.»[22] Bluntschli und Hilty stehen als Beispiele für die vielen, die sich damals und seither mit dem Problem schweizerischer Identität herumgeschlagen haben; besonders intensiv zur Zeit des Ersten Weltkriegs Max Huber,[23] der das Demokratische und den Missionscharakter, die internationale Aufgabe der Schweiz betont. Diesen Gedanken nimmt Leonhard Ragaz[24] damals auf religiössozialer Basis auf.

Aber nicht nur Theologen und Staatsrechtler, ganz besonders wissen die Historiker um die Rolle der gemeinsamen Geschichte ihres Volkes. So formuliert Karl Dändliker im Vorwort seiner 1884 erschienenen Schweizer Geschichte: «Das Schweizervolk genoss also nicht den Vorzug, dessen sich seine Nachbaren erfreuen: eine Nation im wahren und buchstäblichen Sinne des Wortes, d.h. ein sprachlich und ethnisch einheitliches Gebilde zu sein. Der Schweizerstaat ist nicht eine von Natur gegebene Schöpfung, sondern das Produkt rein geschichtlicher Verumständungen.»[25]

In den allgemein geschichtlichen Rahmen aber hat Jakob Burckhardt die Schweiz – ohne sie nennen zu wollen – gestellt, als er, von den frühen Republiken ausgehend, jenen berühmt gewordenen Satz schrieb: «Der Kleinstaat ist vorhanden, damit ein Fleck auf der Welt sei, wo die grösstmögliche Quote der Staatsangehörigen Bürger in vollem Sinne sind... Denn der Kleinstaat hat überhaupt nichts, als die wirkliche tatsächliche Freiheit, wodurch er die gewaltigen Vorteile des Grosstaates, selbst dessen Machtideal völlig aufwiegt»[26].

Der urban-städtischen Freiheit also weist der Basler den ersten Platz an. Dies geschieht zur Zeit des entscheidenden Kräftemessens der zwei Grossstaaten Frankreich und Deutschland. Erst 1905 sind diese Worte durch die Publikation der «Weltgeschichtlichen Betrachtungen» in eine weitere Öffentlichkeit gelangt und seither zum festen Bestandteil schweizerischer Identität geworden.

Unabhängig von Burckhardts so klugen Ausführungen ist das Ideal der Kleinheit damals durchaus populär und den Schweizern immer lieber geworden, wenn sie etwa singen:

«S'Schwizerländli ist nu chli
aber schöner chönnt's nit sy!
Gang i t'Welt so wyt du witt,
Schönri Ländli gits gar nit!»[27]

oder auf französisch und anspruchsvoller:

«S'il est petit le territoire,
Où flotte notre vieux drapeau,
Il est tout imprégné de gloire
C'est un noble et pieux dépôt.
Le ciel toujours lui fut propice.
Il a pour rempart la justice
Aux peuples las de se haïr.
Venez parler des jours qui vont venir.
O t'aimer n'est pas assez dire.
Nous t'acclamons d'un coeur joyeux,
Nous te chantons avec délire
Sainte terre de nos aïeux.»[28]

5.2 Fortführung und Erneuerung der alten Identitätsfaktoren

5.2.1 *Republikanismus und Demokratie: «Eine Republik ... auf altgesunder Grundlage»*[29]

Für die grosse Mehrheit der Schweizer waren nun folgende Faktoren für ihre nationale Identität massgebend:

1. Der alte, immer demokratischer werdende Republikanismus.
2. Der Wehrwille einer seine Bürger immer stärker erfassenden Milizarmee.
3. Das Bekenntnis zur Vielsprachigkeit.
4. Die spannungsgeladene Doppelidentität des Heimatkantons und des Bundes.
5. Die Schweizerfreiheit im neuen Sinn der Menschenrechte: Gedankenfreiheit, Toleranz, Rede- und Pressefreiheit und Asylrecht.
6. Der Erziehungswille in einem immer breiter angelegten Schulwesen.
7. Die immer stärkere Betonung des Arbeitsethos in Verbindung mit der Durchsetzung hygienischer Vorstellungen.

Diese Komponenten wurden im Rahmen des herkömmlichen Geschichtsbildes und des nationalen Mythos fortgeführt und erweitert. Basis aller nationalen Identität bildete nach wie vor der herkömmliche Republikanismus, den die städtischen Bürgerschaften und die Landleute der demokratischen Kantone stets noch verkörperten. Von 1798/1830 an eiferten jedoch auch die ehemaligen Untertanen aller Grade dem gleichen Ziel nach. Die Vorherrschaft der Stadt war 1830 endgültig gebrochen. Der sie vor potentiellen Untertanenaufständen schützende Festungsring wurde geschleift oder ausgeebnet. Die Tore, Symbol der alten Welt, fielen – wie zum Beispiel 1865 der pittoreske Berner Christoffelturm – diesem neuen Geist zum Opfer.[30]

Das Einüben in die neue Demokratie gestaltete sich sowohl auf politischer wie teilweise auch auf gesellschaftlicher Ebene nicht allzu schwer. Neue Führungsschichten drängten nach, wo Industrieaufsteiger mit alten Kaufmannsfamilien zu wetteifern begannen: Spinnerkönige, Ingenieurunternehmer... Den alteingesessenen Familien bereitete diese Entwicklung Mühe. Für Basel charakterisiert dies Dominik Müller, indem er vom traditionellen Basler Grosskaufmann sagt: «Herr von der Parasarelin, ihm ekelt vor dem Parvenü...»[31] Parasarelin steht als Sammelname für die Von der Mühll, die Paravicini, die Sarasin, die Iselin und weitere alte Geschlechter, deren Macht und Reichtum – «doch Häuser hat er allenthalben» – aus dem 18., ja 17. oder gar 16. Jahrhundert stammen. Nun gesellen sich ihnen neue Familien mit neuen Leuten zu, die aus der übrigen Schweiz, aus dem Ausland stammen oder aus Basels minderem Bürgertum aufsteigen, in Industrie und Handel mitbestimmen, denen sich die Möglichkeit eröffnet, Regierungsrat und Bundesrat – Ernst Brenner – zu werden. Übrigens stammte keiner der ersten sieben Bundesräte aus einer alten Hauptstadt![32]

Anderswo nimmt Dominik Müller die soziale Situation aufs Korn:

«Dort in einer jener Villen
In der Dalben, in der stillen
Seitab von sozialer Not
Lebt auch Fräulein Merioth.»[33]

Müller benennt hier mit den Namen Merian und Alioth die Einwohner jener Villenquartiere, die sich nun in jeder Stadt entwickeln: Die «Dalben», d.h. das St. Albanquartier in Basel, das Seequartier in Zürich, das Kirchenfeld in Bern, der Rosenberg in St. Gallen, die avenue de Rumine in Lausanne und das quartier des Tranchés in Genf. Mit dem «abseits von sozialer Not» visiert er die Situation der Arbeiterschaft, die in den neu entstehenden Arbeiterquartieren im Kleinbasel, in Aussersihl, in Bümpliz, im Tablat und Straubenzell, in Renens und in La Servette wohnt. Was die Demokratisierung betraf, so hatte man neue wirtschaftliche Abhängigkeiten geschaffen. Die Arbeiterschaft war von den Fabrikherren abhängig, und erst allgemach konnte sie mit Gewerkschaften und Parteiorganisation ihre Daseinsrechte in der Demokratie erwerben.

Es brauchte mehr als ein Jahrhundert, bis sich diese sozialen Gegensätze etwas ausebneten oder bis sich eine breitere Mittelschicht von Kleingewerblern, von Angestellten, von Lehrern, von Intellektuellen zwischen Unter- und Oberschicht einschob und das Bild der Schweiz immer mehr zu prägen begann.

Die Verbreiterung der demokratischen Basis verdankte man wohl vor allem dem demokratisch-staatlichen Schulwesen und in einem gewissen Grade auch der Armee, aber selbstverständlich auch dem Vereinswesen und den politischen Parteien, die sich allmählich von Honoratiorenzirkeln zu gemischt zusammengesetzten Gremien entfalteten.

Diese Entwicklungen waren möglich, ohne Führung und Verwaltung des Staates zu beeinträchtigen. Glücklicherweise verfügte das einst untertänige Land beim Ausscheiden der Hauptstädte über genügend fähige Kräfte, diese neue Demokratie zu tragen. Noch in der «Helvetik» hiess es, «... dass eigentlich mehr schwache als wirklich schlechte Subjekte sind gewählt worden».[34] Aber das schmollende Ausscheiden des Patriziats aus der Politik nach 1830 hatte nicht zur Folge, dass nun nur noch «schwache Subjekte» in die Politik einstiegen – im Gegenteil. Erst boten sich die vielen Munizipalstädte mit ihren bis jetzt gedrückten Oberschichten an, später – mit der Intensivierung der Sekundarschulen – waren auch die ländlichen Gebiete nicht mehr nur allein von den alten Dorfaristokratien abhängig. Das Reservoir an politischem Können und Wissen erwies sich doch von altersher als grösser als vermutet.

Die Demokratie machte ihren Weg sukzessive vom reinen Repräsentativsystem – teils mit Zensus – zur formalen Gleichberechtigung von 1848, bis zur Einführung direkter Wahlen und dem Übergang zum Proportionalsystem: ab 1891 – Tessin und Neuenburg – in den Kantonen, seit 1919 im Bund. Begleitend entwickelten sich die «Volksrechte» des Referendums, ab 1831 – St. Gallen – in den Kantonen, ab 1874 im Bund und der Initiative ab 1845 – Waadt – in den Kantonen und 1848/1891 im Bund.

Das Referendum ist nach Jean-François Aubert der «originellste Zug der Schweiz». Er erkläre die meisten Eigentümlichkeiten ihrer politischen Ordnung.[35] Seit 1848 fanden bis 1982 320 Volksabstimmungen im Bund, Hunderte von Referenden in den Kantonen und Gemeinden statt, während das Ausland diese politische Möglichkeit kaum in Anwendung brachte. Fast alles hängt in der Schweiz vom Referendum ab: Wahlsystem, Stabilität, Abneigung gegen Parlamentarismus, Ungeeignetheit des Parlaments, langfristig zu planen, Misstrauen gegen jede Polarisierung, Radikalisierung, Bereitschaft zu Kompromissen, aber auch die «Fadheit der Politik» als Ergebnis. Wenn die Bürger den politischen Kurs ändern wollen, so geht das nicht über die Wahl der Abgeordneten, sondern durch die Abstimmungen über Verfassung oder Gesetze. Im Selbstverständnis ausgedrückt: Man hat es denen da ober wieder einmal gesagt!

Für die Volksrechte gab es zwei Vorbilder, helvetische bzw. französische und amerikanische und das alteidgenössische der Landsgemeinde, die neben ihrer

Bedeutung als Volksversammlung im drei- oder vierfachen Landrat ihre relativ breite Volksvertretung kannte. Demokratische Wachsamkeit war immer geboten: 1830 wurden die Patrizier durch eine munizipalstädtische Oberschicht von Juristen und Kaufleuten abgelöst, die sich dann ihrerseits von den «wurzelhaften Eidgenossen» des Radikalismus verdrängt sah. Als ein neues «Königtum» der Eisenbahnbarone drohte, entstand die «demokratische» Bewegung, nach deren Verbürgerlichung eroberten Sozialisten ihre «roten Zitadellen». Schliesslich setzten sich die Grossbauern des Mittellandes an die Stelle der städtischen Juristen, wie dies in den Kantonen der Bauern-, Gewerbe- und Bürgerpartei, besonders im Kanton Bern, geschah.

Nur wenigen drang ins Bewusstsein, dass die politische Demokratie die Frauen ausschloss. Seit der Französischen Revolution, seit dem 18. Jahrhundert war – teils in aller Stille – die Emanzipation der Frau im Gange, auch in der Schulung. Konnte da die mythische Figur der Stauffacherin etwa wegweisend sein? Gerade diese politisch denkende Frau aber wurde nun endgültig zum Vorbild als Hausmutter allein, sie, die keinen Frauenverein gründete, sondern «ihre Knie im stillen Kämmerlein vor Gott beugte und mit zerrissenem Mutterherzen das künftige Schicksal der Lieblinge in ihrer Seele überdachte».[36] Das liberale Grundrecht der Gleichheit galt in selbstverständlicher Inkonsequenz nur für die Männer... Vereinzelt erst, dann immer mehr organisiert, strebten aber Frauen die Gleichberechtigung an, ohne wesentlichen Widerhall im Männerstaat der Milizoffiziere und der Altherren von Studentenverbindungen zu finden.

Einerseits oblag ihnen weiterhin – nach dem seit der Antike im demokratischen Staatswesen gültigen Muster – die umsichtige Planung des Grosshaushaltes, der kleinsten Herrschaftseinheit, dessen Funktionieren es dem Mann erst ermöglichte, auswärts beruflich und politisch tätig zu sein.[37] Gleichzeitig aber warfen sie sich auf die Organisation des Pflegewesens, das bald, mit dessen in diesem Zeitalter zunehmender Bedeutung, ihre Domäne wurde. Bürgerliche Frauenorganisationen haben während des Ersten Weltkrieges mit ihrem Einsatz «in entscheidendem Masse zur Milderung der Kriegsnot beigetragen und damit auch den Bund entlastet, ohne dessen fehlende Sozialpolitik... in Frage zu stellen».[38] Sie beteuerten den Abscheu vor dem Kriege und ihren Friedenswillen, «zugleich aber äusserten sie auch patriotischen Stolz auf die Schweizer Soldaten an der Grenze und nationales Ehrgefühl».[39]

Konnte man nun den entscheidenden Schritt zum Frauenstimmrecht wagen? Die Abstimmungen in sechs Kantonen[40] nach dem Krieg verliefen hoffnungslos negativ. Die grosse Mehrheit der Männer und möglicherweise auch diejenige der Frauen hielt diese Erweiterung der Demokratie für unnötig, ja gefährlich.

Die Frauen sollten Hausmütter sein, ihren Kindern zu Hause die republikanischen und Schweizertugenden beibringen, während der Mann als Erhalter, Ernährer, Beschützer in der wüsten öffentlichen Welt wirkte.

Demokratie verstand man in diesem Fall wie seit eh und je im traditionalistischen Sinn. Demokratie bedeutete da nicht formale Gleichheit, sondern vernünftige Einteilung von Pflichten und Rechten. Wenn «im Hause muß beginnen, was leuchten soll im Vaterland»,[41] so ging es um die Pflege der demokratischen Tugenden im Hause, um den Aufbau des einfachen Stils, der das politische Leben zu prägen begann.

Dieses Land tat allmählich gut daran, sich demokratisch zu geben, da es zunehmend vom Volk und dessen gutem Willen abhängig wurde. So löste nach und nach ein schlichterer Regierungsstil die «schwerfällige Würde» der «Gnädigen Herren» ab, mochte auch tatsächlich ein gewisser Glanz verloren gehen, man gewann aber an Echtheit.[42] Nur noch die Schweizer Bischöfe gestatteten sich in Hirtenbriefen, von den ihnen anvertrauten Gläubigen in alt-geistlichem Sinn als «Untertanen» zu reden – wobei ein schöner Teil dieser Würdenträger selbst politisch untertäniger Herkunft war.[43]

Auch in wohlhabenderen Milieus wurde ein schlichterer bürgerlicher Stil üblich – angelegt in alten stadtbürgerlichen und ländlichen Traditionen, teils auch puritanisch-reformierter Herkunft –, nachdem Vorbilder der «grossen Hansen» in ihren Schlössern und «Campagnen» weggefallen waren. So hat der hanseatische Patrizier Thomas Mann in den zwanziger Jahren die Häuslichkeit des damaligen Präsidenten der Nationalbank als «erstaunlich kleinbürgerlich» empfunden.[44] Ricarda Huch aber beurteilte die Schweiz als Elysium «für den einfachen gesunden Menschen, der arbeiten muss oder will... wie grossartig ist die Einfachheit der vermögenden Schweizer, wenn man in den südlichen Ländern, Österreich mit einbegriffen, die Kluft sieht, die zwischen den Besitzenden und dem armen Volk ist»[45].

Eine ähnliche Beobachtung hatte der Schwabe Friedrich Theodor Vischer schon zwanzig Jahre vorher in «Auch Einer» gemacht: «Noch Abstecher in die Schweiz. Tüchtige Männer kennen gelernt, brave, gastfreundliche Häuser. – Schon auf der Eisenbahn aufgefallen: man sieht mehr ganze Köpfe als anderswo. Ganz: worüber die zermürbende Egge der Kultur mit ihren teils nützlichen, teils charakterebrechenden feinen giftigen Spitzen nicht gegangen ist. Man hört auch gottlob nicht so viel von Gemütlichkeit. Was ich von jungen Leuten aus der Sphäre wissenschaftlicher Bildung kennen gelernt, frisch, frei von Ironie. – Schulen blühen, Dörfern ein schönes Schulhaus Ehrensache. Reinlichkeit höchst wohltuend. – Habe bemerkt, daß die Wahrheit mehr ins Gesicht gesagt wird, als in unserer verschlissenen Welt, obwohl oft strobelig rauh; doch wie viel besser dies, als nach dem Maul schwätzen! ... Denn daß inmitten unsrer monarchischen Großstaaten noch eine Republik besteht, auf altgesunder Grundlage, verständig, nicht ideologisch, gut konservativ: das soll sein, ist recht und in Ordnung. Wenn sie sich nur auch vor der modernen Demokratie brav hütet! Gerade einer Republik nichts verderblicher, als der falsche, abstrakte Freiheitsbegriff!»[46]

5.2.2 *Bundesarmee als Volksarmee: «Wenns wätteret, wenns brönneret so schloods bi üs nid i!»*[47]

Die Armee wurde in diesem militärisch bestimmten Zeitalter zu einem Identitätsfaktor wie kaum je vorher. Die von Bundesrat Welti angestrebte neue Einheit von Bürger und Soldat kam zum Tragen. Die Armee sollte eine «Schule demokratischer Tugenden» sein. Das bedingte einen sinnvollen Dienstbetrieb und volkstümliche Offiziere. Auch Gastwirten blieb – zum Entsetzen eines deutschen Beobachters! – die Offizierslaufbahn nicht verschlossen: «En Dreier, Herr Oberst!»[48] Ein flottes, im Schulbetrieb eingebautes Kadettenwesen schuf nun vielerorts eine vorunterrichtliche Ausbildung dazu, Turn- und Schützenvereine waren tragende Elemente.

Aber genügte das im Moment, wo sich ein neues Deutschland nach preussischem Muster militarisierte?[49] Das monarchisch-preussische System, erst durch Bernhard Hammer – eidgenössischer Artillerieinspektor von 1861 an, später Bundesrat – gefördert, wurde dann durch die Obersten Wille, Gertsch und Secrétan endgültig zum Leitbild der Armee. Das hiess Kriegstüchtigkeit. Die Abstimmung über die neue Militärorganisation von 1907 bedeutete den endgültigen Durchbruch. – Der Widerstand kam aus den Kreisen – vom einfachen Soldaten bis zu den «politischen» Obersten –, die den Drill und den neuen militärisch-undemokratischen Ton ablehnten.

Diese militaristische Zeit rief auch in der Schweiz einem grundsätzlichen Pazifismus und Antimilitarismus, obwohl viele Pazifisten durchaus ihren Dienst leisteten. Nach dem Ersten Weltkrieg rief Pierre Cérésole, Sohn eines Bundesrates und Korpskommandanten, unter dem Eindruck der Schrecken des Krieges als Alternativlösung den schweizerischen und internationalen «Zivildienst» ins Leben, eine Bewegung des Protestes, getragen von kleinen Gruppen, die «ihre Wahrheit lebten».[50] Cérésole hatte schon 1914 geschrieben: «Man hat uns stets gesagt, man müsse das Vaterland lieben, und in der Tat, in diesem Gefühl ist etwas Schönes. Und doch, wie es oft der Fall ist, landet man bei einer vollkommenen Fälschung des Sinnes einer Religion. Und nun sind wir Götzendiener und beten einen falschen Gott an, unsern engherzigen Nationalismus... Die Schweiz bedeutet die Eintracht zwischen Erbfeinden. Die Schweiz ist der Anfang des Wunders. Das vergessen wir, und wenn es so weiter geht, wird man merken, daß die Schweiz keinen Sinn mehr hat, und sie wird verschwinden, wie es sich auch gehört: Käse, Uhren, Maschinen – das macht noch keine Nation aus.»[51]

Weiter als der Pazifismus an sich griff das wachsende Misstrauen in der Arbeiterschaft nach dem Einsatz zuverlässiger Truppen – meist bäuerlicher Infanteriebataillone und der noch bäuerlicheren Kavallerie – gegen ihre Streiks um sich. Kein geringerer aber als der französische Sozialistenführer Jean Jaurès urteilt über die Schweizer Armee: «... c'est à coup sur le système suisse qui se rapproche le plus de l'idéal d'une armée démocratique et populaire... Le système suisse n'est pas du tout l'organisation rudimentaire grossière, dont le mot de milice éveille l'idée en beaucoup d'esprits; mais une organisation savante et subtile où les nécessités de l'éducation militaire technique se concilient largement avec les conditions générales de la vie démocratique.»[52] So empfand auch das Gros des Schweizer Volkes.

Das «chaque enfant naît soldat»[53] der Campagne du Rhin von 1856/57 wurde erneut ins eidgenössische Bewusstsein gerufen. In einer militaristischen Zeit, wie sie nun den europäischen Imperialismus prägte, waren sich die Schweizer einig, dass die Idee der Notwendigkeit ihrer Armee einen der deutlichsten Identitätsfaktoren darstellte.

Nirgends trat einem die Nation deutlicher, geballter entgegen als in den jeweils die Wiederholungskurse abschliessenden Défilés. Da knallten zu Beginn die Gewehrgriffe, und hinter der Bataillonsfahne, zu den harten Tönen des Fahnenmarschs, zogen feierlich Kompanie um Kompanie im Taktschritt, Batterie um Batterie und Schwadron um Schwadron am jeweiligen Kommandanten und am betreffenden Regierungsvertreter vorbei, dieser betont und offiziell in Zivil, die höhere, staatliche Macht einer Demokratie vertretend. Inglin hält im «Schweizerspiegel» die Haltung des Brigadekommandanten, des Milizobersten Ammann fest: «Er stand regungslos da und blickte mit einer von Ernst und Sammlung finsteren Miene in die vorüberzuckenden Reihen der ihm zugewandten Gesichter. Vor jeder Fahne aber riss er seinen schweren Körper in die strammste Stellung, legte die rundliche Rechte an den Käppirand und grüsste das Feldzeichen mit einem langen, unerschütterlich gläubigen Blicke.»[54]

Die Armee, deren Hohelied eben Robert de Traz in «L'homme dans le rang» niedergeschrieben hatte,[55] wurde 1914 zum aktiven Dienst aufgeboten unter dem Kommando von General Ulrich Wille, der in der Statur durchaus dem massiven Typus eines Schweizer Obersten entsprach, der aber seines preussischen Tons wegen nicht populär war, auch nicht in der deutschen Schweiz. Er hatte jedoch, unabhängig und überlegen, die Armee auf eine gewisse «Kriegstüchtigkeit» gebracht. Man hätte den hager-edlen Bündner Aristokraten von Sprecher vorgezogen. Im eleganten Korpskommandanten de Loys besass die welsche Schweiz einen ähnlich harten Militärexponenten, wie Wille es war. Es musste zur Diskussion über die Abgenzung der Zivilgewalt von der Militärgewalt im Bunde kommen. «Die Diskussion darüber, welche Gewalt die höhere sei, erfüllte die eidgenössischen Ratssäle: sie stand sehr hoch und man muß heute anerkennen, daß die Welschen durch ihren Kampf gegen die Militarisierung des geistigen Lebens der Nation dem Lande einen großen Dienst erwiesen haben.»[56]

Der Aktivdienst dauerte vier Jahre lang. Die Dienstleistungen waren endlos, lästig, oft nur vom Drill geprägt. Das zivile Leben gestaltete sich für Arbeiter und Angestellte aus sozialen Gründen immer härter und bedeutete für die Bauern, die für die Versorgung des Landes aufzukommen hatten, eine grosse Arbeitsüberlastung. Und dennoch waren diese Jahre für die Diensttuenden ein Erlebnis der ihnen unbekannten Schweiz: der Jura, das Tessin ... Dahinter der grauenvolle Ernst, denn die Schützengräben endeten in der Ajoie und begannen wieder am Umbrail. Festgehalten wird diese Zeit im «Schweizer Volks- und Soldatenlied». Das Büchlein, eine Zürcher Sammlung – für dreissig Rappen zu haben –,[57] ist ein Konzentrat aller Komponenten patriotischen Singens im 19. Jahrhundert: «Rufst Du, mein Vaterland», «O mein Heimatland», «Schweizerpsalm», «Heisst ein Haus zum Schweizerdegen», «Sempacherlied», «Wo Berge sich erheben», «Das weisse Kreuz im roten Feld», «Eidgenossen schirmt das Haus», «Schweizerheimweh», «Es lebt in jeder Schweizerbrust ein unnennbares Sehnen» ... Auch das Beresinalied fehlt nicht.

Das nationale Empfinden stört sich nicht an der Aufnahme von deutschen Volksliedern und etlichen deutschen Soldatenliedern, zwischen denen die «Gotthardwacht» und ein paar Dialektlieder für den schweizerischen Ton sorgen. Daneben stehen neu fabrizierte Schweizer Soldatenlieder: Lieder auf die Haubitzer, die Kanoniere, den Trainsoldaten, die Fahrer, den so beliebten «Chäreli-Mitrailleur» und von Nummer 63 an fünf französische Lieder: «Roulez tambours», «Salut glacier sublime», «Ranz des Vaches» ..., zwei rätoromanische: «O cara Mumma patria» und «La Ligia Grischa» und gleich sieben italienische: «Ticinesi son bravi soldà», «Quatter cavai que trottano» ... Es endet mit «Burschen heraus» und der «filia hospitalis» (die Offiziere waren doch in der Regel Verbindungsstudenten...). Noch fehlt in dieser Sammlung das populärste, die «Gilberte de Courgenay» des fahrenden Sängers Hanns in der Gand, schweizerdeutsch, mit französischem Refrain.[58]

Diese Armee wurde zwar zu guter Letzt noch gegen die landesstreikenden Arbeiter eingesetzt, dennoch blieb der Soldat des Aktivdienstes, der Grenzbesetzung – erst mit der blauen Uniform und dem Käppi, dann feldgrau und mit dem Stahlhelm – das Symbol der Nation, in zahllosen Abbildungen festgehalten, irgendwo Wacht haltend, wenn möglich im Hochgebirge, einsam am Grenzstein oder so wie der Soldat von «Les Rangiers»,[59] auf dem mächtigen Sockel mit Schweizerkreuz, der Wehrmann im Kaput mit Käppi und Langgewehr und aufgepflanztem Bajonett, hinunterblickend in die eben noch heiss umkämpfte Burgunderpforte.

Die vier Jahre Grenzdienst haben die damalige Schweiz stark geprägt. 1939–1945 ist diese Welt noch einmal aufgestiegen.

5.2.3 Das Einleben in die doppelte Souveränität von Bund und Kanton: «Föderalismus» contra «Kantönligeist»

Artikel 3 der Bundesverfassung von 1848 statuiert: «Die Kantone sind souverän, soweit ihre Souveränität nicht durch die Bundesverfassung beschränkt ist, und üben als solche alle Rechte aus, welche nicht der Bundesgewalt übertragen sind.» Mit dem Begriff der kantonalen Souveränität rettete man alle kantonalen Empfindlichkeiten, den Stolz auch der unterlegenen Föderalisten. Das Wörtchen «soweit» enthielt jedoch sehr weit auslegbare Möglichkeiten, so dass der Verfassungsentwurf der 1970er Jahre den Staatsbegriff für den Bund allein reservierte. Im Selbstverständnis gewöhnte man sich an diesen doppelten Souveränitätsbegriff sehr bald. Der liberalkonservative Bluntschli musste schon 1847, nach dem Sonderbundskrieg, erstaunt feststellen: «Das Gefühl und das Bewusstsein der Schweizer, der schweizerischen Nationalität, des Gesamtvaterlandes ist lebendiger und mächtiger als es vorher je erschienen ist... Das Gefühl der Kantonalsouveränität erwies sich in diesem Kriege schwächer, machtloser, abgestorbener, als die vorhergegangenen Anstrengungen des Sonderbundes hatten erwarten lassen.»[60]

Dies auch, weil der Bund für den Bürger ja kaum sichtbar war, eigentlich vorderhand nur in den Postwertzeichen, in den Räpplern, Fränklern und Fünflibern mit der eingestanzten «Helvetia», allmählich im Kasernenbau, in den grossen städtischen Postgebäuden, im Bundesgericht in Lausanne und erst 1902 im imposanten Bundeshaus in Bern. Im Kanton aber regierte man nach wie vor vom Rathaus – und das war in der Regel uralt – bzw. vom neuen Regierungsgebäude aus.

Besonders deutlich trat das doppelte Bewusstsein gegen die Jahrhundertwende – 1881 bis 1914 – in den vielen Zentenarfeiern des Bundeseintrittes in den Vordergrund, sei es in den alten Kantonen Solothurn, Freiburg, Basel, Schaffhausen, Appenzell, sei es in den neuen von 1903 bis 1914. Hinzu trat dann 1891 die Feier der Gründung des Bundes, von dem noch die Rede sein wird. Hier drückte sich historisch bewusstes Bekenntnis zum so wohl gelungenen Bund aus, etwa im Schaffhauser Festspiel von 1901:

> «Stets stand Schaffhausen
> Zu unserm Bund; bei Waldshut, Giornico,
> Bei Grandson, Murten rauschten seine Banner
> Im stachligen Gewalthauf. Und der Widder
> Wies wacker seine Hörner»

oder

> «Hört ihr den Rheinstrom singen,
> Donnernd durch Tag und Nacht,
> Von der Freiheit gewaltigem Ringen
> Und Sieg nach geschlagener Schlacht.»

Abschliessend der «Schwurgesang» des Volkes:

> «O Schweizerbund, des Ganzen Stärke
> Und all' der Kleinen Wehr und Schild!
> Du kleines Land, doch aller Werke
> Des Schöpfers mächtigstes Gebild.»[61]

Dies widerspiegelte Spannung und Harmonie zwischen Föderalismus und Zentralismus. Zu einem Ausgleich beider Komponenten führte die abwechselnde Befürwortung oder Verwerfung von zentralistischen Postulaten. Daran erprobte sich republikanische Wachsamkeit immer wieder neu. Das Ritual der eidgenössischen Urnenabstimmung bürgerte sich ein, nachdem die Bundesverfassung von 1874 das Referendum eingeführt hatte. Der Stimmzettel in der Hand gab dem Bürger die Möglichkeit, von Fall zu Fall, einmal für, einmal gegen Zentralisation zu entscheiden und sich danach zähneknirschend oder triumphierend der Niederlage zu fügen oder des Sieges zu erfreuen. In aller Stille verschoben sich die Gewichte, die Bundesverfassung «beschränkte» langsam und sukzessive die kantonale Souveränität. Das «Gefühl der Kantonalsouveränität» sollte Bluntschlis Befürchtungen zum Trotz dennoch nicht «absterben».

Der Kanton blieb die eigentliche Heimat; die Pflege der kantonalen Geschichte, der kantonalen Folklore, der kantonalen Trachten – teils in Verbindung mit der Heimatschutzbewegung – verstärkte sich. Zum Zürcher Sechseläutenmarsch, zum Berner Marsch, zu Basels Trommel- und Pfeifenmärschen gesellten sich all die kantonalen Heimatlieder: Jacques Dalcrozes «Prière vaudoise», «Z'Basel an mym Rhy», Berns «Am Wellenspiel der Aare», Schaffhausens «Munotsglöcklein», das Baselbieter Lied «Vo Schönebuech bis Ammel», «O Thurgau, Heimat, wie bist du so schön» und zu guter Letzt die alte und neue «Rauracienne» des Kantons Jura. Föderalistisch-kantonales Bewusstsein ist im Rahmen allgemeiner konservativer Stimmung nach dem Ersten Weltkrieg eher stärker geworden.[62]

Ausserdem blieben die Kantone ausführende Organe des Bundes, und, so behauptete ein Jurist kurz vor dem Zweiten Weltkrieg, es befinde sich, ungedruckt zwar, auf jedem Bundeserlass der Zusatz: «Aber doch nid ganz eso».[63]

5.3 Neue Identitätsfaktoren

5.3.1 Neutralität – Rotes Kreuz: «La Suisse ... n'a pas été un simple spectateur oisif et curieux de cette grande lutte ...»[64]

Nach der französischen Besetzung, dem österreichisch-russischen Intermezzo von 1799/1800, den zwei Schlachten von Zürich – nach dem Durchzug der Alliierten 1814/15, der nicht grossartigen Teilnahme am «Kreuzzug» gegen Napoleon in die Franche-Comté – wurde bekanntlich im Wiener Kongress bzw. im Pariser Frieden die schweizerische Neutralität, deutlicher formuliert als bisher, international anerkannt und als immerwährend charakterisiert. Sie erhielt damit allmählich den sakralen Charakter eines bestimmten Identitätsfaktors. Aus späterer Sicht: «La politique de la neutralité n'est donc point une loi imposée à la Suisse par l'étranger: elle est bien plutôt la conséquence de sa constitution et de son organisation intérieure.»[65]

Diese historische Herleitung der Neutralität – einst, zur Zeit der Konfessionskriege aus innenpolitischen Gründen Gebot der nationalen Selbsterhaltung – ist an sich richtig. Nun drängte sich diese Haltung auf; gerade weil die Schweiz seit 1815 als einzige überlebende Republik nach der Umwandlung der Revolutions-Republiken in napoleonische Monarchien – die Cisalpinische Republik in das Königreich Italien, die Batavische Republik ins Königreich Holland – in die Isolation geraten war und 1847/48 ohne zu wollen das Signal zur europäischen Revolution gegeben hatte. Sie blieb nach dem «tollen Jahre» wieder einzige Republik, wobei allerdings die andern, monarchischen Kleinstaaten – Belgien bereits 1831, die Niederlande 1848, Dänemark 1849, etwas später, 1866, Schweden und 1869 Norwegen – sich zu demokratischen Monarchien mit ähnlichen Vorstellungen wie die Schweiz wandelten. Doch das schien sich weitab von den europäischen Zentren zu vollziehen. Neben dem seit der Great Reform von 1832 wohl freiesten, aber insularen Grossbritannien musste man sich – inmitten der nun wieder reaktionär gewordenen Nachbarn – doch recht isoliert vorkommen. Da war eine neutrale Haltung um so mehr geboten, also verzichtete die Schweiz 1848 auf ein Engagement im italienischen Unabhängigkeitskrieg der Piemontesen gegen die Österreicher, verweigerte die erbetene Hilfe und besetzte die Grenze. Fortan sollte sie die europäischen Kriege «neutral» überstehen. Für die Schweizer bedeutet der Begriff Krieg nun den Krieg, den andere führen.[66] Ihre Aufgabe beschränkte sich – wie schon im 17. und 18. Jahrhundert – darauf, während ausländischer Konflikte die gefährdeten Grenzabschnitte zu besetzen. Es handelte sich jeweils um Teilmobilmachungen[67] bis zur allgemeinen Mobilisation während des Deutsch-Französischen Krieges 1870/71. Damals machte erstmals die ganze Schweiz eine umfassende Grenzbesetzung durch. Die zweite erfolgte 1914–1918, die dritte 1939–1945. So erlebten die Generationen als Soldaten oder als Zivilisten eine militärische Zeit, erfuhren gleichzeitig das Bewusstsein – im Interesse Europas –, das Land intakt zu erhalten, die Neutralitätsaufgabe zu erfüllen. Dreimal bewährte sich die Haltung der «bewaffneten» Neutralität. So ist die schweizerische Neutralität – wir Riklin sagt – eine legitime «Schlaumeierei» geworden, ein Ersatz für die Macht, über welche Grossstaaten verfügen.[68]

Die Schweiz war «Zuschauer im Theater vor einem Trauerspiel»[69] bzw. auf dem «Balcon sur l'Europe».[70] Durfte man einfach passiv zuschauen, Militärdienst tun und wirtschaftlich weitermachen, ja profitieren? Deutlich ist dies während des 70er Kriegs empfunden worden, die Internierung der Bourbakiarmee war ein Zeichen für die Aufgaben eines neutralen Landes und blieb lange nachwirkende Erinnerung. Jetzt standen die Neutralitätsaufgaben zur Diskussion: «C'est pourquoi la Suisse a, dans cette guerre, manifesté le caractère particulier de sa nationalité en restant neutre. Mais elle n'a pas été un simple spectateur oisif et curieux de cette grande lutte: par son intervention diplomatique pour l'adoption des articles additionnels à la convention de Genève, par l'envoi d'un grand nombre de ses médecins sur les champs de bataille, par le soin qu'elle a pris des blessés des deux nations belligérantes, et par les secours qu'elle a donnés simultanément aux Allemands expulsés et aux Strasbourgeois, elle a montré qu'elle prenait une part active aux souffrances...»[71]

Man beruft sich auf die «Convention de Genève», auf das Rote Kreuz, das sieben Jahre zuvor (1863/64) durch jene fünf Genfer – darunter General Dufour – gegründet worden war, welche die Idee Henri Dunants mit internationaler Zustimmung und Mitarbeit verwirklichten.[72] Das Symbol – rotes Kreuz im weissen Feld –, jene Umkehrung der Farben des nun in seiner aktuellen Form eine Generation alten gemeinsamen Feldzeichens, hat dem Schweizerkreuz eine ganz neue, umfassende Dimension gegeben. Der Neutralitätsgedanke erhielt damit eine humanitäre Rolle zugeteilt, die drohende egoistische Isolation war gesprengt. Dunant ist – ähnlich wie der auch nicht ganz konforme Pestalozzi – zur schweizerischen Integrationsfigur geworden.

Tatsächlich gelangte die zweite Jahrhunderthälfte – so nationalistisch sie sich auch in der Schweiz gab – wohl gerade aus der Erkenntnis der Möglichkeiten eines kleinen Staates zu einem betonten Internationalismus. Bundesrat Numa Droz meinte, «schon jetzt [sei die Schweiz] ... mit allgemeiner Zustimmung eine Art geistiger und moralischer Vorort in den internationalen Beziehungen geworden».[73]

Der Erste Weltkrieg bedeutete dann die grosse Bewährung aktiver Neutralität im Sinn des Roten Kreuzes. Damals sagte Max Huber: «Die Neutralität wird vielleicht auch die Schweiz befähigen, in der Wiederherstellung der völkerrechtlichen Ordnung in Europa einen Einfluss auszuüben, der über unsere materiellen Machtmittel hinausgeht, einen Einfluss im Sinne eben unserer besonderen Eigenart: des verständnisvollen Nebeneinanderbestehens verschiedener Kulturen.»[74]

Als logische Folge solcher Vorstellungen, die allerdings nur eine knappe Mehrheit des Schweizervolkes teilte, erfolgte der Beitritt zum Völkerbund. Viele interpretierten die Neutralität als absolute Grösse, empfanden jegliche aussenpolitische Bindung als unrichtig. Aber Calvins Genf erhielt als Sitz des Völkerbundes eine neue, internationale Rolle zugeteilt.

5.3.2 Asylrecht – Asylgewährung: «Fluchtburg in der Mitte Europas»[75]

Aussenpolitik der Schweiz bedeutete nicht allein Neutralitätspolitik, sie war u.a. auch Asylpolitik. Die Frage des Asyls für Flüchtlinge, eine alte Frage des Kirchenrechts und später des Völkerrechts, stellte sich immer als Leitsatz der Humanität, oft im Gegensatz zur Staatsräson.[76] Es handelte sich ursprünglich um die Garantie von Freiräumen für Verfolgte. Noch ist im reichsstädtischen Asylbezirk von St. Gallen die Tafel «Freiheit» sichtbar.[77] Freistätten gab es überall. Sie hielten sich auch im reformierten Raum, wo sie aber im Laufe des 18. Jahrhunderts mit der Verbesserung der Polizeiverwaltung allmählich verschwinden. Die katholische Schweiz bzw. die katholischen Kantone hielten am Recht des kanonisch abgesicherten Freiraums fest, was in den Gemeinen Herrschaften zu Kontroversen führte.[78]

Die Reformation hatte besondere innere Asylprobleme zur Folge. Katholisch gebliebene Familien fanden, wenn sie sich gezwungen sahen, aus reformiertem Gebiet auszuwandern, Asyl in glaubensverwandten Kantonen, etwa die bernischen Diesbach im katholischen Freiburg, die schaffhausischen Peyer im Hof in Luzern, auf der andern Seite die von Muralt und Orelli aus Locarno, die Pestalozzi aus Chiavenna im reformierten Zürich. Der Erste Villmergerkrieg hatte Asylfragen von reformierten Flüchtlingen aus dem schwyzerischen Arth zum Anlass.

Der erste spektakuläre Fall einer Asylgewährung einem Landesfremden gegenüber ist die Aufnahme des deutschen Flüchtlings Ulrich von Hutten, dem Zwingli auf der Ufenau eine Heimstatt ermöglichte und den Conrad Ferdinand Meyers «Huttens letzte Tage» wieder ins Bewusstsein rückten. Es folgten die vielen Glaubensemigranten aus England und Frankreich, die in reformierten Städten – vor allem Zürich und Genf – Aufnahme fanden.

Die Massenemigration der Hugenotten infolge der Aufhebung des Ediktes von Nantes 1685 hat alle bisherigen Asylprobleme in den Schatten gestellt.[79] Die reformierten Kantone bereiteten ihnen – angesichts der Hegemonialmacht Ludwigs XIV. mit etwelchem Mut – einen grosszügigen Empfang und sorgten für definitives Asyl in deutschen Fürstentümern. In der Schweiz blieben vor allem Flüchtlinge, die Gewähr boten, innovatorisch belebend zu wirken.

Das reformierte Asylverständnis ankert hier. Wie stolz sind doch all jene Familien, ihren – oft vermeintlichen – Ursprung auf hugenottische Flüchtlinge zurückführen zu können! Über diesen Akt der Solidarität sind allerdings die Widerstände aus gewerblichen Kreisen, die hugenottische Konkurrenz fürchteten, vergessen worden.

Hundert Jahre später sah sich die katholische Schweiz vor ein ähnliches, zahlenmässig allerdings bescheideneres Problem gestellt, als es galt, Geistlichen und anderen Flüchtlingen vor der eskalierenden Revolution in Frankreich Asyl zu bieten.[80]

Der Flüchtling, der fortan in die Schweiz kam, war nun nicht mehr ein primär um des Glaubens willen, sondern ein aus politischen Gründen Verfolgter. Als die Restaurationsmonarchien sich immer restriktiver gebärdeten, kamen französische «Régicides» und Bonapartisten, italienische «Carbonari» und deutsche «Demagogen», später polnische Patrioten in die Schweiz. Sie fanden schon vor der Regeneration gute Aufnahme, denn manche altväterische Regenten hatten ihre aufklärerische Vergangenheit nicht ganz vergessen. Als Gymnasiallehrer und Hochschulprofessoren waren viele dieser Flüchtlinge willkommen, in diesem freien Land genossen sie Lehrfreiheit.

Ausländischer Druck aber zwang die Schweiz dreimal zu restriktiven Massnahmen, erst im «Presse- und Fremdenconclusum» von 1823 und dem von 1836. Damals drohte die Schweiz zum Zentrum europäischer Subversion zu werden, und das wollten die Behörden doch nicht zulassen. Allerdings gab es die Möglichkeit, in die Kantone auszuweichen, die je nach dem Flüchtlinge schützten, denn die Liberalen und Radikalen waren deren begeisterte Anhänger.

Mit der neuen Bundesverfassung veränderte sich die rechtliche Lage. Artikel 57 besagt: «Dem Bund steht das Recht zu, Fremde, welche die innere oder äussere Sicherheit der Eidgenossenschaft gefährden, aus dem schweizerischen Gebiete wegzuweisen.»[81] Dass jedoch das Prinzip des Asylrechts selbstverständlich blieb, zeigt eine Äusserung von Bundespräsident Furrer: «... durch das Gebot der Humanität, durch die Veränderung der Ideen überhaupt und durch allgemeine Grundsätze» ist die bisherige restriktive Asylpraxis «schon längst ... zu Grabe getragen worden».[82]

Schon 1849 sah sich die Schweiz durch die Flüchtlinge des badischen Aufstandes überschwemmt. Eine xenophobe Stimmung machte sich breit. Nun sah sich der Nachfolger Furrers, Bundesrat Druey, gezwungen, «manche Postdiligence voll» politischer Flüchtlinge über die französische Grenze Richtung Le Havre mit dem Ziel USA über die Grenze fahren zu lassen,[83] sie wurden also immerhin nicht ausgeliefert. Ausserdem war die Position der Kantone noch so stark, dass sie Bundesweisungen erfolgreichen Widerstand entgegenzusetzen vermochten. Das Genf Fazys und der Kanton Tessin schützten ihre Flüchtlinge weiterhin.

Die Konservativen allerdings reagierten allergisch auf die vielen Fremden, sie mochten noch so bedroht sein. Denn diese vertraten nicht nur – an sich schon schlimm genug – liberale Ideen, sondern vereinzelt auch sozialistische, ja sogar kommunistische. Sie hatten auf Schweizerboden die schwarz-rot-goldene deutsche Revolutionsfahne gehisst und unter Mazzini gar einen Freischarenzug nach Savoyen gemacht. So hiess es in der konservativen Wende im Kanton Bern 1850: «Nassau furt, die Berner hoch!» Fort sollten sie, diese Professoren, Lehrer und Schreiberlinge aus den deutschen Fürstentümern, wo ein romantischer Absolutismus gang und gäbe war. Das aber kümmerte die im eigenen Haus um Ordnung besorgten Schweizer nicht.

Die ruhigeren Zeiten nach den Stürmen von 1848/49 liessen die Asylfrage wieder in den Hintergrund treten. Sie verschob sich. Nicht mehr vornehmlich deutsche Liberale erregten Anstoss, das Bündnis der Liberalen mit den konservativen Nationalen in Deutschland bahnte sich an. Verfolgte «Communards», deutsche Sozialisten, italienische Anarchisten kamen als politische Flüchtlinge in die als asylfreundlich geltende Schweiz. Bund und Kantone hatten sich erneut mit Asylproblemen herumzuschlagen, erneut geriet die Schweiz unter einen gewissen ausländischen Druck, erneut stellte sich für die Polizeibehörden die Frage nach Herkunft und politischer Tendenz der Flüchtlinge. Ab 1870 drängten ausserdem russische und oft jüdische Studenten und vor allem Studentinnen in die Universitäten. Die Hochschulen und deren Behörden verhielten sich in der Regel neutral, besonders der bernische Erziehungsdirektor Albert Gobat hielt seine schützende Hand über sie gegen allerhand schweizerische Xenophobie diesen fremden Wesen gegenüber.

Eine deutsche Studentin, die um 1900 in Bern studierte, schrieb im Rückblick: «Und so sassen wir in der Schweiz, in dieser leuchtenden Alpenfestung, die Gott als Fluchtburg in der Mitte Europas errichtet hat ...»[84], «Fluchtburg» nicht für alle jedoch und nur bedingt für anarchistische Flüchtlinge, die – 1898 wurde die österreichische Kaiserin Elisabeth von einem italienischen Anarchisten in Genf ermordet – als Terroristen galten.

Die Anarchistenfrage bzw. die Asylgewährung und die Möglichkeit freier Presseäusserungen beschäftigten die Bundes- und Kantonsbehörden mehr als einmal.[85] Es kam zu aufsehenerregenden Prozessen vor Bundesassisen. Sie endeten 1885 und 1889 zwar mit Freisprüchen, hatten aber 1885 doch die Ausweisung der am meisten kompromittierten Anarchisten zur Folge. Und weitere folgten. Vor allem Italiener waren betroffen, und damals entstand wohl das Lied «Addio a Lugano»:

> «Addio, Lugano bella
> o dolce terra pia;
>
> Scarciati senza colpa
> gli anarchisti van via.
> E partano cantando
> con la speranza in cuor
> ...
> Elvezia il tuo governo
> schiavo d'altrui si rende,
> d'un popolo gagliardo
> le tradizioni offende
>
> E insulta la leggenda
> del tuo Guglielmo Tell.»[86]

Die schweizerischen Behörden, klagt das Lied an, begingen mit der Ausweisung dieser Freiheitskämpfer Verrat an den Traditionen eines tapferen Volkes, Verrat an Wilhelm Tell. 1902, als der Bundesrat die Pressefreiheit des anarchistischen, in der Schweiz erscheinenden «Risveglio» schützte, kam es gar zum vorübergehenden Abbruch der Beziehungen zu Italien.

Diese mehr oder weniger tolerante Praxis wurde auch während des Ersten Weltkriegs weitergeführt.[87] Schliesslich konnte auch ein Lenin in der Schweiz leben und arbeiten. Der Grundsatz war und blieb: Die Schweiz «gewährt den politisch Verfolgten aller Parteien ein Asyl, wenn sie sich durch ruhiges Verhalten desselben würdig bezeigen, sie gewährt ihnen aber kein Asyl, wenn sie auf deren Gebiet ihre Umtriebe und Angriffe gegen die Existenz und Rechtssicherheit anderer Staaten fortsetzen».[88]

Der Staatsrechtler L.R. von Salis bemerkt jedoch: «Zu bedauern ist, dass den fremde Ausweisschriften nicht besitzenden Schiebern und Wucherern, die seit dem Kriege sich massenhaft in der Schweiz, besonders in den grossen Städten und Kurorten breit machen, das Asyl nicht verweigert wird.»[89]

Nach dem Krieg wurde den Flüchtlingen vor der russischen Revolution Asyl gewährt, vorher denjenigen vor dem Zarismus, da war sich die bürgerliche Mehrheit einig, einig auch im Asyl für entthronte Fürstlichkeiten.

An sich haben auch konservative Kreise damals das Prinzip des Asylrechts anerkannt, z.B. im Zusammenhang mit dem Landesstreik: «La Suisse a toujours été la terre classique de l'hospitalité... On leur demandait que de respecter nos institutions. Nous constatons avec tristesse que quelques étrangers – nous devions dire certains adeptes de Lénine et ses théories révolutionnaires pour préciser – ne sont plus dignes de notre geste fraternel... Leur projet criminel est de renverser d'édifice national dans le sol ... ils dressent les frères contre les frères, ils font appel à la haine des classes...»[90]

Im Laufe des 19. Jahrhunderts gewann das Asyl aus politischen Gründen die Oberhand. Jetzt kam es, wie einst auf die Konfession, auf die politische Zugehörigkeit an. Konservative setzten sich für konservative, Liberale für die liberalen und Sozialisten für die sozialistischen Flüchtlinge ein. Konnte der Flüchtling in der Schweiz auf genügend einflussreiche Gesinnungsgenossen zählen, war sein Asyl so gut wie gewährleistet, wenn nicht – wie im Fall der Anarchisten – blieb die Aufnahme ungewiss.

Zusätzlich gefährdete allmählich die wachsende Angst vor Überfremdung die Ausübung des Asylrechts, gesellten sich von den achtziger Jahren an zu den Asylsuchenden immer häufiger aus wirtschaftlichen Gründen immigrierende Ausländer: zuviele «Schwaben», zuviele «Tschinggen», zuviele «Franzosen».[91]

Eine gewisse xenophobe Abwehrstimmung gegen die Bedrohung schweizerischer Werte durch «unschweizerische» Einflüsse machte sich breit. Dennoch gab es noch genügend Leute, die offen blieben und liberal dachten – durchaus auch im Bürgertum –, solche, die wussten, was die Welt von der neutralen Schweiz verlangte, von dieser «Fluchtburg» seit den Zeiten der «Demagogen» und «Carbonari».

5.3.3 Ethos der Arbeit, Ethos der Hygiene:

«Vaterland! ja du musst siegen/Aller Welt an Ehren gleich!/Lass die Spreu von dannen fliegen/Nur durch Arbeit wirst du reich!»[92]

Um 1900 bezeichnet Ricarda Huch in einem Brief an Joseph Widmann die Schweiz als Elysium «für den einfachen, gesunden Menschen, der arbeiten muss oder will».[93] Sie evoziert damit das alte schweizerische Arbeitsethos, das – nach allgemeiner Auffassung – seine Wurzeln in der Reformation hat. Gewiss hatte man schon vorher gearbeitet und arbeiten müssen, aber es ist doch Zwingli – und Calvin folgte ihm noch entschiedener –, der formulieren konnte: «Ist doch die arbeit so ein guot, götlich ding; verhuet vor muotwillen und lastren; gibt gute frücht, das der mensch one sorg sinen lyb reinklich spysen mag; nit entsitzen muoss, dass er sich mit dem bluot der unschuldigen spyse und vermasge [beflecke] ... und, das das aller lustigist ist, volget der hand des arbeytenden frücht und gwechs harnach, glych als der hand gottes im Anfang der geschöpft alle ding nach lebändig wurdend... Ad laborem et opus homo conditus est... der arbeyter ist in usswendigen dingen gott glycher, denn ützid in der welt.»[94]

Zwei Jahrhunderte später stellte der Naturforscher Scheuchzer fest: «Die Bewohner unserer hohen Gebirgen und überall unsere gemeine Burger und Bauersleuthe, sein gemeinlich starken Leibs, zu schwerer Arbeit von Kindheit auf gewohnet.»[95] Auch die Aufklärung zählt «Liebe zur Arbeit», «Arbeitsamkeit», «Fleiss», «Genügsamkeit», «Sparsamkeit», «Ordnungssinn», das «Haushälterische»[96] zu den Schweizertugenden, sowohl als Feststellung wie als Postulate; Freiheit, Gleichheit, republikanisches Verhalten stehen jedoch stets an erster Stelle. Ende des 18. Jahrhunderts konstatiert ein französischer Beobachter: «Les Suisses sont laborieux, patients, sincères, fidèles à leurs promesses, mais intéressés ...»[97] Minister Stapfer sprach in seinem helvetischen Schulprogramm von der «Lust zur Arbeit».[98]

Mit der Zeit wurde der Schweizer zum Inbegriff des arbeitsamen Menschen an sich. «Der Schweizer» war nun nicht mehr der Soldat, sondern der Käser im Ostelbischen und in Russland: «Auch im Ausland wurden Schweizer begehrt, um ihren auf hoher Alp gepflegten Beruf zu exportieren.»[99] Zu Hause allerdings mussten gewisse Leute in mühsamer Disziplinierung zum Arbeiten erzogen werden, wie ein Berner Regierungsstatthalter 1838 seufzt: «Überhaupt gibt es viel muthwillige Arme, die lieber schmale Bissen essen, als bey strenger Arbeit wohl zu seyn.»[100] «Strenge Arbeit» war in diesem Land ohne viel natürliche Ressourcen eine Notwendigkeit, um überleben zu können, sei es als Gebirgsbauer, Viehzüchter, Ackerbauer, Handwerker oder Kaufmann. Der reformierte Glaube forderte das besonders nachdrücklich, und die Früchte blieben nicht aus, sei es im Genf der Uhrmacher oder im St. Gallen der Leinwandweber.

Das 19. Jahrhundert vollzog den entscheidenden Schritt in die Industrialisierung, notgedrungen musste die nicht auswanderungswillige Bevölkerung in der Fabrik arbeiten, um zu überleben. Allmählich griff die Industrialisierung auch auf die katholischen Regionen über – zögernd zwar und mit harmloseren Industrien, die weniger Sozialisten produzierten – mit der Bierbrauerei Cardinal in Freiburg, der Milchindustrie im Greyerzerland oder im Zugerischen, Kleinindustrie, nicht wie die grosse Maschinenindustrie in Zürich, Winterthur, Schaffhausen, Basel, Genf und die grossen Spinnereien im Zürcher Oberland.

Das 18./19. Jahrhundert hatte da ein Vorbild gefunden in der Königin Bertha, der Königinwitwe Burgunds: «Elle fut généreuse et bienfaisante. La tradition la représente voyageant à travers son royaume, de Lausanne à Payerne et à Neuchâtel, filant sa quenouille tout en chevauchant rendant la justice et faisant du bien. Le souvenir de la bonne reine Berthe s'est conservé dans le pays.»[101] So das Waadtländer Primarschulgeschichtsbuch um 1905. Die Legende der Königin zu Pferd mit dem Spinnrocken war vom eifrigen Helvetisten Bridel ausgebaut worden. Sie kam zur rechten Zeit und wurde populär.[102]

Die italienische Version des «Rufst Du, mein Vaterland» weitete den Vers der letzten Strophe, «Heimat, dein Glück zu bau'n», aus in:

«Ma quando l'angelo
Di pace assidesi
Sui nostri allor,
Soletta Elvezia
L'arti e l'industrie
Oh! quanto apprestano
Nuovo splendor!»[103]

Die kommende Konjunktur des Gewerbes und der Industrie wird hier vorausgesehen. Der «Schwurgesang» der Schaffhauser Centenarfeier von 1901 preist dann «Des Schaffens Kraft» neben «der Freiheit Weihe» und «des Friedens Stütz und Stab» als der «Güter bestes».[104]

Arbeitsamkeit hatte immer mit «Genügsamkeit» verbunden zu sein. Dieses Bewusstsein verhinderte, dass die wohlhabenden Klassen sich nur dem Genuss ihres Reichtums widmeten. Der wurde in aller Stille angehäuft und angelegt, aber man sprach – zumindest in den alten Familien – nicht davon, nicht vom Geld. Und tagtäglich ging man ins Kontor, und in der freien Zeit sass man in allerhand Vereinen – oft gemeinnütziger Art – oder bekleidete hohe Kommandostellen in der Armee, war Parlamentarier in Kanton und Bund und erbrachte so die Gegenleistung an die Gesellschaft und an das Vaterland. «Verantwortung» war das Schlüsselwort, und Verantwortung bedeutete harte, tagtägliche Arbeit.

Das herkömmliche Arbeitsethos erhielt im Laufe des 19. Jahrhunderts gewaltigen Auftrieb und Unterstützung durch den neuen Wert, den die Volksgesundheit, die Sauberkeit, die Hygiene im 19. Jahrhundert einnahmen.[105] In E. Greniers «Helvétia, Hymne à la Suisse» von 1877 steht die Strophe:

«Et l'âme en ces lieux respire satisfaite,
Nulle part l'indigent, venant troubler la fête,
Ne s'impose à l'œil attristé.
Partout le gai travail, la propreté, l'aisance
Et cet air de bonheur que donne ta présence
O sainte et saine liberté.»[106]

Überall frohes Arbeiten, Sauberkeit, Wohlbefinden im Land der heiligen und gesunden (!) Freiheit. Kein Bettler stört mehr das nationale Fest. Der «Mythos der Sauberkeit» hat sich zum alten Freiheitsmythos gesellt.

Das bedeutete anstrengende Arbeit, denn die Schweiz präsentierte sich in der Mitte des 19. Jahrhunderts gewiss nicht sauberer als ihre Nachbarländer. Die Häuslichkeiten waren vernachlässigt, schmutzig, «gruusig», und die Schweizer selbst lebten in einer Hülle von Dreck und wuschen sich kaum. Jedes Industrieland hat im Laufe des 19. Jahrhunderts als unabdingbaren Bestandteil medizinischen Aufbruchs Sauberkeit und Hygiene gefördert. Die Schweiz aber gab der Hygiene einen eigenen, schweizerischen Sinn, sie wurde zum moralischen Wert perfektioniert. Dabei spielten die Schulen eine ganz wesentliche Rolle. Die Schweiz – wir haben es gesehen – baute im 19. Jahrhundert ein wirklich demokratisches Schulwesen auf, das alle Kinder erfasste. In der Schule wurden nicht nur Schreiben, Lesen und Rechnen, nein auch grundsätzlich Sauberkeit gelernt: die Reinlichkeitsinquisition der Lehrerin über gewaschene Hände, saubere Fingernägel und geputzte Ohren! Der Besuch der «Luustante» und das Schulbaden pflegten mit der Entlassungsformel zu enden: «Propre en ordre» – Sauber, also in Ordnung.

Freyheit. Gleichheit.

Reisepaß

für das Innere der helvetischen Republik.

Helvetische ein und untheilbare Republik.

Canton Distrikt

An alle Civil- und Militärbehörden, denen obliegt die öffentliche Ordnung in den verschiedenen Cantonen Helvetiens beyzubehalten.

Lasset frey und ungehindert durchreisen den Bürger
gebürtig aus der Gemeinde wohnhaft, seit in
Distrikt Canton in Helvetien; Jahr alt, lang
Fuß Zoll Linien Maaß, hat Haare, Augenbraunen,
Bart, Nase, Mund, Kinn, Stirne,
Gesicht, seines Berufs ist willens nach
zu gehen; in der Absicht,

Ihr seyd ersucht, die Unterstützung und die Hülfe zu ertheilen, deren benöthigt seyn könnte, und nicht zuzugeben, daß ih auf Reise irgend etwas Uebels zustosse.

Gegenwärtiger Paßport unterschrieben von de Träger desselben, und versehen mit der Unterschrift und dem Siegel des Unterstatthalters dieses Distrikts, in Folge Beschlusses des vollziehenden Direktoriums vom 6ten May 1799, ist für die Hin- und Herreise, und nur für gültig

Gegeben in

Der Unterstatthalter

Unterschrift des Reisenden

Preiß 3 Batzen.
Stempel 1 Batzen. } 4 Batzen.

Wilhelm Tell, dem sein Knabe den Apfel am Pfeil überreicht. Nach dem Grundgesetz vom 12. Mai 1798 sollte diese Darstellung das Symbol des Siegels der Helvetischen Republik sein. Dieses Symbol wurde ursprünglich von der Helvetischen Gesellschaft verwendet. Hier als offizielles Signet auf dem Formular eines Reisepasses der Helvetischen Republik. Bundesarchiv Bern.

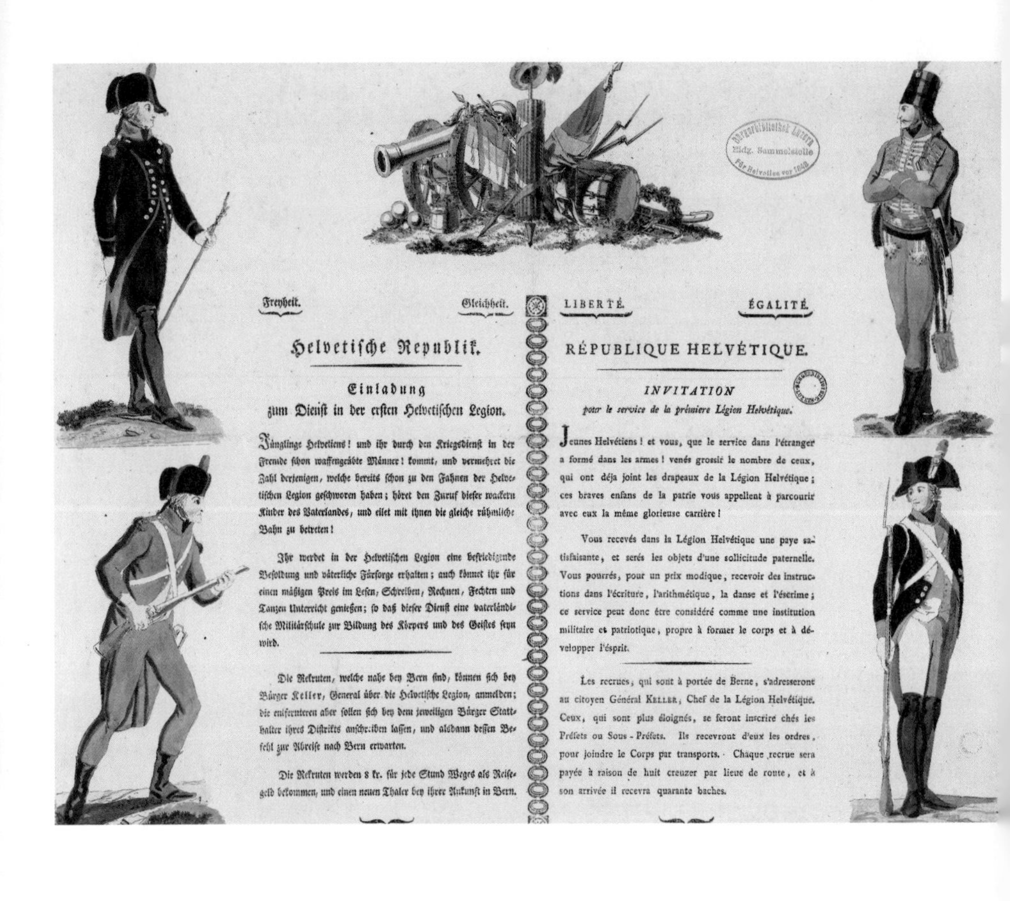

Freyheit. Gleichheit.

Helvetische Republik.

Einladung
zum Dienst in der ersten Helvetischen Legion.

Jünglinge Helvetiens! und ihr durch den Kriegsdienst in der Fremde schon waffengeübte Männer! kommt, und vermehret die Zahl derjenigen, welche bereits schon zu den Fahnen der Helvetischen Legion geschworen haben; höret den Zuruf dieser wackern Kinder des Vaterlandes, und eilet mit ihnen die gleiche rühmliche Bahn zu betreten!

Ihr werdet in der Helvetischen Legion eine befriedigende Besoldung und väterliche Fürsorge erhalten; auch könnet ihr für einen mäßigen Preis im Lesen, Schreiben, Rechnen, Fechten und Tanzen Unterricht genießen; so daß dieser Dienst eine vaterländische Militärschule zur Bildung des Körpers und des Geistes seyn wird.

Die Rekruten, welche nahe bey Bern sind, können sich bey Bürger Keller, General über die Helvetische Legion, anmelden; die entfernteren aber sollen sich bey dem jeweiligen Bürger Statthalter ihres Distrikts anschreiben lassen, und alsdann dessen Befehl zur Abreise nach Bern erwarten.

Die Rekruten werden 8 kr. für jede Stund Weges als Reisegeld bekommen, und einen neuen Thaler bey ihrer Ankunft in Bern.

LIBERTÉ. ÉGALITÉ.

RÉPUBLIQUE HELVÉTIQUE.

INVITATION
pour le service de la première Légion Helvétique.

Jeunes Helvétiens! et vous, que le service dans l'étranger a formé dans les armes! venés grossir le nombre de ceux, qui ont déja joint les drapeaux de la Légion Helvétique; ces braves enfans de la patrie vous appellent à parcourir avec eux la même glorieuse carrière!

Vous recevés dans la Légion Helvétique une paye satisfaisante, et serés les objets d'une sollicitude paternelle. Vous pourrés, pour un prix modique, recevoir des instructions dans l'écriture, l'arithmétique, la danse et l'éscrime; ce service peut donc être considéré comme une institution militaire et patriotique, propre à former le corps et à développer l'ésprit.

Les recrues, qui sont à portée de Berne, s'adresseront au citoyen Général Keller, Chef de la Légion Helvétique. Ceux, qui sont plus éloignés, se feront inscrire chés les Préfets ou Sous-Préfets. Ils recevront d'eux les ordres, pour joindre le Corps par transports. Chaque recrue sera payée à raison de huit creuzer par lieue de route, et à son arrivée il recevra quarante baches.

Kokarden und Fahnen der Helvetik. Am 14. April 1798 wurden die Farben des neuen Staats amtlich festgelegt: Grün oben, Rot in der Mitte und Gelb unten. Vignette über der «Einladung zum Dienst in der Helvetischen Legion». Liktorenbündel mit Freiheitshut in der Mitte, rechts davon die neue Fahne der Helvetischen Republik. Zentralbibliothek Luzern.

Tell mit Tellenknabe. Darstellung Tells in der Tracht des Alten Schweizers. Er hält das Liktorenbündel mit dem Freiheitshut im Arm. Radierung von Anton Balthasar Dunker, um 1800. Zentralbibliothek Luzern.

Landsgemeinde in Trogen. Die Restaurationsepoche brachte ab 1803 auch die Wiederbelebung der Landsgemeindetradition. Aquatinta von Johann Baptist Isenring, St. Gallen 1831. Zentralbibliothek Zürich.

Der Löwe von Luzern. Errichtet zum Andenken an den heldenhaften Untergang der Schweizergarde. Denkmalskizze von Bertel Thorwaldsen, 1818, nach der 1821 der Löwe von Lukas Ahorn in den Fels gehauen wurde. Zentralbibliothek Luzern.

Das neue Bundessiegel von 1815, umrandet von den Weibeln in den Kantonsfarben. Wiederaufnahme der alten Tradition der «Standesknechte». Zentralbibliothek Luzern.

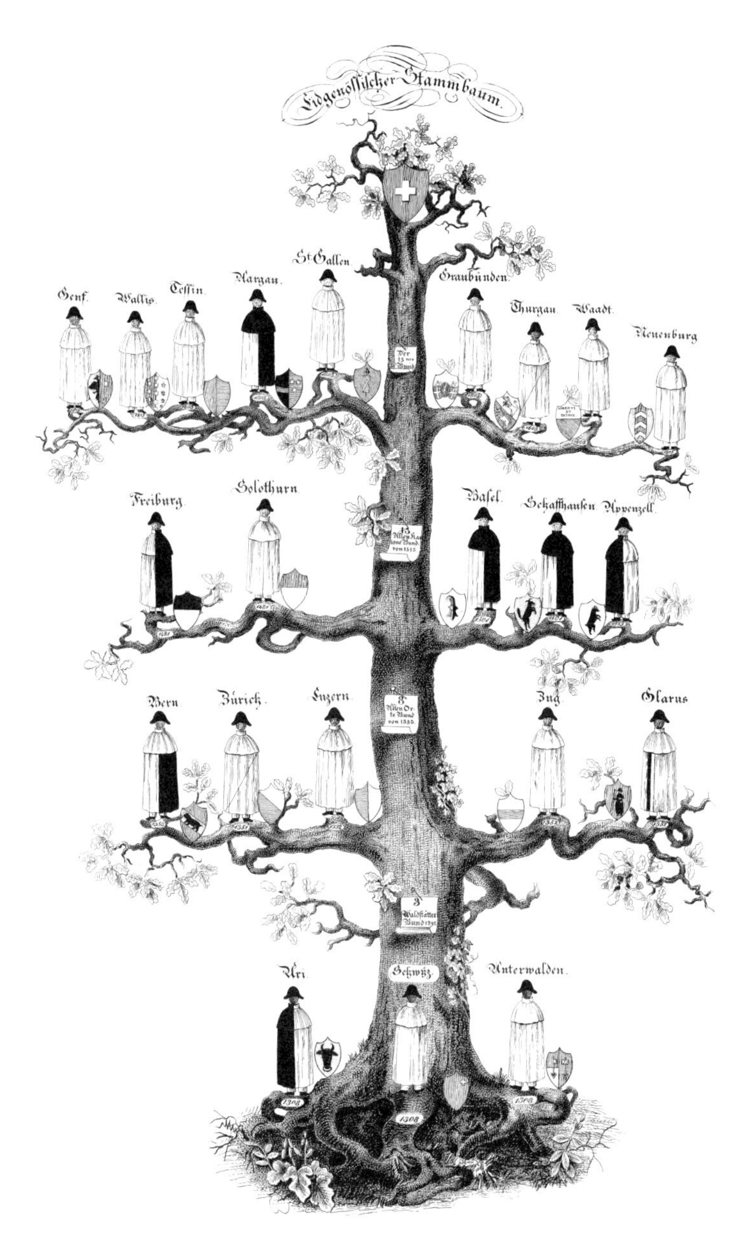

Die «Eintrittsdaten» der Kantone in den Bund, dargestellt als Stammbaum und markiert durch die Kantonsweibel. Undatierter Einblattdruck, 2. Hälfte 19. Jh., Zentralbibliothek Luzern.

Tell als Patron eidgenössischer Schützenfeste, Juli 1842. Die Scheiben tragen Namen schweizerischer Wissenschaftler, Schriftsteller und Politiker. Zentralbibliothek Luzern.

Nirgends wurde das Haushaltschulwesen so perfekt aufgebaut wie in der Schweiz, wo sich die frustrierte (?) Aktivität von energischen Frauen auszuleben vermochte. Endlich trugen Vorträge und Diskussionen der vielen gemeinnützigen Gesellschaften und Frauenvereine ihre Früchte. Dazu trat die Abstinenzbewegung – bei diesem trinkfesten Volk nicht allzu populär –, so schrieb die Redaktorin der «Schweizer Haushaltzeitung» 1899: «Die Freiheit über alles, also weder Trinkzwang noch Abstinenz.»[107]

Die einst besungene und immer noch gepriesene Reinheit des Älplerlebens – die so gar nicht der Realität entsprach[108] – entwickelte sich mit Sonnentherapie, Lungensanatorien, Wasserkuren, Höhenkuren zu gesundheitstouristischer Wirklichkeit. Die Alpen sind nicht mehr nur Symbol urschweizerischer Freiheit, sondern auch Symbol schweizerischer Sauberkeit geworden. Hier war «der gesunde Luft» des städtischen 17. Jahrhunderts nun zu Hause. Die bergsteigenden englischen Touristen der hohen Aristokratie forderten Sauberkeit in den Gaststätten. Die Schweizer Hoteliers merkten sich das, denn der Kontinent galt als sanitarischer Schrecken.

Die Sauberkeit traf sich mit althelvetischen Tugenden: Ordnung, Disziplin, Einfachheit, die in der Folge stark von der pietistischen Bewegung des beginnenden 19. Jahrhunderts – im Welschen der Bewegung des «Réveil» – postuliert werden mit der Devise, man gefalle Gott, indem man arbeite und auf Sauberkeit halte. Dieser Neopuritanismus stellte die technischen Möglichkeiten der Hygiene in den Dienst Gottes. Die religiöse Gegenbewegung des moralisierenden Rationalismus traf sich hier durchaus mit den Frömmlern. Ob Diakonisse oder Rotkreuzschwester, beide lebten das gleiche Ideal. Das «Journal de la Société vaudoise d'utilité publique» schrieb 1869: «Une société sera d'autant plus moralisée qu'elle sera plus décrassée.»[109]

Diese Bemühungen fanden ungefähr in der Zwischenkriegszeit ihr Ende, Sauberkeit war zur selbstverständlichen Gewohnheit geworden und kein Diskussionsthema mehr. Die katholische Schweiz hatte auch da mitgemacht und nachgezogen.

Die Schweizer erkannten sich nun durch die Eigenschaft der Sauberkeit. Minoritäten gewisser Kantone waren charakterisiert durch ihre Unsauberkeit: «La saleté est en Suisse une agression contre la société.»[110] Sie ist in der Regel ausserdem mit Arbeitsscheu verbunden.

Darf man mit Beatrix Messmer sagen, dass die Gesellschaft nun «bereit war, Freiheit, Gleichheit und Brüderlichkeit durch Gesundheit, Ordnung und Sauberkeit zu ersetzen»?[111]

5.4 Das Problem der vier Sprachen

5.4.1 Die nationalistischen Grosskulturen und ihr Einfluss auf die Schweiz: «Die mächtige Strömung der grossen Nationen»[112]

In der zweiten Jahrhunderthälfte – auf jeden Fall seit dem Deutsch-französischen Krieg – begann der imperiale Nationalismus der Grossstaaten sich auch auf den viersprachigen Kleinstaat, den sie umschlossen, auszuwirken. Als sich Hilty und Bluntschli mit der schweizerischen Nationalität auseinandersetzten, kamen sie nolens volens nicht um die Sprachenfrage herum.[113]

Bei allem so stark auf das eigene Land hin orientierten Bewusstsein lebten die Schweizer durchaus auch in ihrer Sprachwelt. Man konsumierte das Leseangebot des gleichsprachigen Auslands, schmückte die Wände bei Gefallen mit Bildern aus jedem sich anbietenden europäischen Kulturraum. Die reiche Auswahl von Kinderbüchern etwa! So verschlangen kleine Deutschschweizer/innen den «Guten Kameraden», begeisterten sich an den Bilderbüchern vom «Alten Fritz» und der «Königin Luise», waren berührt von Toni Schumachers «Glücklicher Familie» oder dem (württembergischen) «Prinzessle», sie orientierten sich über den chinesischen Boxeraufstand anhand von «Aus der Prima nach Tientsin». Man spielte mit Zinnsoldaten die «Schlacht von Leipzig» oder diejenige von «Wörth», allenfalls unter den Augen der friderizianischen Generäle Ziethen und Seydlitz, die auf grossen Lithographien an den Wänden prangten. Das schadete nicht viel und war einfach Teil allgemeiner Bild- und Lesekultur. Auch «Herz, ein Buch für die Knaben», die 1889 erfolgte deutsche Übersetzung des so italienisch-nationalistischen «Cuore» von Edmondo De Amicis (1886), fand da seinen Platz.

Schon seit ein bis zwei Generationen war der deutsche Einfluss manifest, besonders deutlich an den Universitäten – auch den welschschweizerischen – und dem Polytechnikum im studentischen Stil, in Aufbau und Geist und in der Berufung von Professoren.[114] Es wuchs dem «Baum der deutschen Wissenschaft rasch jene mächtige Krone, die auf alle europäischen Länder ihre Früchte und ihre Schatten warf».[115] Romantischer und neuhumanistischer Einfluss dominierte zunächst, fiel dann aber zunehmend positivistischer und nationalistischer bzw. imperialistischer aus. Der Wilhelminismus mit seiner eigenartigen Mischung von Arroganz und Offenheit bildete die Schlussphase.[116]

Dass es sich dabei oft auch um einen Austausch handelte, machen zwei Aussprüche aus dem 19. Jahrhundert deutlich:

«Schwäble, geh in d'Schweiz nai
Setz a Brill auf
Kannscht Lehrer sei»

und

«Deutschland, Deutschland kugelrund
Und jeder Schweizer Schnuderhund
Kann werden drin Professor.»[117]

Der französische Einfluss trat im Grunde wie Romantik und Neuhumanismus ähnlich in Erscheinung. Er äusserte sich als alte Superiorität französischer Kultur seit dem Grand Siècle, überhöht durch den Napoleonskult, und die frühe technische Entwicklung (Ecole spéciale de Lausanne), diente als Vorbild für die katholische Neubesinnung im konservativ-restaurativen Sinn in der katholisch-bürgerlichen Phase der beginnenden Dritten Republik und hatte wesentliche Einwirkung auf den Geist der katholischen Universität Freiburg, auf die Erstarkung der konservativen Welt überhaupt. Andrerseits beeinflusste die gleiche Dritte Republik mit ihrem radikal-sozialistischen Einschlag ebensosehr die entsprechenden radikal-freisinnigen Kreise der Welschschweiz.

Es konnte einem – auch wenn man in der Romandie aufwuchs – wie dem kleinen Franzosenbuben gehen, der beim Öffnen des «Larousse illustré» und Nachschlagen unter dem Stichwort «France» folgendes vorfand: «Huit grandes pages, rien que pour les Cartes de la France! Alors que l'Allemagne et que l'Angleterre n'en avaient qu'une! Mais les planches d'images en disaient encore plus long! La France avait deux grandes pages de soldats, infanterie et cavalerie séparés, alors que l'Allemagne n'en avait qu'une, avec beaucoup moins de soldats!» Ausserdem hatten die Franzosen ohnehin alle Erfindungen gemacht: «Les aéroplanes, les automobiles, le cinématographe, la télégraphie sans fil et les porteplumes réservoirs, le sérum contre la rage et les becs Auer, les ceintures électriques et les talons à caoutchouc ... C'est à Paris qu'on faisait toutes ces découvertes.»[118]

Auch das neue Italien entsprach den Wünschen und Träumen der italienisch sprechenden Schweizer. – Es brachte, ganz besonders im Nachbargebiet des österreichischen Lombardo-Venetien, Befreiung von fremdem Joch und eine Verstärkung der italienischen Präsenz in der Welt. Der Besuch italienischer Universitäten war vorderhand selbstverständlich.

Der östliche Nachbar, die Doppelmonarchie Österreich-Ungarn – selbst von Sprachenkämpfen geschüttelt – stand im gleichen Schatten des neuen Deutschland wie die Schweiz. Gewisse katholisch-konservative Sympathien, gepaart mit wissenschaftlichen Beziehungen, spielten keine unbedeutende Rolle.[119]

Die vier umliegenden Nachbarn mochten ihrerseits die Schweiz neutraler betrachten, etwa wie der deutsche Altphilologe Hugo Blümner an der Universität Zürich, der die Pläne einer schweizerischen Akademie zerpflückte: «Die Schweiz ist nicht in dem Sinne wissenschaftliche Provinz, sei es Deutschlands, sei es Frankreichs, dass sie ihre wissenschaftlichen Anregungen und Direktiven von Berlin oder Paris empfinge, wie etwa eine Provinz vom Regierungszentrum aus dirigiert wird; sie ist überhaupt keine wissenschaftliche Provinz Deutschlands oder Frankreichs, sie ist vielmehr eine freie und unabhängige Provinz der allgemeinen grossen Gelehrtenrepublik, die nicht an Sprachgrenzen gebunden, sondern kosmopolitisch ist.»[120]

Wir haben hier Universität und Bildungswelt als Beispiel der Frage von Fremdeinflüssen genommen. Nicht zu vergessen aber ist die allgemeine, zunehmende Durchmischung der Bevölkerung mit nicht-schweizerischen, vor allem nachbarlichen Elementen: «Tiroler sind's, die unsere Häuser bauen, Badenser und Württemberger, welche die andern Handwerke treiben. Man zieht diese Leute den Inländern vor, weil sie ihre Gewerbe unausgesetzt trieben, natürlich geschickter darin als andere sind.»[121]

Unberücksichtigt bleiben in dieser Feststellung die zahlenmässig sehr starken Italiener im Baugewerbe, aber auch im Textil- und Maschinensektor, ebenso wie die vielen Franzosen, die vor allem über Genf in ein Land mit prosperierender Industrie einwanderten, welche nach der Überwindung der Gründerkrise rasch aufgebaut und erweitert wurde.[122] Die Integration war nicht immer leicht, da sie häufig auch auf konfessionelle Andersartigkeit und nicht nur auf sprachliche Verschiedenheit stiess. Sie hat sich aber doch oft in der zweiten Generation vollzogen, vor allem dank dem demokratischen Schulsystem, das auch die Kinder der Fremden eingliederte. 1914 brachte den grossen Rückzug, der bis jetzt oft nur verbale Nationalismus wurde mit dem Ruf aller – zuletzt auch der Italiener – unter die Fahnen bittere Realität.

5.4.2 Schweizerstolz und Schweizer Einigkeit: «Une petite lampe ayant son huile à soi»[123]

So nationalistisch viele Töne klangen, die in der jeweiligen Sprache auch in den entsprechenden Teilen der Schweiz Gehör fanden, man betrachtete sie nicht unbedingt als gültig für die Schweiz. Die auch in den mittleren Schichten gute Schulbildung vermittelte über die Kenntnis mindestens einer der anderen Landessprachen den Kontakt zu einer oder zu zwei weiteren europäischen Kulturen, zusätzlich gewann die englische an Bedeutung.

Die Schweiz antwortete auf den umliegenden Stolz in der Regel mit der gleichen Überheblichkeit, dem gleichen Hochmut. Bluntschli wirft den Schweizern mit ihrem «Musterstaat» ihre «Selbstgefälligkeit» und «Selbstüberschätzung» vor.[124] Aus deutschem Munde konnte man zur Zeit des Siebziger Krieges hören: «Die Schweizer sind ungemein hochmütig..., einerseits auf ihre Bildung... und andererseits auf ihre politischen Verhältnisse. Mit Ausnahme der Nordamerikaner und allenfalls der Engländer verachten sie alle Völker als dumm, ungebildet, sklavisch. Und so urteilen sie auch über die Deutschen, obwohl sie im Grunde von deutscher Wissenschaft und Industrie durchaus abhängig sind oder geradezu leben.»[125]

Noch eine Generation später – auf dem Höhepunkt des Wilhelminismus – reagierte der aus Schaffhausen weggeärgerte Kantonsschullehrer preussischer Herkunft, Arthur Fränkel, seinen Zorn in den «Kulturbildern aus der ‹freien› Schweiz» ab: «Die jassenden, kegelnden und weinseligen Schweizer werden angeprangert, samt ihrer Sprache, die tönt, als ob ‹steckengebliebene Fischgräte aus der Tiefe des Schlundes oder aus der unrechten Kehle durch energisches Krächzen wieder ans Tageslicht› befördert werden müssen. Ein wirtender Oberst, ein jaucheführender Gemeindepräsident, ein Direktor des Gymnasiums, der ‹am Samstag im Wirtshaus bis 12 Uhr Mitternacht oder noch länger› jasst, das waren die Schweizer, die jene vielgerühmte ‹freie Demokratie› bildeten.» Fränkel endet mit den Worten: «Nun, lieber deutscher Leser,... ich habe dir wahrheitsgetreu und auf Grund zahlreicher Beobachtungen und Sammlungen die freie, demokratische Republik geschildert, in der alle Ideale unserer Freiheitsschwärmer und Volksbeglücker verwirklicht sind: kein stehendes Heer, keine festangestellten Beamten, kein Kaiser, kein König, kein Minister, alles wird auf kurze Zeit gewählt, niemand sitzt fest, jedermann muss auf jedermann Rücksicht nehmen, die Beamten wechseln oft, jeder hat – angeblich – die gleichen Rechte –: nun, du hast gesehen, wie es in Wirklichkeit in diesem Idealstaate hergeht; vielleicht regt sich da in deinem Innern der pharisäische Gedanke: Herr Gott, ich danke Dir, dass wir im lieben Deutschland noch nicht auf dieser Kulturhöhe angelangt sind!»[126]

In den zwanziger Jahren nahm Graf Keyserling die Schweizerbeschimpfung grösseren Stils wieder auf.[127] Dass andrerseits alle vier Nachbarn der Schweiz bequeme Feindbilder abgaben, war Tradition und erhärtete sich im Rahmen des sich steigernden Nationalismus in der zweiten Jahrhunderthälfte. Tessiner und Bündner pflegten das Superioritätsgefühl, eine freie Republik, Teil des so tüchtigen Schweizerbundes zu sein, und belächelten die lässigeren Auffassungen der Italiener und der stets unterlegenen, besiegten Österreicher.

Die Welschschweizer, besonders die Protestanten, lebten in der Überzeugung, eine andere französische Tradition zu vertreten.[128] Am stärksten aber fand sich bei den Deutschschweizern ein bewusstes Abheben vom immer grösser werdenden Deutschen Reich.

Diese schweizerische Xenophobie, besonders stark in Arbeiterkreisen, gipfelte im hochmütigen Verachten der als «chaibe Schwabe» titulierten Deutschen und der als «Tschinggen» abschätzig benannten Italiener.[129] Daneben steht die etwas subtilere Auffassung des Bürgertums: «Ich zum Beispiel war ein Schweizer aus Bürgerfamilie und hatte von früh auf gehört, daß die Deutschen falsche ‹Chaibe› und ‹Schnörrewagner› und ‹Großhanse› seien und eigentlich nicht ganz vollwertige Menschen wie wir Eidgenossen, und daß die Franzosen weit bessere Exemplare Menschheit bedeuteten. Bei unseren Vätern hing diese Ansicht damit zusammen, daß die Deutschen als Konkurrenten weit gefährlicher waren und in weit größerer Zahl sich als solche bemerkbar machten, als die Franzosen, die man als Konkurrent kaum kannte. Das trieb uns Junge in die französische Kultur hinein.»[130]

Diese gewisse Francophilie – durchaus auch in der Deutschschweiz feststellbar und recht allgemein in der französischen – liess sich in liberalen und kaufmännischen Kreisen durch Anglophilie ersetzen oder ergänzen. Deren Kinder trugen englische Namen und wurden auf englischem Territorium in die Welt gesetzt, um in den Besitz des so günstigen doppelten Bürgerrechts zu kommen.

All das war Ausdruck des typisch kleinstaatlichen Schwankens zwischen altrepublikanischem Eigenstolz und einem Minoritätsgefühl der jeweiligen grösseren Kulturnation gegenüber.

5.4.3 *Das Ungleichgewicht der vier Sprachgruppen: «Die Eidgenossenschaft hatte ursprünglich eine rein deutsche Natur...»*[131]

Der neue zentrale Staat von 1848 hat die Sprachenfrage mit dem Artikel 109 geregelt: «Die drei Hauptsprachen der Schweiz, die deutsche, französische und italienische, sind Nationalsprachen des Bundes.»[132] Er wurde eingereiht unter V – «Verschiedene Bestimmungen» – und besass – ausser der daraus ableitbaren Verpflichtung zur Finanzierung von Übersetzungen[133] – keinen besonderen Stellenwert. Immerhin kam ihm – ähnlich wie der Praxis der Helvetik – mitten im Einsprachennationalismus der Epoche doch eine gewisse Bedeutung zu.

Er sicherte die alte Praxis des Verkehrs der Bundesbehörden in der jeweiligen Sprache des Adressaten. Die neue Verwaltung war zur Dreisprachigkeit verpflichtet, wobei sich eine Tendenz zum Übergewicht des Deutschen zeigte, das

Französische jedenfalls formal gleich stand und das Italienische sich an dritter Stelle befand, äusserlich sichtbar im Ritual der Bundesversammlung: «Abstimmung/votation...», wo immerhin das Bild strikter Mehrsprachigkeit demonstriert wird. Natürlich trat der Bund stets in der betreffenden Sprache der Region auf, äusserte sich in der gewohnten, heimischen Sprache, was viel erleichterte. Schon das kleine Kind alphabetisiert in der Bundesbahn schweizerisch:

«Nicht hinauslehnen
Ne pas se pencher en dehors
E pericoloso sporgersi».

Vorderhand blieben die Sprachgruppen noch recht geschlossen, bzw. kantonal bestimmt. Eine Sprachgruppe, das Rätoromanische, wurde als Sache des Kantons Graubünden betrachtet.[134] Der Freistaat der drei Bünde hatte mehrheitlich lateinischen Charakter gehabt. Noch zu Beginn des 19. Jahrhunderts sprach die Hälfte des Kantons die verschiedenen rätoromanischen Dialekte und bediente sich des halben Dutzends von Schriftsprachen. Nur ein Drittel der Bündner war deutscher Zunge. Hundert Jahre später sprach die Hälfte deutsch, während die Rätoromanen nun auf einen Drittel der Bevölkerung zurückgefallen waren. In der zweiten Jahrhunderthälfte hatte die Einwanderung von Italienisch- und Deutschsprechenden, vor allem aber der Übergang vieler Rätoromanen zum Deutschen (den Verkehrswegen nach) begonnen. So brach schließlich die Sprachbrücke in Mittelbünden (Thusis-Bonaduz) zusammen. Allerdings hatte die ‹rätoromanische Renaissance› schon von 1860 an eingesetzt und wehrte sich tapfer gegen das Vordringen des Deutschen im Schulunterricht und gegen italienisch-philologische Vorstellungen von der sterbenden oder zumindest unselbständigen Latinität Bündens. Das Problem war an sich ein rein bündnerisches und berührte die Gesamteidgenossenschaft nur am Rande. Doch regte sich die rätoromanische Sache parallel zur italienischen anläßlich der Bundesrevision von 1872/74. Seither wurden wichtigste eidgenössische Texte (Verfassung und Gesetzbücher) auf Bundeskosten übersetzt und an die Bevölkerung verteilt. 1891 postulierte der Staatsrechtler Louis Rudolf von Salis, ein Deutschbündner: «Was im Gebiete der schweiz[erischen]. Eidg[genossenschaft]. als lebendige Landessprache auftritt, in der Schule gelehrt, in der Gerichtsstube und auf der Kanzel gesprochen und in den Gerichtsakten verurkundet wird, trägt gewiss in sich eine Zutrittsberechtigung auch vor den Behörden und namentlich vor den Gerichten der Eidg[genossenschaft].»[135]

1913 formulierte Peider Lansel sein «Ni Italians, ni Tudaischs» und 1917 sein «Rumantschs vulain restar».[136] An sich waren die Rätoromanen ja ganz isoliert, denn die aus österreichischer Germanisierung übriggebliebenen zwei Talschaften in Südtirol und die nie als Sondersprachige anerkannten Friauler waren von Graubünden territorial getrennt. Das Problem der Sprache – die zwar in Graubünden offizielle Gültigkeit hatte – war erschwert und erleichtert zugleich durch die föderalistische Kantonsstruktur, wo man sich kaum sprachlich, wohl aber politisch und konfessionell von Kreis zu Kreis, von Gemeinde zu Gemeinde in altem bündnerischem Stil streiten konnte.

Einen grossen gemeinbündnerischen und schweizerischen Akt der Integration stellte gewiss die Feier der Schlacht an der Calven im Val Müstair von 1499 dar. Georg Schmid von Grüneck, später Churer Bischof, komponierte 1899 die zügige Melodie zum patriotischen Lied «A Tgalavaina» mit dem Refrain:

«Fontana muoss' a nus la via
Atras il fiug dils battagliuns:
Plitost la mort, che sclaveria,
Ei la parola dils Grischuns!»[137]

Ein rätoromanisches Lied über einen rätoromanischen Helden, das ungemein populär wurde. 1903 errichteten die Churer das von Kissling geschaffene Denkmal für Benedikt Fontana. Das Lied des Calvenfestspiels:

«Heil dir mein Schweizerland
Heil dir, frei Alpenland»

sagt in der zweiten Strophe

«Hört ihr das Heldenlied
Tell heisst's und Winkelried
Fontanas Tod...»[138]

Mit Otto Barblans mitreissender Melodie liess es sich auch in rätoromanischem Original und in französischer und italienischer Version singen.

Das Ausharren der Rätoromanen trug seine Früchte. 1938 wurde der Sprachenartikel geändert – Art. 116 der Verfassung von 1874 –: «Das Deutsche, Französische, Italienische und Rätoromanische sind Nationalsprachen der Schweiz. Als Amtssprachen des Bundes werden das Deutsche, Französische und Italienische erklärt.» Dies bedeutete nicht nur längst fälliges Nachholen einer Unterlassung, es war eine Manifestation gegen faschistisch italienische Sprachpolitik und eine Betonung der Latinität der Schweiz dem deutschen Nationalsozialismus gegenüber. Der Bund sicherte fortan in der Praxis die Unterstützung dieser Kleinstsprachen ab. Viele Gemeinden entschieden sich zu diesem Zeitpunkt für ihren rätoromanischen Ortsnamen oder für die doppelte Bezeichnung. Für das schweizerische Identitätsbewusstsein war das ein Akt der Gerechtigkeit im Sinn des Respekts vor Minoritäten. Eine weit stärkere Minorität – aber doch nur gegen einen Zwanzigstel – stellte die italienische Schweiz, Teil der vorderhand noch nicht politisch als Nationalstaat organisierten italienischen Kultur lombardischer Prägung, dar. Die vier Südtäler Mesocco, Calanca, Bregaglia und Poschiavo mit dem zweisprachigen Dorf Bivio im Oberhalbstein bildeten als freie Gerichte des Freistaates von altersher Italienisch-Graubünden und nahmen im dreisprachigen Kanton ihren angestammten Platz ein. Die italienisch sprechenden bündnerischen Untertanengebiete Veltlin, Chiavenna und Bormio waren seit 1797 an die cisalpinische Republik übergegangen. Das hätte einen interessanten Kanton gegeben! Heute scheinen sie sich als die «Schweizer» Italiens zu betrachten. Den Kern der italienischen Schweiz – ein Begriff, der schon vor 1848 aufkam[139] – bildete der neue Kanton Tessin,[140] wo sich ein eigener «Elvetismo» entwickelte. Dies geschah auch in patriotischen Liedern. Ein Beispiel aus dem Deutsch-Französischen Krieg, aus der Grenzbesetzung im Thurgau:

> «Là sul Lago di Costanza
> Sentinella noi faremo:
> Quando i Prussi si avvicineranno al Reno
> Sarem pronti a guerregiar.»[141]

Grutli und Guglielmo Tell werden Integrationsbegriffe in Sinn des «Liberi e Svizzeri» von 1798. Vincenzo Vela schuf seine Tellstatue.[142] Elvezio bzw. Elvezia wurden als Vornamen verwendet. Im ersten Bundesrat sass der Tessiner Stefano Franscini, ein Liberaler, der sich ungemein für die Reform in seinem Kanton einsetzte. Nach dem Rücktritt seines Nachfolgers Pioda vertraten den Kanton und damit die italienische Schweiz in Bern nur noch die acht oder neun Tessiner Parlamentarier, die sechs Tage brauchten, um nach Bern zu gelangen, wo sich nur die Liberalradikalen des Wohlwollens der herrschenden schweizerischen Partei erfreuten. Immerhin bahnte sich – wohl auch in der Enttäuschung über das Königreich Italien, das imperial und nicht sehr demokratisch an die Stelle der sardisch-österreichischen Nachbarschaft getreten war – doch eine engere Verbindung mit der übrigen Schweiz an, auch durch die höheren Studien und durch Tessiner Vereine der Emigrierten in der «Svizzera interna».

Der Gottharddurchstich von 1882 ermöglichte endlich rasche und intensivere Verbindung mit der Schweiz jenseits der Alpen, brachte aber andererseits sprachlich deutsche Einflüsse schweizerischer und reichsdeutscher Provenienz. «Il Ticino si trova adunque, tra due elementi invasori: il pangermanesimo a Nord e l'italianizzazione a Sud: Il Ticino li deve combattere nei loro sforzi – ambedue, per conservarsi Ticinese e Svizzero.»[143] Das blieb das Hauptproblem der Identität, die Position in der «Svizzera interna» verbesserte sich – nach 47 Jahren Karenz – ab 1911 mit der Wahl Giuseppe Mottas in den Bundesrat. Seither haben sich diese Repräsentationslücken erheblich verkürzt, und im schweizerischen Selbstverständnis gehört ein Vertreter der italienischen Schweiz in die oberste Landesbehörde.

1925 und 1938 folgten die «Rivendicazioni» des Tessins mit sprachlichen und wirtschaftlichen Postulaten. Der Kanton erliess 1931 ein Sprachendekret, das die Anschriften in italienischer Sprache – neben anderssprachigen – für obligatorisch erklärte, und wahrte damit das äussere Gesicht der «Italianità». Die Abwehr des italienischen Faschismus, der – wenigstens offiziell – bald auf seine irredentistische Politik dem Tessin und Graubünden gegenüber verzichtete, zwang nicht nur diese Kantone, sondern die ganze Schweiz zur Wachsamkeit und zur Motivierung des Bewusstseins, dass der italienische Charakter einen integrierenden Teil des Gesamtstaates ausmacht.

Die französische Schweiz war stark genug, um sich behaupten zu können. Stolz sagt Rambert:

«Et nous, fils du Léman, welches par la naissance,
Qui des cantons latins plaidons le vieux procès,
Allons notre chemin sans imiter la France;
Prouvons qu'en restant Suisse on peut parler français.

Qu'on peut parler français sans aimer l'anarchie,
Sans adorer demain ce qu'on brûle aujourd'hui,
Sans faire un cas majeur d'une logomachie,
Sans trouver que la paix est mère de l'ennui;

Qu'on peut parler français et fuir la rhétorique,
Préférer aux grands mots le progrès pas à pas,
Les droits que l'on possède au rêve chimérique
D'un idéal trompeur, qui ne transige pas;

Qu'on peut parler français et goûter la science,
Même en tirer au clair quelque problème obscur.
Que dis-je? l'embellir par l'heureuse alliance
D'un esprit toujours net et d'un goût toujours sûr.»[144]

Rambert spricht hier als «fils du Léman», als Waadtländer. Der neue, befreite Kanton Waadt tritt meistens als Wortführer der französischen Schweiz, die es sich leisten konnte, sich primär kantonal zu manifestieren, auf. Eine gemeinsame Front war vorderhand nur selten notwendig. An sich durfte man sich als «bessere Patrioten»,[145] bewusstere Schweizer – mehrheitlich im Sinn der liberalen, offenen Schweiz – betrachten.

Ebenso «wenig» wie eine französische, gab es – zumindest im Selbstverständnis – eine «deutsche Schweiz». Der tägliche Gebrauch der Dialekte – in allen sozialen Schichten – unterstrich noch den ausgesprochen kantonal-föderalistischen Charakter. Die deutsche Schweiz existierte nur als Begriff von aussen, von den Sprachminoritäten her und von Deutschland aus gesehen, wo sich nun gerade die vornehmere Hochsprache immer mehr durchsetzte.

5.4.4 Der Graben / Le fossé: «... bei aller Traulichkeit, die uns aus der gemeinsamen Sprache heimatlich anmutet...»[146]

Seit 1848 bestanden die gesetzlichen Rahmenbedingungen, und zumindest Zweisprachigkeit der Eliten war Realität. Der Staat hatte die Grundlage für das gemeinsame Nebeneinander geschaffen, bevor ein einseitiger Sprachnationalismus sich auch in der Schweiz bemerkbar machte.[147] Es kamen Bevölkerungsverschiebungen in Gang, die das traditionelle Zusammensein in geschlossenen Kantonseinheiten immer stärker durchbrechen sollten. Auf sprachlichem Gebiet hieß das: Entstehen einer französischsprechenden starken Minorität in Biel und die Reduktion der deutschen Mehrheiten in Sitten und Siders zu kleineren Minderheiten sowie Einzug der französisch oder italienisch sprechenden Bundesbeamten in Bern; des weitern deutschschweizerische Arbeiter- und Bauerneinwanderung ins Unterwallis, nach Lausanne und Genf, ins Waadtland, den Berner und Neuenburger Jura und ins freiburgische Sprachgrenzgebiet. Während die Integration bei gleicher Konfession sich in der Regel in der zweiten Generation reibungslos vollzog, so führte sie bei andersartiger Konfession bei zwar sprachlicher Anpassung zur Bildung von kolonieartigen Zusammenschlüssen der Minoritäten, wie etwa zu den katholischen Gettoerscheinungen in Lausanne und Genf. Zur unter anderm den Jura betreffenden bernischen «Aufforstung» der Schweiz ist beizufügen, daß sie ja gleichzeitig in Deutschschweizer Kantonen (Solothurn, Thurgau, St. Galler Fürstenland) stattfand, wo sich in katholischen Gebieten ähnliche Absonderungserscheinungen einer konfessionellen Minorität zeigen konnten. Parallel geht dazu auch die katholisch-innerschweizerische Auswanderung in reformierte Städte wie Zürich und Basel. Gleichzeitig intensivierte sich die Tessiner Binnenwanderung in die «Svizzera interna». All das kombinierte sich mit der wachsenden Ausländerimmigration.

In den Grenzzonen konnte es zu Konflikten kommen: Schulsprache, Anschriften, Koloniebildung fremdsprachiger Beamten. Sie blieben jedoch regional begrenzt und stets von herkömmlichen politischen Realitäten überlagert.[148] Für die Gesamtnation peinlicher waren Animositäten, hinter denen heimatschützlerische, pangermanische – so der 1904 gegründete kämpferische Deutschschweizerische Sprachverein –, gelegentlich auch frankophile Kreise standen. Wenn C.A. Loosli 1910 die Aktivität des Deutschschweizerischen Sprachvereins als «eine regelrechte Sprachenhatz», als «ein Rassenkesseltreiben gegen die Welschen» bezeichnete,[149] so charakterisierte er die Lage nicht schlecht, wie sie sich – allerdings keineswegs unwidersprochen, oft verspottet und nicht recht ernst genommen – in bestimmten intellektuellen Milieus entwickelt hatte.

Ein «Rassenkesseltreiben» hatte auch auf der andern Seite der Saane eingesetzt. Doch war eine Gegenvereinigung «Union romande pour la culture et l'enseignement de la langue française» bald wieder eingeschlafen. Eine Krise des Helvetismus zeichnete sich ab, die ihren Ursprung keineswegs nur im Bewusstwerden dreier «bedrohter» Kulturen hatte, sondern auch in der geistigen Wende des «fin de siècle» als Reaktion gegen den liberalen Patriotismus der vorherigen Generationen. In der französischen Schweiz war ein erster, noch gemässigter Ausdruck die Zeitschrift «Voile latine» von 1904, die jedoch überleitete zu den ausgesprochen nur-romanischen «Cahiers vaudois» von 1914. In der italienischen Schweiz entstand 1912 als Kampforgan für die «Italianità» des Tessins die «Adula», vorderhand erst italophil.

Es häuften sich ausserdem die Vorfälle, in denen irgendwie die Spannung zwischen deutscher Majorität und lateinischen Minoritäten offen zutage trat, wobei es immer weniger um Sprache an sich als um Bekenntnisse für oder gegen die deutsche, französische oder italienische Kultur und Nation ging. Es ist schwer festzustellen, wie tief die Trennung ins breitere Volk drang. Altnachbarliche «Xenophobie» fand hier jedenfalls neue Argumente. Traditionelle Neckerei sprachlicher und an sich harmloser Art – «die chäibe Wältsche» oder les «Toto», les «Stofifres», «i Chrucchi» für die Deutschschweizer – glitten da leicht in gefährliche Animosität.

Mit dem Ausbruch des Ersten Weltkriegs wurde all dieses intellektuelle Reden und Schreiben plötzlich zum «Graben» zwischen «Welsch und Deutsch».[150] Mit dem Überfall auf das neutrale Belgien reagierte die geschlossene französische Schweiz scharf antideutsch, während die Deutschschweizer Presse nach wie vor prodeutsch blieb. Dazu ein katholisch-konservatives Beispiel: «Das wackere Deutschland aber ist nicht der gute Michel, für den es von den Russen und den Herren Franzosen gehalten wird»,[151] und ein weiteres, diesmal sozialistisches Muster: «Wir unsererseits hegen jedenfalls nicht den Wunsch, dass Deutschland und mit ihm die deutsche Sozialdemokratie, der Hort und Fels der gesamten Internationale vom russischen Despotismus zertrümmert werde, und die preussische Reaktion wird dann nicht in den Himmel wachsen, wenn Deutschland siegt.»[152]

Der «Graben», der – wie der germanophile Blocher befriedigt feststellt – «uns von den welschen Landsleuten trennt», verlief genau der deutsch-französischen Sprachgrenze entlang. Nicht Konfessionen, politische Parteien, soziale Klassen trennten in dieser Frage. Die Sympathie zu den Kriegführenden schlug in Polemik, ja Hass gegen die andern Schweizer um. Die Welschen zeigten sich besonders irritiert, dass mit Wille und Sprecher – inklusive Generaladjutant Brügger, dem konservativen Bündner – das Armeekommando deutschschweizerisch besetzt war. Alle Waffenchefs und sechs von den sieben Sektions-Chefs der Generalstabsabteilung waren Deutschschweizer. Westschweizer fanden sich nur als Kommandanten der ausgesprochen welschen Heereseinheiten und Italienisch-Sprechende schon gar nicht... Im Bundesrat vertrat nur ein einziger Welschschweizer, der Waadtländer Décoppet, neben dem Tessiner Motta die lateinische Schweiz.

In der Romandie tönte es nun so: «Le sol, l'âme suisse, les Allemands s'acharnèrent à les dénationaliser, à les rendre Germains. Tout fut mis en œuvre, à l'école, à l'église, au service militaire on évita de parler des événements historiques auxquelles la Suisse avait été mêlée; on inculcait aux enfants le culte de la grande Allemagne, le mépris de la civilisation greco-latine, l'obéissance passive aux ordres du gouvernement central. La Suisse allemande cède petit à petit et son intransigeance des premiers temps fit place à une soumission, non déférente et respectueuse, mais quasi-complète cependant. La Suisse française n'accepta jamais la domination teutonne, molestée et vexée sans cesse elle n'admit jamais le fait accompli, mais elle net put donner forme à ses revendications, écrasée par le nombre.»[153]

Während die französische Schweiz – wie ab 1915 mit dem Kriegseintritt Italiens auch die italienische[154] – geschlossen frankophil bzw. ententophil war, gab es in der deutschen Schweiz eine frankophile und, besonders bei ostschweizerischen, sanktgallischen Industriellen und Berner Oberländern der Hotellerie, eine anglophile Minorität. Ab und zu fanden sich noch «des régions entières où l'on conserve pour le «Schwob» les sentiments d'autrefois».[155]

Die katholische Deutschschweiz fürchtete den französischen Laizismus und fand im deutschen «Zentrum» – wie allgemein in Österreich – eine mächtige Partei gleicher Gesinnung. Die Arbeiter identifizierten sich mit der deutschen Sozialdemokratie. Die vielen deutschen Semester und die zahlreich vertretenen deutschen Professoren und deren Lehren wirkten sich nun auf die Schweizer Intellektuellen aus.

Die mehr als hundertjährige Arbeit an sprachlicher Verständigung schien vertan. Gegenmassnahmen gegen die ungehemmten Pressepolemiken drängten sich auf. Besondere Verdienste erwarb sich die auf welsche Initiative 1914, noch vor dem Kriegsausbruch gegründete Neue Helvetische Gesellschaft «pro helvetica dignitate ac securitate», stark national orientiert, sich den allüberall sichtbaren ausländischen Einflüssen gegenüber auf schweizerische Werte besinnend. Es war im recht germanophilen Zürich, dass der in Deutschland hochgefeierte Schriftsteller Carl Spitteler am 14. Dezember 1914 seinen Ruhm in Deutschland aufs Spiel setzte und vor der neuhelvetischen Ortsgruppe seine Rede «Unser Schweizer Standpunkt»[156] hielt: «Wir haben es dazu kommen lassen, dass anlässlich des Krieges zwischen dem Deutsch sprechenden und dem Französisch sprechenden Landesteil ein Stimmungsgegensatz entstanden ist. Diesen Gegensatz leicht zu nehmen, gelingt mir nicht... Alle, die jenseits der Landesgrenze wohnen, sind unsere Nachbarn, und bis auf weiteres liebe Nachbarn; alle, die diesseits wohnen, sind mehr als Nachbarn, nämlich unsere Brüder. Der Unterschied zwischen Nachbar und Bruder aber ist ein ungeheurer. Auch der beste Nachbar kann unter Umständen mit Kanonen auf uns schiessen, während der Bruder in der Schlacht auf unserer Seite kämpft. Ein grösserer Unterschied lässt sich gar nicht denken... Darum sage jetzt ich: Nun also! Damit meine ich: Bei aller herzlichen Freundschaft, die uns im Privatleben mit Tausenden von deutschen Untertanen verbindet, bei aller Solidarität, die wir mit dem deutschen Geistesleben pietätvoll verspüren, bei aller Traulichkeit, die uns aus der gemeinsamen Sprache heimatlich anmutet, dürfen wir dem politischen Deutschland, dem deutschen Kaiserreich gegenüber keine andere Stellung einnehmen als gegenüber jedem andern Staate: die Stellung der neutralen Zurückhaltung in freundnachbarlicher Distanz diesseits der Grenze.»[157]

Dieser Appell sollte allmählich seine Wirkung zeitigen. Besonnene Geister dies- und jenseits des «Grabens» setzten sich ein – gegen allzu frankophile, allzu germanophile, gegen die Antisuisseallemand- bzw. antiwelsche Stimmung[158] – und rangen um Mass und Würde, in diesem kleinen neutralen Land, das sich im Grunde auf erbärmliche Weise verbal am Selbstmord Europas beteiligte.

Dennoch sollten die Wellen noch ein paarmal hochgehen, verschiedene Affären sorgten dafür.[159] Obwohl die Sozialdemokratie schwenkte und sich die Erkenntnis durchsetzte, dass in Frankreich und England demokratische Prinzipien dominierten, während in Deutschland die militaristischen und monarchistischen Kräfte die Oberhand gewannen, verharrten viele in ihren alten Positionen. Der Zusammenbruch Deutschlands war für viele Deutschschweizer ein tiefer Schmerz, ebenso wie der alliierte Endsieg zu welschem Triumph Anlass gab.

Max Huber hielt schon 1915 fest: «Seit Jahren haben sich die Nationen, welchen die Bestandteile unseres Volkes in sprachlicher und kultureller Beziehung verwandt sind, mehr in Selbstanbetung und in Missachtung der andern hineingelesen und hineingeredet... Das Nationalitätenprinzip hat seine Mission gehabt; es hat mit den überlebten Staatenbildungen des Feudalismus und Absolutismus aufgeräumt... Aber sind wir berufen und befähigt, durch die Idee der politischen Nation die Rückbildung des übersteigerten Nationalitätenprinzips anzubahnen... Das freie ungehemmte Nebeneinanderleben verschiedener Nationalitäten und Kulturen war durch unser Föderativsystem... von vornherein leicht gemacht... Das blosse Nebeneinander ohne Streit und Unterdrückung ist aber noch kein positives Prinzip... Nicht die Bildung eines verschwommenen und unechten Durchschnitts, sondern die Einfügung der deutschen und welschen Sonderart in die grosse gemeinschaftliche europäische Kultur muss das Ziel sein... Gerade da, wo das Verständnis für eine fremde Kultur neben der angestammten sich geltend macht, dürfen wir Schweizer eine gewisse Superiorität für uns in Anspruch nehmen.»[160]

Noch schärfer formulierte Leonhard Ragaz: «Und endlich geht hell und heller die Erkenntnis auf, dass es zum allerkleinsten Teil das ‹Blut› ist, das ein Volk ausmacht, sondern der Geist und dass der Geist es bildet durch seine Geschichte... In diesem Sinne sind wir Schweizer ein Volk. Die Seele unseres Volkes ist unser geschichtliches Erleben und die Seele dieser Seele ist die Freiheit.»[161]

Als der Krieg zu Ende ging, löste der sozialpolitische Konflikt des Landesstreiks die nationale Sprachgrabenfrage ab. Stolz sonnte sich die welsch-bürgerliche Mehrheit im Bewusstsein, die Schweiz vor dem Bolschewismus gerettet zu haben.[162] Die Spannungen zwischen sozialistisch-kommunistischer und bürgerlich-konservativer Haltung beherrschte fortan die innenpolitische Szene. Eine Verbitterung löste die andere ab. Es war ein Glück im Unglück, dass die soziale Spannung durch alle Landesteile ging und es Kommunisten in Genf, in Neuenburg wie in Basel, Zürich und Schaffhausen gab.

Dennoch blieben aus der Zeit des Grabens von 1914 noch viele Vorurteile beiderseits der Sprachgrenze bestehen: germanophile Nostalgien auf der einen, romanisch-kantonales «Repliement» auf der andern. Andrerseits regten sich die Tessiner deutlicher. Es brauchte die zwei «Rivendicazioni» (1925 und 1938), um endgültig auf den Sonderfall der italienischen Schweiz aufmerksam zu machen.

Trotz allem gab es überall, auch ausserhalb der Neuen Helvetischen Gesellschaft, noch genügend Schweizer, die sich über den sprachlichen und politischen Divergenzen in erster Linie um schweizerischen Zusammenhalt bemühten und die – oft infolge ihrer persönlichen Kontakte in gesamteidgenössischen Gremien – über eine genauere Kenntnis der heiklen Verhältnisse zwischen den verschiedenen Sprachgruppen verfügten. Die Anfechtungen der Vorkriegszeit und der Kriegsjahre führten doch zu einem deutlicheren Bewusstwerden der schweizerischen Viersprachigkeit. 1925 erschien Hermann Weilenmanns Werk «Die vielsprachige Schweiz», eine intensive Untersuchung sprachlicher, rechtlicher Zusammenhänge in der Schweiz vor 1848 mit dem bezeichnenden Untertitel «Eine Lösung des Nationalitätenproblems». Weilenmanns Buch – typischer Ausdruck der neo-helvetischen zwanziger Jahre – ist bezeichnend für die Hoffnung auf eine paradigmatische Wirkung des schweizerischen Exempels. Doch ging es nicht nur um das gegenseitige Verständnis der intellektuellen Schicht. Es waren ebenfalls genügend Schweizer vorhanden, die durch ihre Erfahrung im Welschlandjahr, durch Aufenthalte im deutschen oder im italienischen Sprachraum prägende Eindrücke mitbrachten. Ausserdem sind Zweisprachige, «bilingues», zu einem neuen Typus schweizerischer Identität geworden. Die vier Frauengestalten – die Zürcherin, die Waadtländerin, die Tessinerin und die Engadinerin – auf dem grossen Plakat der Landi 39 standen für die Viersprachigkeit der Schweiz.

5.5 Sozialisten zwischen Nationalismus und Internationalismus: «I bin e freie Schwizerma ... Proletar und Sozialist»[163]

Gab es Schweizer, die der allgemeinen patriotischen Bewegung des 19. Jahrhunderts fern blieben, sich nicht von ihr motivieren liessen?

Sie fanden sich in den untersten, marginalen Schichten der Bevölkerung. Noch vor dem Glarner Fabrikgesetz, noch vor den ersten sozialen Massnahmen des Bundes für die Heimatlosen hat 1846 der junge Zürcher Politiker J.J. Treichler die Warnung ausgesprochen mit der Frage: «Gibt es in der Schweiz ein Proletariat?» Dieses Proletariat existiert: «arme Handwerker», «arme Bäuerlein», «elende Fabrikarbeiter» und erst die «Einsamen, Landsarmen und Heimatlosen». Die «Feinde des Sozialismus» stehen jedoch auf dem Standpunkt: «Nur wenn ihr Geld habt, habt ihr Rechte. Habt ihr kein Geld, so seid ihr rechtlos... Wenn man den eidgenössischen Schützen- und Sängerfesten, den Pestalozzifesten, und wie die Feiertage und Feste alle heissen mögen, beiwohnte, wenn man da all die schönen Reden hört, voll glühender Freiheits- und Vaterlandsliebe, da möchte man fast meinen, dass diese Redner keine Gelegenheit mehr haben, zu Grossthaten, zur Bewährung ihres edlen patriotischen Sinnes. Wenn man aber die Sache etwas näher besieht, dann findet man, dass es noch ein grosses weites Feld, eine Masse von Unterdrückten gibt, für welche diese Männer der Freiheit und des Vaterlandes wirken könnten; allein nur selten ist auf diesem Felde einer dieser Redner zu treffen, die meisten sitzen hinterm Bier- oder Studiertisch und fabrizieren da neue Freiheits- und Vaterlandsliebe. Und so kommt es denn, dass bei dieser überschwänglichen Fabrikation von Freiheits- und Vaterlandsliebe es noch eine grosse Zahl Leute gibt, die im ganzen Schweizerland kein Plätzchen ihr eigen nennen können...»[164]

Treichler wollte mit dieser beissenden Kritik am allgemeinen vaterländischen Betrieb das soziale Gewissen der Patrioten wecken, in die grosse Volksbewegung des Freisinns eine «sozialistische» Komponente einbringen, wie dies seit 1838 die Grütlianer im Sinn demokratisch-schweizerischer Lösungen anstrebten. Sie wussten, «dass für alles dies rüstige Volk die Freiheit erst ein Gut war, wenn es sich seines Brotes versichert hatte».[165]

Vorderhand verstand sich der Schweizer Arbeiter und Handwerker als freisinnig im demokratischen Sinn.[166] Als Grütlianer beteiligte man sich 1872/74 wacker an der Bundeszentralisierung – sie brachte ja das Fabrikgesetz –, empfand nach wie vor vaterländisch und machte bei den nationalen Festen mit. Es waren die ausländischen Arbeiter, die antibürgerliche Feste veranstalteten.

Mit der Verschlechterung der sozialen Lage, mit den Krisen der siebziger Jahre, der Zunahme der Industrialisierung, dem Anwachsen der eigentlichen Arbeiterquartiere zeichnete sich die allmähliche Absonderung der Arbeiterschaft vom Bürgertum ab. Genügten die Grütlianer da noch im neu heraufziehenden sozialen Kampf? Oder die internationalistisch-föderalistischen Anarchisten der Uhrmacher im Jura? Zum Sammelbecken wurde allmählich die 1888 endgültig gegründete sozialdemokratische Partei, mit der die Grütlianer fünf Jahre danach in Kampfgemeinschaft treten. Sie sprechen fortan im weitesten Sinn im Namen der Arbeiterschaft. Allerdings bleiben noch manche Arbeiter – je nach kantonalen Verhältnissen – bei der freisinnigen bzw. der demokratischen Partei. Die bewusst katholischen Arbeiter in ihrer Ghettosituation in den reformierten Städten werden als Christlich-Soziale organisiert. Immerhin – das Gros der Arbeiter ist grütlianisch-sozialistisch.

Diese Arbeiterschaft beginnt ihr eigenes Selbstverständnis aufzubauen. Ein Ausdruck davon ist in dieser sangesfreudigen Zeit natürlich auch das Lied. Die Grütlianer singen seit jeher, die Sozialisten gründen ihren Arbeiter-Sängerbund. Die Grütlianer halten sich weiterhin an das traditionelle, patriotische Liedgut – da kann «Die rote Fahne» neben dem «Weisse[n] Kreuz im roten

Feld» stehen![167] Der Arbeiter-Sängerbund, der noch um 1894 vom «Vaterland» mit «Gletschern und Freiheit» singt, lässt dieses Lied fortan in seinen Festheften weg.[168]

Ein «Büezerlied», ein Mundartlied zeigt den neuen Weg. Auf die Melodie der schweizerischen Militärsignale der «Tagwacht» und des «Zapfenstreichs» singt man im Stil von «I bin e freie Schwizerma... Proletar und Sozialist».[169] «Freiheit, Arbeit, Vaterland» ist der Titel eines weiteren Liedes, ebenfalls aus den Zeiten der Jahrhundertwende:

«In unserm schönen Schweizerland – Geist sich regt –
nicht länger will der Arbeitsmann behandelt sein als Knecht.
Er, der des Landes Wohlstand schafft, ihm treu zur Seite steht!
Mit festem Mut und Männerkraft für's Vaterland sich wehrt.
Soll denn dem biedern Blusenmann erblüh'n kein Hoffnungsstern?
Soll immerfort ein andrer Stand, was er erschuf verzehr'n?

Ob auch die Macht der Finsternis – Goldgewand –
noch manchen in die Irre führt durch Not und Unverstand,
Ob Herrscherstolz, Magnatentum sich frech dagegen stemmt,
es kommt der Zeitengeist im Sturm, der keine Knechtschaft kennt.
Dann wird dem biedern Blusenmann erblüh'n ein Hoffnungsstern,
dann wird nicht mehr ein andrer Stand, was er erschuf, verzehr'n.

Du liebes teures Vaterland – Geisterwehn –
dem Mann der Arbeit reich die Hand, da wird's dir wohl ergehn.
Als Proletarier schlicht und brav lebt er zu deiner Ehr.
Was der Geschichte Macht ihm gab, er bringt es willig her.
Wie Alpenros und Edelweiss erglänzt der Freiheit Zeichen
dem freien Mann der freien Schweiz mög niemals es erbleich'n.»[170]

Das ist nun volle schweizerische Arbeiteridentität. Der «Geschichte Macht» wird hier als demokratische Tradition verstanden. Die Schweiz war immer Republik, nie Monarchie. Es galt nur, die sozialistischen Trends in der Schweizergeschichte herauszuarbeiten. Eine frühe Sammlung von Liedern «freisinniger und besonders sozial-demokratischer Tendenz» enthält Gedichte von Herwegh (gleich vier), von Heine, Béranger, Hoffmann von Fallersleben, Freiligrath und von Hermann Greulich. Greulich – die grosse Integrationsfigur des schweizerischen Sozialismus – ist hier mit fünf Liedern vertreten. Für ihn ist das Rütli Vorbote des Sozialismus, Befreiung von sozialer Knechtschaft. Die Arbeiter sind die Nachfolger der Unterdrückten von einst. Man greift auf die schweizerischen Freiheitshelden zurück.[171] Die Grütlianerdevise lautet: «Arbeiter, Bauer und Wissenschafter werden die drei Eidgenossen auf dem Grütli der Zukunft sein.»[172] Der Arbeiter mit Hammer und Schurz, der Bauer mit der Sichel und der Wissenschafter mit dem Buch verschränken die Hände zum Bund. War das Buch etwa sozialistisch subversiven Inhalts? So vermutete wohl das Rechts-Bürgertum. Als 1891 eine «Welle des schweizerischen Nationalismus» vom Gründungsjubiläum ausging,[173] trugen die Sozialisten am 1. Mai erstmals rote Fahnen, und die blaue Arbeiterbluse wurde zum Standesmerkmal. Von 1904 an bekannten sie sich offiziell zur Ideologie des Klassenkampfs.

Schon lange hatten in bürgerlich-nationalistischen Kreisen die sozialistisch-marxistisch-kommunistischen Thesen Misstrauen, ja Abscheu erweckt. Seit der Pariser Commune wurde die Linke oft mit Terroristen gleichgesetzt, besonders die Anarchisten, deren humane Theorien man kaum zur Kenntnis nahm. Die Klassenspaltung schien Tatsache, der Freisinn verlor seinen linken Flügel. Symptomatischerweise nahmen unter dem starken Druck der sozialistischen Parteiführung die Arbeiterinnenvereine 1912 folgerichtig ihren Austritt aus dem zwar mehr oder weniger bürgerlich-reformiert orientierten, aber neutral offenen und fortschrittlichen «Bund schweizerischer Frauenvereine» mit ihren «Damen und Doktorinnen».[174]

Immer dringlicher stellte sich im bürgerlichen Lager die Frage: «Wann darf man eine Partei eine unpatriotische nennen?» Man bezog das nicht mehr auf den Ultramontanismus, sondern auf die Frage der Staatsfeindlichkeit der Sozialisten und Anarchisten.[175] 1894/95 schon hatte der konservative Ulrich Dürrenmatt im Gedicht «Der Freisinn und sein Sohn» höhnisch gesagt:

«Die Schwarzen fürchtet ihr nicht mehr,
Ihr fürchtet nur die Roten.
...
Der Freisinn fürchtet seinen Sohn
Kravall, den herz'gen Jungen,
Dem er an seiner Wiege schon
Den Aufruhr vorgesungen.»[176]

Er warf dem Freisinn vor, nur zu «retten», zu «erhalten» und «einzukerkern». Seit dem Käfigturmkrawall in Bern 1893 wurden bei Bedarf Truppen gegen Streikende und Demonstranten eingesetzt: «Nun wird im ganzen Land umher / Die Ordnung aufgeboten.»[177] Spielten noch xenophobe Aspekte mit, konnte diese Ordnungsmentalität etwa folgende Form annehmen. Beim mehrheitlich italienischen Maurerstreik vom Mai 1911 in Zürich schrieb die «Glatt»: «Soldaten der Landschaft! Packt den Habersack, rüstet die Uniform und macht die Flinte parat! In Zürich drin wird wieder gestreikt... Der Streiker sind circa 2000. Fast alles Ausländer, die zum Teil extra zum Streiken nach Zürich gekommen.»[178] Später, im Rückblick war zu sagen: «Der Polizeidienst im Innern war in der schweizerischen Armee immer sehr unbeliebt gewesen, die Behörden hatten sich vor dem Ersten Weltkrieg etliche Male gedankenlos und oft auch leichtfertig zu Truppenaufgeboten bei Streiks verleiten lassen.»[179]

Dieser Truppeneinsatz gab dem Internationalismus bzw. dem Pazifismus der Sozialdemokraten neuen Auftrieb. Diese so richtig den echten Schweizer Geist verkörpernde Milizarmee, die gegen ebenfalls Dienst leistende Arbeiter aufgeboten wurde, erschien nun als «Hofhund des Kapitals».[180] Nach wie vor tat der Arbeitersoldat seinen Militärdienst, und die Armee zählte sogar noch einige Grütlianer- und Sozialistenoffiziere in höheren Kommandostellen.[181]

Die vorberatende Kommission zur Militärorganisation von 1907 lehnte es ab, auf die Verwendung der Armee zur Aufrechterhaltung der inneren Ordnung zu verzichten. Man wusste, wie ungenügend die städtische und die kantonale Polizei für derlei Aufgaben war. Als die sozialistische Parteileitung zu Ende des Krieges den Landesstreik ausrief und organisierte, behalf sich die Armeeleitung mit einem ganz andern massiven Truppenaufgebot, gezielt innereidgenössische Aversionen ausnützend: «Und zwar wurde die ganze Kavallerie aufgeboten, die damals zahlenmäßig noch viel stärker war, als dies heute der Fall ist. Es war das letzte Mal, daß die schweizerische Reiterei als reine und ausschließliche Reiterwaffe militärisch in Erscheinung trat. Dazu wurden die Bauernbataillone unter die Waffen gerufen, vor allem aber die aus der katholischen Innerschweiz und aus Freiburg. Die Stadtzürcher aber und die Stadtbasler ließ man zu Hause, obschon sie sicherlich bei Defilees die beste Figur gemacht hätten!»[182]

So international, ja bolschewistisch dieser Landesstreik auch dem Rechtsfreisinn und den Katholisch-Konservativen erschien, er selbst appellierte an nationale Identitäten. Im Aufruf zum unbefristeten Landesstreik hiess es: «In dem feierlichen Moment, in dem die Völker Europas aus einer Nacht des Schreckens erwachen und selbsttätig ihr eigenes Geschick schmieden, beeilt sich der Bundesrat der ‹ältesten Demokratie Europas›, die wenigen Freiheiten des Landes zu erwürgen...»[183]

Der Generalstreiksprozess bot den angeklagten sozialistischen Führern die Gelegenheit, sich deutlich über ihre Absichten zu äussern. Der Aargauer Jacques Schmid sagte: «Ich habe den Streik nicht begrüsst als revolutionären Umsturz, wie man uns, die wir hier auf der Anklagebank sitzen, verdächtigt, sondern als eine elementare Empörung der Arbeiterschaft. Ich habe erwartet, dass einige der aufgestellten Postulate durch diese Machtentfaltung der Arbeiterschaft angenommen werden. Das ist ja auch teilweise erfolgt, indem ihnen für die Zukunft Bahn gebrochen worden ist. Das werden weder der Herr Grossrichter noch die Herren Militärrichter bestreiten können. Es hat im ganzen

Schweizervolk eine andere Stimmung Platz gegriffen, es bekundet eine andere Auffassung.»[184]

Dieser Generalstreiksprozess wurde vom Grossrichter Heinrich Türler, ehemaligem Helveter aus dem sozial aufgeschlossenen Flügel, geführt. Er liess die Angeklagten reden. Ein Westschweizer Journalist spricht von einem «débonnaire tribunal militaire», einem gutmütigen Militärgericht.[185]

Bundespräsident Calonder hat am zweiten Tag des Generalstreiks in seiner Rede vor den eidgenössischen Räten ausgeführt: «Wir bedauern aufs tiefste den gegenwärtigen Generalstreik, vor dem der Staat sich nicht beugen kann, ohne sich selbst aufzugeben. Wir appellieren an den guten Willen und an die Solidarität aller Klassen und aller Bürger und reichen der schweizerischen Sozialdemokratischen Partei und deren Führern in eidgenössischer Treue die Hand zu gemeinsamer Arbeit für die Wohlfahrt des ganzen Volkes und namentlich auch für das Wohl der gesamten Arbeiterschaft.»[186]

Im Berner Regierungsrat herrschte der gleiche Wille. Am Tag des Streikabbruchs erklärte Regierungsrat Karl Scheurer: «Ich rege auch an, mit den Sozialdemokraten sofort Fühlung zu nehmen, um unsere politischen Verhältnisse im Kanton in Ordnung zu bringen. Der Rat stimmt zu.»[187]

«Die Erinnerung an die erlittene Niederlage bestärkte die Sozialisten im Widerstande», sagt rückblickend auch der führende katholisch-konservative Politiker Heinrich Walther.[188] Die Sozialisten waren schon zu stark im politischen Leben der Schweiz integriert. Die bereits zahlreichen Städte mit majoritären sozialistischen Regierungen nahmen noch zu, stellten einen Faktor dar, mit dem zu rechnen war, und blieben ins System involviert. Beweis dafür bildete die Tatsache, dass sich die Schweizer nicht der dritten Internationale anschlossen, sondern der vierten.

Die innenpolitische Lage hat – als es um die Gründung der kommunistischen Partei ging – der Zürcher Arzt und «Anarchist» Fritz Brupbacher auf seine eigene, pointierte Art wie folgt charakterisiert – eine Analyse, die wie ein Pendant zu den oben zitierten Erläuterungen Zschokkes wirkt: «Anno 1922, um eine Zahl zu nennen, waren aber gar grosse Schichten des Proletariats in meinem Heimatlande eher Erben des Plüschsofa-Ideals der bürgerlichen Spiessbürger, als Erben der klassischen Philosophie. Die Wohnung eines gutsituierten Arbeiters ist nicht zu unterscheiden von der eines Kleinbürgers. Breite Schichten dieser Arbeiterschaft beziehen ihre Bildung aus den ganz bürgerlich geleiteten Volkshochschulen. Sie schauen auf die unqualifizierten Unterschichten der Arbeiterschaft mit Verachtung hinunter, rechnen sich ihnen nicht zu. Unmittelbar nach 1918 waren in dieser Schicht noch Reste von revolutionären Stimmungen vorhanden, die aber nach 1920 ganz abflauten. Die Ansicht der K.P. im internationalen Maßstab war, daß Kleingewerbetreibende und Kleinbauern für die Revolution zu gewinnen wären. Die Wahlstatistik gab zu dieser optimistischen Einstellung bei uns gar keinen Anlaß. Sie stimmten weder sozialistisch noch kommunistisch. Gingen in der Regel mit den Bürger- und Bauernparteien... Einst waren Arbeiter und Kleingewerbler in der Demokratischen Partei miteinander. Als die Arbeiter anfingen zu streiken, trennten sich Kleingewerbler und Arbeiter auch politisch. Die Kleinbürger blieben zumeist in der Demokratischen Partei und die Arbeiter gründeten die S.P. und später die K.P.

Die Kleinbauern kannten wir Städter wenig. Da sie mit den Großbauern zusammen organisiert waren und die Großbauern die Presse beherrschten, konnte man aus der Presse der Bauern auf die Ideologie der Kleinbauern keine Schlüsse ziehen. Wir wußten, daß sie als Soldaten uns in die Stadt geschickt wurden, um die Arbeiter zusammenzuhauen während des Streiks.

Die Privat- und Staatsbeamten schauten voll Mitleid oder Geringschätzung auf die Arbeiterschaft herunter. Die Staatsbeamten folgten der herrschenden politischen Partei, da sie von ihr gewählt wurden...

Der Schweizer Intellektuelle in den 1920er Jahren: Ebensowenig wie Arbeiteraristos, Kleingewerbler und Kleinbauern schienen mir die, welche man die Intellektuellen nennt, als Schicht infektionsfähig für revolutionäre Gedanken. Meine näheren Kollegen, die Ärzte, sind brav wie alle Menschen. Ihren Ansichten merkt man an, daß sie zum größten Teile aus dem mittleren Bürgertum kommen ...

Die Rechtsanwälte teilen sich in drei Schichten. Die, welche auf Bank und Großindustrie ihr Einkommen basieren, die, welche von dem Gewerbestand und Kleinhandel leben, und die, welche von den Arbeitern leben. Die ersteren beiden sind gleichzeitig politische Vertreter der Groß- und Kleinbourgeoisie und auch der Bauern. Die Arbeiterschaft braucht sehr wenig Rechtsanwälte, hat keine einträglichen Prozesse zu vergeben ...

Die Lehrer der Volksschule sind von den politischen Parteien vorgeschlagen und vom Volke gewählt. Sie müssen deshalb ihre Weltanschauung einrichten nach dem Kreis, in dem sie gewählt werden wollen. Die Mittel- und Hochschullehrer kommen nur zu ihren Stellungen, wenn sie den Ideen der Wahlkörper entsprechen, müssen also, ganz besonders an der Technischen Hochschule, den herrschenden Klassen, das heißt den Banken und der Großindustrie genehm sein. Volkswirte braucht man als Sozialsekretäre in der grossen Industrie. Sie müssen also geistig dahin neigen, sonst gibt's kein Brot. Die paar Volkswirte, die die Arbeiterschaft ernähren kann, sind bald gezählt.

Theologie studieren nur noch arme Schlucker, stipendiert von Fonds, die die Herrschenden speisen.» [Brupbacher pflegte die religiös-sozialen Pfarrer als «weinerliche Sozialpfaffen» abzuqualifizieren.]

«Die Ingenieure müssen sich politisch ruhig verhalten. Wenn einer muckst, so kommt er auf die schwarze Liste der Arbeitgeberverbände und muß Hungers sterben.»[189]

Diese geistreich überspitzte Analyse der sozialpolitischen Schichtung zeigt nicht nur, dass eine kommunistische Identität in der Schweiz kaum möglich war. Wenn schon, dann wurzelten die «Sozialisten» historisch in schweizerisch-demokratischen Traditionen. Diese liessen sich auf die Demokratie der 1860er Jahre und auf die Grütlianer zurückführen und mittels Interpretation der Schweizergeschichte sogar in die Anfangszeiten, wie dies Robert Grimm mit seiner in der Haft auf Schloss Blankenburg geschriebenen «Geschichte der Schweiz in ihren Klassenkämpfen» (1920) getan hat. Er stützte sich dabei vor allem auf Dändlikers Schweizergeschichte, zudem war er kein Historiker. Seine Schweizergeschichte geriet zur roten Interpretation der alten liberalen Feststellungen: Verherrlichung der alten Demokratien, Verketzerung des Absolutismus, des patrizischen Oligatenregiments und seiner wirtschaftsliberalen Fortsetzung, Bekenntnis zu den Grundsätzen von 1848.[190] Eine «conspiration de silence» – so Gonzague de Reynold – verhinderte eine Kenntnisnahme dieser historischen Interpretation in den durchaus noch freisinnig-bürgerlich bestimmten Historikerkreisen der Schweiz.

Später, 1938 bis 1951, hat Jakob Bührer, bewusst als Vertreter der sozialistischen Veränderungen, in seiner Romantrilogie «Im roten Feld» eine imponierende, kritische Sicht der schweizerischen Revolutionszeit geschrieben.

Dass die sozialistische Deutung der Schweizergeschichte den Arbeitern selbst bewusst war, zeigt sich am Beispiel der Arbeiterinnen während eines Streiks im Kanton Zürich um 1930: «Als die grossen Fabrikgebäude in Sicht kamen, stimmten sie das Rütlilied an. Wuchtig tönte es über den Bach der Fabrik zu: ‹... zu stürzen der Zwingherren Trutz›.»[191]

Die zwanziger Jahre standen im Zeichen des Generalstreiktraumas. Im Vaterländischen Verband sammelten sich die engagierten Gegner, die den Sozialisten «das Vaterland» aberkannten.[192] Am schwersten wog der Vorwurf, die Sozialisten seien schuld an den vielen Grippetoten in den zum Ordnungsdienst aufgebotenen Truppen. Auf diese Anschuldigung reagierte allerdings Charles Naine in der «Sentinelle» mit dem Ausruf: «Die Grippe hat die Arbeiter gerächt!» Tatsächlich hatte die Seuche die Armee bereits stark erfasst, als der Generalstreik ausbrach, das jedoch wollte man nicht wahrhaben.[193] Das Klima blieb vergiftet. Die Sozialisten der Zwischenkriegszeit verstanden sich in ihrer grossen Mehrheit als Sozialreformer, in der Politik als mehr oder weniger klassenkämpferische Opposition, als Vertreter der Anliegen der Benachteiligten, deshalb übernahmen sie durchaus auch Regierungsverantwortung.

Eine weitere Möglichkeit sich auszudrücken lag in der neuen Architektur, sichtbar etwa im roten Biel des Stadtpräsidenten Guido Müller, wo das gesamte Bahnhofareal nach den Ideen funktionalen Bauens umgestaltet wurde; «das horizontale Bauen» – im Gegensatz zum vertikalen des Bürgertums – galt als «Ausdruck des demokratischen Prinzips».[194]

Unter den Faktoren, die damals die schweizerische Identität ausmachten, anerkannten die Sozialisten vor allem die Volldemokratie. Sie dachten freiheitlich im Sinn des natur- und menschenrechtlichen Wertsystems. Neben einem bewussten Laizismus stand die religiös-soziale Bewegung, die einen Teil der reformierten Pfarrschaft prägte. Während Wirtschaftsfreiheit und Eigentumsgarantie als bürgerliche Werte abgeschätzt wurden, traten die Sozialisten für volle und staatliche Sozialwohlfahrt ein. Arbeitsethos, Schulung und Förderung der Volkshygiene waren Selbstverständlichkeiten. Ein ganz starkes Verständnis hatten sie für die internationale Verpflichtung der Schweiz, insbesondere für das Asylrecht.

Den Föderalismus betrachteten sie eher als Hemmschuh für zentralistische Sozialpostulate, ohne die Verankerung im Kanton ganz aufzugeben – es gab einen Genfer, einen Bieler, einen Zürcher Sozialismus eigener Prägung.

Der Landesverteidigung gegenüber verhielt man sich reserviert, bekämpfte die Wehrausgaben. Pazifistische Strömungen waren stark vertreten. Den ausgesprochen nationalen Traditionen des bürgerlich-konservativen Geschichtsbildes standen die Sozialisten kritisch gegenüber. Die sozialistischen «Naturfreunde» und die Jugendbewegung des «Wandervogels» sorgten dafür, dass das Landschaftserleben nicht allein Privileg des «Schweizerischen Alpenclubs» blieb. Die linke Jugend konnte auch die «Internationale» und das Kommunistenlied, «Brüder zur Sonne, zur Freiheit», anstimmen. Den Sozialisten bedeutete die grosse Demonstration des Ersten Mai, des Tages der Arbeit, immer noch mehr als der allzu bürgerlich-nationalistische Erste August, denn ihr internationales Erbe war gerade nach dem Ersten Weltkrieg noch sehr lebendig, ja es wurde immer stärker betont. Es ist aber in der Schweiz nicht – wie etwa in Dänemark – gelungen, den «Arbeiter» zum Ausdruck nationaler Identität zu erheben, das blieb den Bauern vorbehalten.

5.6 Der nationale Konservativismus

5.6.1 *Die echteste Schweiz der Ultramontanen: «Den Riesenkampf mit dieser Zeit zu wagen ...»*[195]

Die Liberalen haben ihre Idee von der Schweiz in Schule, Elternhaus, Vereinen aufgebaut und gepflegt. Das Feindbild stellten seit der Helvetik neben den Aristokraten vor allem die «Pfaffen» dar. Die schlechte Zeit der Schweiz begann mit der Opposition der Katholischen gegen Zwinglis Reform, mit ihrem Sieg bei Kappel, ihrem ersten Sonderbund, dem borromäischen, von 1586. Ein Glück bedeutete der grosse Sieg von Villmergen, getrübt bleiben aber das 17. und 18. Jahrhundert durch die Aristokratisierung, die Herrschaft der Landvögte, die Niederwerfung der Bauern im Bauernkrieg, die eigentlich als Verrat an der Nation zu wertenden Fremden Dienste. Als Symbole der Feindbilder präsentierten sich Schloss und Kloster. Das erste wurde – allerdings nur in ganz wenigen Fällen 1798 –, sofern es ein Landvogteischloss war, zerstört. Im 19. Jahrhundert galt es dann, nach dem Beispiel des französischen und bayerischen Antiklerikalismus, besonders auch mit den Klöstern aufzuräumen. Kam eine liberale Mehrheit von Protestanten – und Katholiken – zustande, begann man sukzessive zu säkularisieren: Von der stolzen Fürstabtei St. Gallen (1805) bis zum Benediktinerkloster Mariastein (1874).

Im Selbstverständnis aber betrachteten sich die rein katholischen Kantone der Innerschweiz als die echteste Schweiz. Hier war der Bund begründet worden, hier war die Demokratie so viel älter als die neuimportierte der Mittellandkantone! Volkstümliche, von den Gemeinden gewählte Priester und populäre Kapuziner übten zum Wohle des Volkes ihre Tätigkeit aus, und altverdiente Familien führten ihr patriarchalisches Regiment. Die Helvetik hatte für fünf schlechte Jahre die ganze Identität zerstört, die altfreien fünf Alpenrepubliken in einen Verwaltungskanton Waldstätten zusammengefasst, Bedrohung der angestammten Religion, die Niederwerfung des Nidwaldner Aufstands gebracht. Mit Pater Paul Styger, dem Organisator des schwyzerischen Widerstands, mit Anna Maria Bühler, der Kanonenmaid von Ems, erstanden Heldenfiguren, die später als Vaterlandsverteidiger die Verehrung der ganzen Nation gewonnen haben.[196] Die «Mediation» 1803 bedeutete die Wiederauferstehung:

Im 15. Kapitel der «Vermittlungsacte», welche die «Verfassung des Kantons Unterwalden» enthält, wird «wieder hergestellt», «auf die nämliche Art» eingerichtet, werden die Behörden «auf die nämliche Art, mit den nämlichen Rechten und Vorzügen, wie ehemals» gewählt, «sie bleiben die nämliche Zeit im Amte». «An der ehemaligen Verwaltung des Zucht- und Criminalwesens ist nichts abgeändert», und «die katholische Religion ist die Religion beider Theile des Kantons».[197]

Die liberale Bewegung von 1830/31 ging an den Urkantonen vorbei, erst der Sonderbundskrieg brachte den Bruch und die erneute Demütigung. Die neue Bundesverfassung gab gottseidank genügend Spielraum, um intern so weiterzuleben, wie man es seit jeher gewohnt war. Nur Schwyz und Zug verzichteten – in der kurzen Zeit eines liberalen Regimes – auf ihre Kantons-Landsgemeinden. Was aber überall blieb, war die Treue zur katholischen Religion. In dieser Hinsicht bildete sie Kern und Rückhalt uralter und zumindest tridentinischer Traditionen. Die andern Kantone wankten, überall gelangten nach 1848 die Liberalen an die Macht, auch in geschlossen katholischen Kantonen wie Luzern, Solothurn, Tessin, ganz kurz sogar auch in Freiburg und im Wallis. Da drohte die alte schweizerisch-katholische Identität einer liberal-radikal-katholischen zu weichen. Die Luzerner Regierung hob St. Urban auf, die tessinische bedrohte die Kapuzinerklöster. Die kulturkämpferischen Jahre brachten die freisinnige Hoffnung, den römischen Katholizismus durch den christkatholischen zu ersetzen, und sie brachten die Demütigung des katholischen Nordjura durch die vom reformierten Bern nachhaltig unterstützten heimischen katholischen Freisinnigen sowie die Unterdrückung der erst seit sechzig Jahren schweizerischen Genfer Katholiken. Die bereits durch den Josephinismus gewandelten Fricktaler bleiben jedoch ruhig. Fazit war die Absetzung zweier Bischöfe und die Säkularisation diverser Klöster und Lehranstalten. Und schliesslich schickte man den Nuntius nach Rom zurück. Er schied mit den trefflichen Worten: «Vale Helvetia cum usibus et abusibus tuis.»[198]

Der päpstliche Legat Ferrata liess im Gespräch mit Bundesrat Welti die Bemerkung fallen: «Catholiques et protéstants, tous les Suisses sont fils de la même patrie et mon rêve a toujours été de les voir unis.»[199] Genau diese Quintessenz, «de la même patrie», hatten die Kulturkämpfer ausser acht gelassen, sie interpretierten dieses Vaterland als Vaterland eines romunabhängigen Katholizismus. Der Versuch war misslungen. Es galt, sich mit der Tatsache abzufinden, dass die konservativ denkende katholische Schweiz ein fester Bestandteil dieses Vaterlands war und blieb. Der gleiche Bundesrat Welti, der als Protestant aus dem paritätischen, mehrheitlich katholischen Zurzach stammte, sagte denn auch abschliessend zum Kulturkampf: «Wir hätten auf das Anathema des obersten der Priester mit der Proklamation der unbedingten Freiheit antworten sollen. Aber das Vertrauen in die Macht des Geistes hat uns gefehlt, und wir haben uns hinter die Landjäger verkrochen.»[200]

Dem versöhnlichen, neuen Bischof Fiala wurde, als er 1884 das Bistum Basel übernahm, «patriotische Gesinnung» attestiert. Als Zofinger und Historiker stand er über den Kontroversen. Hier, wie in der Sprachenfrage, sorgte das Glück für besonnene Leute.

Die harten Fronten brachen allmählich ein. Es zeigte sich, dass die konservativen Katholiken für das freisinnige Bürgertum im sich anbahnenden Konflikt mit den Sozialisten eine Hilfe sein konnten. Bald irritierten es sozialistische Demonstrationszüge weit mehr als katholische Prozessionen... 1891 zog der erste konservative Katholik im Bundesrat ein. Nicht dass die Entfremdung sich verlaufen hätte: Aus dem Kulturkampf blieben böse Erinnerungen. Die Freisinnigen verfolgten das Wiederaufleben der Romtreuen, der Ultramontanen mit Misstrauen und Angst. Die Altkatholiken konsolidierten ihre Positionen und behielten ihre vom Staat übergebenen katholischen Kirchen. In allen römisch-katholisch gebliebenen Gebieten gab es – in den Kantonen Solothurn und Tessin sogar majoritär – noch freisinnige, liberale Katholiken. Da lagen alte Traditionen innerkantonaler Opposition vor, auch Familientraditionen, die weit ins Ancien Régime zurückreichen. Über sie sagt der Einsiedler Pater Theodor Schwegler in seiner Kirchengeschichte: «In den katholischen Kantonen erwiesen sich oft genug die liberalen Familienüberlieferungen und in den reformierten Kantonen die Einflüsse der gesamten Umwelt so stark, dass viele Katholiken, selbst eine beträchtliche Zahl von Geistlichen, unkatholischen Grundsätzen, dem sog. *Liberalen Zeitgeist* huldigten. Sie bedeuteten für die Kirche eine stets schwärende Beule.»[201]

Die Romtreuen aber begaben sich jetzt ins «Ghetto» und erfüllten dort – nicht mehr nur kantonal, sondern mit allgemein schweizerischer Zielsetzung – die Gebote des Ersten Vaticanums.[202] Der schweizerische Studentenverein spielte dabei als Kaderschule eine wichtige Rolle, sein Bundeslied, «Den Riesenkampf mit dieser Zeit zu wagen», hatte diese Intention schon 1843 zum Ausdruck gebracht.

«1. Den Riesenkampf mit dieser Zeit zu wagen,
da frisch noch blüht der Jugend Kraftgefühl;
des Lebens Bürde mutig stark zu tragen,
zu ringen nach der Tugend hohem Ziel;
Auf Edles stets den kühnen Blick zu wenden
und gut zu kämpfen, besser zu vollenden:
Dafür, o Freunde, haben wir geschworen,
Und keiner geh' aus unserm Bund verloren!

2. Und auf der Weisheit lichtem Pfade wandelnd,
wo rastlos forscht der Geist und prüft und denkt;

nach steter Pflicht und reinem Rechte handelnd,
bis unser Auge sich zum Grabe senkt;
mit gutem Sinn die Wissenschaft zu pflegen,
nicht weichend von des Glaubens Sonnenwegen:
Dafür usw.

3. Um den Altar des Vaterlands zu stehen
zum Schutz der Kirche und der Freiheit Hort;
für Recht und Eigentum in Kampf zu gehen,
dies sei der wahren Schweizer Losungswort;
der Freundschaft feste Säule zu umarmen,
am treuen Bruderherzen zu erwarmen:
Dafür usw.»[203]

Im Laufe dieses «Riesenkampfes» wurde (1889) die katholische Universität im zweisprachigen Freiburg gegründet: kantonal-freiburgisch, schweizerisch-katholisch und international die Grenzen sprengend, eine kühne Sache, getragen von einem armen Kanton, mitten im blühendsten freisinnigen Zeitalter. Freiburg wurde tatsächlich zur abschliessenden Bildungsanstalt der traditionell und konservativ gerichteten Kreise der katholischen Schweiz; seit der Aufhebung des Jesuitenordens hatten – neben anderen – die Ordensschulen von St-Maurice, Engelberg, Einsiedeln, Disentis die Elitenbildung auf der Gymnasialstufe übernommen. Manch humanistisches und philosophisches Gedankengut und viel Sprachkunst wurden da in einer materialistisch gewordenen Welt bewahrt. Endlich bot sich die Möglichkeit einer rein katholisch ausgerichteten Schulung von der Primarschule bis zur Universität. Galt das böse protestantisch-bernische Wort «Grosse Kirchen – kleine Schulhäuser» in den katholischen Regionen noch?

1912 fasst die einheitlich schweizerische katholisch konservative Volkspartei die verschiedenen Gruppierungen schliesslich zusammen, mitsamt dem gerade drei Wochen alten «Schweizerisch katholischen Frauenbund». Der Präsident des schon lange bestehenden «Katholischen Volksvereins» konstatierte befriedigt: «Alle drei Organisationen haben eine hohe und wichtige Mission zu erfüllen als Schutzwehren gegen den Unglauben und den zum Unglauben führenden konfessionellen Indifferentismus und als Mittel zur Erhaltung und Förderung katholischen Glaubens und Lebens.»[204]

Besiegelung all dieser Bestrebungen war der katholische Einsatz während des Generalstreiks. Gonzague de Reynold hat später formuliert: «... la grève révolutionnaire de 1918 ... échoua, tout juste, grâce à l'énergie de l'état-major, des Romands, des paysans et des catholiques.»[205] Als das Urner Bataillon in Zürich anmarschierte, kommentierte die «Gazette du Valais»: «Ecoutez! C'est la troupe d'Uri! Tout le peuple se lève, la bataille se livre, elle est gagnée ...»[206] Und eben so eindrücklich in Bern, wo das Freiburger Regiment de Diesbach einrückte: «La troupe faisait une entrée martiale, tambour battant, bannières déployées. Le spectacle de cette occupation par les soldats d'un canton sottement considéré comme réactionnaire était une épreuve pour l'amour-propre des Bernois, spécialement pour les milieux chez qui les grévistes jouissant d'un préjugé favorable. Mais cette force armée en imposait par son impeccable discipline. Celle-ci ne manquait pas non plus de faire son effet sur ceux qui, moitié figue moitié raisin, attendaient, pour se décider, de voir de quel côté la chose tournerait. Ils furent bientôt fixés, mais le tableau de la troupe occupant les rues principales comme une cité en état de siège, et celui des bivouacs allumés sur les carrefours balayés par une bise glaciale, ne s'effaça pas de longtemps de la mémoire de ceux qui en furent témoins.»[207]

Der Vergleich mit dem Sonderbundskrieg drängte sich auf: Vor einundsiebzig Jahren, fast auf den Tag genau, hatte Freiburg vor den Bundestruppen kapitulieren müssen, und nun «kapitulierte» das stolze Bern vor Freiburg![208]

«Welsche, Bauern, Katholiken», das traf genau auf den freiburgischen – wie den Walliser – Fall zu. Es ist kein Zufall, dass der zweite Bundesratssitz, den man den Katholisch-Konservativen nun konzedierte, dem Freiburger Musy zugesprochen wurde. Als weitern Dank für diese «Rettung der Schweiz» durfte in aller Stille der päpstliche Nuntius nach fast einem halben Jahrhundert Karenz wieder nach Bern zurückkehren.

All diese Erfolge läuteten die polarisierenden zwanziger Jahre ein. Endlich konnten sich die konservativen Katholiken als eigentlichen Rückhalt einer Schweiz verstehen, die traditionellen Werten verpflichtet war. Sie wurden in dieser Rolle von vielen Bürgerlichen anerkannt. Obwohl der Liberalismus der alte böse Feind blieb, auf ihn war jetzt der noch bösere des Sozialismus gefolgt. Dieser trieb nicht nur die auch den Liberalen vorgeworfene Gottlosigkeit auf die Spitze, er huldigte zudem einem etatistischen Zentralismus. Insbesondere der schweizerische Episkopat wurde nicht müde, in seinen Hirtenbriefen eindringlich vor all diesen Religion und Vaterland bedrohenden Gefahren zu warnen.[209] Der christlich-soziale Gewerkschaftsbund hat sich nach dem Generalstreik umgetauft in «christlich-nationaler Gewerkschaftsbund»!

Das Selbstbewusstsein des konservativen Katholizismus, beziehungsweise der freiburgischen Renaissance kam sehr schön zum Ausdruck in Abbé Bovets so populär gewordenem Lied «La haut sur la Montagne, l'était un vieux chalet», das heisst durch die spätere Beifügung einer neuen Strophe, in welcher die zerstörte Alphütte wieder aufgebaut wird, «plus beau qu'avant».[210] Was für die

Sozialisten der Erste Mai, war für die konservativen Katholiken die alljährliche Fronleichnamsprozession, in welcher ihre Regierungsräte (und Bundesräte) – Rosenkranz und Kerze in der Hand – mitsamt der Geistlichkeit nach dem Auszug aus der prunkvollen Hauptkirche ihren Weg durch die Strassen – auch reformierter Städte – nahmen[211].

5.6.2 *Die Wiederbelebung der alten, vorrevolutionären Schweiz: «Heimat» und «Föderalismus»*

Nicht allein in den katholischen Kantonen, auch in den übrigen gab es Schweizer, die Vergangenheit und Gegenwart anders betrachteten als die Liberalen und die Radikalen und gar die Sozialisten. Ganz früh schon regte sich, besonders im Kanton Bern, die Erinnerung an den Sieg von Neuenegg und blieb das Unvermögen, die Niederlagen an der Nordfront zu akzeptieren. Schon unmittelbar nach dem Geschehen entstand das «Fraubrunnenlied», niedergeschrieben von einem Kanonier, der dabei gewesen war:

«Vivat das Bernerbiet
Bis an der Welt ihr End!
Vivat! Es lebi au derzue
das Schweizerregiment!
Das userlesne Corps
Hat schon einmal zuvor
Z'Fraubrunnen und im Grauen Holz
In Schanden müesse stoh.»

Die zweite Strophe spricht von:

«Faltsch ist der General,
Die Offizier' fast all'...»

Die dritte:

«Doch waren wir zu schwach,
Zu gewinnen eine Schlacht:
Drum man dich übergeben hat,
O Bern, du schöni Stadt.
O Bern, du schöni Stadt,
Jetzt bist du ganz schabab,
Und warst doch viele hundert Jahr
Ein' freie Republik.»

Es endet mit der vierten Strophe:

«Wer wollte nicht z'Felde ziehn
Für unsre Obrigkeit?

Für solche sind wir jederzeit
Zu ziehn in Tod bereit
...
Für unser teures Vaterland,
Das jetzund ist verspielt.»[212]

Das hier der Obrigkeit gegenüber ausgedrückte Loyalitätsbewusstsein kehrt besonders stark wieder in der Stecklikriegszeit, wo der Vikar von Sigriswil, Gottlieb Jakob Kuhn, die Rückkehr unter die segensreiche Herrschaft unserer «lieben gnädigen Herren» feiert: «Juhe! der Mutz isch wider da!»[213] Auch alle andern Wappensymbole waren wieder erstanden und beherrschten das Feld.

Der Sonderbundskrieg jedoch schien gegen die darin sich manifestierende Kantonssouveränität zu entscheiden. Damals schrieb der Luzerner Politiker Philipp Anton von Segesser: «Für mich hat die Schweiz nur Interesse, weil der Canton Luzern – dieser ist mein Vaterland – in ihr liegt. Existiert der Canton Luzern nicht mehr als freies souveränes Glied in der Eidgenossenschaft, so ist mir dieselbe so gleichgültig als die grosse oder kleine Tartarei.»[214] Er formulierte diese Worte unter dem Eindruck der Niederlage, der Plünderung Luzerns durch die Bundestruppen, als die Gewissheit, dass die Verfassung von 1848 einen Teil der kantonalen Souveränität hinüberretten sollte, noch ausstand. Segesser baute später in diesem neuen Gesamtstaat eine kantonal-föderalistische Opposition auf, die durchaus Bremswirkung für allzu weitgehende Zentralisierungstendenzen haben sollte. Zum ultramontanen Föderalismus trat in der Folge nicht nur der minoritäre reformierte, sondern auch der welsche, der, wie Ruchonnet bei seiner Wahl in den Bundesrat 1881 erklärte, nicht im Schatten des Vatikans stehe.[215]

Diese dreifache Sammlung föderalistischer Mentalitäten aus katholischen, reformierten und sprachminoritären (welschen) Ursprüngen trat gegen 1900 bewusster in Erscheinung. Sie hatte erstens eine heimatschützlerische Seite. Die entsprechende Vereinigung wurde 1905 gegründet, «um das Volkstum in allen seinen Offenbarungen gegenüber einer nur auf das wirtschaftlich-nützliche gerichtete Tätigkeit und Gesinnung zu schützen».[216] Der «Heimatschutz» kümmerte sich vor allem um «le visage aimé de la patrie», besonders um architektonisch zu retten, was noch zu retten war, denn, wie Gottfried Keller sagte:

«Die Ratzenburg will Grosstadt werden
Und schlägt die alten Linden um;
Die Türme macht sie gleich der Erden
Und streckt gerad, was traulich krumm.»[217]

In diesem Sinn gab etwa die Stickereimetropole St. Gallen ihr altes, spätmittelalterliches Rathaus preis und entfernte alle Stadttore, nur das äbtische –

katholische – Karlstor blieb erhalten. Aber auch der so gut katholische Kanton Freiburg opferte in seinem neokonservativen Aufbruch seine mittelalterlichen und barocken Kirchen der Neugotik und andern Historismen.

Die Bewegung hatte zweitens ihren sprachlichen Aspekt. Damals stellte sich eine erste Mundartwelle dem überhandnehmenden Einfluss des Schriftdeutschen erfolgreich entgegen. Traditionalismus, Ästhetentum und «Fin de siècle»-Abscheu gegen die Banalität des 19. Jahrhunderts, verbunden mit gesteigertem Nationalitätsgefühl,[218] brachten in der deutschen Schweiz eine starke Dialektdichtung hervor. Otto von Greyerz gab ab 1907 die Volksliedersammlung «Im Röseligarte» heraus. Das war zwar zumeist schriftdeutsche Liedtradition, aber Tradition! Ulrich Dürrenmatt hatte schon 1884/86 das Gedicht «Berndütsch» verfasst, es grenzte nicht nur ab gegen «Schwobedütsch» und «Nassaudütsch», sondern auch gegen «Züridütsch» – «ist nid für üs» – und etwas weniger vehement gegen andere Schweizerdialekte. Dürrenmatt steht für «d'Buuresprach im Kanton Bern» ein, für «Bernersprach und Bernerg'müth» und endet mit: «Aber Berner sy m'r gäng».[219]

Im Grund waren die Bestrebungen für die verschiedenen rätoromanischen Dialekte ähnlich gelagert. In der französischen Schweiz gab sich die gleiche Bewegung schriftsprachlich, da dort die Dialekte im Laufe des 19. Jahrhunderts bis auf wenige Reste in katholischen Rückzugsgebieten – Wallis, Gruyère, Nordjura – am Verschwinden waren. Betont regional – auch im sprachlichen Habitus – gab sich vor allem die Bewegung um Ramuz, die Zeitschriften «Voile latine» und dann die «Cahiers vaudois» mit dem Bekenntnis: «Je suis vaudois, donc je suis». Hier manifestiert sich ein ausgesprochen antibernischer Kantonalismus, vermehrt um Vorstellungen vom «Pays du Rhône» mit lateinisch-mediterranen Nostalgien.[220]

Die neue sprachliche Haltung brauchte allerdings nicht unbedingt konservativ zu sein. Auch bei liberaler, ja sogar sozialistischer Haltung stand dem Singen von Röseligartenliedern oder dem Lesen von Ramuz nichts entgegen.

Hinter der neuen konservativen Welle befand sich auch stets ein starker Rückbezug auf alte Schweizertraditionen – sie mussten nicht unbedingt dem liberal-radikalen Kult der Heldenzeit entsprechen –, auf ein konservatives Geschichtsbild. Vor allem das Ancien Régime erfuhr allmählich Rehabilitation.

Das ging bis zum Versuch der Wiedereinführung von alten kantonalen Emblemen. Im Kanton Neuenburg kam von 1917 an eine Bewegung für das alte Wappen des Fürstentums in Gang. Aber 1954 lehnte das Volk mit Zweidrittelmehrheit diesen Rückgriff ab. Man wollte beim Revolutionswappen vom 1. April 1848 bleiben, bei dem Grün-Weiss-Rot mit dem kleinen Schweizerkreuz. Und im Kanton Thurgau lehnte schon der Grosse Rat 1948 die Rückkehr zu den heraldisch richtigen alten Kyburger Löwen auf rotem Grund ab. Man konnte sich bis weit ins Bürgertum für die alte Symbolik der Monarchie («et vive le roi, à bas la république») bzw. der Landvogtszeit («unwürdige Rechtlosigkeit» der ihren Gerichtsherren ausgelieferten Thurgauer) nicht erwärmen.[221]

Aber wenn der Freiburger Patrizier Gonzague de Reynold von «le Génie de Berne et l'Ame de Fribourg» (1934) schwärmte, bedeutete das eine Korrektur des Geschichtsbildes. «Génie» betraf die Zeit vor 1798, die Zeit des Patriziats und «Ame» die christlich-katholisch-tridentinische Tradition. Die Verlierer von 1798 und 1848 meldeten sich. Schon vor Reynold befasste sich der Berner Patrizier Rudolf von Tavel ganz intensiv mit dem alten Bern. Er setzte dem verflachenden 19. Jahrhundert die feine Kultur der Berner Aristokratie entgegen, fand für seine mundartlich formulierten Romane Leser in allen Schichten und zugleich die Bereitschaft, das Bild vom Landvogteiregime und von der national unfähigen Epoche des 17./18. Jahrhunderts zu rektifizieren.

Das traf sich ganz besonders mit der Aufwertung der Fremden Dienste. 1913, gerade rechtzeitig vor der grossen Mobilmachung von 1914, erschien das Werk von Paul de Vallière, «Honneur et Fidélité», das Hohelied der Fremden Dienste. Das 19. Jahrhundert des Freisinns hatte die Linie des Lavaterschen

> «Fremder Fürsten Feinde schlagen,
> Feil sein Blut und Leben tragen,
> Schweizer, das ist Raserey!»[222]

fortgeführt. Nun aber wurde der Fremde Dienst von Historikern wie Richard Feller und Offizieren wie Paul de Vallière als durchaus positive Erscheinung der schweizerischen Vergangenheit, als natürliche Fortsetzung der nationalen Heldenkämpfe der alten Zeit, als Geschichte der Offiziere und militärischen Vorgänge gefeiert und stilisiert.

Legitime historiographische Anliegen wurden zu einem neuen Bestand des nationalen und konservativen Denkens. Das grosse Denkmal allerdings, der Löwe in Luzern,[223] existierte schon seit langem. Der freisinnige Bundesrat Schenk zählt es 1887 expressis verbis unter die nationalen Denkmäler: «Das Volk erwärme sich gerade an grossen plastischen Werken wie des Löwen von Luzern, des St. Jakobsdenkmal in Basel, des Winkelrieddenkmal in Stans.»[224]

In diesem Zusammenhang typisch ist die Umfunktionierung des «Café du 10 août» in Vevey. Ursprünglich Treffpunkt der Radikalen, erinnerte es an deren Machtübernahme im Kanton Waadt im Jahre 1845. Der Besitzer gestaltete es jedoch ab 1906/07 zu einer Erinnerungsstätte an den – ebenfalls am 10. August (aber 1792) erfolgten – Heldentod der Schweizergarde in den Tuilerien um, trotzdem wurde es weiterhin von den allmählich konservativer werdenden Radikalen frequentiert![225] Was sich da, in diesem Café vaudois, abspielte, fand seine Fortsetzung in der immer betonteren föderalistisch-konservativen Ausrichtung im gleichen Kanton, der einst Vorkämpfer der zentralistisch-nationalen Schweiz gewesen war. Nach dem Erlebnis des Grabens und der Rettung der Schweiz im Generalstreik wurde die vornehmlich literarische Bewegung zusehends politischer. Viele Waadtländer reihten sich in die konservative Front der Walliser, Freiburger und Innerschweizer ein, zumindest diejenigen, die im Sinne von «Ordre et Tradition»[226] der «Ligue Vaudoise» verpflichtet waren. Man entdeckte die voreidgenössische bzw. vorbernische Vergangenheit, die savoyische Tradition. Das Grafenhaus in Chambéry trat an die Stelle der helvetischen Mythologie mit ihrem Demokratismus. Das Schweizerkreuz auf den geflammten grün-weissen Farben liess sich als «croix savoyarde» deuten. Vom einstigen revolutionären Aufbruch, von der Maxime «les droits de l'homme sont vainqueurs» blieb nicht mehr viel übrig. Es ging um den «Etat de Vaud» allein mit seinem Wein und seiner Erde.

Die «Ligue vaudoise» ist wohl die eindeutigste Bewegung des föderalistischen Konservativismus der zwanziger Jahre. Solch ein Konservativismus musste sich zwangsläufig kantonal geben, da der starke Gesamtstaat eine Schöpfung des Liberalismus gewesen war. Viele dieser Föderalisten lebten geistig in der Welt des Ancien Régime. Gonzague de Reynold vergleicht in «La démocratie et la Suisse. Essai d'une philosophie de notre histoire nationale» 1929 das Schweizervolk mit Antäus: «Le peuple suisse retrouve des forces toutes les fois qu'il touche du front sa terre, son histoire d'avant 1798.»[227] Zu solcher Geschichtsauffassung aber bemerkt der unabhängige Bauernpolitiker Hans Zopfi: «Es wurde grosse Mode, an das 18. Jahrhundert anzuknüpfen, wurde grosse Mode, die Früchte der grossen Revolution von 1789 zu schmähen.» Er meint nicht de Reynold, dessen Restaurationsversuch er ästhetisch zu schätzen weiss, wenn er weiterfährt: «... je dümmer und daher rechtgläubiger der Restaurator, um so verächtlicher die Tonart, mit der er von der Demokratie von 1789 sprach, um so leidenschaftlicher das Bekenntnis zur alten Schweiz und ihrer Aristokratie.»[228]

Doch hat diese historiographische Bewegung das Verdienst, den durch freisinnige Vorstellungen verstellten Blick für die Schweiz des Ancien Régime geöffnet zu haben.

5.6.3 Von der Älpler- über die Handwerker- zur Bauernideologie: «Das ist mein Fels, das ist mein Stein...»[229]

Das 18. und 19. Jahrhundert sahen den Idealtypus des Schweizers im Älpler, im «freien Schweizer» aus den Bergen, im Gebirgler, «der sich in die Schlacht» stürzt. Er beherrschte lange Zeit die vaterländischen Lieder, stolz beschrieben etwa in Gion Antoni Huonders «Il pur suveran» aus den sechziger Jahren:

Il pur suveran

«Quei ei miu grep, quei ei miu crap
Cheu tschentel jeu miu pei;
Artau hai jeu vus da miu bab,
Sai a negin marschei.

Quei ei miu prau, quei miu clavau,
Quei miu regress e dretg;
Sai a negin perquei d'engrau,
Sun cheu jeu mez il retg.

Quei mes affons, miu agen saung,
De miu car Diu schanghetg;
Nutreschel els cun agen paun,
Els dorman sut miu tetg.

O Libra libra paupradad,
Artada da mes vegls:
Defender vi cun tafradad
Sco popa de mes egls!

Gie libers sundel jeu naschius,
Ruasseivels vi durmir,
E libers sundel si carschius,
E libers vi murir!»

«Das ist mein Fels, das ist mein Stein,
Drauf setz' ich meinen Fuß;
Was mir der Vater gab, ist mein;
Wer fordert Dank und Gruß?

Feld, Scheune ist mein Eigentum,
Mit Weg und Steg mein Land;
Nach keinem schau' ich dankend um,
Und – König heißt mein Stand.

Die Kinder, meiner Adern Blut,
Sie sandte Gott mir zu;
Mein eigen Brot ernährt sie gut,
Mein Dach deckt ihre Ruh.

O freie Armut, stolz und gut,
Der Ahnen Kraft und Kern,
Ich schütze dich mit tapfrem Mut
Wie meinen Augenstern.

Frei war ich auf der Mutter Schoß,
Mein Schlummer furchtlos sei!
Ich wurde mit der Freiheit groß,
Und sterbend sei ich frei!»[230]

Der «pur suveran» repräsentiert hier den im ganzen alpinen Raum anzutreffenden Gebirgsbauern; allerdings war nicht jeder auf die «freie Armut» stolz, nur etwa die Hälfte der Gebirgsbewohner verfügten über genügend Grund und Boden in ihren Dörfern, und zudem nahm die Armut im 19. Jahrhundert immer mehr überhand. Viele sahen sich gezwungen auszuwandern, denn die Talkäsereien raubten ihnen das Monopol der Milchwirtschaft, und der Schlachtviehexport ins Ausland (Mailand) und in die Städte des eidgenössischen Mittellandes hörte auf. Eisenbahntunnels und Alpendurchstiche liessen die Passstrassen veröden und machten das alpine Transportwesen weitgehend überflüssig.

Zwar sind die Dörfer fast alle noch bewohnt und behalten ihr urtümliches

Gesicht, die ökonomischen und politischen Schwerpunkte haben sich jedoch ins Mittelland der Industrie verlagert.

Eine Zeitlang schien es dem «Handwerker» – wie ihn Gottfried Keller im «Fähnlein der sieben Aufrechten» und im «Grünen Heinrich» charakterisiert – bestimmt, die Rolle des freien Schweizers in Fortführung der Zünftlerideologie an sich zu übernehmen. Die Schweiz zählte gegen hundert grössere und kleinere Städte, in denen das Handwerk seit Beginn die ökonomische Basis bildete. Es hatte zumindest in den Zunftstädten noch nicht allen politischen Einfluss verloren. Treichler sagt aber um 1845 von diesem Stand: «Der Handwerksstand ist in der Schweiz zahlreich; der Kanton Zürich allein zählt 12 000 Handwerker. Unter allen Handarbeitern ist bei uns der Handwerker noch immer am besten gestellt; daher auch das Sprichwort: Handwerk hat einen goldenen Boden. Allein dieser goldene Boden schwindet immer mehr, ein bleierner tritt an dessen Stelle. Einer drückt den Andern im Preise herab; dazu kommen noch die Ausländischen, die ihre Waaren auf unsern Märkten um einen Spottpreis feilbieten... 5000 wenigstens von den zürcherischen Handwerkern sind jetzt schon ausgemachte Proletarier; jede Zeitung bringt wieder ein neues Verzeichnis von Handwerkern die in Konkurs geraten.»[231]

Gerade beim Handwerker wären die spezifischen Tugenden des Schweizers, Arbeitsethos und Republikanismus, zu finden gewesen. Dieser Stand wurde jedoch sukzessive von der Industrie überrollt. Zwar vermochten sich noch zahlreiche dieser Kleinbetriebe zu halten, ja sie organisierten sich 1874 im Gewerbeverband und sicherten sich damit einen politisch-ökonomischen Einfluss in diesem gekammerten Lande. Als Grütlianer, als Demokraten waren sie in der zweiten Jahrhunderthälfte nicht ohne Bedeutung, integrierten sich aber allmählich einfach ins Bürgertum, blieben minoritär und eigneten sich mit ihrer städtischen Herkunft nur schlecht als Identitätsfaktor. Auf dem Lande waren sie seit jeher nicht besonders geachtet.

Allmählich bot sich der Mittellandbauer an. Treichler fährt aber in seiner Analyse im gleichen pessimistischen Ton fort: «Nun der Bauernstand. Er wird neben dem Handwerkerstande als der glücklichste bezeichnet... Sehen Sie, meine Herren, jenes arme Bäuerlein... Wie der arme Mann den ganzen Tag sich abmüht in saurem Schweisse, und nicht fertig wird bis tief in die Nacht hinein! ... Was helfen dem Bäuerlein die vielversprechenden Bäume, die goldenen Saaten, die fetten Schweine und die jungen Tauben? Das Alles gehört ja nicht ihm, sondern dem Zinsherrn, der auch nicht eine Scholle seines Bodens bebaut, der vielleicht kein anderes Verdienst hat, als dass er isst und trinkt und spazieren geht? ...»[232]

Nicht günstiger nimmt sich die Charakterisierung durch Jakob Stutz aus, den die Versteigerung des väterlichen Bauernhofes zur folgenden Erörterung veranlasst: «Im Herbst wurde die erwähnte Gant wirklich abgehalten, mehr als der halbe Hof verkauft und eben sehr wohlfeil, denn, so viel ich mich erinnere, ging es gut in der Fabrikation. Da wollten die Leute lieber beim Webstuhl sitzen als auf dem Felde schwitzen. Viele sagten, sie nähmen den größten Bauernhof nicht geschenkt, oder wenn ein solcher den Bach herunter zu schwimmen käme, sie liessen ihn hübsch vorüber fahren und würden ihn gewiß nicht an's Ufer ziehen. Jetzt könne ein mittelmäßiger Galliweber wöchentlich 5–6 Gulden verdienen, könne dabei im Trocknen sitzen und gut leben, während der Güterarbeiter in Wind und Wetter sein müsse und Nichts davon trage.

So lautete das Urtheil in jener gewinnreichen Zeit über den Bauernstand, der von den Fabrikleuten mit Spott und Verachtung angesehen wurde. Doch nicht allein von diesen, mehr noch vom Städter, der über den Namen ‹Bauer› stets verächtlich lächelte und nicht begreifen konnte, daß dieser Stand wol der ehrwürdigste und gewiß auch der nothwendigste von allen sei.»[233]

Heute, wo die agrarischen Verhältnisse wissenschaftlich durchleuchtet sind, wissen wir, dass es sich bei den oben genannten «Bauern» um abhängige Bauern mit wenig Besitz und zu wenig Zugvieh handelte. Der Begriff «Bauer» umschrieb einfach die ganze dörfliche Einwohnerschaft bis zu den «Taunern», den Taglöhnern hinunter, die Stutz «Güterarbeiter» nennt.

Der Städter wusste wenig von den ländlichen Strukturen im Mittelland, «Bauer» weckte bei ihm verächtliche Assoziationen, der Bauer war bis 1798 Untertan der Stadt und infolge eines veralteten Schulsystems schlecht gebildet. Allerdings kam der Begriff «dummer Bauer» vom Ausland her: «Der Ausdruck, der deutschen Handwerksburschen in der Schweiz zu so viel Prügeln verhalf».[234] Denn seit jeher gab es den stolzen Stand des Besitzbauern, jener Familien, die von ihren stattlichen Höfen aus im Dorf und oft auch in der Region das Sagen hatten, alter Familien, untereinander verwandt, Basis der landvögtischen Verwaltung der «guten alten Zeit». Diese Bauern, die an Zahl oft kaum einen Drittel der Einwohnerschaft der Dörfer ausmachten, überdauerten die schweren Agrarkrisen. Sie bildeten den Kern sowohl freisinniger wie konservativer Parteien.

In Gotthelfs Erzählungen sind sie verewigt worden mit ihrem Hausvaterstolz, ihrem Arbeitsethos, ihrer Christlichkeit, ihrem Demokratieverständnis aristodemokratischer Art, ihrer Wehrhaftigkeit, ihrer Unabhängigkeit und ihrer Freiheit, kraft derer sie ebenso wie die Städter dem nationalen bzw. dem bürgerlichen Ideal entsprachen. Gotthelf hat sie mit ihren Stärken und Schwächen scharf charakterisiert. Sie sind aber keineswegs nur im bernischen Mittelland anzutreffen, sie finden sich vom «Gros de Vaud» bis ins St. Gallische, vom Schaffhausischen bis ins Luzernbiet, mehrheitlich reformierter, aber auch katholischer Konfession.

Der Wirtschaftsliberalismus, die Zollpolitik des Bundes, dessen Abhängigkeit von den freisinnigen, liberalen und konservativen Industriellen, von den Städten an sich, trieben die Bauern gegen das Jahrhundertende in eine eigene Organisation. Ulrich Dürrenmatt hat die Situation in seinem Gedicht «Schweizerischer Bauernbund» trefflich zum Ausdruck gebracht:

«Die Not hat uns verbunden,
Das ist ein fester Kitt;
Sie riß in wenig Stunden
Den Ost und Westen mit.

Sie steht an allen Schwellen
Und rief das Volk zur Wacht;
Die Not in unsern Ställen
Hat diesen Bund gemacht.

Und nicht im Rausch der Feste
Geschlungen ward das Band;
Das Unglück tat das Beste,
Der Hilfe Bruderhand.

Es ist kein Bund für Streber,
Die segeln nach dem Wind;
Wir sprachen von der Leber
Und bleiben was wir sind.

Auf einen Punkt wir lenken
Was oft im Widerstreit:
Der Zürcher schnelles Denken
Und Berns Bedächtigkeit.

Denn schrecklich droht uns allen
Die nämliche Gefahr,
Von Basel bis St. Gallen
Und in dem Gau der Aar'.

Wie lange soll's noch dauern,
Bis sie den Ruf verstehn:
Bringt Rettung doch den Bauern,
Eh' sie zu Grunde gehn!

Wir pochen an die Pforten
Vor jedem hohen Rat;
Bringt Hilfe – nicht in Worten –
Bringt Hilfe in der Tat!»[235]

Man spürt unterschwellig – bei allem Appell an Solidarität und «Bruderhilfe» – die Spitze gegen die Industrie – «Das ist kein Bund für Streber» – und hinter allem Gejammer den verhaltenen Stolz, den Konservativismus – «Und bleiben was wir sind».

Etwa fünf Jahre danach (1897) wurde der «Schweizerische Bauernverband» mit seinem Ernst Laur anvertrauten Bauernsekretariat in Brugg Realität. Laur sollte bald eine führende politische, ökonomische und wegweisende ideologische Rolle in der Schweiz spielen. Er verstand es, die Bauern der ganzen Schweiz – ob reformiert oder katholisch, ob aus dem Mittelland, dem Jura oder den Alpen – als Urproduzenten zu sammeln. Der Berner Bauer Minger führte mit seiner besonders in den Kantonen Bern, Zürich, Baselland, Schaffhausen und Thurgau erfolgreichen Bauern-, Gewerbe- und Bürgerpartei des Ersten Weltkriegs zumindest einen Grossteil der reformierten Bauern aus dem Freisinn heraus. Auch wenn Bauernsekretariat und Bauernpartei im Verein mit den bäuerlichen Katholisch-Konservativen politische Erfolge erzielten, zeitweise sogar mit den Sozialisten gegen den Industriefreisinn, so ging es um weit mehr als nur bäuerliche Interessenpolitik.

Das erfasste schon der freisinnige Industrielle Iwan Bally, der kurz vor dem Landesstreik schrieb: «Ich möchte noch einen Punkt berühren: die Bauern. Man schimpft über die Bauern, weil sie sich die Milch teuer bezahlen lassen und die Kartoffeln zurückhalten. Mir scheint, wir haben in der Schweiz allen Grund, uns der Kräftigung der Bauern zu erfreuen, die bekanntermaßen ausgezeichnet geführt sind. Der Bauer wird möglicherweise zum Prellstein werden müssen, an dem eine hyperdemokratische bolschewikische Richtung zerschellt, wodurch uns hoffentlich eine chaotische Übergangsperiode, ähnlich wie sie Rußland durchmacht, erspart bleibt.»[236]

Das Landesstreiktrauma gab dann der bäuerlichen Ideologie entschieden Auftrieb. Erinnern wir uns an die bereits erwähnte Einschätzung der «Romands ..., paysans, ... catholiques» als Retter der Schweiz durch Gonzague de Reynold! Nicht nur die katholischen Freiburger, Walliser und Jurassier, auch die reformierten Appenzeller, Emmentaler und all die andern Deutschschweizer Bauernbataillone – ganz abgesehen von den so entschlossenen Waadtländern radikal-freisinniger Ausrichtung – haben mit der eigentlichen Bauernwaffe, der Kavallerie, ihre staatserhaltende Rolle gespielt. Auf der «Lueg» im tiefsten

Emmental wurde 1921 das Kavalleriedenkmal ausdrücklich auch für die im «Ordnungsdienst» verstorbenen Wehrmänner errichtet. Die Kavallerie war der Stolz der vermöglicheren Bauern, in ihrem Stall stand das Bundespferd, der «Eidgenoss». Neidischer Infanteriespott definierte sie allerdings folgendermassen: «E guets Sitzleder, en riche Vatter und en tumme Grind!» Die Kavallerie galt als Symbol des neuen Bauerntums der Schweiz. Im Ancien Régime Nebensache, baute man sie mühsam in die Militärorganisation des Bundes ein.[237] Erst mit Ulrich Wille als Oberinstruktor und Waffenchef erhielt sie den nötigen Auftrieb, wurde zur Elitewaffe mit Privilegien – «Der Befehl gilt auch für die Kavallerie» war nun den allgemeinverbindlichen Armeeweisungen beizufügen... Ramuz konnte seinen «Aimé Pache, Peintre Vaudois» mit der Apotheose des «Dragon Vaudois» abschliessen: «C'est le pays, c'est quelqu'un du pays».[238]

Nach dem Landesstreik grenzte sich die Bauernideologie noch schärfer gegen links ab als vom Freisinn. Man stand damit dem zeitgenössischen Ideengut von Blut und Boden nahe, ohne jedoch faschistisch zu sein. Es ging auch um die bedrohte Natur an sich, im Grunde bereits um die ökologische Problematik. Das äusserte sich einmal in der Bekämpfung einer internationalistischen «Dekadenz», im Widerstand gegen die «ewigen Literaturjuden» (Otto von Greyerz), gegen die städtischen Literatenmilieus mit ihren antipatriotischen Bestrebungen.[239]

Dazu gehörten auch die heimatschützlerischen Tendenzen, besonders die Trachtenbewegung, die nicht nur die Festtags-, sondern auch die Arbeitstracht förderte. Die Tracht konnten auch religiös-soziale Pfarrfrauen tragen. Die Mannen kleideten sich in das braune Tuch und hatten den runden Hut auf. Ausdruck bäuerlichen Wesens waren auch das Volks- und Heimatschutztheater und schliesslich das «Schwizer-Dörfli» an den verschiedenen Landes- und Landwirtschaftsausstellungen.[240]

Es ging hier jedoch nicht einfach um Konservieren und um Tradition, man war auf der Suche nach einer neuen nationalen Identität, sah die «Bauernsame» als Jungborn, vollzog die Rückkehr zu den Quellen überhaupt, keinesfalls aber zum Aristokratismus oder bloss zum konservativen Katholizismus. Bewusste Kirchlichkeit in der Tradition der evangelischen Landeskirchen – etwa in der Ablehnung religiös-sozialer Tendenzen – wurde hier von reformierter Seite eingebracht.[241] Wie weit diese bäuerliche Ideologie in Abwehr und Negation sich von eidgenössischen Traditionen entfernen konnte, zeigt eine pointierte Äusserung Laurs aus dem Jahre 1934: «Die Erhaltung des Bauernstandes ist schliesslich wichtiger als die Erhaltung der Demokratie.»[242] Hier wird offenbar, wie wenig man noch mit den naturrechtlichen Vorstellungen, mit dem Erbe der

Französischen Revolution und der Aufklärung – 1798 hatte schliesslich die Befreiung des schweizerischen Bauernstandes gebracht – anzufangen vermochte.

Aus dem gleichen Jahr 1934 stammt die lapidare Feststellung: «Der Bauer ist der notwendigste Bürger des nationalen Staates, und es ist nicht zu viel gesagt, wenn behauptet wird, die Bauern in der Schweiz seien die Grundlage des eidgenössischen Staates.»[243]

Vielleicht gerade weil der bereits in den achtziger Jahren vom Arbeiterstand überflügelte Bauernstand ständig schrumpfte – vor dem Zweiten Weltkrieg machte er noch einen Fünftel der Bevölkerung aus –, realisierte man die Notwendigkeit seiner Erhaltung als Wächter über alle alten Tugenden des Schweizervolkes, als Garanten einer nationalen Identität. Dahinter stand nicht nur das ganze Bürgertum: Jodeln und Alphornblasen, Bauernmusik – mit der schliesslich nicht sehr altschweizerischen Handharmonika – drückten nicht nur alpine, sondern allgemein ländliche Nostalgien aus, und dies bis weit in die Arbeiterkreise hinein. Im Bauern erkannte sich der Schweizer: Die meisten waren an sich ländlichen Ursprungs – auch die neu Eingebürgerten –, obwohl grossteils nicht, wie sie oft meinten, von einem Bauernhof, sondern aus einem schitteren Taunerhäuschen stammend. Noch gab es die Bauern in ihrer Urkraft – vom welschen Wachtmeister mit seinen berittenen sechs Söhnen bis zum bärtigen Almöhi in seiner Sennhütte –, bereit zur Verteidigung ihres Vaterlandes. Sie bewohnten die kleinen alpinen Dörfer oder siedelten in den stattlichen Bauernhöfen auf den Höhen über den Niederungen der Stadt, wo die «Roten» und die «Kapitalisten» ihr übles Wesen trieben...

5.7 Geschichtsbild und Mythos im Bundesstaat

5.7.1 Die Bundesgründung zwischen wissenschaftlicher Kritik und nationalem Glauben: «Und ob Gelehrte streiten, es lebe unser Tell!»[244]

Das 19. Jahrhundert setzte das aufklärerische Werk der Entmythologisierung mit einem neuen Sinn für historische Wahrheit weiter fort. Nach der vorübergehenden Erscheinung des ersten Zweifels an Tells Existenz traute man sich erst spät, diese heikle Frage wieder anzugehen. Gerade die nationale Hochstimmung der Regeneration jedoch durfte sich nicht um das Problem der Gründung eben dieser Nation drücken. Aber war es wirklich möglich, einfach beim faszinierenden Bild Johannes von Müllers stehenzubleiben? Der katholische Demokrat Eutypch Kopp von Luzern kam anlässlich der Fünfhundertjahrfeier des

Bundeseintritts von Luzern aufgrund von Archivstudien dazu, die ganze Gründungslegende – Rütli, Tell, Burgenbruch – als Fabel oder Legende zu entlarven. Dieses Ergebnis gelangte in der Publikation «Untersuchungen zur Geschichte der eidgenössischen Bünde» (1832) in eine weitere Öffentlichkeit und erregte Unbehagen, ja Zorn: Solche Historiker wurden als «historische Straussianer», eben Mythenzerstörer wie der Theologe David Friedrich Strauss, der Christus zum Mythus erklärt hatte, bezeichnet. «Das sind Geschichtsmacher, nicht Geschichtsschreiber, Federfuchser, Gaukler und Komödianten», so ein Redner am schweizerischen Schützenfest 1842.[245] Gottfried Keller hat später formuliert: «So wären wir füglich gezwungen, wenn keine Sage über die Entstehung der Eidgenossenschaft vorhanden wäre, eine solche zu erfinden; da sie aber vorhanden ist, so wären wir Toren, wenn wir der Mühe nicht sparten. Mögen indessen die Gelehrten bei ihrer strengen Pflicht bleiben; wenn sie nur das mögliche Notwendige nicht absolut leugnen, um das Unmögliche an seine Stelle zu setzen, nämlich die Entstehung aus nichts.»[246]

Unbeschadet vom Negativbefund der Historiker überlebte nicht nur Tell, sondern auch der Rütlischwur. Er blieb der Begriff für den eidgenössischen Zusammenschluss, wenn die Festredner an Schützen- oder Turnfesten von ihrer eigenen Vereinigung als «Grütli», als «zweitem Grütli» sprachen.[247]

Durch die Gemeinnützige Gesellschaft wurde 1858/60 die Rütliwiese zuhanden der Eidgenossenschaft vor der touristischen Überbauung bewahrt. Seither fand dort das «Rütlischiessen» der Urkantone statt.

Für die wachsamen Historiker spielte auch die Datenfrage eine Rolle, die Fixierung des Anfangs. Bis jetzt galt – nach Tschudi – der 8. November 1307 als Nacht des Rütlischwurs, der 19. November als Tag der zwei Tellenschüsse, das Neujahr 1308 als solcher des Burgenbruchs. Das Unspunnenfest von 1808 wurde auch als Fünfhundertjahrfeier der Bundesgründung begangen. Die Helvetische Gesellschaft tat desgleichen.[248]

Seit 1760 war der damals zwar kaum beachtete Bundesbrief von 1291 bekannt. Liess sich das älteste feststellbare Dokument des Bundes nicht mit dem Rütlischwur in Verbindung setzen? Das tat denn auch der Bundesrat, als er 1291 zum offiziellen Gründungsjahr erklärte.[249] Seitdem die Deutschen jedes Jahr ihren Sedantag als Gründungsfest ihres neuen Reiches und die Franzosen ihren «14 juillet» nach der Hundertjahrfeier der Revolution zum Nationalfeiertag gemacht hatten, drängte sich eine nationale Feier geradezu auf. Man beauftragte den zuverlässigen Historiker Wilhelm Oechsli mit der «wissenschaftlichen Festschrift». Sie erwähnte Tell, Rütli und Burgenbruch mit keinem Wort, enthielt aber alle einschlägigen juristischen Dokumente: die Reichsfreiheitsbriefe, die ersten Bundesbriefe und weitere Dokumente. Keine Festschrift für das Volk, sondern eine nüchterne Analyse und Darstellung, wie sie diesem positivistischen Zeitalter entsprach.[250] Am 1. August 1891 – sechshundert Jahre nach der Ausfertigung des Briefes von 1291 – ging das grosse Fest in Schwyz und auf dem Rütli über die Bühne. Höhenfeuer loderten – zumindest offiziell in der Innerschweiz und im Kanton Zürich – auf.

Damit sollte ein rechtshistorisches Dokument, dieser bereits 1315 durch den Brief von Brunnen ersetzte Landfriedensbrief von 1291 mit an sich momentanem Charakter, einen doch irgendwie mythischen Stellenwert bekommen. Dass ein solch sachliches Dokument an den Beginn der Staatsgeschichte der Schweiz gerückt wurde, passte gut in dieses nationalistische, positivistische Advokatenjahrhundert. Seine lateinische Fassung schien dieser viersprachigen Nation angemessen und mochte dem Geschmack der neuhumanistisch gebildeten Elite und dem Lateinisch gewohnten katholischen Klerus entsprechen. Zum Ingress «In nomine domini amen» vermochte sich das Volk des «Schweizerpsalms» – «deine fromme Seele ahnt, Gott im hehren Vaterland» – zu bekennen, für die nationale Unabhängigkeit fand sich die Ablehnung «fremder Richter», und der sich als einfach verstehenden Nation stand dieses schlichte Pergament mit seinen drei Siegeln – von denen allerdings eines abgefallen war – gut an. Wirksam sollten all diese Vorstellungen erst mit der Zeit werden, besonders intensiv in den Jahren der «Geistigen Landesverteidigung».

1899 rief der Bundesrat in der ganzen Schweiz zur allgemeinen Erstaugustfeier auf: eine Feier mit Glockengeläute und Höhenfeuern – hier liess sich regional an alte Traditionen anknüpfen –, die sich allüberall sofort einbürgerte und in ihrer einfachen Form an einem Werktag, höchstens bereichert durch einen Umzug der Vereine und vor allem der Kinder und eine Festrede, dem nüchternen Charakter dieses Volkes sehr gut entsprach.

Zwar waren die Drei Eidgenossen, die den Bund beschworen hatten, im Bundesbrief von 1291 nicht zu finden. Sie blieben trotzdem Gegenstand des Nationalverständnisses. Im neuen Bundeshaus (1894–1902) erhielten sie – mitsamt ihrem Bundesbrief – den zentralen Platz im Aufgang zu den zwei Parlamentssälen. Im Nationalratssaal fand die Darstellung der «Wiege der Eidgenossenschaft» mit dem aus dem Nebel hervorsteigenden, auf die Rütliwiese hinweisenden Engel als monumentales Fresko ihren Standort.[251]

Und Tell?[252] Vier Jahre nach der grossen Bundesfeier von 1891 wurde in Altdorf Kisslings neues Telldenkmal enthüllt, dessen Kopf zeugte ebenso wie Weltis Tellenbüblein mit der grossen Armbrust für Jahrzehnte als Briefmarke von der Identifikation des Schweizers mit dieser Figur. Die Freskenmalerei

Stückelbergs in der Tellskapelle an der Tellsplatte war 1882 vollendet. Vincenzo Velas Tell stand bereits 1852 in Lugano.[253] Seit 1902 befindet sich Tell vor dem Bundesgericht in Lausanne. Hodlers so eindrucksvoll mahnender Tell ist schon 1897 entstanden. Das ganze Jahrhundert hindurch fanden Aufführungen von Schillers «Tell» statt, und 1914 ging der «Tell» von Morax und Doret, «hommage à Schiller et surtout à la patrie»,[254] über die Bühne des Waadtländer Théâtre du Jorat. Weit über die Schweiz hinaus machte Tell in Gestalt des Revolutionärs und des Freiheitshelden – allen wissenschaftlichen Zweifeln zum Trotz – seinen Weg. Bereits Kissling hatte seinem Telldenkmal das Motto mitgegeben:

«Für Völker und für Zeiten
Erglänzt sein Bildnis hell
Und ob Gelehrte streiten
Es lebe unser Tell.»[255]

Erst eine Generation später brach der Gelehrtenstreit vehement aus und entwickelte sich zu einem eigentlichen «Gesellschaftsspiel» der Historiker, als Karl Meyer 1927 in einem «historiographischen Kraftakt» seine «Urschweizer Befreiungstradition in ihrer Einheit, Überlieferung und Stoffwahl» publizierte, wo er «steil und gewagt», aufgrund kühner Interpretation den Mythos – Tell inklusive – zur historischen Wahrheit machte. Es entwickelte sich der Kampf der drei «Meyer»: Karl Meyer, Geschichtsprofessor an beiden Zürcher Hochschulen, Bruno Meyer, thurgauischer Staatsarchivar, und Theodor Mayer, Direktor des Reichsinstituts für ältere deutsche Geschichtskunde.

Heute dürfte es feststehen, dass die Gründungssage einfach die mythologische Zusammenfassung und Überhöhung von historischen Geschehnissen zwischen 1291 und 1315 darstellt, die sich hundert Jahre danach – zur Zeit der Entstehung des Gesamtsystems der Eidgenossenschaft – verdichtet hatten. Gottfried Keller behält wohl recht mit seiner Aussage, es sei unwesentlich, nach dem Geschehen zu fragen, es gehe um den «Sinn».[256] Der Sinn liegt im Widerstandsrecht von Wilhelm Tell und in der Bundeskonzeption des Rütlischwurs.

5.7.2 Die Pfahlbauer als älteste Schweizer?
«Pfahlbaubewohner auf beiden Seiten der Alpen»[257]

Vor den in wissenschaftlichen Kreisen umstrittenen Gründungsjahren des Bundes lag ein Zeitalter Vorgeschichte. Bereits die Humanisten beanspruchten zwar die Helvetier für die Schweiz, auch die folgenden Jahrhunderte bezogen sich gern auf sie. Die Rätier blieben der Bündner Kantonsgeschichte überlassen.

Eine nationalgeschichtliche Polarisierung zwischen Deutschen und Franzosen kam jedoch ins Spiel, der Gegensatz zwischen Kelten, Galliern und Germanen. Mit Sicherheit waren auf jeden Fall die Alemannen germanischen Ursprungs. Die latinisierten Burgunder, d.h. die welsche Schweiz, gehörten zum «französischen» Bereich. Damit fiel der Sprachgrenze plötzlich eine die nationale Identität gefährdende Rolle zu.[258]

Um 1850 entdeckte der Zürcher Archäologe Ferdinand Keller jedoch die Pfahlbauern und deutete die in so gut wie allen Schweizerseen – auch im Tessin – vorhandenen Pfähle als Tragpfeiler für keltische Siedlungen über dem Wasser. Hier waren die Ureinwohner zu finden. Keller erklärt: «Das Einzige, das wohl ohne Gefahr eingeräumt werden kann, ist die Stammesgemeinschaft der Pfahlbaubewohner auf beiden Seiten der Alpen.»[259] Man betrachtete sie aufgrund der Funde als kultiviertes Volk mit einer bestimmten «Sorge für Reinlichkeit».[260] Nun wurden die Rekonstruktionen dieser niedlichen Dörfer auf dem Wasser mit ihren rüstigen Bewohnern zu einer der schönsten Attraktionen der Historischen Museen. Und eine ironische «Pfahldorfgeschichte» macht einen Drittel von Friedrich Theodor Vischers beliebtem Roman «Auch Einer» (1879) aus.[261]

Die Pfahlbauer kamen dem schweizerischen Nationalbewusstsein sehr gelegen. «Der einheimische Mythos, der dem Alpenraum eine eigenständige Kultur und eine unbekannte, aber irgendwie keltisch geprägte Einwohnerschaft reservierte, half mit, sich vom Pangermanismus abzusetzen.»[262] Die Pfahlbauthese ist in der Zwischenkriegszeit, ähnlich wie die Befreiungsgeschichte, zu einem heftig umkämpften Prestigeobjekt zwischen gewissen deutschen und schweizerischen Historikern geworden, berührte aber die Allgemeinheit nur am Rande. Pfahlbauten übten stets grosse Anziehungskraft aus, daraus wurden jedoch keine tieferen und konsequenten Schlüsse gezogen. Es zeigte sich aber doch, dass auch in der Schweiz das Bedürfnis bestand, mit nationalistischen Thesen ihre Existenz zu beweisen, aus recht dürftigen und zweifelhaften historischen Relikten Geschichtsbilder zu kreieren.[263] Anscheinend genügte im Zeitalter neuer Mythenbildung das immerhin einigermassen respektable Alter der Schweiz als Föderation des Spätmittelalters nicht mehr.

5.7.3 *Inhalte und Formen des schweizerischen Nationalbewusstseins: «Heisst ein Haus zum Schweizerdegen, lustig muss die Herberg sein»*[264]

Was sich in kämpferischer, ja provokativer Art durch die nationalen Vereine von den zwanziger bis zu den vierziger Jahren als Nationalverständnis gab, liess sich – sozusagen konform geworden – von 1848 an in einen nun staatlich konstitutionierten Rahmen einordnen, wurde allgemein und selbstverständlich. Von der zweiten Hälfte des Jahrhunderts an verfügt man wieder über ein gefestigtes, beständiges nationales Selbstverständnis und über feste Formen von dessen äusserem Ausdruck. Haltung und Formen galten für die ganze Schweiz, ob radikal, liberal oder konservativ, auch für Sozialisten. Der Heldenkatalog war seit langem unverrückbar erstellt: die Drei Eidgenossen, Tell, Winkelried[265] und Niklaus von Flüe,[266] diese sozusagen gemeinverbindlich. Als frühster nationaler Held galt der Helvetier Divico, der Sieger von Aginum, mit stärker kantonalem Akzent, aber doch allen vertraut waren Bubenberg und Fontana, alles Kriegshelden und Staatsmänner.

Hinzuzufügen wären die weiblichen Helden, die Schweizer Heldinnen, allen voran die Stauffacherin. Sie wird nun aussagekräftig als «Schweizerfrau», als «ratende Gefährtin des Ehemannes», «fleissige Hausfrau und Mutter». Weitgehend entpolitisiert, entspricht sie dem damaligen Frauenbild.[267] Die übrigen Heldinnen haben eher kantonale bzw. regionale Bedeutung: die Frauen am Stoss, am Frauentor im Lugnez oder Donna Lupa aus dem Unterengadin, lokaler noch die Zürcher Frauen auf dem Lindenhof und die Einzelheldin der Escalade. Von allgemeinerer Bedeutung sind das «tapfere Thurgauer Mädchen» aus dem Schwabenkrieg und im einst burgundischen Raum die berühmte Königin Bertha. Die Frauen treten als Kriegerinnen, kluge Beraterinnen oder, wie Königin Bertha, gemeinnützige Organisatorinnen in Erscheinung.

Ob Heldin oder Held, alle stammen aus der heroischen Epoche. Die Heldenerinnerung an das 16. bis 18. Jahrhundert, das Ancien Régime, bleibt konfessionell gespalten: Den Humanisten Erasmus beanspruchen beide Seiten, die Reformatoren leben im Gedächtnis der Protestanten weiter, die Exponenten römischer Politik und der Gegenreformation wie Schiner, Petrus Canisius und Melchior Lussy in jenem der Katholiken. Trotz grosser Verdienste um die Schweiz hat Wettsteins Ruhm eher baslerisch-lokalen Charakter, auch Jenatschs Taten werden vor allem in Graubünden immer wieder erzählt. Davel und Péquinat sind Nationalhelden der Waadt bzw. des Jura, die zu allgemein kantonalen Helden umfunktioniert werden. Ihr Heldentum hat den neuen Kanton vorausgenommen.

Das nationale, einfach, deutlich und volkstümlich formulierte Geschichtsbild tritt schön zutage in Meinrad Lienerts «Schweizer Sagen und Heldengeschichten» von 1914: «Der Schweizerjugend, den Nachfahren jener starken Männer, die ihrer schönen Heimat bis auf den heutigen Tag die Freiheit zu sichern vermochten, widme ich diese Sagen und Heldengeschichten in erster Linie, dann aber auch der Jugend der ganzen Welt... Denn *eines* Helden

Kantonale Helden und Heldenschlachten in der Vorstellung des 19. Jahrhunderts

Kantone in historischer Reihenfolge ab 1400

Datum des ersten dauernden Bundes	Helden/Vorbilder	Heldenschlachten
UR: 1291/1315	Tell*, Walter Fürst*	
SZ: 1291/1315	Stauffacher*, Stauffacherin*	Morgarten 1315
UW: 1291/1315	Melchtal*, Niklaus v. Flüe, Winkelried*	
LU: 1332	(Gundoldingen)	Sempach 1386
ZH: 1351	(Waldmann), Zwingli	
GL: 1352		Näfels 1388
ZG: 1352	Kolin	
BE: 1353	(Berchtold v. Zähringen), Erlach, Bubenberg	Laupen 1339, Murten 1476
SO: (1353) 1481	Hans Rot, Wengi	Dornach 1499
NE: 1406/1814	Daniel Jean-Richard	Grandson 1476
AP: 1411/1513	Uli Rotach, Frauen vom Stoss	Stoss 1405
AG: 1415/1803	(Niklaus Thut)	
VS: 1416/17	Schiner	Visp 1388
SG: 1436/51/54/1803	St. Gallus, Vadian	
SH: 1454/1501		Hallau 1499
FR: 1454/1481	Canisius, (Chenaux)	Murten 1476
TG: 1460/1803	Tapferes Thurgauer Mädchen	Schwaderloch 1499
GR: 1497/1803	Fontana, Donna Lupa	Calven 1499
BS: 1501	Erasmus, Wettstein	St. Jakob 1444
TI: 1512/1803		
Leventina 1439	Stanga*	Giornico 1478
GE: (1519) 1526/1814	Bonnivard, Berthelier, Calvin, Mère Royaume	Escalade 1601
VD: (1475) 1536/1803	Davel	
JU: 1579–1735, (1815), 1978	Péquignat	

* historisch nicht belegbar

Geschichte ist die Geschichte *aller* Helden, und aus den Sagen *eines* Volkes schauen die Traumaugen der ganzen Menschheit.»[268] Hier also die Schweizer Tradition nicht nur national, sondern menschheitlich gesehen!

Zu Anfang – in dieser Zeit nicht anders denkbar – stehen «Die Pfahlbauer». Die Chronologie führt über die Helvetier, die Römer, die Herkunft der Schwyzer, den Friesenweg (Völkerwanderung), Karl den Grossen zur «Befreiung der drei Länder» und zur Schlacht von Morgarten. Es folgen Winkelried, Uli Rotach, St. Jakob an der Birs, «Die Beute von Grandson», sechs Stücke aus dem Schwabenkrieg, Marignano, «Die Schweizer in fremden Kriegsdiensten» und als Abschluss «Getreu bis in den Tod», der Untergang der Schweizergarde in den Tuilerien. Diese kurzen, eindrücklichen Kapitel sind eingebaut in die reiche Sagenwelt aller Regionen.

Lienert gibt ausgesprochenes Geschichtsbild der alten Schweiz – ohne Reformation, ohne Konfessionskriege,[269] ohne Bauernkrieg und andere Revolten – und schon gar nicht 19. Jahrhundert, das sich ja sicher nicht für Schweizersagen und kaum für Helden der alten Art eignete.

Guillaume Henri Dufour, der General des Sonderbundskrieges und der Campagne du Rhin und verschiedener Grenzbesetzungen, geht als letzter Soldat, aber auch als Pazificator, als Mitgründer des Roten Kreuzes und als Wissenschaftler in die Heldengalerie ein. 1863 taufte der Bundesrat die «höchste Spitze» im Monte-Rosa-Massiv auf den Namen «Dufourspitze».

Unter die «grossen Schweizer» begann man auch die Forscher zu zählen. Eine «Gallerie berühmter Schweizer» des Jahrhunderts konnte ab 1882 erscheinen:[270] Wissenschaftler, Pädagogen und nur einige wenige Politiker. Schon um 1830 hatte Jean-Elie Dautun «die berühmten Schweizer» – von den christlichen Glaubensboten bis zu den Gelehrten des 18. Jahrhunderts –, die das Bild dominieren, beschrieben.[271] Leonhard Meisters Werk «Helvetiens berühmte Männer, in Bildnissen dargestellt von Heinrich Pfenninger» erschien 1782–1786 in drei Bänden.

Ausser Biographien und Porträts stehen nun neue Formen und Mittel zur Verfügung, um einen eidgenössischen Heldenkult manifest zu machen.

Neu ist seit Beginn des 19. Jahrhunderts das Denkmal. Meist lokal ausgerichtet, fixiert es die Vergangenheit der Stadt oder des Kantons, dient aber doch oft einem allgemein schweizerischen Appell, wie etwa Rudolf von Erlach die Hilfe der Urkantone bei Laupen impliziert und Adrian von Bubenberg die gesamteidgenössische Unterstützung für Bern im Burgunderkrieg.

Zum Denkmal tritt die Historienmalerei, gesamteidgenössisch am einprägsamsten in der Tellskapelle. Auch das Bilderbuch bietet die Möglichkeit, Historie zu verbreiten, als Schweizergeschichte in Bildern vor allem von Jauslin.[272] Und das Schulbuch nimmt – zusammen mit vereinzelten historischen Erzählungen von Gotthelf, Keller, Meyer und vielen andern – einen wichtigen Platz ein.

Allerdings erfährt das Kostüm des Helden eine eigenartige Wandlung. Bis jetzt verkörperte der Held den «Alten Schweizer». Ob Tell, ob Winkelried, er trug das Kleid des Eidgenössischen Kriegers aus dem Schwabenkrieg und der Mailänderzeit, gleichzeitig Erinnerung an die letzten Höhepunkte historischer Glorie vor der unheilvollen Spaltung durch die Reformation.

Nun aber brach auch hier die historische Wissenschaft ein und beseitigte die noch bis gegen 1870 üblich gebliebene Schweizer Kriegstracht.[273] Schon Ludwig Vogel und später Vicenzo Vela geben ihrem Tell eine Art Älplertracht. Stückelberg steuert die kurze (tirolische) Hose und Kissling das Hirtenhemd bei. So präsentiert sich das Bild Tells bis heute, auch bei Hodler und auf dem Fünfliber.

Im übrigen verschwindet gleichzeitig die Bezeichnung «Alter Schweizer» für die Kraftfiguren auf den Brunnensockeln, man spricht nun von «Landsknechten».[274]

Hingewiesen sei hier noch auf das Geschichtsbild der Festzüge, Festspiele, Schlachtfeiern und Landesausstellungen, Bände füllende Themen, die gerade in letzter Zeit intensiv bearbeitet worden sind. Wir verweisen deshalb lediglich auf diese reiche Literatur.[275]

Vor allem aber lebte der Lobpreis des Vaterlandes weiterhin im Lied. Schul- und Vereinsgesang erlebten eine weite Verbreitung, auch wenn sich das Singen in den Vereinen immer mehr zum Selbstzweck entwickelt und kaum mehr politisch motiviert ist. Der Grossteil der immer wieder gesungenen Lieder stammt aus der ersten Jahrhunderthälfte, doch wird wacker weiter komponiert und versifiziert.

Für die zahlreichen Lieder soll hier Gottfried Kellers «Heisst ein Haus zum Schweizerdegen» stehen – das «Tischlied» zum Jahresfest der schweizerischen Militärgesellschaft von 1857.[276] Das Haus zum «Schweizerdegen» ist weder Palast noch Kathedrale,[277] es ist das bescheidene Gasthaus des freisinnigen Jahrhunderts. Da tönt es fast im Ton des dreist-stolzen «Sundgauerlieds», aber doch domestizierter: «... denn die Trommel spricht den Segen und der Wirt schenkt Roten ein». «Zweiundzwanzige Schilde blitzen», «es klingt der Schweizerdegen», und «es singt der alte Stahl»:

«Wo in Ländern schön gelegen
Wo in altgetürmter Stadt
Schweizerherz und Schweizerdegen

Die gemeine Herrschaft hat
Da ist die Mutter so hold und so fein
Lacht sie, so wird's Frau Helvetia sein.»

Die «schöne Wirtin», die «vor Freuden lacht», wenn der Wirt die «blutige Zeche gemacht», die Mutter, die jauchzend die harrenden Zeug- und Bannerherren ruft, das ist «Frau Helvetia».

Seit «Rufst du, mein Vaterland» mit seinem «Heil dir, Helvetia! Hast noch der Söhne ja» hat die Muttergestalt der Helvetia ihren Weg gemacht... Siegesbewusst, stolz in der gleichen Postur etwa einer Frau Oberst bzw. der Dienstmagd der Frau Oberst, thront sie nun als Denkmal,[278] klebt als Postwertzeichen auf Briefen und glänzt von den schweizerischen Münzen.

Die Helvetia vertritt auch, was die «Justitia» einst verkörperte, aber der Symbole entkleidet. Typisch diese Abwendung vom Symbol! Ist es etwa nicht bezeichnend, dass auf dem Gerechtigkeitsbrunnen von 1590 in Zofingen 1893/94 als Stiftung des Zofingervereins anstelle der Justitia Niklaus Thut, der historische Held aus der Schlacht von Sempach, aufgestellt wird? Heldentod des städtischen Bannerträgers statt Symbol der Gerechtigkeit, Historismus des 19. Jahrhunderts statt Spätrenaissance. Dass Niklaus Thut auf der österreichischen Seite fiel, tut nichts zur Sache. Schon Müller hatte grundsätzlich festgehalten, dass die Schweizer ihre späteren Bundesgenossen oft zuerst als würdige Feinde kennenlernen, würdig, später Eidgenossen zu werden.[279]

Die Helvetia verschwindet in den ersten zwei Jahrzehnten des 20. Jahrhunderts. Als Aktivdienstdenkmal steht der realistisch gestaltete Soldat mit Kaput und Käppi auf Les Rangiers.

Die Helvetia trug oft das Schweizerkreuz auf der Brust. Das Schweizerkreuz als Fahne und Wappen ist nun Selbstverständlichkeit über den «zweiundzwanzig blitzenden Schildern». Es erhält 1889 seine definitive Form.[280] Der Gletscherpfarrer Gottfried Strasser sagt im «Schweizerjugend Vaterlandslied»:

«Helvetia zu weihen
Der Jugend Lust und Scherz,
Komm', schreit durch unsre Reihen,
Heft uns das Kreuz aufs Herz,
Des Opfermutes Zeichen!
Nie soll die Treue weichen,
Von keinem Reiz
Bis in den Tod, der lieben Schweiz.»[281]

Später wird das Schweizerkreuz aufs Herz der schweizerischen Fussballmannschaft geheftet werden![282]

Das Schweizerkreuz findet sich aber auch in der Natur selbst, dann, wenn im

Frühling und im Herbst die Abendsonne ein gut sichtbares Schattenkreuz auf die Nordwand der Jungfrau wirft:[283] ein schöneres Symbol für den alpinen Mythos lässt sich kaum finden... Nach wie vor bleiben die Alpen der stärkste Ausdruck schweizerischer Identität, erfassbar im Bild, von Calame bis zu Hodler und Wieland. Die Lieder der schweizerischen Romantik setzen sich ihrerseits ungebrochen fort. 1875 schreibt Eugène Rambert «Les Alpes suisses». Was dort entwickelt wird, erscheint verdichtet in seinem Lied «Les Alpes», verfasst auf die zügige Melodie des «Wo Berge sich erheben»:

«Salut! glaciers sublimes,
Vous qui touchez aux cieux!
Nous gravissons vos cimes
Avec un cœur joyeux.
La neige se colore,
L'air est pur l'air est frais;
Allons chercher l'aurore
Sur les plus hauts sommets.

Sur ces hauteurs tranquilles,
Le chamois broute en paix;
Le bruit lointain des villes
Ne l'atteignit jamais.
C'est ici qu'on oublie
La terre et ses douleurs,
C'est ici la patrie
De tous les nobles cœurs.

Voici la cime altière
Au front audacieux,
D'où l'aigle téméraire
Va visiter les cieux.
O célestes campagnes
Nature, immensité!
Chantons sur les montagnes,
Chantons la liberté.»[284]

Vaterland, Freiheit in der reinen Alpennatur, fernab vom Lärm der Städte. In unerschöpflichen Varianten findet sich nun der Alpenmythos in allen Landessprachen als Fundament unzerstörbarer schweizerischer Identität,[285] ganz besonders gehegt und gepflegt im «Schweizerischen Alpenclub», dieser «Charakterschmiede der Nation»:[286] «Berge muss besteigen, wer leuchten will im Vaterland», bzw. «Die Schweizer bergsteigen, also sind sie».[287] Und Johanna Spyris «Heidi» trug dieses Bild von 1880/81 an in die ganze Welt hinaus.

1914 wird der Nationalpark im östlichen Graubünden ausgespart. Mit der Verbesserung der fotografischen Reproduktion lassen sich die ikonographischen

Stereotypen, nicht nur der Alpen, sondern des ganzen Landes besonders anhand der Heimatkalender allüberall verbreiten: nicht nur Berggipfel, Gletscher und Alphütten, auch bernische Kornfelder, Rebberge am Genfersee, Schlösser und Burgen von Tarasp bis Chillon, es figurieren die alte Stadt ebenso wie der Rheinfall, die weidenden Pferde in den jurassischen Freibergen, bündnerische Bergseen oder Lärchenwälder mit und ohne Schnee und vor allem das Tessinerdorf, im wilden Gebirgstal oder am palmenbestandenen See. Und immer grösser wird die Schwierigkeit, diese nationalen Schönheiten so aufzunehmen, dass man die Fabrik oder den Hotelneubau tunlichst vermeidet... Auch da gilt:

«S'Schwizerländli ist nu chli,
aber schöner chönnts nit sy! ...»[288]

6 Die «Geistige Landesverteidigung»

6.1 Polarisierung und Einigkeit in der faschistischen Epoche: «Anpassung oder Widerstand»

Aus dem Streit sich zersplitternder Identitäten und Ideologien der zwanziger Jahre wurde die Schweiz von 1933 an jäh durch die Bedrohung von Hitlers Deutschland her aufgeschreckt, Bedrohung in ihrer Existenz, denn das «Heim ins Reich» bezog sich nicht nur auf Österreich, die Deutschböhmen der Tschechoslowakei, Elsass und Lothringen, sondern auch auf die Schweiz. Sie hatte ja bis 1499/1648 zum Reich gehört, das unter anderem auch infolge der Verselbständigung der Eidgenossenschaft immer mehr «*deutscher* Nation» geworden war. Das schien bedrohlicher als die latente und mehr rhetorische, italienisch-faschistische Irredenta für Tessiner und Rätoromanen.

Nicht erst 1933 mit der Machtergreifung durch den Nationalsozialismus, sondern schon in den zwanziger Jahren lag die Schweiz im Einflussbereich rechtsgerichteter, nationalistischer Bewegungen, die besonders auch im Frankreich eines Charles Maurras wirksam waren. Sie trafen auf eine Schweiz, in welcher – wie wir gesehen haben – recht verschiedene Vorstellungen über das eigene Land möglich waren.[1]

Es gab noch ein Bürgertum, für das die liberalen Menschenrechte Gültigkeit besassen, oft aber überschattet von einseitigem Wirtschaftsdenken und Angst vor etatistischem Sozialismus. Es gab die Bauern mit ihrem neugewonnenen Selbstverständnis, ihrer Verhaftung in der Scholle, rückwärts gerichtet und sehr national bestimmt. Es gab die konservativen Katholiken, die im Ständestaat neue Möglichkeiten fanden und auf eine national-konservative Ausrichtung dieses liberalen Staatswesens hofften. Es gab die Sozialisten mit ihrem gebrochenen Verhältnis zu diesem bürgerlich bestimmten Lande.

Und nun stieg der Faschismus im Süden und später im Norden verheissungsvoll auf: männlich stark, kriegerisch, staatssozialistisch und überdies eine willkommene Absicherung gegen die rote Gefahr im nationalen wie internationalen Bereich.

Diese neuartige Rettung Europas führte vorerst in bestimmten Kreisen zu unverhohlener Zustimmung, die sich allmählich in verschiedenen Ligen und Bünden organisierte. Oft stand dahinter ein Überdruss, ein Missvergnügen mit den Kleinlichkeiten der herrschenden Demokratie und ihren Kompromissen, ihren Parteibonzen: eine Sehnsucht nach Bewegung und Grösse oder auch – etwa in der «Heimatwehr» – das bittere Erleben der Wirtschaftskrise, deren Opfer die kleinen Gewerbler und kleinen Bauern geworden waren.

Spektakuläre äussere Form nahmen diese Strömungen in der Frontenbewegung der dreissiger Jahre an. Da griff man in neuer Art auf historische Vorbilder zurück: auf das langschenklige Schweizerkreuz der vorliberalen Zeit, auf die Schweiz der Krieger und ihrer Führer. Man trug den Morgenstern auf dem Schweizerkreuz im Knopfloch. Man grüsste wie die Faschisten mit erhobenem Arm mit dem Kampfruf «Haarus»!

Weil solche Bewegungen vor allem mit dem Internationalismus der Linken aufräumen wollten, fanden sie manche Sympathie und Unterstützung im sich bedroht fühlenden Bürgertum, wo auch wirtschaftliche wie altromantische Bindungen an das Reich ihre Rolle spielen konnten. Hohe Militärs begrüssten den neuen kämpferischen Elan und waren fasziniert vom Wiederaufbau der schwarz-weiss-roten deutschen Armee. Im Italien Mussolinis schätzte man, dass dort endlich Ordnung herrschte und die Züge fahrplanmässig fuhren...

Dass die Schweiz jedoch durch den Faschismus und besonders durch den Nationalsozialismus in ihrer Existenz bedroht sein könnte, das realisierten vorerst nur Einzelne und bestimmte Gruppen, zuerst wohl die Sozialisten, als sie das Schicksal ihrer deutschen Gesinnungsgenossen miterlebten. Erst allmählich merkte der noch wirklich liberale Teil des Bürgertums, dass die Freiheitsrechte ihres 19. Jahrhunderts gefährdet waren. Die Konservativen – ob freisinniger, katholischer, reformierter oder bäuerlicher Observanz – folgten, als sie einsahen, dass es um den Fortbestand der Nation an sich ging, dass als erster Feind nicht mehr die Kommunisten und allenfalls die Sozialisten drohten, sondern die Faschisten bzw. das nationalsozialistische Deutschland. So kam es – spätestens nach dem Anschluss Österreichs – zum Schulterschluss zwischen allen Parteien. Die soziale und ökonomische Basis dazu lieferte das Friedensabkommen zwischen Arbeitgeber- und Arbeitnehmerorganisationen der Metall- und Uhrenindustrie von 1937, mit dem die Gewerkschaften das Opfer des Verzichts auf das Streikrecht an das wiedergefundene Vaterland leisteten.

Die Bedrohung des Landes erkannte auch die Landesregierung, wenn sie unter der Leitung von Bundesrat Minger an den grossen Ausbau der Landesverteidigung ging. Eindrücklich fassbar durch die Schaffung der sofort mobilisierbaren Grenzschutztruppen und die Bunkerkette um das ganze Land, die an den Limes gegen die Barbaren des 2. und 3. Jahrhunderts erinnerte.[2]

Parallel zu diesen Wehranstrengungen bahnte sich die Bewegung an, die den Namen «Geistige Landesverteidigung» erhalten hat.[3] Sie nahm schon 1935

Form an, als die «Schweizer Schriftsteller» die Aufgabe ihres Verbandes neu formulierten: «Sie schenken dem Schweizervolk das stolze Bewusstsein seines Wertes, sie verteidigen die schweizerische Seele gegen fremde Beeinflussung und tragen die Grundsätze, auf denen unser Staat beruht, über die Grenzen hinaus.»[4]

Aber nicht allein die schreibenden Schweizer verteidigten «die schweizerische Seele gegen fremde Beeinflussung». Es ging bald das ganze Volk an: Welche nationale Begeisterung erfasste doch alle – auch die, die gar keinen Bezug dazu hatten –, als 1938 in Paris die Schweizer Fussballmannschaft mit ihrem kleinen Schweizerkreuz auf der Brust den 4:2-Sieg über die Deutschen davontrug.[5] Man befand sich ja in der Atmosphäre jenes ersten Welterfolgs der nationalsozialistischen Propaganda der Olympiade von Berlin.

Der Sport ist in jenen Jahren überhaupt zu einer der stärksten Manifestationen des Nationalismus geworden. Als Beispiel dafür stehen etwa die Worte der schweizerischen Siegerin an den akademischen Winterspielen in Norwegen: «Mein grösster Wunsch war stets, der Schweiz einen Sieg zu bringen. In Norwegen, an den akademischen Winterspielen, gelang es. Man will seine Kräfte für etwas, das nicht so vergänglich ist, geben. Ich stand auf der Bühne. Zwischen Studentinnen anderer Länder, die Zweite und Dritte geworden waren. Zur Siegerehrung wird die Nationalhymne gespielt. Unsere Hymne! Die Knie wurden mir ganz schwach vor Freude, vor Stolz und Liebe zur Schweiz. Das Letzte wollte ich für sie geben, das Beste zu ihrer Ehre tun. Ich fühlte meine Arme stark, um jede Gefahr fernzuhalten, meinen Rücken breit genug, um mich schützend davor zu stellen, und gleichzeitig war ich geschützt und geborgen. In dem Moment wurde ich mir bewusst, dass es das Schönste ist, für sein Land zu leben und zu arbeiten. Es gibt uns Ziel und Zweck für beides. Um unser Leben so zu gestalten, wie wir es wollen, auf dem Boden, den wir lieben, zwischen Menschen, die wir verstehen, müssen wir tüchtig sein.»[6]

Vorerst von patriotischen Vereinigungen getragen, nahm die Geistige Landesverteidigung auch staatlichen Charakter an. Nachdem die Neue Helvetische Gesellschaft 1937 mit dem Bundesrat ins Gespräch gekommen war, erliess dieser die stark von Bundesrat Philipp Etter, d.h. «jungkonservativ» beeinflusste bundesrätliche Botschaft über eine schweizerische Kulturpolitik. Da wird schweizerische Identität folgendermassen definiert: «Bündische Gemeinschaft, Eigenart und Eigenwert der eidgenössischen Demokratie, Ehrfurcht vor der Würde und Freiheit des Menschen» sind die Konstanten des staatlichen Wesens der Schweiz.[7]

Bald konzentrierte man sich auf die für alle tief eindrückliche Landesausstellung in Zürich, die «Landi» von 1939, mit ihrem «Höhenweg» als Selbstdarstellung nationalen Denkens und Daseins, in einem zeitgebunden vereinfachenden, kräftig-massigen Stil: Konzentration auf das nationale Wesen der Schweiz mit ihren traditionellen Symbolen und Gestalten.

Geistige Landesverteidigung blieb eine relativ leichte Sache, solange man an ein freies Frankreich grenzte und ein starkes England dahinter wusste. Als schwer durchzuhalten stellte sie sich in der Isolation heraus, überall von faschistisch kontrollierten Nachbarn umgeben.

Seit der bundesrätlichen Botschaft über die nationale Kulturpolitik nahmen Bundesräte wie Obrecht Stellung. Doch dies wurde schwer und schwerer, je mehr die Macht Hitlerdeutschlands zunahm. Es bestand die Pflicht, die Unabhängigkeit dieses Landes irgendwie hindurchzuretten und zugleich jede Provokation des Diktators zu verhindern, was Überwachung der Presse, Drosselung der Pressefreiheit bedeutete, Notrecht überhaupt.

Ausgerechnet in das düstere Jahr 1941 fiel der 650. Geburtstag des Landes der «freien Schweizer». Während die mobilisierten Schweizer diesen 1. August irgendwo im Réduit – je nach Einheit patriotisch oder nicht patriotisch – verbrachten, feierten ihre Behörden vorsichtig und offiziell in Schwyz, wo das neue Bundesarchiv stand. Andere gingen – in der Tradition des 19. Jahrhunderts – auf die Rütlifahrt, dorthin, wo im Jahr zuvor General Guisan alle höheren Offiziere versammelt hatte, um ihnen zu sagen, dass die Armee weiterhin ihren Auftrag erfüllen werde: «Gegen Mittag des schönen Tages hatte ich so alle höheren Offiziere der Armee vor meinen Augen. Auf der Rütliwiese, wo die Fahne des Urner Bataillons 87 stand, hatten sie einen Halbkreis gebildet, mit dem Blick gegen den See, die Armeekorpskommandanten im ersten Glied, und hinter ihnen die Divisions-, Brigade-, Regiments-, Bataillons- und Abteilungskommandanten.

Ich erläuterte kurz und in großen Zügen die Maßnahmen, die für den Widerstand im Réduit getroffen worden waren und gab ihnen die folgende doppelte Parole: Wille zum Widerstand gegen jeden Angriff von außen und gegen die verschiedenen Gefahren im Innern, wie Erschlaffung und Defaitismus; Vertrauen in die Kraft dieses Widerstandes.» – Ob das Réduit nicht schliesslich einfach eine Vorbereitung einer möglichen «Résistance», eines schweizerischen «Maquis» gewesen ist? – Der General spricht ausdrücklich vom Mythos des Rütli:

«Ich habe Wert darauf gelegt – fügte ich hinzu –, Euch an diesem historischen Ort, auf dem für unsere Unabhängigkeit symbolischen Boden zu versammeln, um Euch über die Lage zu orientieren und mit Euch als Soldat zu Soldaten zu reden. Wir befinden uns an einem Wendepunkt unserer Geschichte. Es geht um die Existenz der Schweiz...»[8]

General Guisan ist zur eigentlichen Verkörperung des schweizerischen Widerstandes geworden. Sein Porträt war in jedem Haus zu finden. Er genoss als «Welscher» ganz besonders die Sympathien der Deutschschweizer. Welch ein Gegensatz zu deren Haltung während des Ersten Weltkrieges! Guisan führte diese Armee in vernünftiger, aber durchaus den militärischen Gegebenheiten angemessener Art. Neben ihm standen der Bauer Rudolf Minger, als Bundesrat für die Armee verantwortlich, und der Agronom Friedrich Traugott Wahlen, Schöpfer des Anbauwerks. Alle drei Integrationsfiguren, Vorbilder: Das Ländliche – Guisan stammt aus einem dörflichen Arzthaus – ist hier personalisiert worden in diesem alten Industrieland, das weder in seiner Industrie noch in seinen Arbeitern die eigene Identität fand. Da lag immer noch der Generalstreik von 1918 quer, von dem man ebenso schwieg[9] wie vom unglücklichen Armeeeinsatz 1932 in Genf gegen eine antifaschistische Demonstration.

Aber bei der Gesamtrenovation des Berner Rathauses (1940–1942) wird – wohl von Regierungsrat Grimm, dem einst so verhassten Führer des Landesstreiks inspiriert – eine «überlebensgrosse Sandsteinfigur eines Bauarbeiters» aufgestellt, zwar nur an der Hinterfassade, aber eben doch «überlebensgross». Darf man das als Zeichen der Reintegration des Arbeiters in die schweizerische Gesellschaft interpretieren?

Im Dezember 1943 wurde endlich ein Sozialdemokrat in den Bundesrat gewählt, der seinerzeit ebenfalls verurteilte Landesstreikführer Ernst Nobs. Die Sozialisten waren zur stärksten Fraktion der Bundesversammlung geworden.

Hinter diesen Vordergründigkeiten vollzog sich im Lande die stille und zähe Auseinandersetzung zwischen «Anpassung und Widerstand». Die Vorstellungen über die Rolle der Schweiz unterschieden sich beträchtlich voneinander. Noch immer gab es jene Rechtskreise aus der Vorkriegszeit, auch nach dem Verbot der Fronten. Ihnen erschien die Haltung des Generals, ja sogar die vorsichtige des Bundesrates zu gefährlich. Galt es nicht vielmehr, sich «anzupassen», sich «durchzumausern», sich stille zu verhalten, wollte man den Besitz wahren und heil aus dem Verhängnis herauskommen? Man erwog auch die Möglichkeit einer Existenz als Satellitenstaat des nationalsozialistischen Reiches, wie einst als «république sœur» zur Zeit der französischen Revolution. Ob man dergestalt das politische Kunstwerk der Schweiz durch diese Prüfung hätte hindurchretten können? So dachten die Unterzeichner der Eingabe der 200 im Sommer 1940, die vor allem eine drastische Pressezensur samt der Entlassung führender (bürgerlicher) Chefredaktoren forderte. So dachte vielleicht auch Bundesrat Pilet-

Golaz, als er nach dem Fall Frankreichs eine «innere Wiedergeburt» beschwor und das Schweizervolk aufforderte, seiner Regierung als einem «sicheren und hingebenden Führer» vertrauensvoll zu folgen. War nicht die vorsichtig-kluge Aussenpolitik eines Bundesrat Motta richtig gewesen, der, vom Schreckbild des Weltkommunismus geleitet, auf gute Beziehungen zu den Achsenmächten drängte?

Andere aber dachten an Widerstand, sowohl gegen die Anpassung nach aussen, wie nach innen. Das waren nicht nur die Kreise der Offiziersverschwörung von 1940, die in Rütlirapport und Réduit die richtige Möglichkeit erkannten. Leute aus allen Lagern mühten sich um eine starke Haltung, Konservative, denen es um die Nation an sich ging, Liberale[10] und Sozialisten,[11] die sich zum Staat von 1848 bekannten.

Diese Spannweite fasste Denis de Rougemont in die Erklärung seines Verhältnisses zu Gonzague de Reynold: «A propos de cet écrivain: on me demande sans cesse en quoi et pourquoi mes positions diffèrent des siennes. Je répondrai: 1° que Reynold est catholique, et je suis calviniste; 2° que lorsqu'il écrit: ‹Faire du socialisme, c'est faire la moitié du national-socialisme›, je note en marge: ‹Faire du nationalisme, c'est faire l'autre moitié...› Nous sommes d'accord pour condamner le tout.»[12]

Es ging um Wehrwillen, Verteidigung der Schweiz an sich – aber für viele um die Schweiz der Menschenrechte und der Freiheit. Der Kampf um «Anpassung oder Widerstand» wurde hauptsächlich um das freie Wort in Buch und Zeitung, um die Grenzen der Zensur ausgefochten.[13] Er konzentrierte sich andrerseits auf die Wahrung des Asylrechtes – in den Augen der Behörden eine Maxime ohne Rechtsanspruch, aber eng mit bestimmten Traditionen und der Ehre des Landes verbunden –, das es gegen die in aller Stille gehandhabte repressive Haltung des Bundesrates und der Armeeleitung zu verteidigen galt. Ein latent vorhandener Antisemitismus machte die Sache nicht leichter. Ein Student schrieb damals – im Oktober 1942 –, als Reduktion und Verweigerung des Asyls bekannt wurden: «Wir haben volles Verständnis für die furchtbar schwere Aufgabe unserer Behörden. Aber wir Jungen haben das Recht zu fordern, dass heute in dieser Sache so gehandelt wird (und zwar bewusst und eindeutig und nicht nur um die Volksstimmung etwas zu besänftigen!), dass es nicht später einmal heissen kann: die Schweizer und ihre Bundesräte haben immer sehr viel und sehr schön von ihren Idealen und Traditionen, von der Menschlichkeit im Wesen des Kleinstaates usw. geredet, aber als es dann darauf ankam, als ihnen wirklich eine grosse, unerwartete Aufgabe reiner, unrentabler Menschlichkeit zufiel, da haben sie versagt, da haben sie sich im Schneckenhäuslein ihrer

‹Staatsraison› nicht von solchen unerwünschten Zwischenfällen derangieren lassen wollen. Wir können und müssen heute auf mancherlei Rechte verzichten, aber von dem Recht und der Pflicht zur Menschlichkeit können und dürfen wir uns nicht dispensieren, denn nachher, wenn es wieder leichter, billiger und weniger riskant sein wird, menschlich zu sein, ist es dazu dann eben zu spät.»[14]

Viele setzten sich für die Flüchtlinge ein, unterliefen behördliche Massnahmen, wenn nötig. Die Presse lernte so zu schreiben, dass man verstand, was gemeint war, und wenn nötig druckte man trotz offiziellen Verboten.[15] Man befand sich eben doch noch in einem Land, wo man um den «legitimen Widerstand im Rechtsstaat» wusste[16] und wo die Behörden schliesslich keine Faschisten waren.

Doch brauchte es Mut, in Wort und Schrift sich frei zu äussern – ob verdeckt oder offen –, denn es war bei einem «Heim ins Reich» Verhaftung, Lager, wenn nicht Tod zu erwarten, denn Hitler selbst erklärte damals: «Einem Staat wie der Schweiz, die nur eine kleine Eiterblase auf dem Antlitz Europas darstellt, darf nicht gestattet werden, weiter zu existieren»;[17] was im Gauleiter-Jargon etwa lautete: «Die Schweiz, das kleine Stachelschwein / nehmen wir im Rückweg ein.»

6.2 Nationale Identität und Rückgriff auf die Geschichte: «Tut um Gottes Willen etwas Tapferes»[18]

An sich war die Lage verzweifelt, ringsum Besetzung und Faschismus. Länder ähnlicher Struktur und Mentalität wie Dänemark, Norwegen, die Niederlande waren niedergeworfen und besetzt und lebten weiter im Widerstand der Untergrundbewegungen. Direkt über der Schweizergrenze arbeiteten das französische und später das italienische «Maquis». Die Schweiz, klein, wie in Igel, umschlossen, allein. Wo fand sich damals ihre Identität formuliert? Im Erinnerungsbuch an die «Landi 39», in den stattlichen Armeebüchern, in soldatischen Liedern: «Söll eine cho harus – Mier werfen in zum Ländli us!»,[19] in Filmen wie «Füsilier Wipf», «Landammann Stauffacher», «Gilberte de Courgenay»,[20] in Adolf Guggenbühls Zeitschrift «Der Schweizerspiegel» oder in Meinrad Inglins gleichnamigem Roman, kritisch, spöttisch und offen im «Cabaret Cornichon» oder im «Coup de Soleil» von Gilles in Lausanne.

Das sind Beispiele von Dokumentationen der in allen vier Sprachen möglichen «Geistigen Landesverteidigung». Sie alle hielten die wiedergefundene nationale Identität aufrecht, die es immer aufs neue zu stärken galt.

Hilfreich bot sich der Rückgriff auf die nationale Geschichte, die Wiederbelebung des eidgenössischen Mythos an: zuvorderst der Rütlibrief von 1291 – Arglist der Zeit, Richterartikel, Ewigkeitsklausel –, der Bund währte nun schon seine sechshundertfünfzig Jahre. Noch klang Schillers Schwurformel in allen Ohren, man hatte seinen «Wilhelm Tell» in der Schule gelesen und führte neue und alte Telldramen auf. Karl Meyers Forschungen wirkten sich aus. Tell ist nicht mehr Mythos, er hat leibhaftig gelebt. Für die Geistige Landesverteidigung versinnbildlichte Tell den Familienvater im Sinn des konservativen Familienideals, den Bauern, der mit eisenbeschlagenen Schuhen hinunterstieg, um zum Rechten zu sehen, sie sah ihn nicht unbedingt als Tell, der sich in feierlichen Jamben ausdrückt. Er trat einem entgegen in der Gestalt, die ihm Hodler verliehen hatte, als trotzig übermenschlicher Mahner und Warner vor fremden Richtern, fremden Einflüssen. Er verkörperte immer noch das Widerstandsrecht gegen den Missbrauch staatlicher Gewalt.

Die Realität der «wehrhaften Schweiz» trat nicht nur in der endlosen Abfolge der Dienstleistungen nach der Generalmobilmachung ins Dasein, sie drang auch ins zivile Leben ein. General Guisan versammelte die hohen Offiziere nicht nur auf dem Rütli, sondern auch bei Sempach und am Morgarten. Er beschwor die heroischen Niederlagen herauf: St. Jakob, dessen 500-Jahrfeier auf 1944 fiel. «Nidwalden» war das Losungswort der Offiziersverschwörung von 1940! Das Gespenst der Besetzung ging um. Die Franzosenzeit wurde als Parallele zu einer möglichen deutschen Invasion herangezogen. Niemand vermochte so, den Anstrengungen der Helvetik noch gerecht zu werden, sie galt als «Irrtum».[21]

Den richtigen Weg aber zeigte die Bundesverfassung von 1848, die demokratische Gesamtverfassung mit den Landsgemeinden als Vorläufer. Die noch lebende ländliche Urdemokratie war so alt wie die Eidgenossenschaft – ihre aristokratischen Auswüchse liessen sich vergessen oder weginterpretieren –, der viel zitierte «Pur suveran» steht als Prototyp für den schweizerischen Demokraten. Die «Demokratie» der Stadtrepubliken übt in ihrer geschichtlichen Entwicklung zur Aristokratie weniger Anziehungskraft aus.

Bruder Klaus und Ulrich Zwingli werden als bikonfessionelles Paar eidgenössischer Mahner gefeiert. Pestalozzi und General Dufour verkörpern ebenso Vatergestalten der neuen Schweiz wie Jeremias Gotthelf, Gottfried Keller und Jacob Burckhardt.[22]

Die Bundesverfassung erwies sich als richtiger Weg, weil sie die Kantone respektierte. Man pries die «Mannigfaltigkeit in der Einheit», nicht nur die 25 Kantone, auch die eben für die «Landi» entdeckten dreitausend Gemeinden, deren Fähnlein über dem «Höhenweg» flatterten. Wieviele Gemeinden sahen sich damals nicht veranlasst, sich ein Wappen zuzulegen. Oft fanden es die Demokraten des 20. Jahrhunderts im Wappen ihrer ehemaligen Feudalherren!

Kantone und Gemeinden waren aber auch Stellvertreter der vier Landessprachen. Vor allem diese Mannigfaltigkeit unterschied vom Einheitsstaat Deutschland!

Gerade diese trauliche Welt der Gemeinden und der Kantone sah sich schärfer umgrenzt als je. Die zwar nicht belegbare Mahnung des Bruder Klaus: «Machet den zun nit ze wyt», entsprach erneut einer aktuellen Situation. Trotz aller Betonung der Besonderheiten der Schweiz wurde deren Rolle in Europa und in der Welt nicht vergessen. Denis de Rougemont publizierte im März 1940 seine «Mission ou Démission de la Suisse», eine harte Kritik an der zu vorsichtigen Aussenpolitik der Schweiz. «Neutral sein ist nicht genug», hatte schon Federer gesagt.[23] Die während des Spanischen Bürgerkrieges von der «Ayuda Suiza» eingesetzten Camions für Kindertransporte trugen die Namen «Pestalozzi», «Dunant», «Wilson» und «Nansen»:[24] Einreihung der Schweizer Integrationsfiguren in einen weltweiten Kontext.

Die Schweiz trat als Sachwalterin des Roten Kreuzes auf, das als Organisation tat, was mit der schweizerischen Neutralität vereinbar schien.[25] Dem Roten Kreuz kam jedoch eine weit grössere Bedeutung zu, es war Symbol. An der «Landi» 1939 stand eine grosse Fahne mit dem Schweizerkreuz neben einer kleineren des Roten Kreuzes, auf die Wand dahinter war ein christliches Kreuz gemalt: schweizerische Dreikreuzsymbolik, «christliche Schweiz», das überhöhte konfessionelle und kulturkämpferische Erbe. Selten wohl drang der «Dank-, Buss- und Bettag» so stark ins Bewusstsein des Volkes, die Kirchen waren voll, der betende Krieger Hodlers galt als Symbol dafür.[26]

Die Schweiz befand sich allein und isoliert im besetzten Europa, die Armee wachte im Alpenréduit. Mit der Ausdehnung der Gotthardbefestigung auf den ganzen Alpenraum hatte man bereits begonnen, der alpine Mythos lebte stärker denn je: «Im Alpenklima gerät der grosse Herr weniger gross und der kleine Mann weniger klein als anderswo», sagt Richard Feller.[27] Mit dem Anspruch, «Grund und Boden» zu verteidigen, geriet man – in Weiterführung der Bauernideologie – in die Nähe des nationalsozialistischen «Blut und Boden». Gotthelfs oft Keller zugeschriebenes Diktum: «Im Hause muss beginnen, was leuchten soll im Vaterland», wurde zum beliebten Zitat. Den gleichen Sinn hat das weiter gefasste Wort Vinets: «Was einem Staat wohltut und was ihm schadet, reift unter dem Dache des Vaterhauses.»[28]

Folgerichtig ging in dieser Lage eine wohl jedermann verständliche Mundartwelle durch die deutsche Schweiz, denn der potentielle Feind trat in einem rüden, schriftdeutschen Jargon auf. Diesem liess sich entweder in kultiviert-schweizerisch gefärbtem Hochdeutsch oder in Mundart begegnen. Ein Beispiel aus Obwalden:

«Schwyzerärdä – Schwyzerbärgä,
Wald und See und griäni Hang,
Frischi Bärgluft, helli Sunne
Mueß i ha – mis Läbe lang.

Scheni, warmi Schwyzerärdä.
Wiävil Glick hest dui eim zue,
Welä Säge, wo mä hiluegt,
Welä Fride – weli Rueh!»[29]

Für die lateinische Schweiz war solche sprachliche Abwehr weit weniger notwendig – das Frankreich Pétains konnte man nicht recht ernst nehmen, und das aufgeblasene Italien Mussolinis kannte man schon seit langem.

Die Konstanten schweizerischer Identität, die sich im 19. Jahrhundert herauskristallisiert hatten, lebten – wenn auch je nach politischem Standpunkt mit verschiedenem Gewicht – stärker im Bewusstsein denn je: Demokratie, Föderalismus, Freiheit, Wehrhaftigkeit, Christentum, Viersprachigkeit, soziale Solidarität, Heimatliebe, Arbeitsethos, Kleinstaatlichkeit, Neutralität und Humanität, alle Werte überakzentuiert. Archaisches wird aktualisiert im Sinn der oft zitierten zwinglischen Forderung: «Tut um Gottes Willen etwas Tapferes».[30]

Bei sämtlichen feststellbaren Tendenzen zu einer staatlich gelenkten Generalmobilmachung aller kulturellen Kräfte[31] lag in der «Geistigen Landesverteidigung» ebensosehr eine nichtstaatliche, ja sogar gegen den Behördenstaat gerichtete Verteidigung der «Ehrfurcht vor der Würde und Freiheit des Menschen»,[32] die es durch die Arglist der Zeit, durch Angst, Bedrohung, Rückzug und Isolation hindurchzuretten galt.

6.3 Die Krise der «Geistigen Landesverteidigung»: «Bewältigte Vergangenheit»?

Mit einem eindrücklichen Défilé der Fahnen aller Armeeeinheiten wurde der aktive Dienst 1939–1945 abgeschlossen. Es folgten unerwartete Jahre einer wirtschaftlichen Hochkonjunktur – der Weg zu einer der ersten Wirtschaftspotenzen –, zugleich aber auch die Zeit des Kalten Kriegs zwischen der «westlichen» freien Welt und der Welt des stalinistischen Ostblocks mit ihren Kopien im globalen Rahmen. Hier bot sich leicht und oft billig Gelegenheit, das Feindbild des Nationalsozialismus und Faschismus auf den Kommunismus zu übertragen und zu Hause die wenigen extremen Linksgruppen, die sich in der Partei der Arbeit sammelten, zu diskriminieren. Die Zeit der «Geistigen Landesverteidigung» erfuhr ihre fast heroische Verklärung. Kein Landesstreiktrauma störte dieses Bild, im Gegenteil, die grosse Leistung der Altersversicherung brachte eine Atmosphäre, in der sich die Sozialdemokraten behaglich in der Regierungsverantwortung einzurichten vermochten.

Von den sechziger Jahren an meldete sich jedoch eine gewisse Kritik: «Die Generation der Männer, die von 1939 bis 1945 unsere Grenze besetzt hielt, steigt allmählich auf in das Alter, in welchem man gerne in Erinnerungen schwelgt. Dies tut der Schweizer um so lieber, als er – im Gegensatz zu Angehörigen anderer Länder – oft glaubt, er meistere zwar die Probleme von heute kaum, doch habe er dafür früher Grosses geleistet. Er ergeht sich also in seiner ‹bewältigten Vergangenheit›, um sich damit hinwegzutrösten über seine unbewältigte ‹Gegenwart›.»[33] Oder: «Der Ausdruck ‹geistige Landesverteidigung› scheint uns nicht mehr angemessen. Er spricht vor allem die Jugend nicht mehr an, da er das Negative zu sehr in den Vordergrund stellt.»[34] Kritisiert werden Abwehrhaltung, Neurose des Igels, Verkrampfung in uns selber, «repliement sur nous mêmes», Angst, Unsicherheit, Verbote...[35]

Das wurde um 1965 gesagt. Vorangegangen war ein «malaise romand», das sich z.B. in Jack Rollans «Bonjour» und in seinem «Petit maltraité de l'histoire suisse» ausdrückte.[36] Es kamen Frisch mit seinem «Stiller», Dürrenmatt mit der «Alten Dame» und die Werke der Hochschulprofessoren, Karl Schmids tiefenpsychologisches «Unbehagen im Kleinstaat», Herbert Lüthys impertinenter «Ungeist des Föderalismus» und Max Imbodens besorgtes «Helvetisches Malaise». Am deutlichsten trug die separatistische Bewegung des Berner Jura dieses Missbehagen vor, hier wurden über die innerkantonalen Misshelligkeiten hinaus gewisse Werte der Gesamtschweiz, deren Mythenbefangenheit, deren Behördenrespekt, deren Verharren in Militärtraditionen des ersten und zweiten Aktivdienstes in Frage gestellt.

Die Expo 64 in Lausanne zeigte ein eigenartiges Doppelgesicht: Der Armeepavillon war als Igel gestaltet, am ansprechendsten präsentierte sich der landwirtschaftliche Teil. In der «Voie Suisse» versuchte man der Konzeption des Höhenwegs der Landi 1939 eine moderne entgegenzustellen, eine kritischere, wissenschaftlichere und weltoffenere. Eine Wegstrecke zeigte z.B. in eindrücklicher Graphik die Tradition der Freiheitsrechte. Sie begann bei Platon und Augustin, versuchte sich aus der Isolation der Schwurgenossen vom Rütli zu lösen und diese in den grossen geistigen Rahmen der allgemeinen Rechtsentwicklung zu stellen.[37] Allerdings endete die «Voie Suisse» in einer fast wort- und bildgetreuen Kopie des alten Höhenweges, mitsamt den Gemeindefahnen.

Die Expo 64 legte die Spaltung offen, ein Gutteil des Volkes verstand diese neue, kritischere Welle nicht, man wollte bei den liebgewordenen Vorstellungen der Landi 39 bleiben.

Seither ging das Hinterfragen der 68er Bewegung ins Land und läutete die Gegenwart mit ihren Fragestellungen ein. In einem Zeitalter, wo allüberall alte Identitäten angezweifelt und gleichzeitig alte sorgfältig konserviert wurden, stellte sich auch die Frage nach der schweizerischen Identität neu. Etwa wie in der Formulierung von Gertrud Wilker: «Hier fangen sie immer mit der Vergangenheit an. Darum haben sie Angst vor ihrer eigenen Zukunft. Sie sind vorsichtig im Umgang mit sich selbst. Zur gleichen Zeit, da sie Pipelines legen, stellen sie im ... Heimatmuseum die letzten Keramikkachelöfen aus. Sie haben alle einen Keller voll alter Gebrauchsgegenstände, die man nicht wegwerfen will.»[38]

Königin Bertha von Burgund. Lithographie von I.I. Honegger, aus: «Die Heldinnen des Schweizerlandes» von Gerold Meyer von Knonau, Zürich 1833.

Schultheiss Niklaus Wengi. «Soll Bürgerblut fliessen, so fliesse denn mein Blut zuvor». Darstellung von Martin Disteli, 1840.

Dona Lupa, Heldin aus dem Schwabenkrieg, erschreckt die in Tschlin (Unterengadin) eingedrungenen Österreicher, vorgebend, sie koche für die anrückenden Bündner und Schweizer. Aus: «Die Heldinnen des Schweizerlandes» von Gerold Meyer von Knonau, Zürich 1833.

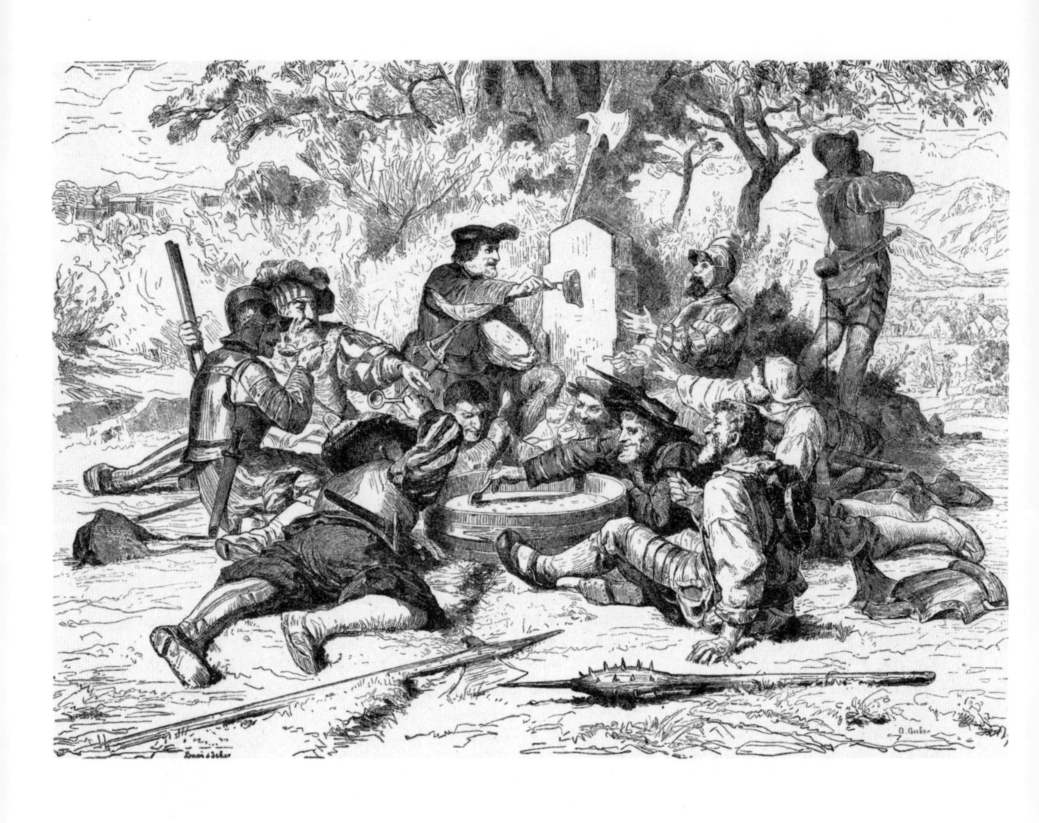

Kappeler Milchsuppe 1529. Populärer Holzstich, 2. Hälfte 19. Jh., nach dem Gemälde von Albert Anker. Zentralbibliothek Luzern.

Jesuitischer und konservativer Rütlischwur in den Augen der Radikalen. Westschweizer Karikatur, 1847. Zentralbibliothek Luzern.

Helvetia tritt für die neue Schulordnung ein. Pestalozzi wird hier zur Symbolgestalt eines unkonfessionellen Erziehungsideals im Kampf gegen die polemisch gesehene Reaktion der Jesuiten und Konservativen. Karikatur zur Abstimmung vom November 1882. Nebelspalter, 25. November 1882.

«Unser Leben gleicht der Reise». Beresinalied. Blatt aus dem von Otto von Greyerz herausgegebenen «Im Röseligarten», Bd. 3, 1910. Illustration von Rudolf Münger.

Helvetia bewahrt ihre Neutralität. Lithographie zur Erinnerung an die Grenzbesetzung 1914. Graphische Kunstanstalt Paul Bender, Zollikon-Zürich 1915. Zentralbibliothek Luzern.

7 Rückblick: Die Gegenwart im historischen Kontext

Die Epoche der Geistigen Landesverteidigung liegt heute um fünfundvierzig Jahre zurück. Seither hat sich das Fragen um Identität, Nationalbewusstsein und Geschichtsbild, das dieses Land schon lange kennzeichnet, unentwegt fortgesetzt, und das nicht nur wegen des historischen Zufalls des Jahres 1291/1991 und der Frage des Beitritts zur Europäischen Gemeinschaft.

Es kann nicht unsere Aufgabe sein, eine Analyse dieser Gegenwart vorzunehmen. Wir möchten statt dessen die feststellbaren Komponenten der nationalen Identität von heute aus in ihrem historischen Zusammenhang anvisieren, womit gleichzeitig eine Zusammenfassung der in sechs Kapiteln dargestellten Thematik von «Nation – Identität – Geschichte» gegeben werden kann.

7.1 Die schweizerische Nation und ihr Föderalismus: «Bund», «Eidgenossenschaft»/«Kanton», «République», «Etat», «Land»

Für Jahrhunderte sah die Schweiz ihren Zusammenhang als Nation nicht in einem starken Gesamtstaat, sondern in der Überhöhung der föderalistischen Struktur durch ein gemeinsames Nationalbewusstsein. Das änderte sich ab 1798, man darf fast sagen, dass helvetische Einheitsträume auf vielen Gebieten Wirklichkeit geworden sind.

Bei der Benennung des Zentralstaates als «Bund» klingt immer noch ein wenig der «Bundesbrief» aus den alten Zeiten an, sie evoziert jedenfalls nicht sofort und uneingeschränkt die moderne von der «Bundesstadt» – nicht Hauptstadt! – Bern aus gelenkte Zentralverwaltung. Alte und neue Staatsbegriffe finden für das Ganze nebeneinander Verwendung: «Bund» für die Exekutive und ihre Verwaltung, für die Gesetze und Erlasse – auch für das oberste Gericht. Aber schon das Versicherungsgericht nennt sich «eidgenössisch»; «schweizerisch» sind das Bundesgericht und die Bundesbahn. Der modernere Begriff Nation wurde dem Nationalrat verliehen, und man spricht von Nationalsprachen, von Nationalbank und von den Nationalstrassen. Diese Varianten wiederholen sich in den französischen und italienischen Bezeichnungen. Sie sind auswechselbar, und nur bei angestrengtem Nachdenken führen sie zu tieferen Betrachtungen über die «nationale Identität».[1]

Die Merkmale «nationaler Identität» sind durchaus sichtbar in tagtäglichen Lebensbereichen. In jedem Dorf weist die rote Tafel mit dem weissen Ortsnamen des betreffenden eidgenössischen Postbüros darauf hin, wo man sich befindet.

An sich könnten auch die Postmarken ein Merkmal nationaler Identität sein, ihre Sujets wechseln heute jedoch laufend, nur der Aufdruck «Helvetia» bleibt konstant.

Die Münzen hingegen zeigen nach wie vor das traditionelle Bild: Auf den ½-, 1- und 2-Fränklern posiert die stattliche Helvetia, den Speer in der Rechten, links auf das Schweizerwappen gestützt. Die 5-, 10- und 20-Räppler schmückt der Kopf der Helvetia, die eingegangenen roten Räppler am Schluss das Schweizerkreuz. Der Fünfliber zeigt die Älplerbüste im «Chüjermutz», vielleicht Tell, aber ohne Armbrust und nicht im Stil Kisslings. Den Kopf umkreist die Inschrift «Confoederatio Helvetica». Auf dem Rand reihen sich nicht, wie auf der Frontseite der ½-, 1- und 2-Fränkler, die 22 bzw. 23 Sterne als Symbol der Kantone, sondern nur 13 – letztes Weiterleben der XIII Orte? –, unterbrochen von der lateinischen Maxime «Dominus providebit».

Die Banknoten wechseln und stellen seit einigen Jahren – nachdem Hodlers Bauer mit der schwunghaften Sense oder der wilde Baumfäller ausgedient hatten – schweizerische Wissenschaftler oder Architekten, wenn möglich mit ihren komplizierten Haar- und Barttrachten, dar.

Die stolzen Lokomotiven der SBB–CFF–FFS tragen das Schweizerkreuz, Bahnbeamte ihre altgewohnte, etwas dem Zeitgeschmack angepasste Uniform, die Briefboten desgleichen. Die Air-Hostessen der Swissair widerspiegeln schweizerische Eleganz in ihrer adretten Uniform.

Über dem ganzen Land flattert seit gut hundert Jahren – zumindest von Gaststätte zu Gaststätte – die Schweizerfahne, die nicht nur am 1. August herausgehängt wird. Auf unendlich vielen Produkten ist der nun über fünfhundert Jahre alte Wilhelm Tell, der die Mutter Helvetia weit hinter sich gelassen hat, abgebildet.[2] Neben Tell finden sich alle möglichen nationalen Embleme, Schweizertrachten und alpine Motive. Sogar das Essen und Trinken ist ein wenig nationaler geworden. Man denke nur an den Siegeszug des Fondue in der deutschen Schweiz.

In regelmässigen Abständen setzen die Medien die konfliktgeladene Teilung der Schweiz durch den sogenannten «Röstigraben» in Umlauf – «Grenzbewohnern», welche Zweisprachigkeit im Alltag leben, erscheint das Problem übertrieben aufgebauscht –, schon längst werden «les roestis» ebenso gut jenseits der Saane zubereitet.

Wo aber die Einheit der Nation ebenfalls seit gut hundert Jahren am sichtbarsten und jahraus, jahrein in Erscheinung tritt, das ist im einheitlich Militärischen. Nicht nur für die Männer, da die Pflege der Uniform ja zu Hause der Obsorge von Müttern und Gattinnen unterliegt. Die seit dem Ersten Weltkrieg feldgrau gewordene Bekleidung ist äussere Manifestation der uralten Tradition der Wehrhaftigkeit, dauernd präsent, wenn Soldaten, Unteroffiziere mit Sack und Gewehr und die weniger belasteten und langezeit eleganter bekleideten Offiziere dem Mobilisationsort des Wiederholungskurses oder der eidgenössischen Kaserne zustreben, wo sie ihre Rekruten- oder andere Schulen absolvieren. Das viersprachige «Aufgebot», «Mise sur pied», «Chiamata», «Clamada sut las armas» hängt im Anschlagkasten jeder Gemeinde aus.

Das alles stellt «Erfahrung in der Lebenswelt», einen durch die politische Einigung von 1848 und durch das parallele Werden eines einheitlichen Wirtschaftsraumes geschaffenen Identitätsfaktor dar. Diese «alltäglichen Erfahrungen beruhen auf vielen, scheinbar selbstverständlichen Gemeinsamkeiten im materiellen und gesellschaftlichen Bereich und schaffen dadurch – inmitten allgemeiner Amerikanisierung und Europäisierung – Vertrautheit und Zusammengehörigkeitsgefühl in zahlreichen Kontaktbereichen.»[3]

Wirklich «zu Hause» aber fühlt sich jeder im Kanton beziehungsweise in der Gemeinde. Dort sind (oder waren) Sprache und Konfession gegeben. Dort grüssen einen die kantonalen Hoheitszeichen, seit 1978 bereichert um den uralten, bischöflichen, roten Baselstab des Kantons Jura.

Die Polizisten tragen ihre städtische oder kantonale Uniform, zwar nicht mehr die heimeligen Käppi oder die Landjägerschirmmütze, sondern auf helvetisch umstilisierte, mehr oder weniger amerikanische Formen, wenn sie nicht im Kampfanzug furchterregend – wie die Ritter bei Sempach in ihren Rüstungen, mit geschlossenen Helmen und ihren Schilden – chaotische Mitbürger in Schach halten.

Je zahlreicher die eigentlichen Entscheide in den Hochhäusern der Versicherungen, Banken und Industrieverwaltungen gefällt werden, desto eher fühlt man sich in der kleinen Heimat geborgen, sei es in den Quartieren oder in der alpinen, südlichen oder jurassischen Zweitwohnung. Man ist Vaudois, auch und gerade, wenn «maman ou papa» eigentlich bernischer Abstammung sind. Man lauscht den jodelnden und singenden Mitbürgern, die so herzergreifend die Heimat – und oft ist es die engere, sei's «Thurgau, o Heimat» oder le «pays romand» oder die «cara lingua da la mamma» – heraufbeschwören, und lebt tradiertes 19. Jahrhundert. Hier liegt die wahre Identität. Für Kantonsfremde bleibt sie in der Regel trotz aller freundeidgenössischen Grundgesinnung einigermassen verschlossen, und das nicht nur in andern Sprachräumen.

Das stets prekäre Gleichgewicht unter den Kantonen ist allerdings erneut in Gefahr, wobei es nicht nur um die Minorität der drei lateinischen Sprachen geht.

Schon seit jeher waren die Kantone von recht ungleicher Grösse und von ungleichem Gewicht. Der wirtschaftlich stagnierenden Innerschweiz standen allmählich die ungleich grösseren Stadtkantone entgegen, was sich im Laufe des 19. Jahrhunderts durch die Entleerung des alpinen Raums noch akzentuierte.

Bern und Zürich waren immer hegemonial. Bern ereilte aber 1798/1803 das Schicksal des zu grossen, auch gefürchteten Kantons, die endgültige Dreiteilung.

Seit langem geht das Bonmot um, dass der Schweizerkarte im Bundeshaus der obere rechte Reissnagel ausgefallen und so die Ostschweiz zugedeckt worden ist, darum hört die Schweiz in Winterthur auf. Die Anekdote richtet sich gegen das seit hundert Jahren immer mächtiger auftretende Zürich, das St. Gallen seit der Stickereikrise endgültig in den Schatten verwiesen hat. Schaffhausen spricht schon lange vom Kanton «Alles eus» und meint Zürich damit.

Auch wenn es da um altes Nachbargezänk, um Neid und Überheblichkeit gehen mag, kantonale Identität beinhaltet mehr als nur Folklore oder blosse Vorstellung, sie entspricht der politischen Realität der Basisdemokratie und wird vor allem von Behörden und Bürgern liebevoll gehegt und gepflegt. Die doppelte Souveränität in Kanton und Bund ist noch in vielen Bereichen – nicht nur im Schulwesen – Wirklichkeit und Vorstellung zugleich. Gerade darum reagierte man in der Waadt, im «Etat de Vaud» so heftig, als im Verfassungsentwurf von 1978 der Begriff «Staat» («Etat suisse») auf den Bund übertragen wurde.[4]

So drückt das zwar etwas abgegriffene, aber beliebt gewordene «small is beautiful» sehr treffend das «vorgestellte» Behagen in der Kleinheit aus.[5]

7.2 Die Viersprachigkeit: «Aufgebot» – «Mise sur pied» – «Chiamata» – «Clamada sut las armas»

Der vielberufene Föderalismus tritt – bewusst national gegen aussen seit dem 19. Jahrhundert – vor allem in der Mehrsprachigkeit[6] der Schweiz in Erscheinung. Die meisten Schweizer haben zwar in der Schule nur eine weitere Nationalsprache «gelernt», Tessiner und Rätoromanen aber deren zwei! Die Viersprachigkeit ist zur gesamteuropäischen und international vielbewunderten Leistung der Schweiz geworden: Sprachfrieden und gegenseitige Kommunikation! In der Gegenwart jedoch bedient sich vor allem die Welt der Naturwissenschaftler, der Ingenieure und der Industriellen häufig nicht mehr der französischen oder deutschen oder beider Sprachen, sondern vermehrt der englischen. Sollte vielleicht dieses internationale Englisch, wie einst das Latein zur Zeit des schweizerischen Humanismus, auch in der «viersprachigen» Schweiz zu einer neuen Sprache der Verständigung werden? Abgesehen von dieser «Bedrohung» gefährdet die Mehrheit, die zwar deutsch schreibt, aber immer ausschliesslicher Mundart spricht und sich dadurch einerseits vom grossen deutschen Kulturraum abschliesst und sich zugleich auch der lateinischen Minderheit entfremdet, diesen Teil der nationalen Identität. Das geschieht zunehmend auch in den Massenmedien, Radio und Fernsehen, unbekümmert und «echt schweizerisch» heimatbezogen.

Die Verteidigung der schweizerischen Viersprachigkeit als Unikum setzt voraus, dass jeder Sprachteil in seinem jeweiligen Kulturraum verankert und dort auch anerkannt ist. Dies wird im deutschsprachigen Bereich bewusster mit den Vereinheitlichungen im 17. Jahrhundert. Im 18. Jahrhundert erringt die Schweiz eine bestimmte intellektuelle Position. Geniezeit und Romantik kommt eine stark integrierende Rolle zu: Jacob Burckhardt und Gottfried Keller bekennen sich zu ihrem deutschen Kulturbewusstsein. Der Neuhumanismus mit seinen deutschen Professoren und Gymnasiallehrern bringt die Welt der Klassik. «The tyranny of Greece over Germany» ist auch eine über «Switzerland». Der schweizerische Beitrag bleibt immer Beitrag, besonderer Akzent – teils Variante oberdeutscher (badisch-schwäbisch-schweizerischer) Art –, etwas provinziell, aber aus der deutschen Kulturwelt nicht wegzudenken. Wirklich gestört ist das Verhältnis erst zur Zeit des Nationalsozialismus. Die Deutschschweiz empfindet die deutsche Entwicklung als Verrat an deutscher Kultur und vermag sogar ein gewisses Kulturasyl zu bieten. Nach 1945 wird aber möglichst rasch wieder angeknüpft, und man kann bald seinen nicht ganz ungewichtigen Beitrag wieder einbringen.

Die französische Schweiz nimmt sich im französischen Kulturbereich noch kleiner und marginaler aus als die deutsche Schweiz im deutschen. Lange Zeit ist sie einfach die protestantische Version bis hin zu Paul Seippels «Les deux Frances» (1905),[7] wo dieser liberale Schweizer mit dem französischen Dogmatismus von links und rechts abrechnet. Parallel spielt die Universität Freiburg ihre Rolle als Refugium für Elsässer und Lothringer. Die französische Schweiz gibt ihre Dialekte weitgehend auf. Damit fällt eine Barriere, und Paris wird, weit mehr als etwa Berlin für die Deutschschweizer, für viele zum geistigen Zentrum. Stets spielt die französische Schweiz mehr oder weniger virtuos auf zwei Instrumenten – dem der «Suisse romande» und dem der Frankophonie –, sie freut sich fast hysterisch am Prix Goncourt für Chessex, nimmt regen Anteil an französischer Kultur und Politik, fühlt sich aber ab und zu auch übergangen und ärgert sich über allzuviel «Napoleonisches» im Nachbarland. Es ist gewiss nicht belanglos, dass die unmittelbare Nachbarschaft – Savoyen und Burgund – weder für die Schweizer – abgesehen von gewissen historisierenden Nostalgien – noch für Frankreich besonderes Gewicht besitzt.

Auch die italienische Schweiz – stets ein Teil Lombardei, alpiner Hintergrund – spielt auf zwei Instrumenten. Die Hinwendung zur «Svizzera interna», sei es zur freisinnigen, sei es zur katholisch-konservativen, verstärkt sich im 19. und 20. Jahrhundert. Gibt sich Italien allzu nationalistisch-irredentistisch oder gar faschistisch, pochen Tessiner und Italienisch-Bündner auf ihre eidgenössische Zugehörigkeit und fühlen sich auch so. Das Bewusstsein – und damit auch die praktische Konsequenz –, für ein Fortkommen im eigenen Land unbedingt Französisch oder Deutsch oder beides beherrschen zu müssen, ist stark und verbreitet. Kulturelle Hauptstadt aber bleibt Mailand, und Pavia hat seine Beliebtheit als Universitätsstadt bewahrt.

Die rätoromanische Schweiz, ohnehin auf sich selbst gestellt, erlebt im 19. Jahrhundert ihre Renaissance. Man beherrscht als Zweitsprache das deutsche bzw. das italienische Idiom und nimmt am entsprechenden Kulturleben teil. Schweizerische Identität äussert sich jedoch gerade nicht primär literarisch. Die Sprache, das Deutsche, das Französische, das Italienische prägen sprachliche «Helvetismen», sie wird so zum Vehikel, das die eigene Identität ausdrückt, es dominieren einheimischer Akzent, einheimische Tonlage, einheimischer Wortschatz und einheimische Syntax, über die sich das Ausland schon lange mokiert und wundert.

Immerhin hat die Anerkennung der vier bzw. drei Sprachen zu Beginn des 19. Jahrhunderts so etwas wie Respekt vor (etablierten) Minderheiten geweckt. Zudem handelt es sich ja nicht um einheitliche, geschlossene Blöcke. Jede Region zerfällt wiederum und noch so gern in ihre kantonalen und regionalen Identitäten. Selbst das Rätoromanische leistet sich fünf Schriftsprachen! Und welche Deutschschweizer verstehen das Ur-Alemannische der Oberwalliser, welche Welschschweizer die Freiburger, Walliser und jurassischen Rest-Dialekte? Hier treten jeweils andere Komponenten des Identitätsbewusstseins in die Lücke.

7.3 Demokratisches Bewusstsein: «Mit dem Stimmzettel in der Hand»

Aus dem kommunalen Selbstverständnis, das sich, je nach Kanton und je nach Zeitumständen, mehr demokratisch, später mehr aristokratisch gab, hat sich im Laufe des 19. Jahrhunderts die Volldemokratie entwickelt. 1971 wurde sie endlich auf die Frauen ausgedehnt. Hier drückt sich das Bewusstsein in Wahlen und Abstimmungen aus. Obwohl dieses Recht meist nicht mehrheitlich ausgenützt wird, ist doch ein politisches Interesse vorhanden, das auf allen Ebenen wahrgenommen wird. Mitbestimmung impliziert ein Milizsystem, das sich seit je in Politik und Wehrwesen ausdrückt. Weder brauchen Bundesräte unbedingt «Gschtudierti», d.h. Juristen oder Ökonomen, noch hohe Armeekommandanten stets Berufsoffiziere zu sein.

Das demokratische Denken schliesst das Prinzip des demokratischen Mehrheitsentscheides mit ein. Für den Schweizer geht es, auch im moralischen Sinn, «richtig» zu, wenn die demokratischen Spielregeln durchgespielt werden. «Demokratisch» wird gleichgesetzt mit «freiheitlich», «richtig an sich». Die Feststellung Max Webers, «die Einheit des Staatsvolkes [trete] an Stelle der Gespaltenheit privater Lebenssphären»,[8] entspricht auch schweizerischem Selbstverständnis. Das «Volk» ist zum einheitlichen «Souverän» geworden. Hat dieser «Souverän» gesprochen – wie seit jeher in den Landsgemeinden –, zwingt das die Minderheit, sich dem Entscheid zu unterziehen, obwohl anzumerken bleibt, dass nicht jeder Landsgemeindebeschluss der Weisheit letzten Schluss bedeutete, so sehr man sich auch als Statthalter Gottes auf Erden vorkommen mochte.

Vordringlich wäre es auch heute noch angebracht, sich die klassischen Entartungsarten der Republik vor Augen zu halten: zunächst die Ochlokratie, die Pöbelherrschaft, in der Schweiz stets eine kurzfristige Angelegenheit. Sie wurde gebändigt durch Entgegenkommen der Obrigkeit – wie in den Zeiten des «Saubannerzugs» oder zur Zeit der radikalen Freischaren –, durch hartes Durchgreifen – wie im Bauernkrieg und den meisten spätern Untertanenaufständen – oder aber mittels Polizeieinsatzes gegen ausartende Demonstrationen.

Als zweite die Oligarchie, die Herrschaft der Wenigen, die sich selbst zwar als Aristokratie zu verstehen pflegt. Oligarchische Tendenzen liegen von altersher im Grundbesitz und in der Magistratur. In den städtischen und ländlichen Patriziaten nahmen sie gar institutionelle Formen an: «Unsere Lieben Gnädigen Herren» als Obrigkeitsvorstellung, auch über die helvetische Revolution hinaus! Das aristokratische Herrenideal vermochte sich in der Welt der Offiziere dieser Milizarmee als Nachwirkung der Fremddienstmentalität lange zu halten. So äusserte sich Oberstkorpskommandant Hans Frick zur Frage der Offizierserziehung noch 1945 folgendermassen: «Der Offizier ist nicht bloss Militärtechniker, Akrobat oder Bandenführer, der Offizier ist ein Herr... Hochgespanntes Ehrgefühl muss ihn kennzeichnen.»[9] Dies war am Ende des Zweiten Weltkriegs trotz General Guisans demokratischer Öffnung noch möglich.[10] Eine andere Vorstellung brachte eine Generation vorher Korpskommandant Eduard Wildbolz 1918 zum Ausdruck: «Einen Irrweg gehen wir, wenn wir versuchen, unsern Offizieren Lehren einzuflössen, welche in Staaten am Platze sind, wo Standeswesen und Kastengeist besonders ausgeprägt herrschen.»[11]

Eine dritte Entartungsart stellt die Plutokratie, die Herrschaft der Reichen, dar. Bezeichnenderweise wollten sich die Unternehmer und Kaufleute in Basel und Zürich, so sehr sie ihre Republiken beherrschten, nicht als Patrizier verstehen. Noch weniger taten dies die Aufsteiger-Unternehmer des 19. und 20. Jahrhunderts, die sich teils sogar sehr «demokratisch» gaben, in Turn- und Schützenverein wacker mitmachten. An sich liegen plutokratisch-hierarchische Tendenzen jederzeit in einer sich frei entwickelnden Marktwirtschaft.

Andrerseits steckt im neueren Demokratieverständnis immer auch die soziale Komponente. «Arm und rich» sind in der Republik vereint. Seit dem Fabrikgesetz von 1877 wurde der Sozialstaat immer mehr ausgebaut. Frucht des Solidaritätsdenkens in der Isolation des Zweiten Weltkriegs bildete die Einführung der Alters- und Hinterbliebenenversicherung von 1947. Für viele scheint heute die Grenze des Möglichen erreicht, was in der Devise «weniger Staat» der freisinnig-bürgerlichen Kreise Ausdruck findet. Hier liegen Spannungen im demokratischen Selbstverständnis.

7.4 Die Schweizer Freiheit und die Grundrechte: «Die Macht und ihre Begrenzung»[12]

Das republikanische Selbstverständnis beinhaltet nicht nur die Gemeinschaft der Bürgerschaften oder Landleute, sondern auch die Freiheit des einzelnen Bürgers und Landmanns.

Ausweitung und Entwicklung brachte das 19. Jahrhundert mit der Rezeption der «Menschen- und Bürgerrechte», die unbestritten geblieben sind. Die «Presse- und Redefreiheit» ist, gerade wegen ihrer Beschneidung in der Notlage des Zweiten Weltkriegs, nachher um so stärker genutzt worden. Bis jetzt liessen sich alle staatlichen Einschränkungsversuche im Medienwesen abwehren.

«Glaubens- und Gewissensfreiheit» haben den heute selbstverständlichen weltanschaulichen und religiösen Pluralismus möglich gemacht, der auch nicht Halt vor dem Einfliessen von nichtchristlichen orientalischen und andern Vorstellungen macht. Überdies sind die Protestanten durch den religiösen Sozialismus und die dialektische Theologie, die Katholiken durch das Zweite Vaticanum durcheinander gerüttelt worden. Beide aber haben mit ihren Fundamentalisten zu schaffen.

Im Laufe der Zeit kam dem republikanischen «Widerstandsrecht» gegen vermeintliche und wirkliche Verletzung der Menschenrechte durch die Obrigkeit immer wieder eine besondere Rolle zu.[13] Die Linie zieht sich von Tell zu den Untertanenaufständen, über den Widerstand Geistlicher beider Konfessionen, die Helvetische Revolution zu den Freischarenzügen, dem Widerstand der Römisch-Katholischen gegen kulturkämpferische Massnahmen bis zu den Arbeiterstreiks.

Das 19. Jahrhundert der liberalen Verfassungen versuchte, das Widerstandsrecht durch die Parlamente und – im schweizerischen Fall – zusätzlich mit den Volksrechten der Initiative und des Referendums in demokratische und liberale Rechtsformen umzusetzen. Heute scheinen die demokratischen Institutionen als eine Art Ersatz für das Widerstandsrecht zu dienen. Demokratie aber kann Diktatur der jeweiligen Mehrheit sein. Es besteht keine Garantie dafür, dass elementare Menschenrechte nicht durch den Konsens einer Mehrheit missachtet werden. Desgleichen kann der Staat – auch der Rechtsstaat – Menschenrechte verletzen. Was ist dann zu tun? Wird dann der Widerstand in irgendeiner Form legitim? Bei der neuerlichen Diskussion um Asyl- und Widerstandsrecht erhielt man den Eindruck, dass für viele der Staat und seine gerade jetzt gültige Ordnung allerletzte moralische Instanz ist.

In den letzten Jahren tauchten diese Fragen im Falle der Atomkraftwerke – der Demonstrationen um Gösgen und Kaiseraugst – oder im Fall des Kirchenasyls für gefährdete Flüchtlinge erneut auf. Hier standen sich Rechtsvorstellungen von Ordnung und Sicherheit und Rechtsauffassungen im Sinn des humanitären Naturrechts scheinbar unversöhnlich gegenüber. Es stellte sich ausserdem die Frage der Freiheit des Demonstrationsrechts, jener emanzipierten Schwester des Petitionsrechts, die ihre Vorläufer bis ins Spätmittelalter zurückverfolgen kann.

Die mehr ökonomisch ausgerichteten Freiheitsrechte sind ebenfalls erst im 19. Jahrhundert allgemein geworden. Die Freiheit des Gewerbes und des Handels, die so viel Expansion ermöglicht und die Schweiz gerade in den letzten Jahrzehnten zu einem wohlhabenden Land für (fast) alle gemacht hat, droht in unserer Zeit zur «liberté d'un renard libre dans un poulailler libre», «Freiheit des freien Fuchses in einem freien Hühnerhof» zu werden. Das einst so selbstverständliche Recht auf Eigentum ist heute, was den Boden betrifft, bei der Verknappung des zur Verfügung stehenden Territoriums ebenfalls zu einem nationalen Problem geworden. Auch hier stossen wir auf ein gespaltenes Bewusstsein der Bevölkerung.

7.5 Arbeit, Hygiene, Lebensernst: «Kennst du das Land, wo man nur selten lacht...?»[14]

Vielleicht mehr als durch das «nationale» Bewusstsein wird die Identität des Schweizers heute durch ein gemeinsames Arbeitsethos geprägt. Nicht einmal am Nationalfeiertag gönnt sich dieses Volk einen vollen Ruhetag! Im Selbstverständnis fühlt sich da zum Beispiel der Welschschweizer seinen französischen, der Tessiner seinen italienischen Nachbarn überlegen. Das Arbeitsethos trägt tatsächlich Früchte: ein sicheres und effizientes Bankwesen, eine Industrie, die sich trotz harter Konkurrenz halten kann, relativ niedere Arbeitslosenzahlen.

Ein Historiker hat im Rückblick auf die vierhundertfünfzig Jahre zurückliegende Katastrophe von Marignano die gegenwärtige Lage mit derjenigen des 16. Jahrhunderts verglichen: «Damals betrieben die Eidgenossen aufgrund ihrer militärischen Tüchtigkeit eine Aussenpolitik, die weit über die innere Festigkeit der damaligen Eidgenossenschaft hinausging; heute hat sich unter dem Einfluss der wirtschaftlichen Tüchtigkeit ein Wirtschaftsapparat entwickelt, dem die Infrastruktur des Landes ebenfalls auf die Dauer nicht gewachsen sein wird. Damals wie heute besteht in weiten Kreisen die Vorstellung, dass diese Entwicklungen nun einmal im ‹Zuge der Zeit› lägen und dagegen nichts zu unternehmen sei, womit man sich beruhigt und der Verantwortung entschlägt.»[15]

Allerdings brachten da die Bewegungen der 68er Jahre Einbrüche. Es gibt mehr Aussteiger als früher, und «Zaffareia» in Bern, die «Stadtgärtner» in Basel versuchten am Rand oder auch ausserhalb der Legalität ihre neue «Lebensqualität» vorzuleben.

Trotzdem bleibt das Erbe aus dem arbeitsamen 19. Jahrhundert weiter bestehen. Ein Swissair-Prospekt aus den sechziger Jahren formuliert: «Give a Swiss something small: He'll split it. Give him something sparkling: He'll shine it. Give him something smooth: He'll polish it. Why? Because he simply can't help it.»[16]

Mit dem Arbeitsethos verbunden ist das Ethos der Hygiene, Erbe des «propre en ordre»,[17] durch das sich der Schweizer ebenfalls gern vom ihn umgebenden «schmutzigen» Ausland distanziert. Damit hängen die Vorstellungen von Sicherheit und Ordnung, von Lebensernst überhaupt zusammen. Dazu Fridolin Tschudis Kontrafaktur des goetheschen «Kennst du das Land, wo die Zitronen blühn»:

«Kennst du das Land...»
«Kennst du das Land, wo die Neurosen blühn
und wo die meisten Menschen über Föhndruck stöhnen,
obwohl sie sich seit langem schon bemühn,
sich an den bösen Dauerzustand zu gewöhnen?

Kein Wunder deshalb, dass dort die Chemie
mit altruistisch wohldosiertem Helferwillen
als dividendenstarke Industrie
zu allen Mitteln greift, um jeden Schmerz zu stillen.

Kennst du das Land, wo man nur selten lacht
und bloss die Simpel sich zur Heiterkeit bekennen,
wo einzig der gilt, der Karriere macht
und jene, die ein Bankkonto ihr eigen nennen?

Das Land ist klein und doch arkadisch schön
und wird von seinen Nachbarn ringsherum beneidet,
obschon es allzuhäufig trotz dem Föhn
an geistig-seelischer Verdauungsstörung leidet.

So sehr die Pharmazeuten sich bemühn,
den tragischen Konflikt mit Dragées zu versüssen:
im Land, in dem die «Fleurs du Malaise» blühn,
muss man die Saturiertheit mit Neurosen büssen.

Kennst du das Land, von dem der Barde spricht?
Kennst du es wohl? – (Italien ist es nicht!)»[18]

Bei aller ironischen Kritik der übertriebenen Vorstellungen von Arbeit, Hygiene, vom Lebensernst der Schweizer kann man sich doch mit Geneviève Heller fragen: «... et si la saleté revenait?»[19]

7.6 Neutralität und Solidarität: «Mission ou démission»[20]

Diesen Grundsatz formulierte Bundesrat Petitpierre zu Beginn der Nachkriegszeit[21] und fasste damit die zwei alten Haupttendenzen und Vorstellungen der schweizerischen Aussenpolitik zusammen. Neutralität – aber bewaffnete Neutralität – hatte sich während beiden Weltkriegen ganz besonders bewährt. Die Staatsräson der Schweiz mit langer, seit dem 17. Jahrhundert geübter Tradition ist selbstverständlich geworden, sie macht den Staat für alle Aussenwirtschaftsbeziehungen offen und kann im Sinn von Interessenvertretung für andere Staaten oder überhaupt im Sinn «guter Dienste» aktiv werden. Andrerseits jedoch leistet sie einem nur auf das eigene Land gerichteten Denken und dem Verzicht auf jegliche aussenpolitische Initiative, einer gewissen introvertierten Haltung Vorschub, in politicis: kein Beitritt zur UNO bei deren Gründung und vierzig Jahre später massive Ablehnung in der Volksabstimmung.

Allerdings arbeitet die Schweiz in allen nichtpolitischen Gremien und im Europarat durchaus aktiv mit, zur nationalen Identität gehört das aber für den Bürger nicht, der diese Teilnahme Diplomaten und einigen «Idealisten» überlässt. Ob der Grund darin zu suchen ist, dass der Schweizer zweimal das grosse Leiden Europas und der Welt nicht hat mitmachen müssen und darum – nicht wie in jedem uns umgebenden Dorf des Auslandes – kein Soldatendenkmal aus dem Ersten Weltkrieg mit den zugefügten Namen der Gefallenen des Zweiten das grosse Sterben in Erinnerung ruft, den im 19. Jahrhundert noch so hochgehaltenen «Tod für das Vaterland»?

Mit dem Stichwort «Solidarität» versuchte der Bundesrat an die internationalen, humanitären Pflichten dieses Landes zu erinnern. Tatsächlich hat die Schweiz seit dem Deutsch-französischen Krieg, während und nach den Kriegen viel Hilfe geleistet. Die offizielle Entwicklungshilfe in der Dritten Welt aber hatte – Spenden privater Hilfswerke auf freiwilliger Basis ausgenommen – Mühe, zu einem Identitätsfaktor zu werden. Man war gewohnt, sich handelspolitisch oder missionarisch mit diesen Ländern zu befassen.

Das Asylrechtsdenken behielt seinen doppelten Aspekt. Zwar sind 1956 Ungarn und 1968 Tschechen – ob «echte» oder «Wirtschaftsflüchtlinge» – mit offenen Armen empfangen worden. Da ging es um Europäer und vor allem um vom Kommunismus Verfolgte. Wer lehnte in der Schweiz nicht das sowjetische Machtsystem ab? Diese Einstellung erleichterte auch die Aufnahme der nichteuropäischen Tibetaner und Vietnamesen. Chilenische Flüchtlinge jedoch, die als «Kommunisten» gelten mochten, Tamilen als «Schwarze» und Türken als «Mohammedaner» gelten als fremd und verfügen im Lande nur über wenig

Anhang. Diese Haltung, die nur Gesinnungsgenossen Asyl gewähren möchte, erklärt die restriktive, vom Volk mehrheitlich sanktionierte Politik der Behörden, die, wie während der Jahre des Zweiten Weltkriegs, ähnlich vorsichtige Asylpolitik.

Doch blieb die Vorstellung von Solidarität nicht nur auf Entwicklungshilfe und Asylgewährung eingeschränkt. Die Schweiz war ja nicht allein auf der Welt. An sich beinhaltete Solidarität seit jeher nicht nur die Zugehörigkeit der Schweiz zu den Grosskulturen, sondern auch zu einer der zwei grossen Kirchen. Da liegen Bindungen und Solidaritäten, die im gespaltenen «Corpus Christianum» weit zurückgehen, bis heute etwa greifbar in der weltumspannenden Aktivität der Zugehörigkeit zu den kirchlichen Orden – Benediktinern, Zisterziensern, Kapuzinern, Jesuiten – oder in der alten Verbundenheit mit den Protestanten – nicht nur den Hugenotten und Waldensern – der ganzen Welt. – Heute sind beide Kirchen zu den eigentlichen Wahrern der Menschenrechte geworden, besonders dann, wenn der Nationalstaat sich nur noch seiner Staatsräson verpflichtet fühlt.

Die neutrale Schweiz liegt mit solchen Solidaritäten mitten in Europa und damit auch mitten in der Welt. Ein deutscher Historiker hat vor nicht langer Zeit gesagt, «dass der schweizerische Blickpunkt bis heute wohl am meisten weltbürgerlich blieb».[22] Diese «weltbürgerliche» Komponente weist eine lange Tradition auf. Im 18. Jahrhundert nimmt sie mit der Forderung Lavaters im «Gebetlied eines Schweizers» 1768 Sendungscharakter an. Wir zitieren noch einmal:

> «Laß uns seyn ein Licht auf Erden,
> Und ein Beyspiel stäter Treu;
> Frey, wie wir sind, andre werden;
> Und zertritt die Tyranney!
> Gieb, daß alle sicher wohnen,
> Bis die Zeit die Pforten schließt;
> Bis aus allen Nationen
> Eine nur geworden ist!»[23]

Achtzig Jahre nach Lavater greift Gottfried Keller 1850 den Gedanken wieder auf: «Ohne die grosse und tiefe Grundlage und die heitere Aussicht des Weltbürgertums ist der Patriotismus (ich sage absichtlich diesmal nicht Vaterlandsliebe) ein wüstes, unfruchtbares und totes Ding.»[24]

Gottfried Keller versteht hier unter «Patriotismus» den engen Nationalismus, der sich inzwischen breitgemacht hatte.

Dass das Sendungsbewusstsein Allgemeingut geworden war, zeigt etwa eine Äusserung in einer Ostschweizer Zeitung zu Ende des 19. Jahrhunderts: «Wir sehen das Schweizervolk gerne andern Völkern voranschreiten ... andern zum Muster und zum Vorbild.»[25] Sogar noch zur Zeit der Geistigen Landesverteidigung konnte ein Laur erklären, die «gestörte Harmonie» zwischen «Welt und Heimat», «zwischen Internationalismus und ländlicher Bodenständigkeit» sei wieder aufzubauen. Der Heimatboden sollte in der Folge wichtiger werden.[26]

Eigentlich lebte die Schweiz immer wieder in solcher Spannung. Das war ihr «Sonderfall», Sonderfall seit der Zeit der Reichsstädte und der Reichsländer, seit Luthers «Ihr habt einen andern Geist als wir», seitdem diese theologisch gemeinte Aussage über die Strassburger und Schweizer Reformierten politisch umgedeutet worden ist.[27] Und das zog sich bis in die Zeit der nationalsozialistischen Bedrohung hinein. Die Gesetze Europas schienen nicht für sie zu gelten. Die postulierte Solidarität und «disponibilité» beschränkten sich auf humanitäre Hilfsaktionen und diplomatische Dienste. Die Neutralität schien mehr Engagement zu verbieten.

André Siegfried verwendete 1948 als Motto zu seinem Werk «La Suisse démocratie témoin» den Ausspruch von La Rochefoucauld: «C'est une grande folie de vouloir être sage tout seul.»[28] Weise also ganz allein in Europa und in der Welt? Bedeutet das den Weg in die Isolation? Dennoch ist die Schweiz, nicht nur wirtschaftlich betrachtet, wohl integrierter als viele andere europäische Länder. Kann sie sich nicht als ein «Modelleuropa» im Kleinen verstehen? Mit ihrer Vielsprachigkeit, ihrer Demokratie, ihren Freiheiten...? Zumindest hat die Schweiz ein Modell der Ausgewogenheit zwischen modernem Verwaltungszentralismus und der historisch gewachsenen Vielfalt geschaffen. Sie zeigte im 19. und 20. Jahrhundert, dass ein durch und durch moderner Staat sich mit regionalen Identitäten und Traditionen vertragen und gerade dadurch Leistungen erbringen kann, die sich auf eine breite Trägerschaft abstützen. Der Glaube an die Technokratie einer Zentralverwaltung liegt in der Entwicklung etwa von Belgien, Frankreich, Spanien und Italien und hat dort oft unerträgliche Eingriffe in die Rechte der Minoritäten gebracht. Auch die lateinamerikanischen Republiken sind das unglückliche Produkt der Nachahmung solcher europäischer Vorbilder geworden.

Ein technokratisch-zentralisiertes Europa bedeutete für diesen Kontinent einen Weg in die Entleerung historischer Räume, ein so verwaltetes und regiertes Europa wäre eine überflüssige Blockbildung in einer an sich immer offener gewordenen Welt, ein Rückfall in die grossnationalistische Zeit. «Flag follows trade», sagten die Engländer, als sie ihr Kolonialreich aufbauten, dem so viele andere nacheiferten, und damit Identitäten von so und so vielen Völkern lädiert haben. Soll man diesen Weg noch einmal gehen?

7.7 Die nationale Identität der Schweiz und die Identität anderer Nationen: «Il n'y a point comme nous»[29]

Die Schweiz gehört zu den ältesten Nationen, in denen Identitäten weitgehend ungebrochen weiterleben, vergleichbar etwa mit Island oder Norwegen, Schweden oder Dänemark. Wie dort hat sich im Laufe des späteren Mittelalters auch in der Schweiz jene Nationsbildung vollzogen, die damals – im Laufe des Hundertjährigen Kriegs – in Frankreich und in England vor sich ging. In der Folge kombinierten sich die verschiedenartigen Faktoren der nationalen Identität zu einem Mixtum compositum, dessen einzelne Komponenten sich, anders kombiniert, auch in andern Nationen finden.

Das *föderalistische System* kannten auch das Deutsche Reich und die Vereinigten Niederlande. Als die Grundwelle der napoleonischen Zentralverwaltung ihren Siegeszug antrat, hielt sich die Schweiz weitgehend fern und demonstrierte damit die Möglichkeit, sich in einem gemischt föderalistisch-zentralistischen System – sogar modellhaft – zu modernisieren.

Neue föderalistische Strukturen haben sich damals und seither in den Vereinigten Staaten von Amerika, in Kanada, in Australien und neuerdings wieder in Deutschland entwickelt.

Das Prinzip der *Mehrsprachigkeit* teilte die Schweiz mit Belgien, dort stösst es sich jedoch am zentralistischen System und an sozialer und wirtschaftlicher Diskrepanz. Kanada sah sich genötigt, seine französisch sprechende, Finnland, seine schwedische Gruppe einzubauen. Viele Nationen der Dritten Welt ringen mit ähnlichen Problemen.

Demokratischer Kommunalismus war einst über das ganze Europa der Städtebewegung verteilt. Halten konnte er sich nicht nur in der schweizerischen Eidgenossenschaft, sondern auch in den Niederlanden. Die nordischen Monarchien legen ihn auf ihre Weise aus, «pays, où les peuples étaient libres sous les rois».[30] Als grosses Paradigma stehen die befreiten britischen Kolonien von Nordamerika. Ende des Ersten Weltkriegs folgen, zumindest formal, sehr viele weitere Länder. Genauso wenig stellt Demokratie mehr eine schweizerische Besonderheit dar wie der Milizgedanke, den die neuen Volksarmeen seit der Französischen Revolution weiterführen, der im zivilen Bereich jedoch in der Schweiz wohl am stärksten verankert ist.

Der *Freiheitsgedanke* – im Sinn der Menschen- und Bürgerrechte – hat bekanntlich in England und den Niederlanden eine ältere Tradition als in der Schweiz.

Der *Humanitätsgedanke* ist in den nordischen Staaten und den Niederlanden möglicherweise fester begründet als in der Schweiz. Frankreich verhält sich in manchen Belangen der Toleranz offener.

Das *Arbeitsethos* kennen die einst stammesverwandten Schwaben fast noch besser als die Schweizer. Die Japaner übertreffen schliesslich hierin alle andern.

Das *Hygienebewusstsein* prägt Niederländer und Nordamerikaner.

Das *Erziehungsethos* ist etwa im Dänemark der Volkshochschulen intensiver verwirklicht.

Wir wissen, dass das Klischeevorstellungen sind, die immer wieder an der Realität gemessen werden müssen, aber im Identitätsbewusstsein steckt eben mehr Vorstellung als effektive Wirklichkeit.

Das Besondere einer nationalen Identität ergibt sich auch aus dem Wegfallen gewisser Faktoren. Im Falle der Schweiz entfällt selbstverständlich die *einheitliche Sprache,* die im allgemeinen Bewusstsein doch erstes Kennzeichen einer Nation zu sein pflegt. Die lapidaren Feststellungen, wie sie etwa die gängigen Lexiken der Jahrhundertwende aufweisen, «Abstammung, Sitte und Sprache»[31] oder «erbliche Stammes-, Sprach-, Sitten- und Kulturgenossenschaft»,[32] sind ja vielerorts noch nicht durch die weit subtileren Definitionen der Gegenwart ersetzt worden.

Jedenfalls fehlt der Schweiz die gemeinsame «*Ethnie*», die «völkische» Einheit. Nur der mittlere und westliche Teil des heute schweizerischen Raumes hat keltischen Ursprung, der Osten ist rätisch. Der ganze Raum wird später vom römischen Einfluss überlagert, und mit ungleicher Intensität erfassen schliesslich die germanischen Völkerwanderungen das Gebiet. Die Besiedlung verfestigt sich, die Grenzen zeichnen sich ab, bleiben aber durchlässig, und eine gewisse Einwanderung aus Nachbargebieten lässt sich besonders in der Zeit der Städteentwicklungen feststellen. Nach einer vorübergehenden Sperre im 17. und 18. Jahrhundert – das «edle, reine» einheimische Blut sollte nicht durch «fremden Zusatz verpeste[t]» werden[33] – intensiviert sie sich im 19. und 20. Jahrhundert. Sie führt in der Regel in der zweiten Generation zu voller Integration, die Namen verraten dem Kenner jedoch, dass die Vorfahren nicht schon auf dem Rütli dabeigewesen sind...

Schliesslich bleiben im Laufe des 16. Jahrhunderts die *militärischen Heldentaten* aus, die die europäischen Nationen weiterhin kennzeichnen und im 19. und 20. Jahrhundert eskalieren.

So bleiben der Schweiz – wenn wir von den Fremden Diensten absehen – nur die bald ein halbes Jahrtausend zurückliegenden Heldentaten von Morgarten bis Marignano. Aus dem Kriegervolk des Spätmittelalters ist eine friedliche und eine recht gut sozialdisziplinierte Nation geworden.

In Hinsicht auf die Gesamtnation fehlt weiter die prägende Funktion der *einheitlichen Konfession.* Im 19. Jahrhundert sollte sich die Einheitlichkeit der zwei Blöcke durch Freikirchen verschiedenster Spielarten, durch konservative und liberale Richtungen allmählich aufsplittern.

Es entfällt zudem in dieser Republik der Republiken die für die nationale Identität bedeutsame Rolle der *Monarchie,* des Hofes, der Vasallentreue des Adels. Höfische Pracht- und Machtentfaltung übte zwar stets seine Attraktion auf die Schweizer aus. Zu Hause aber drängte sich eine gewisse Zurückhaltung auf. Trotz allem waren die Patriziate republikanischen Ursprungs – wobei sich hier der Vergleich mit dem hocharistokratischen Venedig als Vorbild anbietet –, in Fremden Diensten aber spielte doch oft die eigenartige doppelte Loyalität dem Fürsten und der heimischen Republik gegenüber. Andrerseits beklagten – zumindest vom 18. Jahrhundert an – Schweizer die Enge des heimischen Daseins, die lähmende Wirkung des bürgerlich-bäuerlich-demokratischen Egalitarismus, die republikanische Missachtung literarischer, wissenschaftlicher und künstlerischer Tätigkeit. Darum wird das Unterkommen in Fürstendiensten – z.B. an den Akademien von Berlin und Petersburg – als Befreiung empfunden, wie die Auslandaufenthalte im 19. und 20. Jahrhundert.

Die verschiedenen Komponenten nationaler Identität – ob sie mit andern Nationen gemeinsam sind oder nicht – zeigen, dass noch heute Ernest Renans Definition von der Willensnation zutrifft:[34] «volonté de continuer à faire valoir l'héritage qu'on a reçu indivis».

7.8 Die Frage des nationalen Mythos: «Die Perle jeder Fabel ist der Sinn»[35]

Da nationale Identität nicht nur objektiv feststellbare Realitäten beinhaltet, sondern auch Wertung und Werte, entzieht sie sich keineswegs der politischen Brauchbarkeit oder des politischen Missbrauchs.

Noch heute lässt sich mit Tell oppositionelle Wirkung erzielen, oder man vermag mit dem Appell an die Bundessolidarität Minoritäten zu marginalisieren. Eine bestimmte Gruppe kann die nationale Identität für sich allein beanspruchen und sie andern absprechen, wie dies etwa die bäuerliche Ideologie in den zwanziger und dreissiger Jahren getan hat.

Mit xenophoben Feindbildern lässt sich nationale Identität durchaus zu einem «wüsten, unfruchtbaren und toten Ding machen».[36] Nationale Identität kann überall zu einem Palladium des nationalen Egoismus werden, zum «sacro egoismo» des Faschismus. Das mag ein Motiv zur «Mythenzerstörung» sein, die nach 1945 recht rauh einsetzte. Ausgerechnet vom Lehrstuhl Karl Meyers aus führte dessen Nachfolger die ganze so bündig aufgebaute Geschichtsstruktur der Gründungszeit ad absurdum.[37] In «Wilhelm Tell für die Schule» nahm später Max Frisch Rache an den Fehlleistungen der «Geistigen Landesverteidigung».[38] Andere folgten nach.[39] Bei der 600-Jahrfeier der Schlacht von Sempach war die Reihe an Winkelried.[40]

Mit dem Nachweis der Nichtexistenz von Tell und den Drei Eidgenossen werden jedenfalls Freiheitsrechte und Bundesidee ihrer packenden Bildhaftigkeit entkleidet. Dies, weil wir unfähig sind, Sprache und Ausdruckswelt des mythenreichen Spätmittelalters zu verstehen und richtig zu deuten.

Aber nicht nur der historische Mythos ist gefährdet, auch der seit dem 18. Jahrhundert so geliebte «alpine Mythos» sieht sich bedroht, bedroht durch ökologische Zerstörung. Wie bietet sich beispielsweise heute etwa der Kanton Uri, der erste und älteste, mythisch durch Rütli, Tellskapelle, Teufelsbrücke und Gotthard geprägte Kanton, dem Betrachter dar? Gleich drei Verkehrswege quälen sich durch das enge Gebirgstal: die verbesserte alte Kantonsstrasse, die doppelspurige Eisenbahn und die neue, zementierte Autobahn. Und die noch vorhandenen Bannwälder sind nicht mehr bei alter Gesundheit.

Man ist versucht, die antike Sage von König Midas, in dessen Händen alles zu Gold wird und der von Gold allein nicht leben kann, auf die Lage der heutigen Schweiz zu beziehen. Oder liegt der Bezug auf die biblische Weisheit, «Was hülfe es dem Menschen, wenn er die ganze Welt gewönne und nähme doch Schaden an seiner Seele?»,[41] näher?

Positivistisches Denken glaubt, auf den Mythos verzichten und ein Bewusstsein nationaler Identität entbehren zu können. Folge davon ist die Abwertung nationaler Identität zur Folklore und ihre Verniedlichung zum kommerziellen, touristischen Angebot. Abgesehen davon, dass dieses so entstehende Vakuum durch andere, unkontrollierbarere Identitätsvorstellungen ausgefüllt werden könnte, sind die Komponenten nationaler Identität und deren Mythen – sofern sie wirkliche Werte verkörpern und stets kritisch hinterfragt werden – für das Bestehen einer politischen Gesellschaft sicher nach wie vor unentbehrlich.

Hat nicht Gottfried Keller recht, der im Zusammenhang von Geschichtsbild und nationaler Identität den Stellenwert der «Tellenschüsse» deutet?

> «Ob sie geschehn? Das ist hier nicht zu fragen,
> Die Perle jeder Fabel ist der Sinn.
> Das Mark der Wahrheit ruht hier frisch darin,
> Der reife Kern von allen Völkersagen.»[42]

Der Sinn, von dem der Dichter an dieser Stelle spricht, ist vieldeutig und viel gedeutet worden. Ob ihn hier wohl Denis de Rougemonts während der Bedrohung durch den Faschismus formulierte Fassung trifft? «La mission essentielle de la Suisse est une mission personnaliste au premier chef: sauvegarder une Weltanschauung où les droits du particulier et les devoirs envers le général se fécondent mutuellement... La mission de la Suisse peut être définie à l'échelle de l'Europe: la Suisse doit être gardienne de ce principe central, fédératif; et elle ne peut être autre chose, de par sa nature même, physique et historique.»[43]

Anhang

I. Kommentar zur Bebilderung

Da sich nationale Identität sehr gerne im Bild, im Denkmal oder im Emblem ausdrückt, ist dieses Buch mit Illustrationen versehen worden. Wenn immer möglich wurden Darstellungen aus der Zeit selbst gewählt. Dies ist aber gerade für die ersten Jahrhunderte nicht immer möglich. Darstellungen von Landsgemeinden zum Beispiel tauchen sporadisch erst im 18. Jahrhundert auf. Wenn zeitgenössische Darstellungen nicht greifbar waren, wurden in wenigen Fällen Bilder aus späteren Epochen eingesetzt, die natürlich eine spätere historische Interpretation wiedergeben. Es wurde auf möglichst bisher nicht publizierte Bilder Wert gelegt. Peter Keckeis hat mit dem Autor die Auswahl besorgt.

In diesem Zusammenhang wäre auf die Rolle der Historischen Museen hinzuweisen, die in der zweiten Hälfte des 19. Jahrhunderts zum Hort auch der nationalen Ikonographie geworden sind. Das Schweizerische Landesmuseum ist 1893–1898 errichtet worden – in einem spätgotisch-burgartigen, eigentlich vor- beziehungsweise unschweizerischen Baustil...

II. Kommentar zu den Liedtexten

Das Lied ist ein wesentlicher Ausdruck nationalen Empfindens, feststellbar mit den sogenannten «Historischen Volksliedern» des spätern Mittelalters, neu belebt mit den «Schweizerliedern» von Johann Caspar Lavater und anderen Autoren. Im 19. Jahrhundert steht es in Vollblüte. Es ist in der Regel jedoch schwer, wenn nicht unmöglich, das Datum der Entstehung solcher Lieder festzustellen. Hier hat für das 19. Jahrhundert Frau Christine Burckhardt-Seebass aufgrund der Sammlung des Volkskunde-Archivs in Basel wertvolle Hilfe geleistet. Oft muss man sich mit den Angaben der eben nicht wissenschaftlich angelegten greifbaren Liedsammlungen begnügen.

III. Literaturverzeichnis

a. Werke neueren Datums zum Thema der schweizerischen Identität (Auswahl)

Hermann Weilenmann: *Die vielsprachige Schweiz. Eine Lösung des Nationalitätenproblems,* Basel 1925.

Denis de Rougemont: *Mission ou Démission de la Suisse,* Neuchâtel 1940.

Fritz Ernst: *Die Sendung des Kleinstaats,* Zürich 1940.

Albert Hauser: *Das eidgenössische Nationalbewusstsein, ein Werden und Wandel,* Zürich 1941.

Werner Kaegi: *Der Kleinstaat im europäischen Denken,* in: Historische Meditationen [I], Zürich 1942.

Richard Weiss, *Volkskunde der Schweiz, Grundriss,* Erlenbach-Zürich 1945 (2. Aufl. 1978).

André Siegfried: *La Suisse Démocratie témoin,* Neuchâtel 1948.

Hans von Greyerz: *Nation und Geschichte im bernischen Denken.* Vom Beitrag Berns zum schweizerischen Geschichts- und Nationalbewusstsein, Bern 1953.

David Lasserre: *Etapes du fédéralisme. L'espérience suisse,* Lausanne 1954 (2de édition 1967). Deutsche Übersetzung von Adolf Gasser, Schicksalsstunden des Föderalismus, Zürich 1963.

Hans Kohn: *Nationalism and Liberty, The Swiss Example,* New York 1956.

Daniel Frei: *Die Förderung des schweizerischen Nationalbewusstseins nach dem Zusammenbruch der Alten Eidgenossenschaft 1798,* Zürich 1964.

Hans Tschäni: *Profil der Schweiz, Zürich 1966.* 2. Aufl.: Das neue Profil der Schweiz, Konstanz und Wandel einer alten Demokratie, Zürich 1990.

Otto Marchi: *Schweizer Geschichte für Ketzer,* Zürich 1971.

Franz Zelger: *Heldenstreit und Heldentod, Schweizerische Historienmalerei im 19. Jahrhundert,* Zürich 1973.

Lilly Stünzi: *Tell, Werden und Wandern eines Mythos,* Bern 1973.

Karl W. Deutsch: *Die Schweiz als ein paradigmatischer Fall politischer Integration,* Bern 1976.

Ulrich Im Hof: *Das schweizerische Selbstverständnis im Wandel der Zeiten,* in: Schaffhauser Beiträge zur Geschichte 59, 1982.

Robert Schläpfer (u.a.): *Die viersprachige Schweiz,* Zürich 1982.

François de Capitani und Georg Germann: *Auf dem Weg zu einer schweizerischen Identität 1848–1914,* Probleme – Errungenschaften – Misserfolge, 8. Kolloquium der Schweizerischen Akademie der Geisteswissenschaft, Freiburg 1985.

Schweizer Geschichtsquartett, in: Unsere Kunstdenkmäler 1984, 1.

Remigio Ratti e Marco Badan: *Identità in cammino,* Locarno/Bellinzona 1986.

Hans Ulrich Jost: *Politique culturelle de la confédération et valeurs nationales,* in: Histoire et Société contemporain 6, Lausanne 1987.

Jean-François Bergier, *Guillaume Tell,* Paris 1988.

Balz Engler und Georg Kreis (Hrsg.): *Das Festspiel: Formen, Funktionen, Perspektiven,* Schweizer Theaterjahrbuch Nr. 49, 1988.

Uli Windisch/Florence Cornu, *Tell au quotidien,* Zürich 1988.
Urs Altermatt: *Katholizismus und Moderne.* Zur Sozial- und Mentalitätsgeschichte der Schweizer Katholiken im 19. und 20. Jahrhundert, Zürich 1989.
Histoires et belles histoires de la Suisse, Guillaume Tell, *Nicolas de Flüe et les autres, des chroniques au cinéma,* Itinera 9, 1989.

b. Abkürzungsverzeichnis

Es sind nur jene Titel aufgeführt, die mehrmals zitiert werden:

AHVB
Archiv des Historischen Vereins des Kantons Bern. Bern 1855 ff.
BasZG
Basler Zeitschrift für Geschichte und Altertumskunde. Basel 1902 ff.
Berchtold: Suisse Romande
Alfred Berchtold: La Suisse Romande au cap du XXe siècle. Portrait littéraire et moral. Lausanne 1963.
Bräker: Tagebücher
Ulrich Bräker: Die Tagebücher des Armen Mannes im Toggenburg als Geschichtsquelle. (118. Neujahrsblatt, hg. v. Historischen Verein des Kantons St. Gallen). St. Gallen 1978.
Bonjour: Neutralität
Edgar Bonjour: Geschichte der schweizerischen Neutralität, 8 Bde. Basel ⁵1970–1975.
BZ
Berner Zeitschrift für Geschichte und Heimatkunde, Bern 1939 f.
de Capitani/Germann: Identität
François de Capitani und Georg Germann: Auf dem Weg zu einer schweizerischen Identität 1848–1914. (8. Kolloquium der Schweizerischen Akademie der Geisteswissenschaften.) Freiburg 1985.
Chante Jeunesse
Chante Jeunesse, Recueil de chants pour les écoles primaires et secondaires ... du Canton de Vaud. Lausanne ³1931.
Dierauer: Geschichte
Johannes Dierauer: Geschichte der Schweizerischen Eidgenossenschaft, 5 Bde. Gotha ²1913–1917.
Dürrenmatt: Politische Gedichte
Ulrich Dürrenmatt: Politische Gedichte, hg. v. Erich Gruner. Bern 1950.
Erne: Sozietäten
Emil Erne: Die schweizerischen Sozietäten. Lexikalische Darstellung der Reformgesellschaften des 18. Jahrhunderts in der Schweiz. Zürich 1988.
EA
Amtliche Sammlung der ältern Eidgenössischen Abschiede, Serie 1245–1798. Verschiedene Erscheinungsorte 1839–1890; Amtliche Sammlung der neuern Eidgenössischen Abschiede, Serie 1803–1848. Bern 1874–1886.

Fehrenbach: Symbole
Elisabeth Fehrenbach: Über die Bedeutung der politischen Symbole im Nationalstaat, in: Historische Zeitschrift 213. München 1971, 296–357.
Feller: Berichte
Richard Feller: Die Schweiz des 17. Jahrhunderts in den Berichten des Auslandes, in: Schweizer Beiträge zur Allgemeinen Geschichte 1. Aarau 1943, 55–117.
Feller/Bonjour: Geschichtsschreibung
Richard Feller und Edgar Bonjour: Geschichtsschreibung der Schweiz vom Spätmittelalter zur Neuzeit, 2 Bde. Basel 1962.
Fernis: Volksdichtung
Hans Georg Fernis: Die politische Volksdichtung der deutschen Schweiz als Quelle für ihr völkisches und staatliches Bewusstsein vom 14.–16. Jahrhundert, in: Deutsches Archiv für Landes- und Volksforschung 2, Heft 3, IV. Leipzig 1938, 600–639.
Frei: Nationalbewusstsein
Daniel Frei: Die Förderung des schweizerischen Nationalbewusstseins nach dem Zusammenbruch der Alten Eidgenossenschaft 1798. Diss. phil. I Zürich. Zürich 1964.
Gasser: Territoriale Entwicklung
Adolf Gasser: Die territoriale Entwicklung der schweiz. Eidgenossenschaft 1291–1797. Aarau 1932.
Geschichte der Schweiz und der Schweizer
Studienausgabe. Basel 1986.
von Greyerz: Nation
Hans von Greyerz: Nation und Geschichte im bernischen Denken. Bern 1953.
Haller: Alpen
Albrecht von Haller: Die Alpen (1729), in: Versuch schweizerischer Gedichte (1732), zit. nach der Edition Albrecht von Haller: Gedichte, hg. v. Harry Maync. Frauenfeld 1923, 71–107.
Handbuch: Schweizer Geschichte
Handbuch der Schweizer Geschichte, 2 Bde. Zürich 1972/1977.
Heller: Propre en ordre
Geneviève Heller: «propre en ordre». Habitation et vie doméstique 1850–1930, l'exemple vaudois. Lausanne 1979.
Hilber/Boesch: Eidgenossen
Paul Hilber: Wir Eidgenossen 1291–1941, eine Volkschronik und Zeittafel der eidgenössischen Geschichte [mit Illustrationen v. Paul Boesch]. Bern 1941.
Im Hof: Helvetische Gesellschaft
Ulrich Im Hof und François de Capitani: Die Helvetische Gesellschaft. Spätaufklärung und Vorrevolution in der Schweiz, Bd. 1. Frauenfeld 1983.
Im Hof: Iselin
Ulrich Im Hof: Isaak Iselin und die Spätaufklärung. Bern 1967.
Im Hof: Viersprachigkeit
Ulrich Im Hof: Die Viersprachigkeit der Schweiz als Minoritätenproblem des 19. und 20. Jahrhunderts, in: Geschichte und Politische Wissenschaft. Festschrift für

Erich Gruner. Bern 1975.
Joris/Witzig: Frauengeschichten
Elisabeth Joris und Heidi Witzig: Frauengeschichte(n). Dokumente aus zwei Jahrhunderten zur Situation der Frauen in der Schweiz. Zürich 1986.
Jost: Politique culturelle
Hans Ulrich Jost: Politique culturelle de la Confédération et valeurs nationales, in: Histoire et Société contemporaines, t. 6. Lausanne 1987.
Labhardt: Tell
Ricco Labhardt: Wilhelm Tell als Patriot und Revolutionär 1700–1800. Wandlungen in der Tell-Tradition im Zeitalter des Absolutismus und der französischen Revolution. (Basler Beiträge zur Geschichtswissenschaft 27). Basel 1947.
Liliencron: Volkslieder
Rochus von Liliencron: Die historischen Volkslieder der Deutschen vom 13. bis 16. Jahrhundert, 4 Bde. und ein Nachtragband. Leipzig 1865–1869 (Nachdruck 1966).
Mesmer: Ausgeklammert
Beatrix Mesmer: Ausgeklammert – Eingeklammert. Frauen und Frauenorganisationen in der Schweiz des 19. Jahrhunderts. Basel 1988.
Mühlemann: Wappen
Louis Mühlemann: Wappen und Fahnen der Schweiz. Luzern 1977.
Müller/Müller: Briefwechsel
Der Briefwechsel der Brüder J. Georg Müller und Joh. v. Müller 1789–1809, hg. v. Eduard Haug. Frauenfeld 1893.
Nabholz/Kläui: Quellenbuch
Quellenbuch zur Verfassungsgeschichte der Schweizerischen Eidgenossenschaft und der Kantone von den Anfängen bis zur Gegenwart, bearbeitet von Hans Nabholz und Paul Kläui. Aarau 1940.
Oechsli: Benennungen
Wilhelm Oechsli: Die Benennungen der alten Eidgenossenschaft und ihrer Glieder. (Jahrbuch für Schweizergeschichte XLI/XLII). Zürich/Freiburg 1916/17.
PJ
Politisches Jahrbuch der schweizerischen Eidgenossenschaft, 31 Bde. Bern 1886–1917.
Peyer: Verfassungsgeschichte
Hans Conrad Peyer: Verfassungsgeschichte der alten Schweiz. Zürich 1978.
Quellenwerk
Quellenwerk zur Entstehung der Schweizerischen Eidgenossenschaft. Aarau 1933 ff.
QSG
Quellen zur Schweizergeschichte, hg. von der Allgemeinen Geschichtsforschenden Gesellschaft der Schweiz. Basel 1877–1907, NF. Basel 1908 ff.
Rappard: Renouvellement
William E. Rappard: Du Renouvellement des Pactes Confédéraux (1351–1798). Zürich 1944.

Riklin: Verantwortung
Alois Riklin: Verantwortung des Akademikers. St. Gallen 1987.
Robé: Oberland
Udo Robé: Berner Oberland und Staat Bern. Untersuchungen zu den wechselseitigen Beziehungen in den Jahren 1798 bis 1846 (AHVB 56, 1972).
Röseligarte
Im Röseligarte. Schweizerische Volkslieder, hg. v. Otto von Greyerz, 6 Bde. Bern 1908 ff. (Neudruck 1976).
Rosier: Histoire
W. Rosier: Histoire illustrée de la Suisse à l'usage des écoles primaires. Ouvrage adopté par les Départements de l'instruction publique des Cantons Vaud, Neuchâtel et Genève. Lausanne 1905.
Ryffel: Landsgemeinden
Heinrich Ryffel: Die schweizerischen Landsgemeinden. Zürich 1904.
St. Galler Fahnenbuch
Paul Martin: St. Galler Fahnenbuch. (79. Neujahrsblatt, hg. v. Historischen Verein des Kantons St. Gallen). St. Gallen 1939.
Schäublin: Lieder
Johann Jakob Schäublin: Lieder für Jung und Alt. Basel 1855, zit. nach der 78. Edition von 1894.
Scheuchzer: Leibsbeschaffenheit
Johann Jakob Scheuchzer: Von der Schweizeren Leibs- und Gemühts Beschaffenheit/Lebensart/Sitten ec., in: Beschreibung der Natur-Geschichten des Schweizerlandes, 2. Teil. Zürich 1907.
Schläpfer: Ausländerfrage
Rudolf Schläpfer: Die Ausländerfrage in der Schweiz. Zürich 1969.
Schlumpf: Puren
Victor Schlumpf: Die frumen edlen Puren. Untersuchungen zum Stilzusammenhang zwischen den historischen Volksliedern der Alten Eidgenossenschaft und der deutschen Heldenepik. Diss. phil. I Zürich. Zürich 1969.
Schweizer Geschichtsquartett
[Schweizer Geschichts-Quartett]. Unsere Kunstdenkmäler 35 (1984), Heft 1.
Schweizerlieder
Johann Caspar Lavater: Schweizerlieder mit Melodien, 1. Teil. Zürich ^{4}1796; Schweizerlieder von verschiedenen Verfassern ... mit Melodien. Zürich ^{2}1798.
Simler: Regiment
Regiment//Gemeiner lobli=//cher Eydgnoschafft: Be=//schriben vnd in zwey Buͤcher gestel=//let durch Josiam Simler von Zürych... Zürych/ ... 1576...
Stadler: Kulturkampf
Peter Stadler: Der Kulturkampf in der Schweiz. Frauenfeld 1984.
Staehelin: Zofingerlied
Martin Staehelin: Das Zofingerlied. Der schweizerische Zofingerverein 1819–1870, 1819–1969. Bern 1969.

Standhaft und getreu
Standhaft und getreu 1291–1941, hg. v. Oskar Bauhofer, Arnold Jaggi, Georg Thürer. Zürich 1941.
Stricker: Selbstdarstellung
Hans Stricker: Die Selbstdarstellung des Schweizers im Drama des 16. Jahrhunderts. Bern 1961.
Strickler: Helvetik
Actensammlung aus der Zeit der Helvetischen Republik (1798–1803), bearbeitet von Johannes Strickler und Alfred Rufer. Bern/Freiburg 1886 ff.
Stünzi: Tell
Lilly Stünzi: Tell – Werden und Wandern eines Mythos. Bern 1973.
Tobler: Volkslieder
Ludwig Tobler: Schweizerische Volkslieder, 2 Bde. Frauenfeld 1882/1884.
SZG
Schweizerische Zeitschrift für Geschichte, Zürich 1951 f.
Trümpy: Freiheitsbaum
Hans Trümpy: Der Freiheitsbaum, ein Rechtssymbol im Zeitalter des Rationalismus. (Schweizerisches Archiv für Volkskunde 57). Basel 1961.
Trümpy: Schweizerdeutsch
Hans Trümpy: Schweizerdeutsche Sprache und Literatur im 17. und 18. Jahrhundert. (Schriften der Schweizerischen Gesellschaft für Volkskunde 36). Basel 1955.
Utz: Bern
Hans Utz: Bern – die Liebeserklärung der Emilie von Berlepsch (1755–1830), in: Berner Zeitschrift für Geschichte und Heimatkunde 49 (1987) 57–115.
VHG
Verhandlungen der Helvetischen Gesellschaft 1764–1797.
Viersprachige Schweiz
Die viersprachige Schweiz von Jachen C. Arquint, Iso Camartin, Walter Haas, Pierre Knecht, Ottavio Lurati, Florentin Lutz, Robert Schläpfer, hg. v. Robert Schläpfer. Zürich 1982.
Weilenmann: Vielsprachige Schweiz
Hermann Weilenmann: Die vielsprachige Schweiz. Eine Lösung des Nationalitätenproblems. Basel 1925.
Weisses Buch
Das Weisse Buch von Sarnen. Quellenwerk zur Entstehung der schweizerischen Eidgenossenschaft, Abt. III, Bd. 1. Aarau 1947.
Wernle: Helvetik
Paul Wernle: Der schweizerische Protestantismus in der Zeit der Helvetik, 2 Bde. Zürich 1938/1942.
Windisch/Cornu: Tell
U. Windisch et F. Cornu: Tell au quotidien. Les 1001 utilisations d'un mythe. Zurich 1988.
Zehnder: Chronistik
Leo Zehnder: Volkskundliches in der älteren schweizerischen Chronistik. (Schriften der Schweizerischen Gesellschaft für Volkskunde 60). Basel 1976.

ZSAK
Zeitschrift für schweizerische Archäologie und Kunstgeschichte.
ZSG
Zeitschrift für schweizerische Geschichte, Zürich 1921–1950.
ZSK
Zeitschrift für schweizerische Kirchengeschichte. Stans 1907 ff. Freiburg i.Ü. 1945 ff.
Zelger: Heldenstreit
Franz Zelger: Heldenstreit und Heldentod. Schweizerische Historienmalerei im 19. Jahrhundert. Zürich 1973.
Ziehen: Schweizerbegeisterung
Eduard Ziehen: Die deutsche Schweizerbegeisterung in den Jahren 1750–1815. Frankfurt a/M. 1922. Nachdruck, Hildesheim 1975.
Zimmermann: Nationalstolz
Johann Georg Zimmermann: Vom Nationalstolze. [1]1758, [2]1780.
Zofinger-Liederbuch (1903)
Liederbuch für die schweizerische Studenten-Verbindung Zofingia. Bern [5]1903.
Zofinger-Liederbuch (1926)
Zofinger-Liederbuch. Ein schweizerisches Studenten-Liederbuch, hg. v. d. Zofingia. Bern [6]1926.
Zopfi: Anekdoten
Hans Zopfi: Anekdoten und Erinnerungen. Affoltern a/Albis 1952.
Zschokke: Selbstschau
Johann Heinrich Zschokke: Eine Selbstschau, bearbeitet von Rémy Charbon. (Schweizer Texte 2). Bern 1977.

c. *Kantonsabkürzungen*

AG	Aargau
AP	Appenzell
AR	Appenzell-Ausserrhoden
AI	Appenzell-Innerrhoden
BS	Basel (bis 1833)
BL	Basel-Land
BS	Basel-Stadt
BE	Bern/Berne
FR	Freiburg/Fribourg
GE	Genf/Genève
GL	Glarus
GR	Graubünden/Grischun/Grigioni
JU	Jura
LU	Luzern
NE	Neuenburg/Neuchâtel
SG	St. Gallen

SH	Schaffhausen
SZ	Schwyz
SO	Solothurn
TG	Thurgau
TI	Tessin/Ticino
UR	Uri
UW	Unterwalden
NW	Nidwalden
OW	Obwalden
VS	Wallis/Valais
VD	Waadt/Vaud
ZG	Zug
ZH	Zürich

IV. Anmerkungen

Einleitung

1 Rudolf Vierhaus: Historische Entwicklungslinien deutscher Identität, in: Die Frage nach der deutschen Identität. (Schriftenreihe der Bundeszentrale für politische Bildung 221). Bonn 1985, 12.
2 J.M. Hayes: Nationalism: A Religion. New York 1960.
3 Ernest Renan: Œuvres complètes, t. 1. Paris [1947] 887 f. Der Vortrag wurde sogleich publiziert.
4 Deutsche Übersetzung, in: Im Bann der Geschichte. Betrachtungen und Gestaltungen. Basel 1943, 131–212. Vgl. ibid. X/XI.
5 Es sei hier auf die Definition hingewiesen, die die Expertengruppe des Nationalen Forschungsprogramms 21 «Kulturelle Vielfalt und nationale Identität» ausgearbeitet hat. (Ausführungsplan 1985): «Der Begriff der nationalen Identität bezieht sich auf jene fundamentalen und charakteristischen Strukturen, Prozesse und Werthaltungen, die eine Gesellschaft von ihrer Umwelt unterscheiden, ihre Kontinuität und Einheit sichern, und die allen Gesellschaftsmitgliedern mehr oder weniger gemeinsam sind oder von ihnen unterstützt werden.» Diese Definition im Zwischenbericht des NF-Projektes «Nationale Identität» (NF-Programm Sicherheitspolitik) möchten wir hier übernehmen und gleichzeitig auf die entsprechenden Ausführungen in den NF-Programmen «Regionalpolitik» (Ed. M. Bassand) und «Espaces et culture» (Ed. Pierre Pellegrino) hinweisen. «Im Fall der Schweiz handelt es sich um das Bewusstsein einer Gemeinsamkeit über alle politischen, regionalen, sprachlichen, konfessionellen und sozialen Unterschiede hinweg. Daran sind verschiedene Bewusstseinsinhalte beteiligt, die durch gemeinsames geschichtliches Erleben, durch die Anerkennung gleicher Werte, durch gemeinsame Erfahrungen und Interessen im sozialen und wirtschaftlichen Bereich zustande gekommen sind und noch zustande kommen.»
6 Peter Alter: Nationalismus (Edition Suhrkamp). Frankfurt a/M. 1985, 14. Alter scheint im deutschen Sprachraum die neueste allgemeine Auseinandersetzung mit dem Thema zu sein, enthält ein Verzeichnis der einschlägigen Literatur.
7 Beatrix Mesmer: Nationale Identität, einige methodische Bemerkungen, in: de Capitani/Germann: Schweizerische Identität 13.
8 Stein Rokkan: Die vergleichende Analyse der Nationenbildung: Modelle und Methoden in Theorien des sozialen Wandels, hg. v. Wolfgang Zapf. (Neue Wissenschaftliche Bibliothek 31). Köln 1969, zit. bei B. Mesmer (wie Anm. 7) 16.
9 In letzter Zeit vor allem Georg Kreis, Programmleiter des NFP 21, s. Anm. 5.
10 André Siegfried: La Suisse, démocratie témoin. Neuchâtel 1948; Hans Kohn: Die Idee des Nationalismus. Ursprung und Geschichte bis zur Französischen Revolution. Frankfurt 1962 (englische Originalausgabe. New York 1944): Hans Kohn: Nationalism and Liberty. The Swiss Example. New York 1956; Karl W. Deutsch: Die Schweiz als ein paradigmatischer Fall politischer Integration. Bern 1976.

11 Elisabeth Fehrenbach: Über die Bedeutung der politischen Symbole im Nationalstaat, in: Historische Zeitschrift 213 (1971) 297 (Auseinandersetzung mit Percy Ernst Schramm).

11a Anatole France, Crainquebille, Putois... Calmann-Lévy, Paris (o. J.), p. 79.

12 Benedict Anderson: Die Erfindung der Nation, zur Karriere eines erfolgreichen Konzepts. Frankfurt a/M./New York 1988, 146; deutsche Übersetzung von: Imagined Communities. Reflection on the Origin and Spread of Nationalism. London 1983. Das originelle Buch geht vor allem vom Begriff der «vorgestellten» (imagined) Nation aus: Nation als Vorstellung einer politischen Gemeinschaft.

13 ibid. 154.

14 Ulrich Im Hof: Das schweizerische Selbstverständnis im Wandel der Zeiten, in: Schaffhauser Beiträge zur Geschichte 59 (1982) 7–17.

15 S. Anm. 5.

16 Weiteren Dank schulde ich für Nachweise, Bildmaterial etc. André Bandelier, Christoph Bertschy, Pierre du Bois, Daniel Brühlmeier, Christine Burckhardt-Seebass, François de Capitani, Bernard Cathomas, Rudolf Dellsperger, Walter Frey, Ulrich Gerber, Rolf Gschwend, A. Haederli, Beat Häusler, Georg Jäger, Marco Jorio, Peter Keckeis, Georg Kreis, Gottfried Wilhelm Locher, Piroska Mathé, Ottavio Lurati, Markus Schmidt, Albert Schoop, Jürg Schweizer, Silvia Semadeni, Rudolf Wildbolz.

1. Das heroische Zeitalter

Vorbemerkung: Wir geben hier nicht Gründungsgeschichte, sondern halten die Lage fest, wie sie sich im Laufe des 15. Jahrhunderts herausgebildet hat. Die Vorstellung nationaler Identität dieser Zeit kann vor allem aus der humanistischen Chronistik der Wende zum 16. Jahrhundert rekonstruiert werden, als aus dem «Bündnisgeflecht» immer mehr eine «national» bestimmte Einheit geworden ist. Die Begriffe sind stets im Sinn des Spätmittelalters zu verstehen. So sind z.B. die Begriffe «Demokratie» oder «Nation» nicht im Sinn des 19. Jahrhunderts zu deuten. Sie sind ja schon sprachlich Begriffe der Antike, bzw. des Humanismus. Eine reiche Auswahl von Quellen geben: Leo Zehnder: Volkskundliches in der älteren schweizerischen Chronistik, Schriften der schweizerischen Gesellschaft für Volkskunde 69, Basel 1976, Viktor Schlumpf: Die frumen edlen Puren. Untersuchungen zum Stilzusammenhang zwischen den historischen Volksliedern der Alten Eidgenossenschaft und der deutschen Heldenepik, Diss. phil. I, Zürich 1969, Hans Stricker: Die Selbstdarstellung des Schweizers im Drama des 16. Jahrhunderts, Bern 1961. Die Zusammenfassung der wesentlichen Merkmale finden sich bei Josias Simler: Regiment gemeiner loblicher Eydgnoschafft, erste Auflage 1576. Lateinische Fassung: De Republica Helvetiorum, Libri duo, 1576.

1 Ein hüpsch lied vom vrsprung der Eydgnoschaft vnd den ersten Eydgnossen Wilhelm Thell genannt, in: Quellenwerk III, 2, 1, 34, 40.

2 Simler: Regiment; Oechsli: Benennungen; Peyer: Verfassungsgeschichte; Ryffel:

Landsgemeinden.

3 «... die Landlüt gemeinlich der lender...», so im Zürcher Bund von 1351, Nabholz/Kläui: Quellenbuch 14.

4 ibid.

5 Zug ist eine Föderation der Stadt Zug mit dem «Äusseren Amt», den drei Gemeinden Baar, Ägeri und Menzingen, die zusammen das Land Zug bilden, das damit ein demokratisch-kommunales Regiment aufweist wie die übrigen «Länder».

6 Iselin an Vinzenz Bernhard Tscharner, am 19.II.1762: «...ami philosophe qui n'est qu'un pauvre greffier de la plus moindre république de la terre après celle de Gerisau», zit. nach: Im Hof: Isaak Iselin. Basel 1947, 180.

7 Eigentlich handelt es sich um acht Landrepubliken, denn Unterwalden ist seit jeher geteilt in Ob- und Nidwalden; Appenzell spaltet sich 1597 in das katholische Appenzell-Innerrhoden und das reformierte Appenzell-Ausserrhoden.

8 Ryffel: Landsgemeinden 19–29; Handbuch Schweizer Geschichte II, 757. Die Landsgemeinden hatten je nach Landschaft unterschiedliche Bedeutung, desgleichen die verschieden organisierten «parlamentarischen» Vertretungen. Die ganze Frage wäre zu überprüfen.

9 Mommsen: Eidgenossen 228–241.

10 Urner Tellenlied, wie Anm. 1.

11 Das Rathaus von Altdorf wurde nach dem Brand von 1799, jenes von Glarus nach dem Brand von 1861 neu erbaut.

12 Simler: Regiment II, 162.

13 Vgl. Näfelserlied (s. Anm. 69); Mühlemann: Wappen 66 f.

14 «...die Burger gemeinlich der statt...», so im Zürcher Bund von 1351, Nabholz/Kläui: Quellenbuch 14; Karl W. Deutsch: Der Schweizer Stadtkanton – Eine politische Entdeckung, in: Nationenbildung – Nationalstaat – Integration, hg. von A. Ashkenasi und P. Schultze (aus dem Amerikanischen übersetzt). Düsseldorf 1972.

15 1291/1351 Zürich, 1323/1353 Bern, 1332 Luzern mit den Waldstätten, 1275 Bern mit Oberhasli (1334 unter Bern).

16 Freiburg 1243 mit BE (wechselnde Verhältnisse, endgültig 1454), 1481 Ort. Solothurn 1345 mit BE, 1481 Ort. Biel 1352 mit BE (bleibt formal unter dem Bischof von Basel) und 1382 mit SO. Stadt St. Gallen 1412 mit VII Orten (ohne Bern), 1454 mit VI Orten (ohne UR und UW). Schaffhausen 1454 mit den VI Orten (bis 1479 ohne UR und UW), 1501 Ort. Basel 1400 und 1441 mit BE und SO, 1501 Ort. Mülhausen im Elsass 1466 mit BE und SO, 1515 mit allen XIII Orten. Rottweil im Schwabenland 1463 mit den VIII Orten, 1519 mit allen XIII Orten. Genf 1525 mit BE und FR, 1584 mit ZH.

17 In den «Freistädten» (historischer Begriff) hat der obrigkeitliche Amtmann – falls er in der Stadt oder im Schloss residiert – keinen Einfluss auf die städtischen Angelegenheiten (in Winterthur hat er gar die gleichen Pflichten wie die Bürger). Bestenfalls sitzt ein von der Obrigkeit gewähltes Kontrollglied dem Kleinen Rat oder Stadtgericht bei, niemals vor (vgl. Lausannes, contrôleur général). Der Schultheiss und die Räte können selbständig gewählt werden und benö-

tigen keine obrigkeitliche Bestätigung. Das Stadtgericht verfügt über die hohe und niedere Gerichtsbarkeit, eine Appellation an die Obrigkeit ist in den meisten Fällen möglich.
In den Städten, die wir als «halbfreie» bezeichnen, ist der obrigkeitliche Landvogt oder zumindest ein Stellvertreter (Kastellan, châtelain) in der Stadt oder im Schloss wohnhaft. Grösstenteils liegt die Wahl, ob auf städtischen Vorschlag oder direkt, bei der Obrigkeit. Der Kleine und der Grosse Rat können meistens selbständig gewählt werden. Das Stadtgericht verfügt über die niedere Gerichtsbarkeit, selten über Teile der hohen, die dann nur auf einen kleinen Kreis beschränkt ist und die Mithilfe eines obrigkeitlichen Vertreters nach sich zieht. Eine Appellation an die Obrigkeit ist in jedem Fall gewährleistet.
Die Bedeutung dieser empor- und nach grösserer Macht strebenden Städte scheint aus der Tatsache hervorzugehen, dass die Kapitale gerade in diesen Munizipien bestrebt ist, ihren Landvogt oder Stellvertreter als Beisitzer – oftmals auch die Vorsitzenden – im Kleinen Rat oder am Stadtgericht zu installieren. (Die Veränderungen in der gemeineidgenössischen Verwaltung nach 1712 werden hier nicht berücksichtigt.) Angaben von Beat Häusler (Historisches Institut der Universität Bern) aufgrund der Lage im 18. Jahrhundert. Die wirtschaftliche und kulturelle Bedeutung der Stadt wäre in jedem Fall auch in Betracht zu ziehen. Die Analyse beschränkt sich auf die politische Verfassung der Städte, aus welcher primär diese munizipal-städtische Identität abgeleitet werden kann. Die Übergänge sind natürlich fliessend, Veränderungen (volle oder partielle Entrechtung nach dem Bauernkrieg 1653, z.B. Olten, Liestal, Wiedlisbach, Huttwil) möglich. Städte in autonomen Landschaften besitzen meist noch kleinere Sonderprivilegien. Etliche Städte verfügen über untertänige Dörfer – z.B. Bremgarten, Stein am Rhein, Burgdorf.

18 Entscheidend ist der Sieg von Sempach 1386 – die drei Waldstätte und Luzern – bzw. die Niederlage des Schwäbischen Bundes bei Döffingen, Lit. bei Otto Brunner: Neue Wege der Verfassungs- und Sozialgeschichte. Göttingen [2]1968.

19 Bezeichnet die Formel «arme und rîche» ursprünglich die beiden ständischen Schichten, die politisch Mächtigen und die Rechtlosen – arm beschränkt sich nicht nur auf finanziell Bedürftige –, hat sie später oft nur die Bedeutung «jedermann, alle Welt», vgl. dazu Roland Ris: Das Adjektiv *reich* im mittelalterlichen Deutsch, Geschichte – semantische Struktur – Stilistik. (Quellen und Forschungen zur Sprach- und Kulturgeschichte der germanischen Völker 40 [164]). Berlin/New York 1971, 47 und 158 ff.

20 Marianne Naegeli: Schweizer Rathausfassaden, in: Unsere Kunstdenkmäler 1981[1].

21 Luc Mojon: Das Berner Münster. (Die Kunstdenkmäler des Kantons Bern IV). Basel 1960, 6.

22 Bern 1543, Neuenburg 1547, Solothurn 1561, Brugg 1563, Cully 1543, Lausanne 1548, Moudon 1559, Zofingen 1590, Cudrefin 1605, Boudry 1610, Aarau 1643, Morges 1681, Biel 1714, Winterthur 1748, Burgdorf 1757. Zerstört: Liestal, Luzern, St. Gallen. Ersetzt: Zofingen, Riklin: Veranwortung 48 f.

23 Wie Anm. 26.

24 Jan Huizinga: Wachstum und Formen des nationalen Bewusstseins in Europa bis zum Ende des XIX. Jahrhunderts (1940), in: Im Bann der Geschichte. Basel 1943.
25 Dierauer: Geschichte 2, 3/4; Mommsen: Eidgenossen 183 f.
26 Konstanzer Städtebund 1385, E.A. 1, 307.
27 Oechsli: Benennungen 11, 134–136 und passim.
28 Lexikon des Mittelalters, Bd. III, 1986, 1697–1701.
29 Heinrich Bullinger an Vadian, 15. August 1547, zit. bei Zehnder: Chronistik 237, vgl. ibid. Besuche zur Burgunderkriegszeit 256, und weitere Beispiele.
30 Wie Anm. 36.
31 Texte bei Nabholz/Kläui: Quellenbuch 1 ff.
32 Mülhausen und Rottweil werden 1515 bzw. 1519 von allen XIII Orten als Zugewandte Orte anerkannt, Nabholz/Kläui: Quellenbuch 95 f. und 96 f. (Texte nicht vollständig).
33 Texte ibid. 33 ff, 36 ff und 62 ff.
34 Zehnder: Chronistik 279 ff; Rappard: Renouvellement 11–46.
35 Nabholz/Kläui: Quellenbuch 65.
36 Hans Stockar: Chronik von 1520–1529, QSF NF 1, 4 (1949); Zehnder: Chronistik 281/2.
37 Belege dafür bei Stockar (vgl. Anm. 36) 131 f: «... und do dy burger und dye ab dem land in münstar komen...», Zehnder: Chronistik 280.
38 Rappard: Renouvellement 29–46.
39 Oechsli: Benennungen 127 (aus dem 16. Jahrhundert).
40 Simler: Regiment II, 170.
41 Bräker: Tagebücher 35.
42 Vgl. die Liste in: Handbuch Schweizer Geschichte 2, 752/3.
43 Helen Maria Williams: A Tour in Switzerland. London 1798, nach der Übersetzung bei Otto Weiss: Die Tessinischen Landvogteien der XII Orte im 18. Jahrhundert. Zürich 1914, 23–27.
44 ibid.
45 Simler: Regiment II, 161/2.
46 Stockar (wie Anm. 36) 132/3; Zehnder: Chronistik 282.
47 Zehnder: Chronistik 140/2.
48 Jetzt Guy Paul Marchal: De la passion du Christ à la «Croix suisse», quelques reflexions sur une enseigne suisse, in: Itinera 9, 1989, 107–131. – Die Rückführung des weissen Kreuzes in Rot auf die «uralte Blutfahne» des Reichs wird von Marchal bestritten (114). Vgl. Mühlemann: Wappen 12–16, 39, 163, Anm. 8.
49 Wiler Chronik 151, zit. nach Zehnder: Chronistik 140.
50 Simler: Regiment II, 162.
51 Mühlemann: Wappen 91 (Basel), 52 (Uri); Dierauer: Geschichte 2, 471/2.
52 Sundgauerlied, s. Anm. 71.
53 Walter Schaufelberger: Zum Problem der militärischen Integration in der spätmittelalterlichen Eidgenossenschaft, in: Allgemeine Schweizerische Militärzeitschrift Mai 1970.
54 Karl H. Flatt: Die Errichtung der bernischen Landeshoheit über den Oberaargau,

in: AHVB 53 (1969) 54 f.
55 Ernst Walder: Das torechte Leben von 1477 in der bernischen Politik 1477–1481, in: BZ 45 (1983) H.2.
56 Heinrich Brennwald: Chronik von den Helvetiern bis 1509, hg. von Rudolf Luginbühl, in: QSG, NF I, Chron. 1 und 2. Basel 1908/1910, 2. Bd. 346 f (im Schwabenkrieg).
57 Zehnder: Chronistik 160.
58 Simler: Regiment II, 160. Zehnder: Chronistik 415, zit. ausserdem Beispiele aus Luzern und Schaffhausen; Harnischschau ibid. 136 f.
59 Simler: Regiment II, 160.
60 Rudolf Henggeler: Das Schlachtenjahrzeit der Eidgenossen, in: QSG, NF II, Bd. 3. Basel 1940.
61 Zehnder: Chronistik 288/9.
62 Renward Cysat: Collectanea chronica 7/4, zit. nach Zehnder: Chronistik 289.
63 Nach verschiedenen Chroniken, zit. bei Zehnder: Chronistik 289–291.
64 Ab 1863 wallfahren die Innerrhoder nicht mehr nach Marbach, sondern auf den Stoss, Rainald Fischer/Walter Schläpfer/Franz Stark: Appenzeller Geschichte. Appenzell/Herisau 1964, 1, 165.
65 Zehnder: Chronistik 288.
66 Dazu die Sammlungen Liliencron, Tobler und Röseligarte.
67 Simler: Regiment II, 165.
68 Tobler: Volkslieder 2, 10–14, hier 12.
69 Tobler: Volkslieder 1, 8 f.
70 Brennwald: Chronik (wie Anm. 56) 272. Die spätere, allgemein gewordene Formulierung «bei Grandson das Gut, bei Murten den Mut, bei Nancy das Blut» scheint aus dem 18. Jahrhundert zu stammen (Anm. ibid.).
71 Tobler: Volkslieder 2, 43–48, hier 43–45.
72 Clément Jeannequin, in: Crove's Dictionary of music and musicians, ed. Eric Blom, vol. 4. London 1954.
73 Tobler: Volkslieder 19/20, Strophen 18–21 (Schlacht bei Sempach, Lied II.).
74 Guy P. Marchal: Arnold von Winkelried, Mythos und Wirklichkeit, in: Nidwaldner Beiträge zum Winkelriedjahr 1986. Stans 1986; P. Rainald Fischer: Die Ueli Rotach-Frage, in: Geschichtsfreund 4 (1956) 32–53; Eligio Pometta: La guerra di Giornico e le sue conseguenze, 1478–1928. Bellinzona 1928.
75 Fritz Burg: Dichtungen des Niclaus Manuel. Aus einer Handschrift der Hamburger Bibliothek, in: Neues Berner Taschenbuch 1897, 61–97, Zitat der Zeilen 178 und 230. Paul Zinsli bestreitet die Autorschaft Manuels, P.Z.: Niklaus Manuel als Schriftsteller, in: 450 Jahre Berner Reformation. Bern 1980, 114.
76 S. auch Zehnder: Chronistik 168.
77 S. Tabelle in Kap. 5.
78 Dornacherlied (wie Anm. 94).
79 Dazu allgemein: Peter Blickle: Unruhen in der ständischen Gesellschaft 1300–1800, in: Enzyklopädie deutscher Geschichte Bd. 1. München 1988 (weitere Literatur); ders. (Hg.): Aufruhr und Empörung. Studien zum bäuerlichen Widerstand im Alten Reich, hg. von P.B. München 1980 (in beiden Publikatio-

nen wird die Schweiz einbezogen; ausserdem die vorzügliche ältere Arbeit von Emil Dürr: Die Politik der Eidgenossen im XIV. und XV. Jahrhundert, in: Schweizer Kriegsgeschichte, Heft 4. Bern 1933, 331 f.; Guy P. Marchal: Die Antwort der Bauern. Elemente und Schichtungen des eidgenössischen Geschichtsbewusstseins am Ausgang des Mittelalters, in: Geschichtsschreibung und Geschichtsbewusstseins im späten Mittelalter, hg. v. Hans Patze. Sigmaringen 1987.

80 Feller/Bonjour: Geschichtsschreibung I, 71/2.

81 Heinrich Wittenwilers Ring, nach der Meininger Handschrift, hg. v. Eduard Wiessner. Darmstadt 1964, 252/3 (Zeile 7219–1730, 724–7244).

82 Vgl. Anm. 79.

83 Schlumpf: Puren 181.

84 ibid. 151.

85 ibid. 149.

86 Anshelm: Chronik 4, 145 f., zit. nach Zehnder: Chronistik 532.

87 Tobler: Volkslieder 2, 80–87, hier 87.

88 Schlumpf: Puren 149 (Isenhofer von Waldshut).

90 Zehnder: Chronistik 658 ff; Maurer (wie Anm. 91) 30.

90 ibid. 534.

91 Helmut Maurer: Schweizer und Schwaben. Ihre Begegnungen und ihr Auseinanderleben am Bodensee im späten Mittelalter. Konstanz 1983, 64/5, Anm. 155.

92 Schlumpf: Puren 130 (Isenhofer von Waldshut).

93 ibid. 150.

94 ibid. 151.

95 Die Formel «Die Edeln müssen bey den Bauern bleiben» (Antwort der Solothurner, als Mönche von Basel die Leichen der erschlagenen Edeln erbitten) erst (?) bei Robert Glutz-Blotzheim: Geschichte der Eidgenossen (Forts. v. J. v. Müllers Geschichten Schweizerischer Eidgenossenschaft). Zürich 1816, 136 und Anhang XIV. Brief der Berner Hauptleute v. 24. Juli 1499 an Solothurn. «Gemein unser Eidgenossen» gestatten die Herausgabe von drei Grafen nicht.

96 T.A. Brady, Jr.: Turning Swiss. Cities and Empire, 1450–1550. Cambridge 1986.

97 Oechsli: Benennungen II, 197.

98 Fernis: Volksdichtung 628, Landsknechtslied im Schwabenkrieg.

99 Felix Platter: Tagebuch (Lebensbeschreibung) 1536–1567, hg. v. Valentin Lötscher (Basler Chroniken 10). Basel 1976, 46/7.

100 S. Anm. 106.

101 Mommsen: Eidgenossen, Kaiser und Reich. Basel 1958.

102 Maria Margaretha Werder: Das Nachleben Karls des Grossen im Wallis. Brig 1977.

103 Die Reichsstandschaft ist eine relative Sache. Sie hängt von der jeweiligen kaiserlichen Politik ab und vor allem von der Stärke der betreffenden Stadt.

104 Hermann Wiesflecker: Habsburg und das Reich, in: Die Murtenschlacht. AHVB 60 (1976) 111 f.

105 Brennwald: Chronik (wie Anm. 56) 2, 379.

106 Liliencron: Volkslieder 2, 373, zit. bei Werner Kaegi: Historische Meditationen, Bd. 1. Zürich 1942, 75.
107 Liliencron: Volkslieder 2, 376, Kaegi: ibid.
108 Liliencron: Volkslieder 2, 231[4], zit. bei Fernis: Volksdichtung 622, Zug nach Bellenz.
109 Julia Gauss: Die westfälische Mission Wettsteins im Widerstreit zwischen Reichstradition und Souveränitätsidee, in: ZSG 28 (1948) 178.
110 Wie Anm. 114.
111 Walter Haas: Sprachgeschichtliche Grundlagen, in: Viersprachige Schweiz 71–160.
112 Karte ibid. 74.
113 ibid. 151.
114 Formulierung der Tagsatzung vom Juni 1561, zit. bei Johannes Winzeler: Geschichte von Thayngen. Thayngen 1963, 268.
115 Oechsli: Benennungen II, 199, aus Valerius Anshelm: Chronik, Bd. 1. Bern 1884, 153.
116 Franz Bächtiger: Andreaskreuz und Schweizerkreuz. Zur Auseinandersetzung zwischen Landsknechten und Eidgenossen. (Jahrbuch des Historischen Museums Bern 51/2) 1971/2.
117 Simler: Regiment II, 162[v]/3.
118 ibid. II, 162.
119 Liliencron: Volkslieder 2, 336, Str. 5, zit. bei Stricker: Selbstdarstellung 150, Anm. 85.
120 Niklaus Manuel, hg. von Jakob Baechtold. Frauenfeld 1878, 21.
121 Weisses Buch 13.
122 Zehnder: Chronistik 613 ff. Es handelt sich um humanistische Konstruktionen, die in den ersten Chroniken – um 1500 – enthalten sind. Es gibt auch andere Theorien, nach denen die Urner von den Hunnen bzw. Tamiscern, die Schwyzer aus Sachsen stammen. Im Weissen Buch schon: Unterwaldner sind Römer, Schwyzer kommen aus Schweden.
123 Zehnder: Chronistik 627 ff.
124 Darüber jetzt Guy P. Marchal: Die Ursprünge der Unabhängigkeit (401–1394), in: Geschichte der Schweiz und der Schweizer 175–177.
125 Weisses Buch 5, 13, 15.
126 Quellenwerk III, 2.1., 40. Über Tell jetzt Jean-François Bergier: Guillaume Tell. [Paris] 1988. Ein geistreicher Versuch, die Sage in den sozioökonomischen Kontext der Zeit zu stellen.
127 Weisses Buch 11, 13.
128 ibid. 444.
129 Tellstatue am Gasthaus «Guillaume Tell» neben dem Rathaus Mülhausen, Fresko des Apfelschusses, des Rütlischwurs und von Gesslers Tod am Tellenhaus in Ernen (1576).
130 Im 15. Jahrhundert sind noch respektable Ruinen sichtbar, Guy P. Marchal: (vgl. Anm. 124) 176/7.
131 Z.B. Bürgermeister Waldmann, die Herren von Raron, der Abt Ulrich Rösch

von St. Gallen.

132 Guy P. Marchal: Bellum justum contra judicium belli. Zur Interpretation von Jakob Wimpfelings antieidgenössischer Streitschrift «Soliloquium pro Pace Christianorum et pro Helvetiis ut resipiscant...» (1505), in: Festschrift Ulrich Im Hof, Bern 1982, 114–137. (Rede für den Frieden der Christenheit und für die Schweizer, dass sie wieder zu Verstand kommen).

133 [Thomas Morus]: Utopia, 1. II, De re militari, in: The Complete Works of St. Thomas More, vol. 4. Yale 1965, 206–209.

134 Emil Dürr: Machiavellis Urteil über die Schweizer, in: BasZG 17 (1918) 162–194.

135 «... ut Helvetii quemadmodum Marte et armorum gloria nemini cedunt, ita tandem eos habeant, qui Minervae donis eximii, gloriam eorum literis non minus quam armis illustrem facere possint.» Vadian an Abt Franz von St. Gallen, 15. Oktober 1517. Vadianische Briefsammlung I, 1508–1518. St. Gallen 1890, 173.

136 «Gaudeo ex pectore et in nostros montes aliquando migraturas Musas et fontes amoenissimos occupaturas; quamquam iam ament et versentur tecum, numerus tamen amorem augebit et me forsan et Heinricum [Glareanum] illic Musae amabunt», schrieb Vadian am 7. Mai 1513 an Zwingli, Huldreich Zwinglis Sämtliche Werke, Bd. VII. Leipzig 1911, 25. Glarean zählt im Panegyricum (s. Anm. 137) auf: Zwingli, Vadian, Lupulus, Rubellus (seinen Lehrer), Bruno, Basilius und Bonifacius Amerbach. Man dürfte u.a. noch Bonstetten und Anshelm in diese Reihe der ersten schweizerischen Humanisten stellen. Auffallend ist, dass gleich zwei, Rubellus und Anshelm, aus Rottweil stammen.

137 Heinrich Glarean: Helvetiae descriptio panegyricum, hg. v. Werner Näf. St. Gallen 1948, 14, lateinisch und deutsch, erste Edition 1514; vgl. Veronica Feller-Vest: Glarean als Dichter und Historiker, in: Der Humanist Heinrich Loriti, genannt Glarean (1488–1563). Mollis 1983. «Coepi ego me ipsum opportune colligere, quaeque de Helvetia apud optimos quosque aut reperissem aut invenissem authores, congerere posterisque tradere et ad maiora invenienda ansam praebere. Neque ab hoc instituto deterruit me, quod non dubitem et reprehensores adesse et maledicos carminum meorum iudices. Quis enim nescit, quot annis et fortiter et patienter Helvetia eiusmodi hominum balatus tulerit? nonnunquam ora rugientia contuderit?... in nos clamare, tanquam christiani non simus, ceu neque rationem neque huius usum habeamus, quod libertatem nostram et iusticia et armis tueamur, quod non ut servi tyrannis audientes simus, quod rempublicam nostram iuste augeamus.»

138 Brennwald: Chronik, zit. bei Bernhard Stettler: Tschudis schweizergeschichtliche Gesamtkonzeption..., in: Aegidius Tschudi: Chronicon Helveticum, 1. Teil. Bern 1968, 82*.

139 Stettler: Tschudi I, 92*.

140 ibid.

141 Hg. v. Sebastian Münster. Basel 1538 und 1560.

142 Simler: Regiment II, 166.

143 ibid. 165.

144 Feller: Reiseberichte.

145 S. Anm. 152.

146 Emil Usteri, Das öffentliche Schiedsgericht in der schweizerischen Eidgenossenschaft des 13.–15. Jahrunderts. Ein Beitrag zur Institutionengeschichte und zum Völkerrecht. Zürich/Leipzig 1925. Vgl. Ernst Walder, Anm. 148.

147 Nabholz/Kläui: Quellenbuch 94.

148 Ernst Walder: Bruder Klaus als politischer Ratgeber und die Tagsatzungsverhandlungen in Stans 1481, in: Freiburger Geschichtsblätter 65 (1988) 83–119, hier 94.

149 Robert Durrer: Bruder Klaus. Die ältesten Quellen..., 2 Bde. Sarnen 1917–1921.

150 Simler: Regiment II, 180 (lat. 312/3).

151 Vgl. dazu Urs Martin Zahnd: Die Bildungsverhältnisse in den bernischen Ratsgeschlechtern im ausgehenden Mittelalter: Verbreitung, Charakter und Funktion der Bildung in der politischen Führungsschicht einer spätmittelalterlichen Stadt. (Schriften der Berner Burgerbibliothek 14). Bern 1979; Barbara Braun-Bucher: Der Berner Schultheiss Samuel Frisching 1605–1683. Schrifttum, Bildung, Verfassung und Politik des 17. Jahrhunderts auf Grund einer Biographie, Diss. phil. hist Bern 1987 {Masch.}.

152 Eugen Huber: System und Geschichte des schweizerischen Privatrechts, Bd. 4. Basel 1893, 121, Anm. 16; dazu Ferdinand Elsener: Die Schweizer Rechtsschulen vom 16. bis zum 19. Jahrhundert unter besonderer Berücksichtigung des Privatrechts. Die kantonalen Kodifikationen bis zum schweizerischen Zivilgesetzbuch. Zürich 1975, 256, Anm. 49 (hier ganzes Zitat). – Die Erzählung stammt aus dem 16./17. Jahrhundert.

2. Die nationale Krise der Konfessionalisierung und die Stabilisierung des Nationalbewusstseins (16./17. Jh.)

1 Zehnder: Chronistik 661–664.

2 Nabholz/Kläui: Quellenbuch 107.

3 Johannes Duft: Die Glaubenssorge der Fürstäbte von St. Gallen im 17. und 18. Jahrhundert. Ein Beitrag zur Seelsorgsgeschichte der katholischen Restauration als Vorgeschichte des Bistums St. Gallen. Luzern 1944, 332, 43, 190, 195, 215.

4 Stich von Johann Heinrich Ammann und Conrad Meyer, Mitte 17. Jahrhundert.

5 Catherine Santschi: Histoire et évolution des armoiries de Genève. Genève 1987.

6 Ulrich Im Hof: Sozialdisziplinierung in der reformierten Schweiz vom 16. bis zum 18. Jahrhundert, in: Annali dell'Istituto storico italo-germanico in Trento VIII (1982), 119–139.

7 Gottfried W. Locher: Die zwinglische Reformation im Rahmen der europäischen Kirchengeschichte. Göttingen 1979, 533, Anm. 252.

8 Vgl. Martin Körner: Glaubensspaltung und Wirtschaftssolidarität (1515–

1648), in: Geschichte der Schweiz und der Schweizer 357–446, Lit. 441/42. Max Webers Theorie vom Zusammenhang der «protestantischen Ethik» und dem «Geist des Kapitalismus» wird durch die Tatsache bestätigt, dass es die protestantischen Städte (Genf, Basel, Zürich, St. Gallen) sind, die die neuen Methoden und Techniken erfolgreich anwenden.

9 v. Greyerz: Nation 55/6.

10 Es dürften auch Umbenennungen von alten, Karl dem Grossen geweihten Altären eine Rolle spielen. Maria Margaretha Werder: Das Nachleben Karls des Grossen im Wallis. Brig 1977, 311.

11 Josef Engel: Von der spätmittelalterlichen respublica christiana zum Mächte-Europa der Neuzeit, in: Handbuch der europäischen Geschichte 3, 1–443, hier 174.

12 Benno Hubensteiner: Vom Geist des Barock. Kultur und Frömmigkeit im alten Bayern. München 1967, 22 f.

13 P. Rainald Fischer: Die Gründung der Schweizer Kapuzinerprovinz 1581–1589. (ZSK, Beiheft 14, 1955) 58.

14 Frédéric II: Histoire de mon temps [1746], hg. v. Max Posner. Leipzig 1879, 187/88.

15 Richard Alewyn: Das große Welttheater. Die Epoche der höfischen Feste. München ^{2}1985, 64.

16 Als Dank an Antistes J.J. Breitinger für seine Mission an der Synode von Dordrecht 1618/19.

17 Hans Dommann: Der barocke Staat in der Schweiz, in: Barock in der Schweiz. Einsiedeln 1930, 43–61, hier 46.

18 Wie Anm. 24.

19 Heinrich Bullinger: Reformationsgeschichte, hg. v. J. Hottinger und H.H. Vögeli, 2. Bde. Frauenfeld 1838, 183.

20 «Claronae aiunt visionem esse visam. Apparuerunt noctu duae acies vel turmae equitum, in medio prosiluerunt leones duo, ac in medio quoque horum apparuit clara et illustris Crux Helvetica. Alter leonum devoravit alterum, deinde nuspiam apparuit, ita in nubes abierunt etiam turmae equitum. Crux autem ad spatium prope horae triumphans ibi rutilavit.» Kurt Mäder: Die Via media. Zürich 1971, 183.

21 Robert Durrer: Bruder Klaus. Die ältesten Quellen... 2 Bde. Sarnen 1917–1921; Ernst Walder: Bruder Klaus als politischer Ratgeber..., in: Freiburger Geschichtsblätter 65 (1987/8) 114/5; z.B. Bezug auf Niklaus von Flüe in einem niederländischen Traktat von 1665. Er erscheint Wilhelm I. v. Oranien im Traum, Braun-Bucher: Der Berner Schultheiss Samuel Frisching 1605–1683, 52.

22 «Ein grad wiss Krüz wie unsere altforderen», E.A. IV, 1. c.p. 1275 (das geplante Aufgebot für Rottweil im Jahre 1540). N.B. St. Fridolin bleibt in Wappen und Fahne der überwiegend protestantischen Glarner, auch die Heiligen auf den Siegeln überdauern (z.B. Zürich).

23 S. Anm. 74–78.

24 Josua Wetter: Karl von Burgund [1653], hg. v. Hellmut Thomke. Bern 1980,

108; Hellmut Thomke: Der Fürstabt und die reformierte Stadt St. Gallen im Theaterwettstreit, in: Europäische Hofkultur im 16. und 17. Jahrhundert. Kongress des Wolfenbütteler Arbeitskreises für Renaissanceforschung 1979, Bd. III. Hamburg 1981.

25 Marco Jorio: Der Basler Weihbischof Thomas Henrici (1579–1660) und sein «Irenicum catholicum» (1659). Ein Beitrag zur Geschichte der Ökumene im Fürstbistum Basel nach dem Dreissigjährigen Krieg, in: ZSK 72 (1978) 78/9.

26 [Franz Haffner]: Der klein Solothurner // Allgemeine Schaw=Platz Hi=// storischer Geist= auch Weltlicher vornembsten Ge=//schichten vnd Händlen/ ...Verfasset... // Durch H. Franciscum Haffner... Solothurn... // ANNO M.DC.LXVI, II, 217.

27 Bekenntnisschriften und Kirchenordnungen der nach Gottes Wort reformierten Kirche, hg.v. Wilhelm Niesel. Zürich 1985, 176. Der Heidelberger Katechismus war in den Kirchen der Kantone Bern und Schaffhausen in Gebrauch.

27a Catechismus // Getruckt / Auß Befelch // Ihro Hochfuͤrstlich Gna=//den Herrn Herrn Bischoffen/ // und Graffen von Losannen des // H. Roͤmischen Reichs Fuͤrsten/ etc. /// Nach // Innhalt und Verstand // V.P. Petri Canisii // vermehret // Zu Nutzen der lieben Jugend/ // und aller Christglaubigen des // Bistumbs Losannen: // Außgetheilt in vier Theil: // 1. Was man glauben solle. // 2. Was man thun solle. // 3. Was man empfangen solle. // 4. Was man betten solle... // Zu Freyburg in Uchtland / ... 1734. o. S., hier 2. Teil.

28 Oechsli: Benennungen I, 190.

29 Nabholz/Kläui: Quellenbuch 64.

30 Der Berner Synodus von 1532, hg. v. G.W. Locher, Bd. 1. Neukirchen-Vluyn 1984, 113/4 und 124.

31 Karl Schib: Geschichte der Stadt und Landschaft Schaffhausen. Schaffhausen 1972, 337.

32 «Die Schwizer hatens vernomen
dass man vor Dorneck leg, ...
Sie wolten die entschütten
zů Dorneck in der mur
Sie giengen oder ritten
es war menger stolzer pur.»
Zit. bei Schlumpf: Puren 151.

33 ibid. 156, nach Balthasar Spross: Von den jungen und alten Eidgenossen (1514).

34 Vgl. Im Hof (wie Anm. 6).

35 E. A. 6, 1, 164.

36 Text nach Vock/Tobler, in: Urs Hostettler: Die Lieder der Aufständischen im grossen Schweizerischen Bauernkrieg. (Schweizer Archiv für Volkskunde 79). Basel 1983, 17/8.

37 Richard Feller: Geschichte Berns, Bd. II. Bern 1953, 643; v. Greyerz: Nation 22. Der Begriff «Bauernschlächter» wird da wieder aufgegriffen.

38 Januar 1798. Es handelt sich um Johann Christoph Im Hof. Korrespondenz des Peter Ochs, hg. v. Gustav Steiner, Bd. 2. Basel 1935, 230 und 239.

39 Braun-Bucher: Der Berner Schultheiss Samuel Frisching 1605–1683, 65.

40 Aussage von 1750, in: Rudolf Dellsperger: Die Anfänge des Pietismus in Bern. Göttingen 1984, 93.
41 Wie Anm. 45.
42 Hans Lehmann, Stoffel v. Breitenlandenberg und der geplante Kriegszug der Eidgenossen nach Rottweil (1540–1542), in: Zürcher Taschenbuch 1937/1938.
43 Dazu: Jürg Stüssi: Das Schweizer Militärwesen des 17. Jahrhunderts in ausländischer Sicht. Zürich 1982 (dort weitere Literatur).
44 Z.B. Johann Jacob Bodmer, Professor der Geschichte in Zürich: «Seine Armatur, Flinte und Patrontasche, die er als Bürger haben musste, war sauber gehalten» (Salomon Orelli), in: Johann Jakob Bodmer: Schriften, ausgewählt v. Fritz Ernst. Frauenfeld 1938, 134.
45 Röseligarte I, 15. Lied der Appenzell-Innerrhoder bei der Stossprozession, noch anfangs 19. Jahrhundert gesungen.
46 Scheuchzer: Leibsbeschaffenheit 101.
47 Jean-Jacques Rousseau: Considérations sur le gouvernement de Pologne et sur sa réformation projettée, œuvres complètes ed. B. Gagnebin/M. Reymond, Paris 1964, 3, 1015 (geschrieben 1771–1772, 1. Edition 1782).
48 Feller: Reiseberichte, passim; Pufendorf (wie Anm. 69).
49 «Betteraves» bei Adolf Frei: J. Gaudenz von Salis. Frauenfeld 1889, 259; Abbildungen z.B. bei Paul de Vallière: Honneur et Fidélité. Histoire des Suisses au Service étranger. Neuchâtel 1913.
50 Auskunft von Dr. h.c. Georg Duthaler, Basel.
51 So Wilhelm Raabe in «Das Odfeld», Fischer Bücherei 45. Frankfurt a/M. 1962, 31.
52 Z.B. lehnt der spätere Berner Schultheiss Steiger 1561 Solothurn als Treffpunkt für diplomatische Unterhandlungen ab, weil sich dort viele Kriegsleute aus der Eidgenossenschaft aufhielten, «mit trinck und andern wyss by Inen gebrüchlich, so meer schadens dann nutz by etlichen schidorten schaffen möchten», Ulrich Moser: Schultheiss Hans Steiger. Bern und die Waadt in der Mitte des 16. Jahrhunderts. Bern 1977, 86/7.
53 Röseligarte IV, 52. Im Röseligarte werden elf Fremddienstlieder wiedergegeben. Das berühmte «Zu Strassburg auf der Schanz» mit dem Alphorn-Heimwehmotiv stammt aus dem 19. Jahrhundert.
54 Darüber Willy Pfister: Die bernischen Soldregimenter im 18. Jahrhundert, in: BZGH 45 (1983) 54f.
55 Röseligarte I, 52/3. Es sind deutsche Nachahmungen dieses Liedes bekannt.
56 «Point d'argent, point de Suisse» belegt im Reisebericht von Hervé-Julien Lesage (1796, geschrieben 1800), in: Couvents de la Suisse alémanique à la fin du XVIIIe siècle. Notes de voyage d'un Religieux Prémontré, publié par P. Norbert Backmund, ZSK 1952, 190. Deutsch auch bei Pufendorf (Anm. 69). – Die Anekdote in: Beat Fidel von Zurlauben: Histoire militaire des Suisses au service de la France, vol 8. Paris 1753, 62.
57 Röseligarte I, 32/3. Es gibt bündnerische und deutsche Varianten dieses Liedes.
58 [Christian Emanuel] de Zimmermann: Essais de principes d'une morale militaire. Amsterdam et Paris 1769, 76–78; deutsche Übersetzung von N. Jaquet:

Grundgedanken über geistige Haltung in militärischen Dingen, 1941.

59 Wie Anm. 69; «Le moyen d'imaginer qu'un homme et un Suisse n'aimât pas à boire? En effet, j'avoue que le bon vin me paroit une excellente chose, et que je ne hais point à m'en égayer pourvu qu'on ne m'y force pas... Un homme franc craint moins ce babil affectueux et ces tendres épanchemens qui precedent l'ivresse; mais il faut savoir s'arrêter et prévenir l'excés. Voila ce qu'il ne m'étoit guere possible de faire avec d'aussi déterminés buveurs que les Valaisans, des vins aussi violens que ceux du pays, et sur des tables où l'on ne vit jamais d'eau...» J.J. Rousseau: Nouvelle Héloise, lettre XXIII, Œuvres III, 81.

60 Nicolò Machiavelli: Discorsi sopra la prima decà di Tito Livio II, 19.

61 Joachim Du Bellay: Les regrets, ed. Henri Guillemin. Genève [1943] 115; Rabelais IV, XXXVIII «Les Souisses, ... que sçavons-nous si jadis estoient Saulcisses? Je n'en voudroys pas mettre le doigt au feu».

62 Feller: Reiseberichte, passim (sehr instruktiv!).

63 Pufendorf, s. Anm. 69.

64 Anton Schindling: Die Universität Dillingen und die katholische Schweiz im konfessionellen Zeitalter, in: Schweizerisch-deutsche Beziehungen im konfessionellen Zeitalter. Beiträge zur Kulturgeschichte 1580–1650. (Wolfenbütteler Arbeiten zur Barockforschung 12). Wiesbaden 1984, 253–259.

65 Gerhard Menk: Die Hohe Schule Herborn in ihrer Frühzeit (1584–1660). Ein Beitrag zum Hochschulwesen des deutschen Kalvinismus im Zeitalter der Gegenreformation. (Veröffentlichungen der Historischen Kommission für Nassau XXX). Wiesbaden 1981, 26, 178 ff; Rudolf Pfister: Kirchengeschichte der Schweiz, 2. Bd. Zürich 1974, 555.

66 Pizzo dei Tre Signori östlich des Langensees (Mailand, Venedig, III Bünde) und Corno dei Tre Signori (Venedig, Bistum Trient, III Bünde), Adolf Gasser und Ernst Keller: Historische Karte zur territorialen Entwicklung der Eidgenossenschaft, in: Adolf Gasser: Die territoriale Entwicklung der Schweizer Eidgenossenschaft 1291–1797. 1932 und Emil Dürr in: Schweizer Kriegsgeschichte, H. 4. Bern 1933.

67 Julia Gauss und Alfred Stoecklin: Bürgermeister Wettstein. Der Mann. Das Werk. Die Zeit. Basel 1953, 178 f.

68 Paul Schweizer: Geschichte der schweizerischen Neutralität, 2. Bde. Frauenfeld 1895; Edgar Bonjour: Geschichte der schweizerischen Neutralität. Drei Jahrhunderte eidgenössischer Aussenpolitik, 9 Bde. Basel 1965–1976.

69 Samuel von Pufendorf: Historie der vornehmsten Reiche und Staaten von Europa. 2 Teile, 1682–1685, hier nach der Ausgabe von 1719, 9.

70 Dieser «alte schweizerische Reim», der wohl aus dem 16./17. Jahrhundert stammt, lässt sich vorderhand nur mit einer Aussage von 1791 belegen (Georg Escher von Berg: Gedanken über Freyheit und Vaterlandsliebe, Basel 1791, 29 (Anm.*).

71 [Johann Jakob Grasser]: Schweizerisch // HeldenBůch 7 // darinn / Die Denckwürdigstē Thaten // vñ Sachen / gemeiner Loblicher Eyd- // gnoßschafft/... beschrieben durch // JO. JACOBUM GRASSERUM. // Basel... 1624; Hellmut Thomke: Die Stellung Johann Jakob Grassers im Umkreis der oberrheinischen

und schweizerischen Literatur, in: Schweizerisch-deutsche Beziehungen im konfessionellen Zeitalter, 1580–1650. (Wolfenbütteler Arbeiten zur Barockforschung 12). Wiesbaden 1984, 119 f.

72 ibid.

73 J.J. Rüeger: Chronik der Stadt und Landschaft Schaffhausens, 1. Bd. Schaffhausen 1884, Text 110/1. Die Chronik wurde 1600–1606 geschrieben, Stumpf und Guillimann waren ihre Vorbilder (Manuskript erst 1884–92 publiziert).

74 Walter Haas: Die deutschsprachige Schweiz, in: Die viersprachige Schweiz. Zürich 1984, 71–160; Peter Glatthard: Die eidgenössisch-alemannische Schreibsprache in der Auseinandersetzung mit der ostmitteldeutsch-neuhochdeutschen Schriftsprache, in: Das Reich und die Eidgenossenschaft 1580–1650. (1982) 7. Kolloqium der Schweiz. Geisteswissenschaftlichen Gesellschaft. Freiburg 1986, 319–334.

75 Feller/Bonjour: Geschichtsschreibung I, 444/5.

76 Vgl. dazu Jakob Baechtold: Geschichte der Deutschen Literatur in der Schweiz. Frauenfeld 1892; Emil Ermatinger: Dichtung und Geistesleben der deutschen Schweiz. München 1933; Oskar Eberle (Hg.): Barock in der Schweiz. Einsiedeln 1930; Stephan Schmidlin: «Frumm biderb lüt». Ästhetische Form und politische Perspektive im Schweizer Schauspiel der Reformationszeit. Bern 1983.

77 Urner Tellenspiel 1512 (anonym), Jakob Ruf von Zürich: Neues Tellenspiel (1545), Baechtold: Geschichte der Deutschen Literatur in der Schweiz 326 ff.

78 Dazu Friederike Christ-Kutter (Hg.): Das Spiel von den alten und jungen Eidgenossen (Altdeutsche Übungstexte 18). Bern 1963.

79 Von Jakob Ruf, ca. 1538 (auch «Etter Heini» genannt) Baechtold: Geschichte der Deutschen Literatur in der Schweiz 272 f.

80 Für die 300 Jahrfeier der Eidgenossenschaft 1598.

81 Johannes Schneider von Zug, Baechtold: Geschichte der Deutschen Literatur in der Schweiz 467.

82 Thomke (wie Anm. 24), 178.

83 S. Anm. 70.

84 Es handelt sich um eine «ausgeweitete» Berner Chronik, v. Greyerz: Nation 60.

3. Der neue Patriotismus der Aufklärung

1 Wie Anm. 5.

2 Vgl. Kap. 1.6.

3 Antwort der Regierung auf das Gutachten von Jakob Bernoulli (1691), Andreas Staehelin: Geschichte der Universität Basel 1632–1818. Basel 1957, 437.

4 «Die verdorbenen Sitten» (1731), Vers 31/2, Haller: Gedichte 131.

5 Im Hof: Iselin 52 (1766).

6 VHG 1765, 47, 17.

7 Im Hof: Helvetische Gesellschaft 27.

8 ibid.

9 Vgl. Nationalfonds-Forschungsprogramm «Index analythique des périodiques suisses» (18. Jahrhundert); Fritz Störi: Der Helvetismus des «Mercure Suisse».

(«Journal helvétique») 1732–1784. Zürich 1953.

10 Vgl. Erne: Sozietäten 35–40.

11 Ziehen: Schweizerbegeisterung; Feller: Reiseberichte; Rudolf Zellweger: Une cause célébre du Mercure suisse: «Da Défense de la Nation Suisse», in: Aspects du livre neuchâtelois. Neuchâtel 1986.

12 Ebel 1793 (vgl. Anm. 99), zit. bei Urs Kamber: Für wen ist die Schweiz merkwürdig?. Basel 1972, 25.

13 VHG 1764, 139–145; Im Hof: Helvetische Gesellschaft 214.

14 Schweizerlieder I, 72.

15 Im Hof: Helvetische Gesellschaft 215.

16 Zimmermann: Nationalstolz 147.

17 Rudolf Vierhaus: «Patriotismus»-Begriff und Realität einer moralisch-politischen Haltung, in: Deutschland im 18. Jahrhundert. (Wolfenbütteler Forschungen 8). Göttingen 1987, 25.

18 Im Hof: Iselin 146.

19 Friedrich Karl von Moser: «Von dem Teutschen Nationalgeist». Frankfurt 1765, 13, zit. in Vierhaus: «Patriotismus...» (wie Anm. 17) 99.

20 VHG 1773, 105.

21 Georg C.L. Schmidt: Der Schweizer Bauer im Zeitalter des Frühkapitalismus. Die Wandlung der Schweizer Bauernwirtschaft im 18. Jahrhundert und die Politik der ökonomischen Patrioten. Bern 1932.

22 Carlantonio de Pilati: Voyages en différens pays d'Europe en 1774, 1775 et 1776. La Haye 1777, 171.

23 Schweizerlieder I, 35.

24 Wie Anm. 28.

25 Johann Georg Escher von Berg: «Gedanken über Freyheit und Vaterlands-Liebe». Basel 1791, 13, 10, 31.

26 [Isaac Iselin]: «Versuch über die Gesetzgebung» 26, 48, zit. in: Hans Erich Bödeker: Menschenrechte im deutschen publizistischen Diskurs, in: Grund- und Freiheitsrechte von der ständischen zur spätbürgerlichen Gesellschaft, hg. v. Günter Birtsch. Göttingen 1987. Nach Bödeker ist Iselin der Erste im deutschsprachigen Raum, der explizit vom «Recht der Menschheit» spricht.

27 Zimmermann: Nationalstolz 238.

28 VHG 1764, 149 (Iselin).

29 VHG 1783, 52 (Friedrich Münch, Basel).

30 VHG 1773, 58 (Franz Philipp Gugger, Solothurn).

31 Schweizerlieder II, 52/3.

32 Im Hof: Helvetische Gesellschaft 124.

33 ibid. 159–162.

34 Schweizerlieder I, 37 und 40.

35 VHG 1776, 25 (Johannes Zellweger).

36 VHG 1782, 9–15; vgl. Ulrich Im Hof: «Freiheit der Untertanen», in: Festschrift für Adolf Gasser. Berlin 1983, 68–76.

37 VHG 1796, 105 (ein Jahr nach den Stäfner Unruhen!).

38 Kurt Guggisberg: Bernische Kirchengeschichte. Bern 1958, 433/4.

39 VHG 1787, 39.
40 1756 Synagoge in Lengnau, 1760 in Ober Endingen (mit Rabbinerhaus). Florence Guggenheim-Grünberg: Geschichte der Juden in der Schweiz. Zürich 1961; Augusta Weldler-Heinberg: Geschichte der Juden in der Schweiz vom 16. Jahrhundert bis nach der Emanzipation, bearbeitet und ergänzt durch Florence Guggenheim-Grünberg, 2 Bde. Zürich 1966/70.
41 Schweizerlieder I, 38 (4. Strophe).
42 Im Hof: Helvetische Gesellschaft 147.
43 Trinklied der Helvetischen Gesellschaft in Olten (1784), Schweizerlieder II, 108/9.
44 Stefan Röllin: Pfarrer Karl Joseph Ringold. Stans 1984, 240.
45 Schweizerlieder I, 30/1.
46 Philippe-Sirice Bridel: Société helvétique d'Olten, in: Etrennes helvétiennes et patriotiques. Lausanne 1790 (nicht paginiert).
47 Im Hof: Helvetische Gesellschaft 194.
48 ibid. 185 (1767).
49 «Die Vertraulichkeit im Schlachtfelde», in: Johann Jakob Bodmer: Schriften, ausgewählt von Fritz Ernst. Frauenfeld 1938, 87/8.
50 J.C. Lavater, «Gebetlied eines Schweizers», Schweizerlieder I, 71.
51 J.C. Lavater, «Loblied auf die Helvetische Einigkeit», Schweizerlieder I, 39; Ulrich Im Hof: Pietismus und ökumenischer Patriotismus; Zu Lavaters «Schweizerliedern», in: Pietismus und Neuzeit, Bd. 11. Göttingen 1985, 94 f.
52 Im Hof: Helvetische Gesellschaft 151.
53 VHG 1789, 36 (Präsident Valentin Meyer von Luzern).
54 Wie Anm. 60.
55 Karl Mommsen: Auf dem Wege zur Staatssouveränität. Staatliche Grundbegriffe in Basler juristischen Doktordisputationen des 17. und 18. Jahrhunderts. Bern 1970.
56 Entretien politique entre quelques Suisses des Treize Cantons et des Pays Alliés sur l'Etat présent où se trouve le Corps Helvétique. Londres 1738 (anonym).
57 Im Hof: Iselin 45.
58 V. Greyerz: Nation 73 (Johannes von Müller); Bruno Laube: Joseph Anton Felix Balthasar. Basel 1956, 107/8.
59 Erne: Sozietäten 48–54.
60 VHG 1777, 20, 22.
61 ibid. 20.
62 Haller: Gedichte 131, «Die verdorbenen Sitten» (1731).
63 Albrecht von Haller: Aufschrift auf das bekannte Grabmal der Burgundischen vor Murten erlegten Völker, in: Haller: Gedichte 226.
64 Johann Jakob Bodmer: Vom Wert der Schweizergeschichte, 1721, in: Max Wehrli: Das geistige Zürich des 18. Jahrhunderts. Zürich 1943, 63.
65 Johann Georg Zimmermann: Über die Einsamkeit, 3. Teil. Karlsruhe 1785, 375.
66 Emanuel Wolleb: Die Reise nach dem Concerte. Basel 1755.
67 Fritz Heitz: Johann Rudolf Iselin. Basel 1949, 113 f.

68 Christian Pappa: Zur Entstehung des schweizerischen Nationalbewusstseins in Graubünden. Zürich 1944.
69 Wie Anm. 64.
70 Die Schweizerlieder Lavaters erlebten zwischen 1767 und 1788 5 Auflagen, mit Melodien von 1770 bis 1796 4 Auflagen.
71 Veit Weber: Schweizerlieder II, 28/9.
72 Emanuel von Graffenried, VHG 1780, 39.
73 Ulrich Im Hof: Müllers Verhältnis zur schweizerischen Nationallegende, in: Johannes von Müller – Geschichtsschreiber der Goethezeit, hg. v. Christoph Jamme und Otto Pöggeler. Schaffhausen 1986, 53, 51–54.
74 ibid. 57, 50/1.
75 Schweizerlieder I, 10/1.
76 «Wilhelm Tell», Schweizerlieder I, 8/9.
77 Hans Kaspar Hirzel 1763, Im Hof: Helvetische Gesellschaft, 182.
78 Voltaire: «Essai sur les moeures et l'esprit des nations», t. 2. 75 (1769).
79 Isaak Iselins Reisetagebuch 1754, hg. v. Ferdinand Schwarz. (Basler Jahrbuch 1917) 133.
80 Uriel Freudenberger: Die Fabel vom Wilhelm Tellen (Ms. von 1752) bei: Hans Häberli: Gottlied Emanuel von Haller, in: AHVB XLI[2] (1952), 142/3. Vorarbeit zu «Der Wilhelm Tell. Ein dänisches Mährgen» bzw. «Guillaume Tell, fable d'anoise» (beide 1760 ohne Druckort).
81 Im Hof: Helvetische Gesellschaft 206/7.
82 Der Deutsche Johann Georg Schlosser, Mitglied der Helvetischen Gesellschaft, in: VHG 1782, 103/4.
83 Manfred Gsteiger/Peter Utz (Hg.): Telldramen des 18. Jahrhunderts. Samuel Henzi Grisler ou l'ambition punie; Johann Ludwig Am Bühl: Wilhelm Tell. Bern 1985.
84 Philippe-Sirice Bridel: Versuch über die Art und Weise wie Schweizerjünglinge ihr Vaterland bereisen sollen. Winterthur 1796, 10/1.
85 Die Bezeichnung «helvetisch» tragen zehn, die Bezeichnung «schweizerisch» fünf Gesellschaften des 18. Jahrhunderts, Erne: Sozietäten 416 und 419.
86 Labhardt: Tell 72.
87 Der Übergang vom Freiheitshut zum Tellenhut scheint noch nicht erforscht zu sein. Der Tellenhut ersetzt auch die phrygische Mütze, die z.B. auf dem Titelblatt der bernischen Oekonomischen Gesellschaft figuriert, wie auf der Landsgemeindedarstellung im Zellwegerhaus in Trogen, vgl. Im Hof: Helvetische Gesellschaft 192, 195, 210/1.
88 Jakob Sarasin, VHG 1794, 25.
89 Philippe-Sirice Bridel: «Epitre à la Société Helvétique». Bâle 1790, 7; Im Hof: Helvetische Gesellschaft 210.
90 J.C. Lavater: «Die Natur im Schweizerland», Schweizerlieder I, 76/7.
91 Fritz Ernst: Der Helvetismus. Einheit in der Vielheit. Zürich 1954, 33.
92 Johann Georg Sulzer: Vorrede zu seiner Edition von J.J. Scheuchzers «Natur-Geschichte des Schweitzerlandes», 1. Teil. Zürich 1746, 7.
93 Johann Jakob Scheuchzer: «Beschreibung der Natur-Geschichten des Schweizer-

landes», 1. Teil. Zürich 1706, Vorrede 1.

94 Ähnlich bei Johann Jakob Wagner: «Historia naturalis Helvetiae curiosa». Zürich 1680, «Deus Ter, Opt. Max» und «toti denique Patriae», in der «Dedicatio».

95 Scheuchzer: Leibsbeschaffenheit 195.

96 Haller: Alpen 311–320.

97 Rousseau: Nouvelle Héloise II, 79.

98 Johann Georg Im Thurn, Präsidialrede, VHG 1788, 26.

99 J.G. Ebel: Anleitung auf die nützlichste und genussvollste Art die Schweiz zu bereisen, 1. Aufl. 1793, 2. Aufl. Zürich 1804/5, Zitat nach der 3. Aufl. 1809/10, Teil 1, VII (Inhaltsverzeichnis).

100 Im Hof: Helvetische Gesellschaft 198.

101 J.C. Lavater: «Loblied auf die Helvetische Eintracht», aus der 6. Strophe, Schweizerlieder I, 39.

102 J.J. Scheuchzer: Helvetiae Stoicheiographia... oder Beschreibung der Elementen/Grenzen und Bergen des Schweizerlandes, in: Der Natur-Histori des Schweitzerlandes Erster Theil. Zürich 1716, 148.

103 J.J. Scheuchzer: «Von dem Heimwehe», in: Beschreibung der Natur-Geschichten des Schweizerlandes, 1. Teil. Zürich 1706.

104 Urs Boschung: Heimweh. Die Schweizerkrankheit, in: Schritte ins Offene. Zürich 1988/1, 17; Fritz Ernst: Vom Heimweh. Zürich 1949.

105 Horace-Bénédict de Saussure: Voyage dans les alpes, t. 1. Neuchâtel 1803, XIX.

106 Haller: Alpen 31–34 und 41–43.

107 Die Realität z.B. in Jürg Bielmann: Die Lebensverhältnisse im Urnerland während des 18. und zu Beginn des 19. Jahrhunderts. Basel 1972 und in Jon Mathieu: Bauern und Bären. Eine Geschichte des Unterengadins von 150–1800. Chur 1987.

108 Haller: Alpen 281–300. Die Heldengeschichte wird schon von Scheuchzer ausführlich dargestellt (Leibsbeschaffenheit, Anm. 5).

109 Schweizerlieder I, 56/7, II 50/1 und 44/5.

110 [J.J. Rousseau]: Du Contrat Social ou principes du droit politique, par J.J. Rousseau, citoyen de Genève. Amsterdam 1763, «De la Démocratie», livre III, chap. IV, 91.

111 Ziehen, Schweizerbegeisterung.

112 Der französische Geologe und Politiker Ramond de Carbonnières wohnte 1777 der ausserordentlichen Landsgemeinde von Evangelisch-Glarus in Schwanden bei, die über die Erneuerung der Allianz mit Frankreich zu beschliessen hatte, Lettres de M. William Coxe sur l'état politique, civil et naturel de la Suisse, traduit de l'Anglais et augmentées des observations faites dans le même pays par Mr. Ramond, t. I. Paris 1782, 87–89, hier zit. nach: Jahrbuch des Histor. Vereins des Kantons Glarus 51 (1943), 66 f, deutscher Text aus Johann Gottfried Ebel: «Schilderung der Gebirgsvölker der Schweiz», 2. Teil, 1802, 345–349.

1 v. Greyerz: Nation 77; Mallet-du-Pan bei Utz: Bern 88.
2 Vgl. Emilio Bonfatti: Padua im 18. Jahrhundert im Glanz des Niedergangs. Vortrag an der 11. Tagung der Deutschen Gesellschaft für die Erforschung des 18. Jahrhunderts. Hamburg, November 1986.
3 Iselin 1757, Im Hof: Isaak Iselin. Basel 1947, 200/1.
4 Ulrich Im Hof: Bräker als politischer Beobachter, in: 118. Neujahrsblatt des Historischen Vereins des Kantons St. Gallen. Flawil 1978, 33.
5 Nabholz/Kläui: Quellenbuch 169.
6 Erste Strophe des «Hymne vaudois», der – heute noch gesungen – der Tradition nach 1803 von Oberst Rochat aus der Vallée de Joux verfasst worden sein soll (erster bis jetzt auffindbarer Druck in: Chansons patriotiques publiées par la section vaudoise de Zofingue. Lausanne 1825).
7 Zschokke: Selbstschau 326.
8 Geschrieben zwischen dem 22. November 1847, der Einnahme von Zug, und dem 24. November, der Einnahme von Luzern, zit. nach Braun-Bucher: Der Berner Schultheiss Samuel Frisching 1605–1683, 70/1.
9 W. Dufour: Der Sonderbundskrieg... Basel 1876, 93.
10 Wie Anm. 18.
11 Im Hof: Helvetische Gesellschaft 216, 222.
12 Frei: Nationalbewusstsein 109 f.
13 Neue Literatur bei Ulrich Im Hof: Vereinswesen und Geselligkeit in der Schweiz 1750–1850, in: Sociabilité et société bourgeoise en France, en Allemagne et en Suisse 1750–1850. Ed. Recherches sur les Civilisations. Paris 1986, 53–62. Zu den im Text erwähnten Vereinen wären noch die Offiziersgesellschaft (1833) und die Grossloge Alpina der Freimaurer (1822/41) zu zählen.
14 Jeremias Gotthelf: Sämtliche Werke in 24 Bden, hg. v. Rudolf Hunziker und Hans Bloesch. Erlenbach/Zürich 1925, Bd. 15, 285; Frei: Nationalbewusstsein 226 f.
15 Vgl. Das Festspiel. Formen, Funktionen, Perspektiven, hg. v. Balz Engler und Georg Kreis. Willisau 1988.
16 Zu Unspunnen: Utz: Bern 98–101; Hans Spreng: Die Alpenhirtenfeste zu Unspunnen 1805 und 1808. Bern 1946.
17 Der Verfasser ist Johann Rudolf Wyss, Professor der Philosophie an der bernischen Akademie und Herausgeber der «Alpenrosen», v. Greyerz: Nation 116.
18 Der Text nach «Lieder für Schweizerjünglinge», herausgegeben von dem Zofinger-Vereine schweizerischer Studierender. Bern [2]1825.
19 Fehrenbach: Politische Symbole 303–309, 315–320.
20 Aus der zweiten Strophe des «Rufst du, mein Vaterland?» (s. Anm. 18).
21 Frei: Nationalbewusstsein 204.
22 Walter Allemann: Beiträge zur aargauischen Militärgeschichte 1803–1847. Aarau 1970.
23 Jeremias Gotthelf: Sämtliche Werke. Bern 1925, Bd. 15, 287 («Manifest der schweizerischen Scharfschützen-Eidgenossenschaft». Bern 1842).

24 Schweizer Kriegsgeschichte, H. 12. Bern 1923. Anhang; Georges Rapp/Victor Hofer: Der schweizerische Generalstab, 3 Bde. Basel 1983.
25 Nabholz/Kläui: Quellenbuch 173.
26 Werner Baumann: Die Entwicklung der Wehrpflicht in der Schweizerischen Eidgenossenschaft 1803–1874. Zürich 1932, 92; Heinrich Christoph Affolter: Die eidgenössische Centralmilitärschule in Thun 1814–1874; Lic.-Arbeit. Bern 1982.
27 Baumann, wie Anm. 26, 37/8.
28 Arturo Hotz: «Jeder Lehrmann ein Wehrmann». Die Diskussion über die allgemeine Einführung der Militärpflicht des Lehrers in den Jahren 1862–1874, dargestellt aufgrund von Zitaten aus der Schweiz. Lehrerzeitung [Ms].
29 Kurt Imobersteg: Die Entwicklung des schweizerischen Bundesheeres von 1850–1874. Diss. phil. hist. Bern 1973.
30 Röseligarte III, 42/3.
31 Vgl. Anm. 18.
32 Jürgen Schlumbohm: Freiheit, die Anfänge der bürgerlichen Emanzipationsbewegung in Deutschland im Spiegel ihres Leitworts. Düsseldorf 1975, 147; Gerd van den Heuwel: Der Freiheitsbegriff der Französischen Revolution. (Schriftenreihe der Historischen Kommission bei der bayerischen Akademie der Wissenschaften 31). München 1988; Bernhard Böschenstein: Das Bild der Schweiz bei Ebel, Boehlendorff und Hölderlin, in: Deutscher Idealismus, Bd. 8, 58–72.
33 Goethe: Briefe aus der Schweiz. Artemis-Gedenkausgabe 1949, Bd. 9, 481 f, unter «Fragmente aus Werthers Reisen».
34 E. Brandes: Über einige bisherige Folgen der Französischen Revolution in Rücksicht auf Deutschland. Hannover 1792, 16.
35 J.G. Ebel: Anleitung... in die Schweiz zu reisen, 1793, 7, bei Böschenstein 59 (wie Anm. 32).
36 Der Briefwechsel der Brüder J. Georg und Joh. v. Müller 1789–1809, hg. v. Eduard Hang. Frauenfeld 1893, 20; vgl. Hans Ulrich Wipf: Die Hallauer Unruhen von 1790. Schaffhausen 1971.
37 Dierauer: Geschichte, Bd. 4, 469 f.
38 Stäfner Memorial, O. Hunziker: Zeitgenössische Darstellung der Unruhen in der Landschaft Zürich 1797 bis 1798. (Quellen zur Schweizer Geschichte XVIII). Basel 1897, 235 f.
39 Als Titelkopf der Erlasse: «Freyheit» – Darstellung von Tell und Sohn – «Gleichheit».
40 M. Trepp: Bilder aus der Geschichte der Stadt Thun, in: Das Amt Thun, Bd. 1. Thun 1944, 239.
41 Nabholz/Kläui: Quellenbuch 197.
42 ibid. 210.
43 ibid. 233.
44 ibid. 244.
45 ibid. 300.
46 Müller/Müller: Briefwechsel, 27. Okt. 1802, 335.
47 Robé: Oberland, 325 (im Jahre 1831).

48 J.G. Ebel: Schilderung der Gebirgsvölker in der Schweiz. 1798/1802, Bd. 1, 78; über das Landsgemeindevorbild s. Martin Schaffner: Der Freiheitsbegriff schweizerischer Volksbewegungen der 1860er Jahre, in: Le concept de la liberté dans l'espace rhénan supérieur. Mulhouse 1974, 173; Adolf Gasser: Geschichte der Volksfreiheit Demokratie. Aarau 1939.
49 Nabholz/Kläui: Quellenbuch 160. Aus den 26 Landespunkten von Schwyz, 1701–1733.
50 Nabholz/Kläui: Quellenbuch 231.
51 Zitat bei Eduard Vischer, Untersuchungen über Geist und Politik der aargauischen Regeneration, ZSG (147), 222. Zahlreiche aargauische Gemeinden wünschten 1830/31 die Ersetzung des «aristokratischen» Titels eines Bürgermeisters (1815). Präsident wurde als «Kunstwort» empfunden. Auskunft von Piroska Mathé, Staatsarchiv Aargau. – In der Regeneration trug der Präsident des Grossen Rates des Kantons Bern den Titel Landammann.
52 Robé: Oberland 383.
53 ibid. 425.
54 Die Deckenmalerei des Bürgerhauses in Bern wies vor der Übertünchung die Darstellung einer Urne mit dem Stimmbürger auf.
55 Petition an Bernhard Friedrich Kuhn [1798?], Burgerbibliothek Bern, Sammlung Kuhn, Mss. h.h. XIX, 136, 373/4. Mitteilung von Christoph Bertschy, Oberhofen.
56 Riklin: Verantwortung 60.
57 S. Anm. 6.
58 Riklin: Verantwortung 72.
59 Johann Caspar Hirzel, in: VHG 64, 93.
60 Urteil Isaak Iselins in: Im Hof: Iselin 29.
61 Erne: Sozietäten 196 f.
62 Stammbuch von Markus Vetsch... 1757–1813, hg. v. Samuel Voellmy. Buchs/SG [1969] 12/3. Winteler: Kt. Glarus II, 59–61.
63 Titre 1er, Nabholz/Kläui: Quellenbuch 169 f.
64 Rösligarte III, 68. Das Lied ist aus süddeutschen Flugblättern aus der Zeit 1780–1800 bekannt, gedruckt in: «Lieder der Brienzer Mädchen». Bern zwischen 1810 und 1820. Die Melodie stamme «aus der Schweiz 1810», Erk-Böhme III, 576.
65 Tit. I, Art, 11, 10, 12, 6, Nabholz/Kläui: Quellenbuch 233 f.
66 Tit. I,, Art. 4, 15, Nabholz/Kläui: Quellenbuch 244, 246.
67 Dazu Eduard His: Geschichte des neueren schweizerischen Staatsrechts, 3 Bde. Basel 1920–1938.
68 Declaration des droits de l'homme et du citoyen, 26. August 1789, Art. XVII, vgl. dazu Hans Tschäni: Wem gehört die Schweiz? Zürich 1986, 45 f.
69 Isaak Iselin in «Gesellige Ordnung», 1772 (Im Hof: Iselin, 109). J.G. Stokar spricht 177 von «Sicherheit des Eigentums» (Im Hof: Helvetische Gesellschaft 330, Anm. 6) und Lavater von «Unser nur ist Feld und Flur» (ibid. 331 Anm. 33).
70 Gion Antoni Huonder: «Il pur suveran», übersetzt von Maurus Carnot, 1934,

in: W. Catrina: Die Rätoromanen. Zürich 1983, 35. Text nach «Guardia Grischuna», 1948, 16–18.

71 Alois Riklin: Die schweizerische Staatsidee. (Zeitschrift für schweizerisches Recht, N.F. 101, 1. Halbbd. H. 3) 1982, 236 f.

72 Franz Karl Stadlin, Arzt und Advokat in Zug, Carl Bosshard: Bildungs- und Schulgeschichte von Stadt und Landschaft Zug. Zug 1984, 32.

73 Arnold Ruge, 1821, zit. aus Stünzi: Tell 1973, 182.

74 Peter Scheitlin, zit. in Albert Nef: Das Lied in der deutschen Schweiz, Ende des 18. und Anfang des 19. Jahrhunderts. Zürich 1909, 93–99.

75 Art. 49 (1874). 1848 erst Kultusfreiheit für die zwei christlichen Konfessionen.

76 Titre Ier principes fondamentaux, Art. 6, Nabholz/Kläui: Quellenbuch 169.

77 1679 bzw. 1784, HBLS beim betreffenden Kanton unter Kirche.

78 Ab 1766, ibid.

79 Ab 1762, ibid.

80 In reformierten Hauptstädten: 1799/1804 Bern, 1806 Neuchâtel, 1807 Zürich, 1836 Schaffhausen. In katholischen Hauptstädten: 1826 Luzern, 1835 Solothurn, 1836 Freiburg (ibid.).

81 Friedrich Traugott Külling: Antisemitismus in der Schweiz zwischen 1866 und 1900. Zürich 1977; über die Juden in Zürich s.a. den Roman von Kurt Guggenheim: «Alles im allem». Zürich 1957; vgl. Lit. zu 3.2.3., Anm. 40.

82 S.H. Geiser: Die taufgesinnten Gemeinden..., 2. A. (o.O.), 1971, 55. Betreffend die Diskussion im bernischen Grossen Rat vom 18. November 1835 s. Informationsblätter, Schweizerischer Verein für Täufergeschichte, Heft 3, 1979/8, 11 f. Mitteilungen von Pfarrer Ulrich Gerber, Oberbalm (BE).

83 Félix Bonjour: Louis Ruchonnet: Sa vie – son œuvre. Lausanne 1936, 77 f. (als Bundespräsident im Nationalrat am 14. September 1880); zu Hilty: Erich Gruner: Die schweizerische Bundesversammlung 1848–1920. Bern 1966, 561. Jean-François Mayer: Une honteuse exploitation des esprits et des Porte-Monnaie? Les polémiques contre l'Armée du Salut en Suisse en 1883. Fribourg 1985, p. 21/22.

84 Rosa Schaufelberger: Die Geschichte des eidgenössischen Bettags. Zürich 1920; Wernle: Helvetik I, 288; HBLS II, 213.

85 Gotthelf: Bettagspredigten 1839 und 1840, Bibliographie, Kataloge der Berner Burgerbibliothek 1983, Nr. 1565 und 1568; Feldpredigten von 1831 (Intervention im Basler Konflikt), ibid. Nr. 1572; Schützenfestrede s. Kap. 4.2.3.

86 Friedhofhalle der Stiftskirche St. Leodegar in Luzern, Text in: Ulrich Im Hof: Die helvetische Überbrückung des konfessionellen Gegensatzes, Festschrift Ernst Staehelin. Basel/Stuttgart 1969, 343–360, hier 360, Anm. 47.

87 Andreas Lindt: Zofingerideale, christliches Bewusstsein und reformierte Theologie 1819–1918, in: Der schweizerische Zofingerverein 1819–1969. Bern 1969, 202.

88 «Das Friedensmahl bei Kappel 1529», in: Sagen, Erzählungen, Natur und Wanderbilder 1828, zit. nach K[arl] R[udolf] Hagenbach: Gedichte, 1. Bd. Basel [2]1863, 290–293.

89 In Franz Zelger: Helden-Streit und Heldentod. Zürich 1973, 111 f.

90 Pestalozzi s. Anm. 110.
91 Botschaft des Direktoriums an die Räthe betreffend einen Plan zur Umgestaltung des Erziehungswesens... vom 18. November 1798. Amtliche Sammlung der Acten aus der Zeit der helvetischen Republik 1798–1803, Bd. 2. Bern 1889, 603.
92 Carl Bosshard: Bildungs- und Schulgeschichte von Stadt und Landschaft Zug. Zug 1984, 95.
93 «Schwanengesang», Pestalozzis Sämtliche Werke, ed. Seyffarth. Bd. XII, 421.
94 Schweizerlieder I, 42 (4. Strophe).
95 Heinrich Zschokke: Volksbildung ist Volksbefreiung, 1836, Gesammelte Schriften, 31. Teil.
96 Pietro Scandola, in: Berner Historische Mitteilungen 1987, 9 (vgl. Anm. 98). Dazu: Franz Kost: Volksschule und Disziplinierung des inner- und ausserschulischen Lebens durch die Volksschule am Beispiel der Zürcher Schulgeschichte zwischen 1830 und 1930. Zürich 1985; Geneviève Heller: «Tiens toi droit», L'enfant à l'école au 19e siècle: espace, morale et santé. L'exemple vaudois. Lausanne 1988.
97 Sebastian Zuberbühler: Kurzes Sendschreiben an Lehrer F. in J., betreffend die Behandlung einiger Fragen über den Unterricht in der Schweizergeschichte in Volksschulen, in: Bernisches Schulblatt 8 (1839) 57 f.
98 Scandola (wie Anm. 96), 11; vgl. Pietro Scandola: «Schule und Vaterland». Zur Geschichte des Geschichtsunterrichts in den deutschsprachigen Primarschulen des Kantons Bern. Diss. phil. hist. Bern 1987.
99 Text von K. Göttling, Schäublin: Lieder 181.
100 Eduard Vischer: Die Anfänge des Vereins schweizerischer Gymnasiallehrer 1860–1880. Aarau 1960, 13.
101 Philippe Monnier: «Le livre de Blaise». Genève 1925, 47 (Erstedition 1904).
102 Rudolf Rauchenstein über sich selbst, hg. v. Eduard Vischer, in: Argovia 99 (1987), 52.
103 «Autobiographische Skizze» (1935), in: Schweizerische Hochschulzeitung, Sonderheft zum 100. Jubiläum der ETH, 1955.
104 S. Anm. 102.
105 Im Hof: Helvetische Gesellschaft 117 (Urteil von Daniel Fellenberg und Albrecht Rengger).
106 Emanuel Dejung: Pestalozzi und die Politik, in: SZG 25 (1975) 339–344; Peter Stadler: Pestalozzi, Geschichtliche Biographie. Zürich 1988.
107 Walter Guyer: Pestalozzi, eine Selbstschau. Zürich 1946, 8.
108 Jacqueline Cornaz-Bosson: Qui êtes-vous, Monsieur Pestalozzi? Yverdon 1977, 73.
109 Père Girard erhielt schon 1860 ein Denkmal in Freiburg.
110 «An die Unschuld, den Ernst und den Edelmut meines Zeitalters und meines Vaterlands», 1815, Pestalozzis sämtliche Werke, ed. Seyffarth, Bd. II. 1902, 50, 58/9, 74, 148.
111 Wie Anm. 119.
112 Hermann Weilenmann: Die vielsprachige Schweiz. Basel 1925, geht vor allem

auf die sprachpolitischen Probleme ein. Das Werk endet mit 1848. «Die vielsprachige Schweiz», hg. v. Robert Schlaepfer. Zürich 1982, stellt den sprachgeschichtlichen Aspekt in den Vordergrund.

113 Braun-Bucher: Der Berner Schultheiss Samuel Frisching 1605–1683, 389 und Anm. 69, 273*.

114 J.M. von Loen: Die Schweitz im Jahre 1719 und 1724, Kleine Schriften 3. Teil, 1750, zit. bei Trümpy: Schweizerdeutsche Sprache 36.

115 Zum folgenden grundlegend Hans Trümpy: Schweizerdeutsche Sprache und Literatur im 17. und 18. Jahrhundert. (Schriften der Schweizerischen Gesellschaft für Volkskunde 36). Basel 1955, besonders 102.

116 Lob der Mundart (1746), in: Das geistige Zürich des 18. Jahrhunderts, hg. v. Max Wehrli. Zürich 1943, 78.

117 «Die vielsprachige Schweiz», (wie Anm. 1) 161 f (Pierre Knecht) und 211 f (Ottavio Lurati).

118 Im Hof: Helvetische Gesellschaft 106 f; Fritz Störi: Der Helvetismus des «Mercure de Suisse». Diss. phil. I. Zürich. Bern 1953.

119 Philippe-Sirice Bridel, Course de Bâle à Bienne. Bâle 1789, 63/64.

120 Wie Anm. 129.

121 Charles Victor von Bonstetten: Neue Schriften, 3. Teil 1800 (Reisebericht von 1795), zit. bei Trümpy: Schweizerdeutsch 188.

122 Weilenmann: Vielsprachige Schweiz 121 und 272 (Anm.).

123 Sivio Spahr: Studien zum Erwachen helvetisch-eidgenössischen Empfindens im Waadtland. Diss. phil. hist. Bern. Zürich 1973, 71 f.

124 Heinrich Zschokke: Historische Denkwürdigkeiten der helvetischen Staatsumwälzung, 3. Bd. Winterthur 1805, 209. Giulio Ribi: L'emanzipazione dei Baliaggi italiani inferiori di Lugano, Mendrisio, Locarno e Vallemaggia, Archivio storico ticinese 63. Bellinzona 1975.

125 Schätzung bei W. Bichsel: Bevölkerungsgeschichte der Schweiz. Zürich 1947, 139/40.

126 Am 26. Juni 1799: Anweisung des Kommissars für den Canton Rätien, die Proklamationen ins Rätoromanische und Italienische zu übersetzen, Weilenmann: Vielsprachige Schweiz 186.

127 Weilenmann: Vielsprachige Schweiz 178 f; Frei: Nationalbewusstsein 192–194; Fankhauser: Exekutive, wie Anm. 178, 180 f.

128 Frei: Nationalbewusstsein 194. Votum des Schwyzers F.X. Weber im Senat.

129 Verordnung vom 25. Oktober 1798. Strickler: Helvetik 288; vgl. Frei: Nationalbewusstsein 193.

130 Botschaft des Direktoriums an die Räte über das Erziehungswesen (Ph. A. Stapfer) vom 18. November 1798, Strickler: Helvetik III, 604/5.

131 Albert Soboul: De l'Ancien Régime à la Révolution. Problème régional et réalités sociales, in: Région et Régionalisme en France du XVIIIe siècle à nos jours, Actes publiés par Christian Gras et Georges Livet. Paris 1937, 41.

132 Frei: Nationalbewusstsein 192; nach Walter Salzbach: Imperialismus und Sprachbewusstsein. Frankfurt 1959, 130; vgl. Hermann Büchi: Die politischen Parteien im ersten schweizerischen Parlament, die Begründung des Gegensatzes

zwischen deutscher und welscher Schweiz. (Politisches Jahrbuch 31). Bern 1917.

133 Wie Anm. 139.

134 Rede anlässlich einer Audienz von fünf Migliedern der schweizerischen Verfassungskommission in St-Cloud am 12. Dezember 1802. Nach der Version des Gesandten Hans Reinhard von Zürich, Conrad von Muralt: Hans von Reinhard. Zürich 1838, 105–109.

135 Weilenmann: Vielsprachige Schweiz 186.

136 Ulrich Im Hof: Die Viersprachigkeit der Schweiz als Minoritätenproblem des 19. und 20. Jahrhunderts, in: Geschichte und politische Wissenschaft, Festschrift für Erich Gruner. Bern 1975, 58/9.

137 Der Wechsel der «Vororte» bzw. Zentralpräsidien in den gesamtschweizerischen Dachvereinen ist vorläufig untersucht bei: Ulrich Im Hof et Nicolai Bernard: Les relations des communautés liguistiques au sein des associations nationales suisses avant la création de la nouvelle Confédération de 1848, in: Union et division des Suisses, éd. Pierre du Bois. Lausanne 1983, 9–24.

138 Staehelin: Zofingerlied 272 f.; Jacques Burdet: Les origines du Chant choral dans le canton de Vaud. Lausanne 1946.

139 Staehelin: Zofingerlied 288/90.

140 Zofinger-Liederbuch (1926) 3/4.

141 ibid.

142 Mitteilung von Bernard Cathomas.

143 Oechsli: Benennungen 130.

144 Röseligarte I 10/1 (vor 1830 entstanden).

145 Raffaello Ceschi: Appunti sulla Ticinesità. Bloc-notes, 2/3 ottobre 1980.

146 Gute Illustrationen in: Rottweil/Mülhausen. Zugewandte Orte der Eidgenossenschaft, in: Schweiz/Suisse/Svizzera/Switzerland, hg. v. Schweiz. Verkehrszentrale 11 (1982).

147 Zschokke: Selbstschau 64.

148 Die bisher dem Erzbistum Besançon angehörige Ajoie kam an Basel, das neben Solothurn (neuer Bischofssitz) die Kantone Basel, Bern, Luzern, Zug, Aargau, Schaffhausen und Thurgau umfasste. Zu Lausanne-Genf (mit dem alten Sitz in Freiburg) kam das neue katholische Genf (vorher bei Annecy-Genf). Sitten umfasste immer noch die waadtländischen Gebiete rechts der Rhone. Katholisch-Poschiavo kam schliesslich von Como an Chur.

149 Das Kartenwerk wurde 1832 Dufour übertragen. 1844 bis 1864 erschienen neu die 25 Blätter der ganzen Schweiz.

150 Text A.E. Fröhlich, Melodie F. Huber, Schäublin: Lieder 189. Erstdruck: Lieder für Schweizer Jünglinge [des Zofingervereins]. Bern 1822.

151 Wie Anm. 169.

152 Hellmut Thomke: Schwäbischer Dichterkreis, in: Reallexikon der deutschen Literaturgeschichte, 3. Bd. Berlin 1977, 678–686.

153 Adolf Steiger: Denkschrift zur Feier des 75. Bestandes des Männerchors Zürich. Zürich 1901, zit. bei Martin Staehelin: Das Zofingerlied, in: Der schweizerische Zofingerverein 1819–1869. Bern 1969, 357.

154 Gesangbildungslehre nach Pestalozzischen Grundsätzen, pädagogisch bearbeitet

von Michael Traugott Pfeiffer, methodisch bearbeitet von Hans Georg Nägeli, Bd. 1. Zürich 1810, Vorwort X, zit. bei Frei: Nationalbewusstsein 233.

155 Staehelin: Zofingerlied 278; Methfessels «Allgemeins Commers- und Liederbuch» 1818, [2]1829, 144 f. und «Lieder für Schweizer Jünglinge». Bern 1822, 18.

156 Ausgewählte Kinderlieder. Bern 1847, Nr. 81 (ohne Angabe des Autors). Das «Lied der Deutschen» von August Heinrich Hoffmann von Fallersleben, vom 26. August 1841.

157 Vgl. dazu Hildegard Gantner-Schlee: Karl Jauslins Illustrationen zur Schweizergeschichte, in: de Capitani/Germann: Identität. Daselbst verschiedene weitere Beiträge; vgl. Schweizerisches Geschichtsquartett, Zelger: Heldenstreit. – In dieser Untersuchung mussten wir uns vor allem auf die Illustrationen und die Kommentare dazu beschränken.

158 Alfred Berchtold: Wilhelm Tell im 19. und 20. Jahrhundert, in: Stünzi: Tell 167 f., s.a. 107 f.

159 Manfred Hoppe: Schillers Schauspiel «Wilhelm Tell», ibid. 125 f.

160 Zofinger Liederbuch (1903) 4/5, französische Übersetzung: «De loin, salut ma prairie...», A. und F. Butarel: Chante jeunesse 210. Erstdruck: Lieder für Schweizer Jünglinge. Bern 1822.

161 Heinrich Bosshard war Lehrer im Kanton Zürich und wanderte später nach Illinois aus. Er erhielt drei Denkmäler, eines davon in Sempach. Text 1836. Melodie früher (Kriegsmarsch für den Offiziersverein).

162 Adolf Schottmüller: Klio. Eine Sammlung historischer Gedichte. Leipzig [2]1866, 329–347. Die erste Auflage war nicht mehr festzustellen, sie muss aber vor 1848 erfolgt sein.

163 ibid. 328/9.

164 ibid. 346.

165 Karl Schib: Johannes von Müller. Schaffhausen 1967, 472–487.

166 Ulrich Hegner an Zschokke, 13. Februar 1822, zit. in: Zschokke: Selbstschau 287.

167 Heinrich Zschokke: Die klassischen Stellen der Schweiz, 1842, Reprint: Die bibliophilen Taschenbücher. Dortmund 1978.

168 Die zwei Schweizer Anton Graff und Adrian Zingg, Professoren an der 1766 neu gegründeten Dresdener Kunstakademie, haben den Begriff «Sächsische Schweiz» geprägt, Hans Joachim Neidhardt: Die Malerei der Romantik in Dresden. Leipzig/Wiesbaden 1976, 17.

169 Schäublin: Lieder 113/4, Melodie J.G. Laib.

170 Wie Anm. 150.

171 Christine Burckhardt-Seebass: Schweizer Ortslieder, in: Musikalische Volkskunde aktuell, Festschrift für Ernst Klusen. Bonn 1984, 132.

172 Zofinger Liederbuch (1926) 364/5, Text Joseph Anton Henne, Melodie von Ferdinand Huber. Erstdruck: J.A. Henne: Schweizer Lieder und Sagen, 1824.

173 Melodie und Text (?) von Johann Heinrich Tobler, in: Appenzeller Geschichte, Bd. II. Herisau/Appenzell 1972, 440/1.

174 Année Politique 1975. Bern 1976, 12. Erstdruck: Textheft der Zürcher Zofinger

für die Feier der Aufnahme Zürichs in den Schweizer Bund, 1843.

175 Andreas Staehelin: Peter Ochs als Historiker. Basel 1952, 23.

176 Grün ist auch die Freimaurerfarbe für den Begriff «Freiheit», Fehrenbach: Symbole 332.

177 Zschokke, zit. bei Frei: Nationalbewusstsein 156. Wahl und Deutung der Farben der Helvetischen Republik sind nicht abgeklärt, Frei gibt (155) eine falsche Reihenfolge: Rot-Gelb-Grün. Er weist auf verschiedene Vorformen (Waadt, Basel, Zürich) hin, ibid.

178 Andreas Fankhauser: Die Exekutive der Helvetischen Republik 1798–1803. (Studien und Quellen, Schweizerisches Bundesarchiv). Bern 1986, 172.

179 ibid. 172–179.

180 Müller/Müller: Briefwechsel 135 (im Juni 1798).

181 Kokarde: Frei: Nationalbewusstsein 154 f.

182 Verordnung für das «Fest der Einführung der demokratisch-repräsentativen Regierung und der Vereinigung aller Helvetier in eine einzige und untheilbare Republik» am 12. April 1799, Trümpy: Freiheitsbaum 7; Frei: Nationalbewusstsein 159 f (betr. Altar).

183 Für das Folgende: Trümpy: Freiheitsbaum; Suzanne Anderegg: Der Freiheitsbaum, ein Rechtssymbol im Zeitalter des Rationalismus. Zürich 1968; s.a. Frei: Nationalbewusstsein 159.

184 Wernle: Helvetik I, 55.

185 Trümpy: Freiheitsbaum, Anm. 87.

186 Robé: Oberland 37. Nach dem Aufstand der Berntreuen 1799 werden die gefangenen Insurgenten in Thun folgendermassen empfangen: «... man hängte an eine Stange schwarz und rothe Fezen. [Die ehemalige Standesfarbe der Berner] die Stange ward einem Gefangenen an die Hände gebunden, daß er solche qua Fähnrich tragen mußte; und so zog unter dem größten Spott und Verachtung das arme Völklein in die Stadt Thun ein, die damit als Cantons Hauptstadt gewaltig glänzte und deren Burger die meisten sich beynahe einen Kopf länger geworden zu sein dünkten», Robé: Oberland 71/2.

187 Antonio Galli: La Rivoluzione di Lugano. Lugano 1941, 215. (Archivio storico 7). Bellinzona 1961, 322; Raffaelo Ceschi: Momenti di storia della Svizerra italiana, ed. di scuola Ticinese 1980, 115; vgl. Fehrenbach: Symbole.

188 Wernle: Helvetik I, 55.

189 Johannes Wyttenbach: Geschichte der bernischen Staatsumwälzung im Jahre 1798, in: BZ 3 (1983) 159.

190 René Teuteberg: Basler Geschichte. Basel 1986, 270/1.

191 Das Folgende nach Trümpy: Freiheitsbaum 7 f.

192 Noch 1862 greift die bernische Studentenverbindung Concordia auf die helvetischen Farben zurück mit grüner Mütze und der Devise «Freiheit- Freundschaft-Fortschrittt», eine Verbindung von Juristen bäuerlich-ländlicher Herkunft. Das scheint eine letzte Verwendung der drei Farben gewesen zu sein.

193 HBLS III, 25. Weitere Auskunft durch Albert Schoop, Frauenfeld. Vgl. Verena Eggmann/Dietrich-Bernd Steiner: Zürcher Baumgeschichten. Frauenfeld 1989, 37–39, 28–30. Die Silberpappel von Urdorf vielleicht erst 1830 gepflanzt

(ebda. 22–24).

194 Wie Anm. 196.

195 Louis Mühlemann: La croix fédérale, ses origines, son évolution. (Schweiz. Geisteswiss. Ges.-Jahresbericht 1981) 30; 1852 wird die Form der 5 Quadrate festgelegt, 1889 werden die Balken 1/6 länger als breit.

196 Zofinger Liederbuch (1903) 8–10.

197 Fehrenbach: Symbole 312/3, 330-32, 341–47.

198 Die Frage wäre weiter zu untersuchen.

199 «Schwizerhüsli» nennt sich die pietistisch orientierte neue Studentenverbindung in Basel (1874). Sie ist das Schweizerhaus der entsprechenden deutschen Verbindung des «Wingolf».

200 Yvonne Boerlin-Brodbeck: Zur Präsenz der Schweiz in Pariser Ausstellungen des 18. und frühen 19. Jahrhunderts, in: ZSAK 43 (1986).

201 Hans Martin Gubler: Eine Miszelle zum Schweizerhaus und seine Entwicklung 1780–1850. (Unsere Kunstdenkmäler XXX, 1979).

202 Georges Andrey, in: Nouvelle Histoire de la Suisse et des Suisses, t. II. Lausanne 1983, 196.

203 Palazzo Tomaso Lardelli (Nr. 102), erbaut 1857/8, Silva Semadeni: «Die Palazzi in Poschiavo», in: Der schweizerische Hauseigentümer, 15. September 1987, bzw. R. Obrist, S. Semadeni, D. Giovanoli, in: Construire-Bauen-Costruire. Zürich und Bern 1986, 189.

5. Nationale Identität im Bundesstaat

1 Man kann sich fragen, ob 1848 ein grosser Einschnitt in die fortlaufende Entwicklung ist. Der Bundesstaat braucht seine Anlaufszeit und war erst mit der Revision der Bundesverfassung von 1874 richtig eingespurt. Vieles geht bruchlos vom beginnenden 19. Jahrhundert über 1848 weiter. In vielen Kantonen dominierte die freisinnige Ausrichtung schon von 1830 an.
Man könnte 1914, die erste massive Mobilisation der Armee, als Einschnitt nehmen oder 1918, den Generalstreik. Aber viel aus der Vorkriegswelt ist noch in den zwanziger Jahren fest geblieben. Wir führen die Entwicklung in diesem Kapitel bis etwa 1933. Das Aufkommen des Nationalsozialismus in Deutschland und der Zweite Weltkrieg sollten zu einem derart prononcierten Identitätsbewusstsein führen, dass es angezeigt ist, die «Epoche der Geistigen Landesverteidigung» besonders zu behandeln, gerade auch weil sie zudem Basis vieler Kontroversen der Gegenwart bildet. Vgl. dazu: H. v. Greyerz, in: Handbuch der Schweizer Geschichte, Bd. 2.; R. Ruffieux, in: Geschichte der Schweiz und der Schweizer, Bd. 3; H.U. Jost: Politique culturelle de la Confédération et les valeurs nationaux, in: Histoire et société contemporaines, t. 6/87. Lausanne 1987; R. Ruffieux: La Suisse de l'entre deux guerres. Lausanne 1974.

2 «Nun deckt sich aber der schweizerische Protestantismus nicht einfach mit den Amtsträgern und Theologen der Kirche. Unter «Schweizer Protestantismus» dürfen wir auch das ganze Spektrum gesellschaftlicher, kultureller, politischer Aktivitäten und Tendenzen verstehen, das durch protestantische Mentalität,

durch protestantische Denkformen und Lebensformen geprägt ist und sich durch diese Prägung, auch wenn zuweilen die kirchliche Bindung nur noch lose ist, auch noch in unserem Zeitraum abhebt etwa von spezifisch katholischer Mentalität, spezifisch katholischen Denk- und Lebensformen», Andreas Lindt: Der schweizerische Protestantismus - Entwicklungen nach 1945, in: Die Zeit nach 1945 als Thema kirchlicher Zeitgeschichte, hg. v. W. Conzemius u.a. Göttingen 1988, 69.

3 5. Kap. 5.6.1. Anm. 201.

4 So Albert Oeri (1875–1950), Redaktor der «Basler Nachrichten» und liberaler Nationalrat.

5 Erich Gruner und Karl Frei: Die schweizerische Bundesversammlung 1848–1920, Bd. 2. Bern 1966, 52 ff.

6 Daniel Anker: Oben statt unten. Der Schweizer Alpen-Club und die Politik, die Gesellschaft und die Ideologie der Berge, Lic.-Arbeit, Histor. Institut der Universität Bern 1986.

7 Neue Helvetische Gesellschaft, Schweizer Heimatbücher 184. Bern 1989.

8 Zopfi: Anekdoten 223, vgl. Gérald Arlettaz: «Les Suisses à l'étranger» et l'identité nationale. (Schweiz. Bundesarchiv, Studien und Quellen 12). Bern 1986, 5.

9 «Unser Vaterland», Lesebuch für die zweite Stufe der Primarschule des Kantons Bern, 1861/1880, Nr. 68.

10 S. Anm. 27 und 28.

11 Carl Hilty: Vorlesungen über die Politik der Eidgenossenschaft. Bern 1875, zit. bei v. Greyerz: Nation 260.

12 ibid. 261.

13 «Gegenwart» Bd. VIII, Nr. 49 und 51; Bluntschli: Gesammelte Schriften II. Neuauflage in: Schriften für Schweizer Art und Kunst 5. Zürich 1915.

14 Bluntschli (1915) 11.

15 ibid. 12.

16 ibid. 14/5.

17 ibid. 16/7.

18 ibid. 24 f.

19 Carl Hilty: Die Bundesverfassungen der Schweizerischen Eidgenossenschaft. Bern 1891, 31 Anm. 1., zit. bei de Capitani/Germann: Identität 25.

20 Wie Anm. 18.

21 Carl Hilty: Politisches Jahrbuch 16, 1902, 1 f, 9, zit. bei v. Greyerz: Nation 261.

22 Die Novelle erschien 1860 in Auerbachs Volkskalender. 1877 wurde sie in die «Zürcher Novellen» aufgenommen.

23 Max Huber: Der schweizerische Staatsgedanke. (Schriften für Schweizer Art und Kunst 29). Zürich 1916.

24 Leonhard Ragaz: Die neue Schweiz, ein Programm für Schweizer und solche, die es werden wollen. Olten [1]1917.

25 Karl Dändliker: Geschichte der Schweiz mit besonderer Rücksicht auf die Entwicklung der Verfassungs- und Kulturgeschichte, 3 Bde. Zürich 884 f, Einleitung, zit. bei de Capitani/Germann: Identität 25.

26 Jacob Burckhardt: Weltgeschichtliche Betrachtungen, hg. v. W. Kaegi. Bern 1941, 81/2 (gelesen in den Wintersemestern 1868/9 und 1870/71).
27 Melodie J.C. Willi (1829–1905), Text J. Kuoni (1850–1923), in: Mir singed eis, Liederbuch für die ältere Generation. Zürich 1972, 78.
28 Nach mündlicher Überlieferung.
29 S. Anm. 46.
30 Franz Bächtiger: Zur Revision des Berner Christoffel. Bern 1980.
31 Dominik Müller: Verse. Basel [2]1909, 65/6.
32 Andreas Fankhauser: Die Exekutive der Helvetischen Republik. (Schweiz. Bundesarchiv, Studien und Quellen 12). Bern 1986, 128.
33 Dominik Müller (wie Anm. 31) 69.
34 Albert Schoop: Geschichte des Kantons Thurgau. Frauenfeld 1987, 47; ein thurgauischer Sonderfall, der aber verallgemeinert werden kann.
35 Jean-François Aubert: Die Schweiz: Innen- und Aussenansicht. (Aulavorträge 15). Hochschule St. Gallen 1982, 8/9.
36 Beatrix Mesmer: Ausgeklammert – Eingeklammert. Frauen und Frauenorganisationen in der Schweiz des 19. Jahrhunderts. Basel 1988.
37 Julius Hoffmann: Die «Hausväterliteratur» und die «Predigten über den christlichen Hausstand». Lehre vom Hause und Bildung für das häusliche Leben im 16., 17. und 18. Jahrhundert. (Göttinger Studien zur Pädagogik 37). Weinheim a.d.B./Berlin 1959, 47.
38 Elisabeth Joris und Heidi Witzig: Frauengeschichte(n). Dokumente aus zwei Jahrhunderten zur Situation der Frauen in der Schweiz. Zürich 1986, [2]1987, 460.
39 ibid.
40 1919–1921: Kantone NE, GE, BS, ZH, GL, SG.
41 Jeremias Gotthelf: Manifest der schweizerischen Scharfschützen-Eidsgenossenschaft (1842). Sämtliche Werke Bd. 15. Erlenbach-Zürich 1925, 301 (auch 304).
42 Hans von Greyerz: Vom Leben Berns im Bunde, in: Akademische Gedenkfeier Bern 600 Jahre im Bund der Eidgenossen. Bern 1953, 28/9.
43 Josef Kunz: Der Episkopat der Schweiz in der freiheitlich-demokratischen und sozialen Bewährungsprobe. Diss. phil. hist. 1984. «Untertan» bedeutete ursprünglich die dem Dorfgeistlichen anvertrauten Kirchgemeindeglieder.
44 Mitteilung von Dr. Werner Bachmann, Zürich.
45 Ricarda Huch an Joseph Victor Widmann (um 1900), in: P. Mutzner: Die Schweiz im Werke Ricarda Huchs. (Sprache und Dichtung 59). Bern/Leipzig 1935, 11 f, zit. in: Handbuch Schweizer Geschichte, 2. Bd., 1117.
46 F. Th. Vischer: Auch Einer, 62. Aufl. (o.J.) 424/5 (1. Aufl. 1879).
47 «Soldateliedli» von Zyböri (s. Anm. 57).
48 Vgl. Anm. 126.
49 Kurt Imobersteg: Die Entwicklung des schweizerischen Bundesheeres von 1850–1874, Diss. phil. hist. Bern 1973, 83; Beat Junker: Eidgenössische Volksabstimmungen über Militärfragen um 1900. Bern 1955; Jann Etter: Armee und öffentliche Meinung in der Zwischenkriegszeit 1918–1939. Luzern 1972.

50 Pierre Cérésole: Vivre sa vérité, carnets de route. Neuchâtel 1949.
51 Alfred Bietenholz-Gerhard: Pierre Cérésole, der Gründer des Freiwilligen Internationalen Zivildienstes. Bad Pyrmont 1962, 24.
52 Zit. bei Urs Brand: Jean Jaurès und das schweizerische Milizsystem, in: SZG 22 (1972) 77–101, hier 94; ders.: Jaurès et le système suisse des milices. (Bulletin de la société d'Etudes Jaurésiennes, avril–juin 1972, 45).
53 Text und Melodie von Henri Frédéric Amiel, «Roulez, tambours!» (1856), 1. Strophe, Chante Jeunesse 177/8.
54 Meinrad Inglin: Schweizerspiegel, neue Fassung. Zürich 1955, 53/4.
55 Robert de Traz: L'homme dans le rang. Lausanne 1913, deutsche Übersetzung von Max Fehr: «Im Dienst der Waffen».
56 Zopfi: Anekdoten 87.
57 Schweizer Volks- und Soldatenlieder. Lieder-Texte. Verlag von Arnold Bopp & Co. Zürich [o.J.].
58 Hanns in der Gand: La petite Gilberte de Courgenay, in: Das Schwyzerfähnli. Bern [1917] 32–35.
59 «La Sentinelle», von Charles L'Eplattenier, errichtet 1922–1924.
60 J.C. Bluntschli: Stimme eines Schweizers für und über die Bundesreform. Zürich/Frauenfeld 1847, 6/7, zit. bei Stadler: Kulturkampf 82.
61 Arnold Ott: Festdrama zur 4. Jahrhundertfeier des Eintritts Schaffhausens in den Bund der Eidgenossen. Schaffhausen 1901, 95.
62 Christine Burckhardt-Seebass: Schweizerische Ortslieder, in: Festschrift für Ernst Klusen. Bonn 1984, 129 ff.
63 Äusserung von Walter Im Hof (1884–1966), Rechtsanwalt in St. Gallen und Vizepräsident der Neuen Helvetischen Gesellschaft.
64 Wie Anm. 65.
65 J.C. Kern: Souvenirs politiques. Berne [2]1887, 261. Da das Thema der Neutralität an sich Gegenstand von verschiedenen Darstellungen geworden ist (z.B. Bonjour, Frei), möchten wir uns hier knapp fassen. Eine gute Übersicht gibt Frei: Nationalbewusstsein 213, auch mit treffenden Zitaten.
66 Christopher Hughes: Switzerland. New York 1975.
67 Sommer 1848: Nord- und Südgrenze. Sommer 1849 (badischer Aufstand): Nordgrenze. 1856/57: «Campagne du Rhin» (Neuenburger Frage), Generalmobilmachung. 1859: Südgrenze (Teilmobilmachung aus 13 Kantonen; Italienischer Krieg). 1866: Engadin/Münstertal (Teilmobilmachung: Österreichisch-italienischer Krieg).
68 Alois Riklin: Die schweizerische Staatsidee. (Zeitschrift für schweiz. Recht N.F., 101, 1982) 218.
69 Carl Spitteler: Unser Schweizer Standpunkt. Zürich 1915, 23.
70 Pierre Béguin: Le Balcon sur l'Europe, petite histoire de la Suisse pendant la guerre 1939–1945. Neuchâtel 1951.
71 J.C. Kern, wie Anm. 65.
72 Felix Christ: Henry Dunant. Leben und Glauben des Rotkreuzgründers. Freiburg 1983, 12 f.
73 Handbuch Schweizer Geschichte, 2. Bd., 1119; Numa Droz: Du rôle internatio-

nale de la Suisse 1884, in: Etudes et portraits politiques. Genève 1895, 67; z.B. 1874 Internationaler Postvertrag, 1875 Internationale Telegraphenunion, später Internationale Parlamentarierunion, viele Kongresse.

74 Max Huber: Der schweizerische Staatsgedanke. Zürich 1916, 28.

75 Wie Anm. 84.

76 Der Art. «Asylrecht», in: HBLS I (1921) 461–463, ist vom Staatsrechtler Ludwig Rudolf von Salis verfasst; weitere Literatur: Bonjour: Neutralität; Jürg Frei: Die schweizerische Flüchtlingspolitik nach den Revolutionen von 1848 und 1849, Diss. phil. I. Zürich 1977. Samuel Werenfels: Der Begriff des Flüchtlings im schweizerischen Ayslrecht. Bern 1987 (Literatur).

77 C[arl] M[oser] N[ef]: Asyl und «Freiheit» in St. Gallen. St. Gallen o.J.

78 v. Salis, wie Anm. 76, 462.

79 Le Refuge huguenot en Suisse/Die Hugenotten in der Schweiz. Musée Historique de l'Ancien-Evèché. Lausanne 1895.

80 Georges Andrey: Les émigrés français dans le Canton de Fribourg. Neuchâtel 1972; weitere Literatur dort.

81 1874 in der revidierten Bundesverfassung gleichlautend (Art. 70).

82 Bundesratsprotokoll, 29. Dezember 1848, vgl. Frei, wie Anm. 76.

83 Handbuch Schweizer Geschichte, 2. Bd. 1042.

84 Marie Joachimi-Dege: Als Studentin in Bern um 1900, in: Der Bund, 26. Oktober 1952, 501.

85 Der Artikel «Anarchismus», in: HBLS I (1921), 355-358, ist vom Berner Nationalökonomen Naum Reichesberg verfasst.

86 1. und 6. Strophe, Canzoniere 1 Della Protesta, Ed. della Ciau. Milano [1]1972, [2]1974.

87 Als allzu viele kamen, sperrte der Bundesrat vom 1. Mai bis zum 29. Oktober 1918 die Grenze.

88 v. Salis, wie Anm. 76, 462.

89 ibid. 463.

90 Gazette du Valais, 9. November 1918.

91 Schläpfer: Ausländerfrage; Klaus Urner: Die Deutschen in der Schweiz. Von den Anfängen der Koloniebildung bis zum Ausbruch des Ersten Weltkrieges. Frauenfeld 1976.

92 Gottfried Keller, Kantate bei Eröffnung einer Schweizerischen Landesausstellung in Zürich 1883 (Schlussstrophe).

93 S. Anm. 45.

94 Zwingli: Treue und ernstliche Vermahnung an die Eidgenossen, und weitere Stellen, in: Gottfried W. Locher: Der Eigentumsbegriff als Problem der evangelischen Theologie. Zürich 1962, 33/4.

95 Scheuchzer: Leibsbeschaffenheit 196.

96 Im Hof: Helvetische Gesellschaft 158/9 und passim.

97 ZSK 1952, 190. S. Kap. 2.4. Anm. 56.

98 S. Kap. 4.3.3. Anm. 91.

99 Eduard Osenbrüggen: Die Schweizer, Daheim und in der Fremde. Berlin 1874. - In Frankreich wird heute noch der Kirchendiener, der für Ordnung kirchlicher

Umzüge zu sorgen hat, als «Le Suisse» bezeichnet. Ehemalige Schweizer Soldaten hatten derlei zivile Funktionen übernommen.

100 Amtsbericht des Statthalters des Amtes Büren 1838 (Staatsarchiv Bern A II 3409).

101 W. Rosier: Histoire illustrée de la Suisse à l'usage des écoles primaires. Lausanne 1905, 17 (Bild Ankers).

102 Le mythe de la reine Berthe, in: Encyclopédie illustrée du Pays de Vaud, vol. 4, 38. Lausanne 1973.

103 P. Peri: «Ci chiami o patria», in: Zofinger Liederbuch (1926) 4.

104 Arnold Ott: Festdrama zur 4. Jahrhundertfeier des Eintritts Schaffhausens in den Bund der Eidgenossen. Schaffhausen 1901, 95.

105 Das folgende nach Heller: Propre en ordre 224 f.

106 E. Grenier: Helvetia, Hymne à la Suisse. Paris 1877, 9, zit. bei Heller: Propre en ordre 224.

107 Rosalie Wirz-Baumann, in: Schweizer Haushaltzeitung 1899, zit. bei Mesmer: Ausgeklammert 238.

108 Z.B. Rodolphe Toepfer: Voyages en Zigzag, œuvres complètes, t. 4. Genève 1949, 150, 160. Toepfer sagt im Jahr 1832: «Les étrangers ont gâté ces lieux aussi bien qu'ils en ont corrompu les habitants» und «Pauvre Suisse! comme ils t'ont faite! Une grande mendiante, mal peignée et les pieds nus».

109 Journal de la Société vaudoise d'utilité publique 1869, zit. bei Heller: Propre en ordre 11.

110 ibid. 226.

111 Beatrix Mesmer: Reinheit und Reinlichkeit. Bemerkungen zur Durchsetzung der häuslichen Hygiene in der Schweiz, in: Festschrift Ulrich im Hof: Bern 1982, 471.

112 S. Anm. 16.

113 S. Kap. 5.1.2. Zur juristischen Entwicklung: Cyril Hegnauer: Das Sprachenrecht der Schweiz. Zürich 1947.

114 Ulrich Im Hof: Die Schweizerischen Varianten der Kleindeutschen Universität, in: Festgabe Hans von Greyerz. Bern 1967, 608/9, 614, 621.

115 Werner Kaegi: Johan Huizinga zum Gedächtnis, in: Historische Meditationen, II. Zürich 1946, 27.

116 Klaus Urner: Die Deutschen in der Schweiz. Frauenfeld 1976.

117 Mündlich überliefert, die 2. Mitteilung von Prof. Hans Lang, Bern.

118 André Chamson: Le chiffre de nos jours. Paris 1954, 38, 42 (das Erlebnis fällt etwa ins Jahr 1910).

119 So Zopfi: Anekdoten 87.

120 Neue Zürcher Zeitung, 2. Oktober 1902, Nr. 273, zit. in: Im Hof: Varianten, s. Anm. 114, 623.

121 Karl Geiser: Rückblick auf die Entwicklung der wirtschaftlichen Verhältnisse im Kanton Bern. Thun 1899, 32.

122 Rudolf Schläpfer: Die Ausländerfrage in der Schweiz. Zürich 1969, passim.

123 Eugène Rambert: La Suisse Romande, letzter Vers der 5. Strophe, siehe Anmerkung 144.

124 J.C. Bluntschli: Die schweizerische Nationalität. Zürich 1915 (1. Aufl. 1875) 16.

125 Alfred Boretius an der Universität Zürich, zit. bei Ernst Gagliardi: Die Universität Zürich 1833–1933. Zürich 1938, 665.

126 Arthur Fränkel: Kulturbilder aus der «freien» Schweiz. Skizzen und Erfahrungen nach elfjähriger Berufsthätigkeit. Strassburg 1897, zit. bei Karl Schib: Hundert Jahre Kantonsschule Schaffhausen. Schaffhausen 1951, 39.

127 Hermann Graf Keyserling: Das Spektrum Europas. Heidelberg 1928, Schweiz 283–316.

128 Z.B. Paul Seippel: Les deux Frances et leur origines historiques. 1905; vgl. Berchtold: Suisse Romande 235 f.

129 Fritz Brupbacher: 60 Jahre Ketzer. Zürich 1973 (1. Aufl. 1935) 99 (um 1900).

130 ibid. 190 (vor dem Ersten Weltkrieg).

131 Carl Hilty: s. Anm. 19.

132 1874 mit gleichem Wortlaut übernommen (Art. 116).

133 William Rappard: La constitution fédérale de la Suisse. Neuchâtel 1948, 165/6; Weilenmann: Vielsprachige Schweiz 217–220.

134 Im Hof: Viersprachigkeit 69/70; Florentin Lutz, Jochen C. Arquint, Iso Camartin, in: Schläpfer: Viersprachige Schweiz 253 f.

135 von Salis (Maienfelder Linie): Schweizerisches Bundesrecht, 1. Bd. Bern 1891, 364.

136 Fögl d'Engiadina und separat. Samaden 1913 und 1917.

137 «A Tgalavaina» (1899). Text von A. Tuor, in: Guardia Grischuna, cudisch de cant per chor viril. Ediziun della Ligia Romontscha 1948.

138 «Vaterlandshymne». Text von M. Bühler und G. Luck. Zofinger Liederbuch (1905) 464–468; rätoromanische Fassung (Original?) von G. Barblan: «Inno a la patria.» (Guardia Grischuna, wie Anm. 137, 84/5); französische Adaptation von Edouard Mercier, Chante Jeunesse 183.

139 Stefano Franscini: La Svizzera Italiana, 3. vol. Lugano 1837–1840.

140 Im Hof: Viersprachigkeit 67–69; Ottavio Lurati, in: Schläpfer: Viersprachige Schweiz 211 f.; Raffaello Ceschi: L'identità difficile di un paese aperto, in: Schweizerische Akademie der Geisteswissenschaften 1986, 15 f.

141 Canti populari ticinesi. Raccolti e publicati da Vittore Bellandini, in: SAVk 12 (1908) 36–46, 268–275.

142 Floriana Vismara-Bernasconi: Il monumento a Guglielmo Tell di Vicenzo Vela, in: Schweizer Geschichtsquartett 74–78.

143 Popolo e Libertà. Lugano 1909, Nr. 240.

144 Aus Eugène Rambert: La Suisse Romande (Fragment), in: Anthologia Helvetica, hg. v. Robert Faesi. Leipzig 1921, 246–248.

145 Georg Kreis: Die besseren Patrioten. Nationale Idee und regionale Identität in der französischen Schweiz vor 1914, in: de Capitani/Germann: Identität 55 f; David Lasserre: Etapes du fédéralisme. L'expérience suisse. Lausanne 1954 [2]1967.

146 C. Spitteler, s. Anm. 151.

147 Hans-Peter Müller: Die schweizerische Sprachenfrage vor 1914. Eine historische

Untersuchung über das Verhältnis zwischen Deutsch und Welsch bis zum Ersten Weltkrieg. (Deutsche Sprache in Europa und Übersee. Berichte und Forschungen 13). Wiesbaden 1977.

148 Im Hof: Viersprachigkeit 64–67.

149 C.A. Loosli: Von unserer Sprache, in: Wissen und Leben, 3. Jg. Bd. 6 (1910) 42.

150 Peter Alemann: Die Schweiz und die Verletzung der belgischen Neutralität im Weltkrieg 1914. Buenos Aires 1946, 24/5; Gottlieb August Graf: Der Ausbruch des Weltkrieges 1914 im Lichte der deutschschweizerischen Presse. Zürich 1945, 114.

151 Zit. aus Schwyzer Zeitung, bei Graf (wie Anm. 150) 114.

152 Winterthurer Arbeiter Zeitung, 11. September 1914, zit. bei Alemann, wie Anm. 150, 115/6.

153 Paul Berger: Le partage de la Suisse. Lausanne 1914, 39.

154 Die Rätoromanen waren eher deutsch- bzw. österreichfreundlich.

155 Wagnière bei Alemann, wie Anm. 150, 26; s. auch Pierre du Bois: L'affaire du drapeau allemand, in: Revue historique vaudoise 1980, 121 f. über den triumphalen Empfang des Generals bei Entlassung der 1. Division.

156 Carl Spitteler: Unser Schweizer Standpunkt. (Schaffen für Schweizer Art und Kunst). Zürich 1914.

157 ibid. 5, 7, 8, 12.

158 Z.B. Paul Seippel: «Die heutigen Ereignisse vom Standpunkt der romanischen Schweiz». Zürich 1915 (aus dem Französischen übersetzt). Der Bundesrat hatte sich – ohne viel Erfolg – schon am 1. Oktober 1914 an das Schweizervolk gewandt. 1915 haben andere Vereinigungen als die NHG – etwa die Zofinger und der Studentenverein, beides nationale Studentenvereinigungen mit starkem welschem Anteil – zur Mässigung aufgerufen. (Scheurer, damals bernischer Regierungsrat, später Bundesrat, am Zofinger Zentralfest vom 12. Juli 1915, der Studentenverein am 9. August 1915).

159 Vgl. Handbuch Schweizer Geschichte 1131 f.

160 Max Huber: Der Schweizerische Staatsgedanke. Zürich 1916, 23–26.

161 Leonhard Ragaz: Die neue Schweiz. Olten [2]1918, 115/6 (1. Aufl. 1917).

162 Vgl. Kap. 5.6.1.

163 Wie Anm. 169.

164 Johann Jakob Treichler: Frühschriften, hg. v. Ad. Streuli. Zürich 1945.

165 Gottfried Keller: Der Grüne Heinrich, 2. Buch, 15. Kap., zit. bei Riklin: Verantwortung 77.

166 Erich Gruner: Der Arbeiter in der Schweiz im 19. Jahrhundert [1. Bd.]. Bern 1968, 989 f. («Nation und Klassenspaltung»); ders. (Hg.): Arbeiterschaft und Wirtschaft in der Schweiz 1880–1915, 3 Bde. Zürich 1987/88.

167 Beim «Weissen Kreuz im roten Feld» handelt es sich um ein neues Lied (von A. Heimann, Biel), in: Liederheft für das Grütli-Zentralfest in Lausanne, 1906, Nr. 11 u. Nr. 10.

168 Festhefte für die Sängerfeste des Schweizerischen Arbeiter-Sängerbundes, 1902 bis 1907.

169 Blatt Nr. 918 in der Bibliothek des Schweiz. Gewerkschaftsbundes, Bern, mit

dem Katalogvermerk: «Anfang des 20. Jahrhunderts».

170 ibid. für Männerchor von J. Kurth.

171 Gedichte und Lieder freisinniger und besonders sozial-demokratischer Tendenz, hg. v. J. Franz. Zürich 1872; vgl. M. Fallet-Scheurer: Das Volkslied und das Tendenzlied. Basel 1912. 75 Jahre Schweizerischer Arbeiter-Sängerverband 1888–1963; Festschrift zur Jubiläumsfeier. Biel 1964.

172 Zeitungskopf des «Grütlianers» seit 1907. Die Devise ist älter, vgl. Georg Kreis, in: Unsere Kunstdenkmäler 1984, 20.

173 v. Greyerz: Handbuch Schweizer Geschichte 2, 1105.

174 Mesmer: Ausgeklammert 263–267.

175 Zofinger Centralblatt 1896/1897, 315 f.; vgl. Centralblatt 1902 und 1907.

176 Dürrenmatt: Politische Gedichte 28.

177 ibid.

178 Zit. nach «Volksrecht» vom 15. Mai 1911, in: Schläpfer: Ausländerfrage 258/9, Anm. 151.

179 Zopfi: Anekdoten 103.

180 Die Formulierung stammt von Fritz Brupbacher.

181 Z.B. Nationalrat und Oberstkorpskommandant Arnold Künzli war uspründlich Grütlianer und Gegner des «preussischen Geistes» in der Armee. Nationalrat August Rickli war Divisionsarzt der 3. Division. Der Helveter Gustav Müller, roter Stadtpräsident von Bern, war Oberstleutnant der Artillerie und der St. Galler Nationalrat Heinrich Scherrer Major.

182 Zopfi:Anekdoten 96.

183 Willi Gautschi: Dokumente zum Landesstreik 1918. Zürich 1971, 237.

184 Jacques Schmid: Unterwegs 1900–1950. Olten 1953, 78 f.

185 Pierre Grellet: Souvenirs d'écritoire. Lausanne 1952, 66.

186 Rede des Bundespräsidenten Calonder bei Eröffnung der ausserordentlichen Bundesversammlung, Willi Gautschi: Dokumente zum Landesstreik 1918. Zürich 1971, 276.

187 Bundesrat Karl Scheurer: Tagebücher 1914–1929, hg. v. Hermann Böschenstein. Bern 1971, 180.

188 Heinrich Walther: Die politischen Kämpfe der 20er Jahre, Festschrift Eugen Bircher. 1952, 36.

189 Fritz Brupbacher: 60 Jahre Ketzer... Zürich 1977, 288–291 (1. Aufl. 1935).

190 Jost: Politique culturelle 26.

191 Refrain der 4. Strophe des «Von ferne sei herzlich gegrüsset», in: Verena Conzett: Erstrebtes und Erlebtes. Zürich 1929, 344–47, zit. in: Joris/Witzig: Frauengeschichte(n). Zürich 1986, 258.

192 «Die Sozialdemokratie ging aber in diesen Jahren auf ihrem Weg zur Radikalisierung weiter. Verpönt war jeder Patriotismus, jeder Militarismus; die Landesverteidigung wurde nunmehr bedingungslos und rückhaltlos abgelehnt. Abgelehnt wurde aber auch der Gedanke der Demokratie, dafür wurde offen die Diktatur des Proletariates als Ziel verkündet.», Zopfi: Anekdoten 167.

193 Dazu unmissverständlich Zopfi: Anekdoten 85.

194 Tobias Kästli: Geschichte des «roten Biel» (1919–1939). Biel 1988.

195 Wie Anm. 203.
196 Georges Andrey in: Geschichte der Schweiz und der Schweizer 607.
197 Nabholz/Kläui: Quellenbuch 190.
198 Hans Abt: Die Nuntiatur. Zürich 1925, 24, zit. bei Peter Stadler: Kulturkampf 315.
199 Stadler: Kulturkampf 604.
200 ibid. 379.
201 Theodor Schwegler: Geschichte der katholischen Kirche in der Schweiz von den Anfängen bis auf die Gegenwart. Zürich 1935, 227. Die Geschichte des freisinnigen Katholizismus ist noch nicht untersucht. N.B.: In der Regel waren zwei von den sieben Bundesräten römisch-katholischer Konfession, als letzter freisinniger Katholik Adolf Deucher, Bundesrat 1883–1912.
202 Urs Altermatt: Der Weg der Schweizer Katholiken ins Ghetto. Zürich 1972; s. auch Berchtold: Suisse Romande, chap. VI: La présence catholique.
203 Text von Balthasar Ulrich, Melodie von Pater Alberich Zwyssig.
203 [Karl Schönenberger]: Geschichte des Schweizerischen Studentenvereins. Umgearbeitet, gekürzt und fortgeführt v. Dr. K.S. auf Grundlage der 2. Auflage von Dr. Sebastian Grüter. Immensee o.J., 44 f.
204 Bericht an der Delegiertenversammlung des Volksvereins, 24. September 1912, zit. bei Mesmer: Ausgeklammert 275.
205 G. de Reynold: La démocratie et la Suisse, essai d'une philosophie de notre histoire nationale. Bern 1929, 263.
206 Gazette du Valais, 9. November 1918.
207 Pierre Grellet: Souvenirs d'écritoire. Lausanne 1952, 109.
208 Situationsbericht aus Freiburg in der «Gazette de Lausanne», 17. November 1918.
209 Josef Kunz, wie Anm. 43.
210 «Le vieux chalet» von Abbé Joseph Bovet (Text und Melodie), in: Chants de mon pays, recueil à l'usage des écoles. Lausanne 1967, 59/60. Erstdruck 1911. Über die letzte Strophe (ohne kulturpolitische Deutung): Jacques Desmonts: Le vieux chalet, in: Hommage à l'abbé Bovet, Fribourg 1947, 76/77.
211 Der schweizerische Katholizismus in protestantischer Sicht, in: Civitas 22 (1967) 589 f, 631.
212 Röseligarte I 13.
213 v. Greyerz: Nation 116.
214 Segesser an Andreas Heusler, 9. Februar 1848 (Briefwechsel Philipp Anton Segesser. Bd. I, 494). Dieser Brief führte zu einer vorübergehenden Krisis im Verhältnis zu Heusler, der als Basler nicht so unnational denken konnte.
215 Zit. bei Stadler: Kulturkampf 463. Nach Félix Bonjour: Louis Ruchonnet. Lausanne 1936, 105.
216 Gerhard Boerlin: Heimatschutz. Basel 1931, 6, zit. bei Frei: Nationalbewusstsein 256.
217 In «Trinklaube». Gesammelte Gedichte (1884). Das Gedicht bezieht sich wahrscheinlich auf die teilweise Niederlegung der mit Linden bepflanzten Solothurner Schanzen 1878.

218 v. Greyerz: Handbuch Schweizer Geschichte 2, 1118.

219 Dürrenmatt: Politische Gedichte 53.

220 Dazu: Berchtold: Suisse Romande, 736; Jost: Politique culturelle 23, 27; v. Greyerz: Handbuch Schweizer Geschichte 2, 1118; Manfred Gsteiger: Littérature et nationalisme suisse, in: Revue de littérature comparée 4/1980.

221 Mühlemann: Wappen 147, 127; Albert Schoop: Unser Thurgau. Frauenfeld ^{8}1988, 47, 25.

222 «Gemeineidgenössisches Lied», 10. Strophe, Schweizerlieder (^{3}1768).

223 S. Kap. 4.2.2.

224 Zit. bei Jost: Politique culturelle 22.

225 Solange Guex-Piguet: Au 10 Août, un café vaudois. Yverdon 1985.

226 «Ordre et Tradition» (1926) nahm 1933 den Namen «Ligue Vaudoise» an.

227 Zit. bei Berchtold: Suisse Romande 705.

228 Zopfi: Anekdoten 222/3 (in der Auseinandersetzung mit den Ansichten Gonzague de Reynolds).

229 Vgl. Anm. 230.

230 W. Catrina: Die Rätoromanen. Zürich 1983 (Deutsche Übersetzung von P. Maurus Carnot 1934).

231 Johann Jakob Treichler: Gibt es in der Schweiz ein Proletariat?, in: Frühschriften, hg. v. Adolf Streuli. Zürich 1945.

232 ibid.

233 Gottfried Stutz: Sieben Mal sieben Jahre aus meinem Leben, Als Beitrag zur näheren Kenntnis des Volkes. Pfäffikon 1853–1855.

234 Jeremias Gotthelf: Ein deutscher Flüchtling, Kleine Erzählungen 4, 224; dazu Joris/Witzig: Frauengeschichte(n) 98/9.

235 Dürrenmatt: Politische Gedichte 25 (1891/93).

236 Iwan Bally an Minister Hans Sulzer 17. Mai 1918, in: Willi Gautschi: Dokumente zum Landesstreik 1918. Zürich 1971, Nr. 27, 85; dazu Beat Junker/Rudolf Maurer: Kampf und Verantwortung. Bernische BGB 1918–1968. Bern 1968.

237 Kurt Imobersteg: Die Entwicklung des schweizerischen Bundesheeres. Diss. phil. hist. Bern 1973, 25, 58, 176.

238 Ed. Guilde du Livre. Genève 1945, 270. (Erstedition, Paris 1911).

239 Jost: Politique culturelle 27/8.

240 Bernard Crettaz: Un si joli village. Essai sur un mythe helvétique, in: Histoire et Société contemporaines, t. 6/87. Lausanne 1987.

241 Kurt Guggisberg: Grundzüge des mittelständischen Denkens. Bern 1962.

242 Zit. bei Leonhard Neidhardt: Plebiszit und pluralistische Demokratie. Bern 1970, 221; vgl. Paul Kläui: Schweizerische Bauernpolitik, in: Nationale Hefte 2 (1936) 559; Jost: Politique culturelle 35.

243 Hans Zopfi: Bauernschicksal – Landesschicksal. (Schriften des Bundes Neue Schweiz, 2). Zürich 1934.

244 Wie Anm. 255.

245 Maurus August Feierabend: Das Doppelfest der vierhundertjährigen Schlachtfeier bei St. Jakob und des... eidgenössischen Freischiessens in Basel. Zürich

1844, 332, zit. bei Frei: Nationalbewusstsein 230.

246 Gottfried Keller: Am Mythenstein. Erstdruck 1861, in: Sämtliche Werke, hg. v. Jonas Fränkel, Bd. 22. Bern 1948, 124, vgl. de Capitani: Die Suche nach dem gemeinsamen Nenner – der Beitrag der Geschichtsschreiber, in: de Capitani/ Germann: Identität 27.

247 Frei: Nationalbewusstsein 228, 232.

248 ibid. 237. Rede des Präsidenten Franz Joseph Stadler, des luzernischen Volkskundlers.

249 Beat Junker: Die Bundesfeier als Ausdruck nationalen Empfindens in der Schweiz um 1900, in: Festschrift Erich Gruner. Bern 1975, 19 f.; Frei: Nationalbewusstsein 237 f.

250 Wilhelm Oechsli: Die Anfänge der schweizerischen Eidgenossenschaft. Zur sechsten Säkularfeier des ersten ewigen Bundes vom 1. August 1291 verfasst im Auftrage des schweizerischen Bundesrates von Professor Dr. W. Oechsli. Zürich 1891. Dierauer hat schon 1887 im 1. Band seiner Geschichte der Schweizerischen Eidgenossenschaft, S. 150, die Diskussion des 19. Jahrhunderts zusammengefasst: «Die strenge Kritik musste die Heldengestalten, die so lange Zeit [2. Aufl. 1915 «noch immer»] von einem patriotischen Kultus umgeben waren [sind], unwiderruflich der Sage überweisen. Sie sah sich nicht minder genötigt, die geheime Verschwörung auf der stillen Matte am Fusse des Seelisberges aus der Geschichte auszuscheiden. Aber an die Stelle jener typischen Heroen setzte sich das Volk der Urschweiz, und gegenüber dem Rütlischwur verhalf sie den offen abgeschlossenen Bündnissen der Jahre 1291 und 1315 zu ihrem vollen Rechte. Sie ging auf die festen Grundsteine zurück, auf welchen sich das eigenartige staatliche Gebilde der Eidgenossenschaft erhoben und entwickelt hat», zit. bei de Capitani/Germann: Identität 27/8.

251 Offizieller Führer durch das neue schweizerische Bundeshaus in Bern. Bern 1902; Johannes Stückelberger: Das Bundeshaus als Ort der schweizerischen Selbstdarstellung, in: Unsere Kunstdenkmäler 1984/1, 58–65.

252 Aus der umfangreichen Literatur zur Tellfrage seien nur genannt: Jean-François Bergier: Guillaume Tell. [Paris] 1988 und Lilly Stünzi: Tell. Werden und Wandern eines Mythos. Bern 1973, besonders 257–312.

253 Floriana Vismara-Bernasconi: Il monumento a Guglielmo Tell di Vicenzo Vela, in: Unsere Kunstdenkmäler 1984/1, 74–78. 1909 in Loco ein Tellbrunnen.

254 Berchtold: Suisse Romande 507/8.

255 Bei Stünzi: Tell 203.

256 Zitat in Kap. 7.8. (Anm. 42).

257 Wie Anm. 259.

258 François de Capitani: Die Suche nach dem gemeinsamen Nenner – Der Beitrag der Geschichtsschreiber, in: de Capitani/Germann: Identität 28 f. (dort weitere Literatur).

259 Vierter Pfahlbaubericht , 1861, zit. bei Capitani/Germann: Identität 30.

260 Jakob Heierli: Urgeschichte der Schweiz. Zürich 1901, 113, zit. bei de Capitani/ Germann: Identität 31.

261 «Der Besuch. Eine Pfahldorfgeschichte», in: Friedrich Theodor Vischer: «Auch

Einer», 62. Aufl. Stuttgart (o.J., 1. Aufl. 1879) 85–262.

262 Hans Peter Treichler: Gründung der Gegenwart. Porträts aus der Schweiz der Jahre 1850–1880. Zürich 1985, zit. bei de Capitani/Germann: Identität 31.

263 Als letzter Karl Keller-Tarnuzzer, schon zur Zeit der «Geistigen Landesverteidigung», K. Keller-Tarnuzzer: Mein Standpunkt in der Pfahlbaufrage, in: Festschrift O. Tschumi. Frauenfeld 1948, 77–90.

264 Wie Anm. 275.

265 1861 wird die Winkelriedstiftung zur Unterstützung von in Not geratenen Wehrmännern und ihren Familien gegründet.

266 Bundesrat Numa Droz evoziert ihn anlässlich der Feier des Bundeseintritts Freiburg 1881 als Versöhnungsfigur – nach dem Kulturkampf, Stadler: Kulturkampf 569.

267 Joris/Witzig: Frauengeschichte(n) 18/9 und 229/30.

268 Aus dem Vorwort von Meinrad Lienert: Schweizer Sagen und Heldengeschichten. Der Jugend erzählt. Stuttgart/Olten [1914].

269 Unter «fremde Kriegsdienste» jedoch die Versöhnungsgeschichte vom stellvertretenden Zweikampf zwischen einem reformierten und einem katholischen Schweizer in der Schlacht von Jvry, Lienert: Schweizer Sagen 243 f.

270 Gallerie berühmter Schweizer der Neuzeit in Bildern von F. und H. Hasler mit biographischem Text von Alfred Hartmann, 1. Bd. Zürich 1882; Jean-Elie Dautun: Die berühmten Schweizer, um 1829. Ölbild bei Zelger: Heldenstreit, Abb. 29, 50/1.

271 S. auch: Markus Lutz: Nekrolog berühmter Schweizer aus dem 18. Jahrhundert. Aarau 1812.

272 Hildegard Gantner-Schlee: Karl Jauslins Illustrationen zur Schweizergeschichte, in: de Capitani/Germann: Identität 273 f.

273 Stünzi: Tell 257 f. (Bildmaterial).

274 Franz Bächtiger: Andreaskreuz und Schweizerkreuz. Zur Feindschaft zwischen Landsknechten und Eidgenossen. (Jahrbuch Bernisches Historisches Museum 1971/1972) Bern 1975. Als «Landsknechtsfigur» wird z.B. der Alte Schweizer auf dem Metzgerbrunnen in Schaffhausen im «Kunstführer durch die Schweiz», Bd. 1. 1971, 539, bezeichnet. Franz Bächtiger: «Was willst Du mit dem Dolche, sprich?» – Ein Nachtrag zur Geschichte des schweizerischen Offizierdolchs Ordonnanz 43, in: Gesellschaft und Gesellschaften, Festschrift Ulrich Im Hof. Bern 1982 544 f.

275 Beiträge über Festspiele, Schweizer Kunst, Denkmäler, in: de Capitani/Germann: Identität (1987); Das Festspiel: Formen, Funktionen, Perspektiven, hg. v. Balz Engler und Georg Kreis. Willisau 1988; Hermann Büchler: Die schweizerischen Landesausstellungen Zürich 1883, Genf 1896, Bern 1914, Zürich 1970.

276 Zofinger-Liederbuch (1905) 15/6. Melodie von Wilhelm Baumgartner, zuerst zum deutschen Gesellschaftslied «Wo zu hoher Feierstunde lächelnd uns die Freude winkt».

277 Jost: Politique culturelle 28: «que l'image de la Suisse de G. de Reynold se présente sous la forme d'une cathédrale alpestre, surmontant par sa grandeur et son

caractère hiérarchique l'image nationale de Gottfried Keller, la modeste «Haus zum Schweizerdegen» qui symbolise la Suisse nationale du XIXe siècle».

278 De Capitani/Germann: Identität: Beiträge von Theo Gantner: Der eidgenössische Wappenfries im 19. Jahrhundert 143 f; Rudolf J. Ramseyer: Berna und Helvetia 155; weitere Beiträge in: «Unsere Kunstdenkmäler» 1984, 1.

279 Ulrich Im Hof: Müllers Verhältnis zur schweizerischen Nationallegende, in: Johannes Müller – Schriftsteller der Goethezeit. Schaffhausen 1986, 55.

280 Bundesblatt 1889 II, 857–874; Jost: Politique culturelle 21; Mühlemann: Wappen 20–23.

281 «In Grindelwald den Gletschren by», Gedichte von Pfarrer Gottfried Strasser. Interlaken 1943, 34.

282 Sport-Schweiz, Bd. 4, 1929–1944 [o.J.] 136 f.

283 Daniel Anker: Die Schweizer bergsteigen, also sind sie, in: Berner Zeitung, 22. Oktober 1988, 17.

284 «Les Alpes», Chante Jeunesse 204/5, Melodie von J.G. Leib.

285 Jost: Politique culturelle 34 f. mit vielen Belegen.

286 Daniel Anker: Oben statt unten. Der Schweizer Alpenclub und die Politik, die Gesellschaft und die Ideologie der Berge, Lic.-Arbeit, Universität Bern, Phil. hist. Fakultät 1986.

287 Daniel Anker in «Die Weltwoche», Nr. 11, 17. März 1988, vgl. Anm. 283.

288 S. Kap. 5.1.2. (Anm. 27).

6. Die «Geistige Landesverteidigung»

1 Zur Zeit 1918/1933–1945 vgl. H. v. Greyerz: Handbuch Schweizer Geschichte; Roland Ruffieux: La Suisse de l'entre-deux guerres. Lausanne 1974; Peuples inanimés avez vous «donc une âme». Images et identités suisses au XXe siècle von Bernard Crettaz, Hans Ulrich Jost und Rémy Pithon. (Histoire et société contemporaine 6). Lausanne 1987.

2 Werner Kaegi: «Die Rheingrenze in der Geschichte Alemanniens», in: Historische Meditationen. Zürich 1942.

3 Der Begriff «Geistige Landesverteidigung» wurde damals schon in durchaus «patriotischen» Kreisen nicht ganz ernst genommen und als Ge-La-ver (Gelafer, Geschwätz) ironisiert.

4 Jost: Politique culturelle 31.

5 Vgl. Geschichte der Schweiz und der Schweizer 813. Weitere Fussballsiege in Bern 1941 und Wien 1942, in: Sport/Schweiz, Bd. 4, 1929–1944 (o.J.) 159 f.

6 Gritli Schaad, in: «Wir wollen frei sein», hg. v. Adolf Guggenbühl und Georg Thürer. Zürich 1939, 21.

7 Botschaft vom 9. Dezember 1938, Bundesblatt 1938 II, 985 f.

8 Bericht an die Bundesversammlung über den Aktivdienst 1939–1945 von General Henri Guisan [1946] 210 f.

9 Im bernischen Sekundarschulbuch stand bis in die 70er Jahre kein Wort vom Generalstreik!

10 In vorderster Front standen unter vielen andern als Publizisten und Medienleute Albert Oeri, Ernst Schürch, Ernst Bretscher, Denis de Rougemont, Adolf Guggenbühl, René Payot, wie die Historiker J.R. von Salis, Georg Thürer, Arnold Jaggi, Karl Meyer, Werner Näf, Adolf Gasser.
11 Z.B.: Hans Oprecht, Paul Meierhans, Walter Bringolf, Rudolf Schümperli, wie auch der ehemalige internationale Kommunist Jules Humbert-Droz und viele andere.
12 Denis de Rougemont: Mission ou Démission de la Suisse. Neuchâtel 1940, 214.
13 Georg Kreis: Zensur und Selbstzensur. Die schweizerische Pressepolitik im Zweiten Weltkrieg. Frauenfeld 1973.
14 Andreas Lindt: Zofingia und Flüchtlingsfrage, in: Zentralblatt des schweizerischen Zofingervereins. Basel 1942, 82. Jahrgang 662.
15 Z.B. wurde die Schrift Karl Barth, Emil Brunner, Georg Thürer: Im Namen Gottes des Allmächtigen 1291–1941. Zürich 1941. (Vorträge an den Landsgemeinden der Jungen Kirche, am 6. Juli 1941) durch den Verleger Henry Tschudi in St. Gallen trotz Verbot in 16 000 Exemplaren gedruckt.
16 Riklin: Verantwortung 79 (zu Barth, hier Anm. 15).
17 Hitler's Table Talk 1941–1944. London 1953 (übersetzt von E. Gruner, in: Werden und Wachsen des Bundesstaates 1815–1945. Aarau 1955, 103.; ein «wissenschaftliches Beispiel»: Hans Georg Fernis: Ewig nimmer gegen 's Reich. Schweizer Bekenntnisse aus sechs Jahrhunderten. Verlag Grenze und Ausland. Berlin 1942.
18 Wie Anm. 30.
19 Gesungen im Basler Regiment 22.
20 Rémy Pithon: Le cinéma suisse et les mythes nationaux (1938–1945). (Histoire et société contemporaines 6/87). Lausanne 1987.
21 Adolf Gasser: Der Irrtum der Helvetik, in: ZSG 1947, 425–455.
22 So z.B. in «Wir wollen frei sein», ein vaterländisches Brevier, hg. v. Adolf Guggenbühl und Georg Thürer, Schweizer Spiegel Verlag. Zürich 1939 und «Standhaft und getreu 1291–1941», hg. v. Oskar Bauhofer, Arnold Jaggi, Georg Thürer, Schweizer Spiegel Verlag. Zürich 1941. Im folgenden benützen wir «Standhaft und getreu» als ein Beispiel für den historischen Rückgriff auf die Schweizer Geschichte.
23 Zit. in «Standhaft und Getreu», wie Anm. 22, 40.
24 Mitteilung von Emmi Ott, Rotkreuzschwester während des Spanienkriegs und in Frankreich.
25 Jean-Claude Favez: Une mission impossible. Le CICR, les déportations et les camps de concentration nazis. Lausanne 1989.
26 Auf dem Titelblatt von «Standhaft und getreu», wie Anm. 22.
27 ibid. 50.
28 ibid. 18.
29 Hedwig Egger-von Moos, Kerns: «Schwyzer-ärdä (Obwaldner Dialekt), 1. und 3. Strophe. Im Gedichtwettbewerb des Beobachters mit einem Anerkennungspreis ausgezeichnet, in: Der Schweizerische Beobachter, XVII. Jahrgang. Basel, 28. Februar 1943, Nr. 4, 103.

30 «Standhaft und getreu», wie Anm. 22, 69 (Zwingli 1529).
31 Jost: Politique culturelle 38. H.U. Jost nimmt die Formulierung vom «Helvetischen Totalitarismus», die er in «Geschichte der Schweiz und der Schweizer», prägte, da nicht mehr auf.
32 S. Anm. 7.
33 Beat Junker: in: Der Bund, 30. September 1965. Besprechung der «Dokumente des Aktivdienstes», 1965.
34 Vereinigung schweizerischer Hochschuldozenten zur Gründung einer «Landes-Konferenz für die geistige Landesverteidigung» 14 (1964).
35 4. akademisches Sommerseminar des Philipp-Albert Stapferhauses. Lenzburg 1965, Disposition 5.
36 Jack Rollan: Petit maltraîté d'histoires suisses. De l'Eden au Grutli (non compris), 3. ed. Lausanne 1951.
37 Heinz Ochsenbein und Peter Stähli: Weg der Schweiz Expo 1964. (Schweizer Heimatbücher 127). Bern 1966.
38 Gertrud Wilker: Altläger bei kleinem Feuer. Zürich [o.J.] 72.

7. Rückblick: Die Gegenwart im historischen Kontext

1 Daniel Brühlmeier: Nation und nationale Identität aus staats- und verfassungstheoretischer Sicht. Institut für Politikwissenschaft, Hochschule St. Gallen 119 (1988) 36 f.
2 Uli Windisch et Florence Cornu: Guillaume Tell au quotidien. Zürich 1988.
3 Punkt 3.8. in: Definition des Begriffs «Nationale Identität» (Nationales Forschungsprogramm 21, internes Papier, Mitte Juni 1984).
4 Année politique. Bern 1978, 12. Die Revision lief 1966 an mit den Motionen Obrecht/Dürrenmatt.
5 Bei Riklin: Verantwortung 253, auf die Hochschule St. Gallen bezogen.
6 Die zeitgenössischen Literaturen der Schweiz, hg. v. Manfred Gsteiger, in: Kindlers Literaturgeschichte der Gegenwart. Zürich und München 1974.
7 Paul Seippel: Les deux Frances et leurs origines historiques. Lausanne 1905.
8 Zit. bei D. Brühlmeier, wie Anm. 1, 22, Anm. 74.
9 Gerhard Wyss: Das Dienstreglement von 1933, Lic.-Arbeit phil. hist., Universität Bern 1986, 95, Anm. 3.
10 «Der Mangel an charaktervoller Persönlichkeit... erscheint als etwas, was im Bürgertum, ... mehr und mehr verbreitet ist... Aus den Kreisen des Bauernstandes und der Arbeiterschaft gehen Führer hervor, die das Schicksal des Landes ebenso stark beeinflussen wie die bis anhin herrschende Klasse.» Bericht an die Bundesversammlung über den Aktivdienst 1939–1945 von General Guisan [1946] 187/88.
11 E. Wildbolz: Feste Grundlagen, in: Allgemeine schweizerische Militärzeitung 1918, 161 ff.
12 Vgl. dazu: Macht und ihre Begrenzung im Kleinstaat Schweiz, hg. v. Werner Kägi und Hansjörg Siegenthaler. Zürich 1981.
13 Z.B.: Paul Hugger, Sozialrebellen und Rechtsbrecher in der Schweiz. Eine histo-

risch-volkskundliche Studie, Zürich 1976. Widerstand im Rechtsstaat, für die Schweizerische Akademie der Geisteswissenschaften herausgegeben von Peter Saladin und Beat Sitter in Zusammenarbeit mit Suzanne Stehelin-Bürgi. Freiburg 1989.

14 Wie Anm. 18.

15 Georges Grosjean: Marignano als Mahnung für heute, in: Der Bund, 12. September 1965.

16 Prospekt der Swissair um 1975.

17 Geneviève Heller: Propre en ordre. Lausanne 1979.

18 Fridolin Tschudi: Sie liebt mich, sie liebt mich nicht... Zürich 1955, 18/9.

19 Heller: Propre en ordre 230.

20 Denis de Rougemont: Mission ou démission de la Suisse. Neuchâtel 1940.

21 Max Petitpierre: Discours prononcé au Congrès du Parti radical suisse. Bâle, octobre 1945, in: Max Petitpierre – seize ans de neutralité active, ed. L.E. Roulet. Neuchâtel 1980, 191.

22 Michael Stürmer in: Die Zeit, 2. Dezember 1982.

23 In der dritten Auflage «Schweizerlieder», 1768, Schlussstrophe.

24 G. Keller: «Patriotismus und Kosmopolitismus» (1859), Vorarbeiten zum «Grünen Heinrich», Ges. Werke, hg. v. Jonas Fränkel, 19, 4, 354 (Text Nr. 8). Für diesen Nachweis sei Rudolf Wildbolz ganz besonderer Dank gesagt.

25 Thurgauer Tagblatt 1897, Nr. 47.

26 Ernst Laur: Der Schweizer Bauer, seine Heimat und sein Werk. Brugg 1939, 638.

27 «Vos habetis alium spiritum quam nos». Bericht Luthers an Jakob Propst in Bremen, zit. bei Gottfried W. Locher: Die Zwinglische Reformation im Rahmen der europäischen Kirchengeschichte. Göttingen 1979, 325.

28 André Siegfried: La Suisse, démocratie témoin. Neuchâtel 1948.

29 Waadtländer Ausspruch (Gegenwart).

30 Voltaire: Règne de Louis XIV, ch. XXXVI.

31 Meyers grosses Konversations-Lexikon, Bd. 14. Leipzig und Wien [6]1907, 442.

32 Brockhaus Conversations-Lexikon, Bd. 12. Leipzig 1885, 91.

33 «Lasst uns nicht dieses edle, reine baselische Blut durch fremden Zusatz verpesten. Bürgermeister Emanuel Falckner, in: Peter Ochs: Geschichte der Stadt und Landschaft Basel, Bd. 8. Basel 1822, 6.

34 Zit. bei von Greyerz: Nation 9. Vgl. Einleitung Anm. 3.

35 Wie Anm. 42.

36 G. Keller, s. Anm. 24.

37 Marcel Beck: Legende, Mythos und Geschichte. Die Schweiz und das europäische Mittelalter. Frauenfeld 1957.

38 Max Frisch: Wilhelm Tell für die Schule. Frankfurt a/M. 1971. Bis 1976 acht Auflagen.

39 Otto Marchi: Schweizer Geschichte für Ketzer. Zürich 1971; vgl. Peter Utz: Die ausgehöhlte Gasse. Stationen der Wirkungsgeschichte von Schillers Wilhelm Tell, Athenäum. Königstein [BRD] 1984.

40 Über die Kontroverse um Winkelried: Guy P. Marchal: «Historische Forschung

ist staatsgefährdend». Sempacher Schlachtjahrzeit, 24. Juni 1988, 7. (Beilage zur Sempacher Zeitung).

41 Evangelium nach Matthaeus 16.26.

42 Gedichte von Gottfried Keller. Heidelberg 1846, in der Gesamtausgabe seiner Gedichte unter «Sonette».

43 Denis de Rougemont: Mission ou démission de la Suisse (1940), 109/10, zit. bei Bruno Ackermann: Regards sur la Suisse dans l'œuvre de Denis de Rougemont (1938–40), in: Equinoxe 1 (1989) 44. Denis de Rougemont hat für die Landesausstellung 1939 ein Schauspiel «Nicolas de Flue» verfasst, zu dem Arthur Honegger die musikalische Fassung schrieb, ibid. 33–42.

V. Personen- und Sachregister

Aargau 115/116, 141, 152/153
Abstinenzbewegung 193
Achtundsechziger Bewegung 256, 266
Adel, Feudalismus (s. Kommunalismus)
Aeneas Sylvius 55
Alemannen 48
Alltagserfahrung (Kontaktbereiche) 258–259
Alpen, alpiner Mythos 106–111, 151, 158/159, 160, 193, 242–244, 253, 274
Alpenclub, Schweizer 168, 243
Älpler s. Hirten
Altdorfer, Johann Jakob 93
Altkatholizismus 218/219
Am Bühl, Johann Ludwig 105
Amiel, Henri-Frédéric 151
Ämterbefragung 68, 69
Anarchisten 188/189, 211
Anker, Albert 138
Antike/Altertum 128, 130, 138, 255, 274
Antiklerikalismus 116, 217
Appenzell 160
Arbeiterlieder 209/210
Arbeiterquartiere 174, 209
Arbeiterschaft 174, 208–216, 229, 246, 249
Arbeitsethos 61, 190–192, 216, 266/267, 272
Aristokratie (s.a. Patriziat) 24, 67, 93/94, 115, 130, 225, 263
Armee s.a. Miliz, Ordnungsdienst 246f, 36–41, 72–76, 121–123, 178–181, 246f, 248/249, 252, 255, 259, 264
Asylrecht/Asylpolitik 185–190, 216, 250/251, 265 268/269
Aubert, Jean-François 175
Attenhofer, Carl 164
Aufklärung 85f, 130/131, 134, 148, 190, 233
Auslandschweizer 168, 190/191
Australien 271
Aussteiger 266
Auswanderung 159/160, 190/191, 273
Autonome Landschaften 19

Baden 32
Baldus 58
Bally, Iwan 231
Balthasar, Franz Urs 86/87
Balthasar, Joseph Anton Felix 87
Barock 62
Bartolus 58
Basel 58, 99, 174, 212, 260, 264
Baselland 163
Bauern, Bauernideologie 42–45, 53, 69–71, 212, 213, 228–233, 245, 249, 253
Bauernkrieg (schweizerischer) 70/71
Bayern 146
Belgien 184, 271
Bellay, Joachim du 76
Beresinalied 123/124, 180
Bern 27/28, 60, 68, 78, 83, 113, 144, 149, 152, 165, 168, 174, 187, 213, 220/221, 222/223, 224/225, 260
Beroldingen, Joseph Anton Sigmund 97
Bertha, Königin 191, 238
Besitz/Eigentum 92, 132/133, 266
Bettag, eidgenössischer 136/137, 253
Bicocca 40
Biel 216
Bilderbuch 156
Bistümer/Bischöfe 63, 155, 177
Blümner, Hugo 132
Bluntschli, Johann Caspar 170–172, 181, 182, 194, 197

Bodmer, Johann Jakob 98, 101, 102, 145
Bonstetten, Albrecht von 106
Bonstetten, Charles Victor von 146
Borromeo, Carlo 62
Bosshard, Heinrich 157
Bourbakiarmee 184
Bovet, Joseph Abbé 221/222
Bräker, Ulrich 32
Brandes, Ernst 125
Brenner, Ernst, Bundesrat 174
Bridel, Philippe Sirice 106, 146, 191
Brennwald, Heinrich 39, 55
Brienz 131
Bruder, Bruderschaft 98, 140
Brupbacher, Fritz 213–215
Bubenberg, Adrian von 41, 103
Bühler, Anna Maria 217
Bührer, Jakob 215
Bundesbauten 181, 235
Bundesbeschwörung 31/32, 59
Bundesbrief (1. August 1291) 234/235, 252
Bundesbriefe 29–31
Bundes-Eintrittsdaten 154, 182
Bundesfeier (1. August) 182, 211, 235, 248, 258
Bundesgeflecht 28
Bundesidee (s.a. Rütli) 236, 257
Bundesverfassung 1848/1874 132, 134, 252
Bundesvertrag (1815) 127
Burckhardt, Jacob 172, 252, 261
Burgenbruch 19, 52, 53, 234
Bürger/Bürgertum 21–26, 67/68, 92f, 98, 128, 208–216, 221, 245f, 264
Burgund/Burgunder 48, 144, 237, 262
Burgunderkriege 39, 82
Burgundische Eidgenossenschaft 27/28

Cabarets 251
Caesar 55
Calonder, Felix, Bundesrat 213
Calvenfeier 200
Calvin, Calvinismus (s.a. Evangelische Schweiz) 60/61, 185, 190
Canisius, Petrus 65, 238
Cérésole, Pierre 178/179
Chessex, Jacques 262
Christentum/Christen (s.a. Reformation) 96f, 98/99, 130, 253, 269, 274
Christlich-Soziale Arbeiter 209
Chroniken 52, 81, 99
Chur, 44

Dändliker, Karl 172, 215
Dänemark 184, 216, 251
Dautun, Jean-Elie 240
Davel, Jean-Daniel-Abraham 238/239
Décoppet, Camille, Bundesrat 205
Defensionale 74, 99
Demokratie 24, 67, 94, 111, 124–130, 141/142, 167, 174–178, 179, 212, 216, 229, 252, 263/264, 271
Demonstrationsrecht 265
Denkmäler 106, 156, 240
Deutsche Sprache/Mundart 81/82, 144f, 148, 203, 236, 261
Deutschland/Deutsche (s.a. Schwaben) 55, 77, 96, 153, 156, 165, 169, 178, 189, 194/195, 196, 203, 236, 246f, 261, 271f
Diaspora 135
Dienstverweigerer 123, 136
Disziplinierung 69, 94, 191, 272
Divico 238
Döffingen 36
Doret, Gustave 151, 236
Dörfli, Schwizer 232
Dornach 38, 44
Droz, Numa, Bundesrat 185
Druey, Bundesrat 187
Dufour, Guillaume-Henri, General 117, 155, 164, 185, 240
Dunant, Henri 184/185, 253
Dürrenmatt, Friedrich 255

Dürrenmatt, Ulrich 211, 224, 230/231

Ebel, Johann Gottfried 88, 108, 128
Eidgenossen/Eidgenossenschaft 28, 81
Eidleistung 25, 31/32, 59, 114, 161, 182
Eigentum s. Besitz
Einstein, Albert 141/142
Einwanderung (s.a. Überfremdung) 272
Eliten (Führungsschichten) 21, 69, 96, 140, 174
Elsässische Dekapolis 24
England/Grossbritannien 24, 58, 77, 96, 124, 135, 165, 184, 197, 199, 207, 271f
Ennetbirgische Vogteien s. Tessin, Graubünden
Entwicklungshilfe 268/269
Erasmus 238/239
Erlach, Rudolf von 40, 103
Erziehung s.a. Schulen 66/67, 138–143, 272
Ethnie, Abstammung 272
Etter, Philipp, Bundesrat 247
Europa 76, 106, 125, 257, 269, 270, 271–273, 275
Evangelische Eidgenossenschaft 59–61

Faschismus 202, 245f
Federer, Heinrich 253
Feindbild 53, 197
Feller, Richard 225, 253
Ferrata, päpstlicher Legat 218
Festspiele 241
Fiala, Friedrich, Bischof 218
Film 251
Finnland 271
Flüe, Niklaus von (Bruder Klaus) 31, 57, 65, 81, 97/98, 105, 157, 238, 252
Fleury, Cardinal 99
Florentini, Theodosius 142
Foederalismus 99–101, 140, 181–183, 216, 222–226, 257, 260, 271, 275
Follen, August 158
Fontana, Benedikt 41, 103, 200
France, Anatole 14
Fränkel, Arthur 197
Frankreich/Franzosen 55, 77, 96, 148, 154, 165, 189, 195, 217, 237, 254, 261/262, 271f
Franscini, Stefano 201
Französische Schweiz 82, 144f, 180, 202, 203–208, 223, 224, 261/262
Frauen, Frauenrechte/Frauenemanzipation (s.a. Heldinnen) 176/177, 193, 211, 238/239, 263
Freiburg 31/32, 95, 149, 218, 220, 221, 225, 261
Freiheit, Freiheitsidee (s.a. freier Schweizer) 83, 92f, 124f, 130f, 134, 161–163, 187, 192, 193, 250, 255
Freiheitsbaum 160–163
Freiheitshut (s.a. Tellenhut) 85, 106, 162, 166
Freikirchen 136, 273
Freimaurer 135, 166, 167
Freisinn 167–169, 209f, 217, 231, 232, 264
Fremde Dienste (s.a. Reislaufen) 49–51, 74–76, 123/124, 225/226, 272
Freudenberger, Uriel 104
Frick, Hans 264
Fricktal 78, 116, 152/153, 154, 218
Friede, Friedenspolitik (s.a. Neutralität) 83, 89, 191
Friedensabkommen 246
Friedrich II von Preussen 63
Frisch, Max 255, 274
Fröhlich, Abraham Emanuel 159
Fronleichnamsprozession 220
Frontenbewegung 246
Furrer, Jonas, Bundesrat 187
Füssli, Johann Heinrich 95

Gallier 237, 272
Gaster 129
Gehorsamspflicht 68
Geistige Landesverteidigung 245–256
Gemeinden (Dörfer) 129/130, 175, 252, 259
Gemeine Herrschaften 33/34, 57, 99
Generalstreik s. Landesstreik
Genf 60, 95, 139, 141, 154, 185, 218, 253
Germanen 237, 272
Gersau 18
Gertsch, Fritz 178
Geschichtsbild 11f, 36, 140, 210, 216, 233–244
Geschichtsunterricht 139/140
Gessner, Salomon 107, 165
Gilberte de Courgenay 181
Girard, Grégoire 142
Giornico 41
Glarean (Heinrich Loriti) 54/55, 106
Glarus (s.a. St. Fridolin, Näfels) 113, 208
Glaubens- und Gewissensfreiheit 132, 135–138, 265
Gleichheit 24, 92f, 124–130, 132, 161, 177, 193
Glutz von Blotzheim, Urs 96
Gobat, Albert 188
Goethe 124/125, 158
Gotthelf, Jeremias 118, 137, 229/230, 241, 252, 253
Graben (Sprachgraben) 204–208, 226, 258/259
Graf, Urs 50
Grandson 38, 39
Grasser, Johann Jakob 79/80, 81
Graubünden 20/21, 87, 101, 125, 144, 199f, 200
Greith, Joseph 157
Greulich, Hermann 210
Greyerz, Hans von 170
Greyerz, Otto von 224, 232
Grimm, Robert 215, 249
Grosser Rat 24
Grundrechte (s.a. Menschenrechte) 92–96, 114/115
Gründungssage 51–53, 81, 234
Grütlianer 209–211, 215, 228
Guggenbühl, Adolf 251
Gugger, Franz Philipp Joseph 90
Guilliman, François 81
Guisan, Henri, General 248/249, 264
Gundoldingen, Peter von 40, 103

Habsburg s. Österreich
Haffner, Franz 66
Hagenbach, Karl Rudolf 137/138, 158
Hallau 125
Haller, Albrecht von 86, 101, 107, 109/110, 158
Haller, Gottlieb Emanuel von 104
Hallwyl, Hans von 41, 103
Hammer, Bernhard, Bundesrat 178
Handels- und Gewerbefreiheit 133, 265/266
Handwerker 228
Hanse 24
Hauptkirche 25
Hauptwil 162
Heilsarmee 136
Heimat 182/183, 223f, 244, 259/260
Heimatschutz 183, 223, 223/224, 232
Heimweh 109
Helden, Heldenzeit 40/41, 79/80, 101, 101–106, 140, 238–241
Heldenschlachten (s.a. Kriegswesen) 81, 150, 157, 158
Heldinnen 41, 80, 238/239
Heller, Geneviève 267
Helvetia 55, 82, 105, 165/166, 191, 242, 258
Helvetier 55, 106, 272
Helvetische Gesellschaft 87/88, 96, 100/101, 104, 105, 117, 146
Helvetische Republik/Helvetik 114, 117/118, 126, 131, 139, 147/148, 151/152, 160–163, 175, 252

Helvetisch-militärische Gesellschaft 100, 105
Helvetismus (Begriff «helvetisch») 88f, 101, 105/106
Helvetismen 262
Henrici, Thomas 66
Henzi, Samuel 105
Herkunftssagen 51
Hilty, Carl 136, 169–172, 194
Hitler, Adolf 248, 251
Hirten (Älpler) 110, 158–160, 165, 227/228
Hodler, Ferdinand 23, 241, 252, 253
Hofer, Josua 154
Hoheitszeichen 34, 78, 83, 152, 160/161
Hottinger, Johann Heinrich 66
Huber, Max 172, 185, 207
Huch, Ricarda 177, 190
Hugenotten 186
Huizinga, Jan 12
Humanismus 53–56, 77, 130
Humanität 88f, 142/143, 251, 268f, 271
Huonder, Gion Antoni 134, 227, 252
Hutten, Ulrich von 186
Hygiene, Sauberkeit 192–193, 216, 266, 272

Identität 11f, 167, 173f, 183–193, 254, 271–273
Ikonographie, nationale (s.a. Denkmäler) 156
Imboden, Max 255
In der Gand, Hanns 181
Industrialisierung/Industrielle 87, 159, 174, 191, 208f, 228, 231, 233
Inglin, Meinrad 179, 251
Internationalismus 208f, 216, 232
Iselin, Isaak 86, 88/89, 90, 92, 99, 104, 113
Israel 98
Italien 24, 125, 148/149, 154, 169, 183, 189, 195, 196, 201, 246, 254
Italienische Schweiz 145f, 201/202, 203–208, 262

Japan 272
Jaurès, Jean 179
Jauslin, Karl 241
Jeannequin, Clément 40
Jenatsch, Jürg 238
Jesuiten 63, 116, 117
Josephinismus 116
Juden 97, 135/136, 233, 250
Jugendbewegung 216
Julius II, Papst 35
Jura 149, 155, 218, 238/239, 255, 259
Justitia 26, 61, 130, 242

Kanada 271
Kantone s.a. Foederalismus 151–155, 181–183, 259
Kantonsfarben 83, 164
Kappelerbriefe 68
Kappeler Milchsuppe 64/65, 98, 137/138, 157, 158
Kapuziner 63
Karl der Grosse 45/46
Karl der Kühne s. Burgunderkriege
Katechismus 67
Katholiken, liberale 116, 218/219
Katholisch-Konservative s.a. Ultramontanismus 217–222, 231, 232, 245
Katholizismus/Katholische Eidgenossenschaft 61–64, 135f, 217–222
Kaufhaus 25
Kavallerie 212, 231, 232
Keller, Ferdinand 237
Keller, Gottfried 136, 151, 158, 171/172, 223, 228, 234, 241/242, 252, 261, 269, 273/274
Kelten s. Gallier
Keyserling, Hermann 197
Kirche(n) s. Christentum, katholische Eidgenossenschaft, reformierte Eidgenossenschaft, Theologen
Kissling, Richard 140, 200, 235, 236

Kleinstaatlichkeit 169–173, 185, 198
Kolin, Peter 41, 103
Kommissar (eidgenössischer) 74
Kommunalismus/Kommunen 17, 18–21
Kommunismus 213–215, 216, 246, 255
Konfession s. Kirche(n)
Konkordate 31
Konservativismus 217–233, 246f, 250
Konstanz, Bistum 48, 63
Konfessionen 61–64, 135f
Konstitution/Verfassung 130
Kopp, Eutych 233/234
Krauer, Johann Georg 157
Kriegswesen (s.a. Miliz) 36–41, 272
Kuhn, Gottlieb Jakob 223
Kuhspott 44
Kultstätten, nationale 105
Kulturkampf 218/219

La Harpe, Frédéric César de 147
Laizismus 139, 216
Land/Länder/Landleute/Landmann 18f, 67
Landammann/Landammanno 129
Landesausstellungen 208, 232, 247/248, 255
Landesgrenze 28, 48/49, 77/78, 155
Landesstreik (Generalstreik) 212/213, 220/221, 226, 231/232, 249, 255
Landesverteidigung, geistige s. Geistige Landesverteidigung
Landfrieden 99
Landrat 20
Landsgemeinde 19, 20, 92, 111, 114, 128/129, 218, 252
Landsknechte 49–51
Lansel, Peider 199
Laupen 38, 40
Laur, Ernst 231, 232/233, 270
Lausanne 22
Legrand, Lukas 142
Lehrer (s.a. Schule) 141, 214
Lavater, Johann Caspar (s.a. Schweizerlieder) 89, 90/91, 94, 97, 98, 109, 111, 137, 138/139, 151, 156, 225, 269
Leibeigenschaft 94
Leu, Johann Jakob 85, 99
Liberalismus/Liberale 115, 130f, 166, 217, 221, 230, 245, 250
Liechtenstein 78
Lieder (s.a. Schweizerlieder) 15, 38–47, 140, 150/151, 156, 159/160, 180/181, 183, 209/210, 219/220, 221, 222/223, 241
Lienert, Meinrad 238
Liestal 71
Ligue Vaudoise 226
Lindt, Andreas 16, 137, 250/251
Loen, Johann Michael von 145
Lombardei 48, 262
Loosli, Carl Albert 204
Löwe von Luzem 124, 225
de Louvois, Marquis 75
Loys, Treytorrens de 180
Lugano 33/34, 188
Lussy, Melchior 238
Luther, Luthertum 61, 81, 270
Lüthy, Herbert 255
Luxus 94
Luzern 96, 218f, 223

Machiavelli 54, 76
Mahler, Johannes 65
Maifeier, sozialistische 211, 216
Mailand 27, 36, 77, 97, 262
Mallet, Paul-Henri 158
Mann, Thomas 177
Manuel, Niklaus 41, 50/51
Marignano 40, 45, 80, 266
Mariastein 217
Märsche, Schweizer 50, 74
Maurras, Charles 245
Mayer, Theodor
Maximilian, Kaiser 46

Mazzini, Giuseppe 187
Mediationsakte (1803) 127, 152, 217
Meister, Leonhard 240
Menschenbildung s. Erziehung
Menschenrechte (s.a. Grundrechte) 114/115, 130–138, 226, 245, 264–266, 271
Menschlichkeit s. Humanität
Mesmer, Beatrix 193, 286 (Anm. 7)
Meyer, Bruno 236
Meyer, Conrad Ferdinand 186, 241
Meyer, Karl 236, 252, 274
Meyer von Schauensee, Franz Bernhard 95/96
Milizarmee (s.a. Armee) 36, 37, 72–74, 121–123, 175, 178–181, 184, 212, 216, 263/264
Minderheiten 262
Minger, Rudolf, Bundesrat 231, 246, 248
Mischverfassung 24
Monnard, Charles 158
Monarchie (s.a. Republik) 272
Morax, René 151, 236
Morgarten 38, 40, 52, 252
Morus, Thomas 54
Moser, Friedrich Carl von 90
Motta, Giuseppe 138, 202, 250
Mülhausen 22, 39, 53, 61, 83, 154
Mülinen, Niklaus Friedrich 119
Müller, Dominik 174
Müller, Guido 216
Müller, Johannes von 102/103, 158, 233, 243
Müller, Johann Georg 142
Müller, Thaddaeus 137
Müller-Friedberg, Karl 153
Mundart s.a. Deutsche Sprache, Patois 224, 253/254, 261/262
Munizipalstädte 22, 23, 175
Muralt, Beat Ludwig von 86
Murten 38, 39, 101, 163
Musy, Jean 221
Mythenzerstörung 104, 233–236, 274
Mythos 14, 15, 155–160, 233–244, 248, 252f, 273–275

Nachbargebiete 78
Näfels 39
Nägeli, Hans Georg 140, 156
Naine, Charles 215
Nancy 39
Nansen, Fritjof 253
Napoleon 148, 183
Nationalfeste 118/119
Nationalhymne(n) 119–121, 150/151, 159/160, 191
Nationalbewusstsein 11f, 27–29, 83, 140, 168/169, 236–244
Nationalismus 88f, 117–130, 134, 148, 168/169, 169–173, 194f, 208f, 269
Nationalpark 243
Nationalsozialismus 245f
Natur (s.a. Alpen) 244
Naturfreunde 216
Naturrecht (s.a. Menschenrecht) 92f, 265
Neue Helvetische Gesellschaft 168, 207, 247
Neuenburg/Neuchâtel 22, 224/225
Neutralität 69, 78, 183–185, 253, 268/269, 270
Nidwalden 121, 142, 217, 252
Niederlande 24, 77, 124, 135, 145, 183/184, 251, 271f
Niederlassungsfreiheit 132, 135/136
Niklaus von Flüe s. v. Flüe
Nobs, Ernst 249
Nordamerika, Vereinigte Staaten 100
Norwegen 184, 251

Oberland, Berner 126, 129, 163
Obrecht, Hermann 248
Obwalden 254
Ochlokratie (Pöbelherrschaft) 263
Oechsli, Wilhelm 235
Oligarchie 263

Orden (katholische)/Ordensschulen 63, 220
Ordnungsdienst 211f, 232, 249
Ordre et Tradition 226
Oser, Friedrich 164/165
Österreich 27, 36, 48, 96, 160, 195, 246

Patois (Mundart) 145, 224
Patriotismus/Patrioten 87, 88–91, 117–129
Patriziat 68, 128
Pavia 40, 262
Pazifismus 178/179, 216
Péquignat, Pierre 238/239
Peri, Pietro 150
Perrot, Louis de 136
Pestalozzi, Heinrich 138, 142/143, 185, 253
Petitionsfreiheit 132/133
Pfaffenbrief 31
Pfahlbauer 236/237
Pfarrer s. Theologen
Pfenninger, Heinrich 240
Philhelvetismus 88, 111
Phrygische Mütze s. Freiheitshut
Pietisten/Réveil 135, 193
Pilati, Carlantonio 90
Pilet-Golaz, Marcel 249/250
Plantin, Jean-Baptiste 82
Platter, Thomas 45
Plutokratie 264
Polizeiregime 95/96
Pressefreiheit 132, 264
Protestanten s. Reformierte
Pufendorf, Samuel 77, 78/79

Rabelais 76
Radikale 115–117, 225
Ragaz, Leonhard 172, 207
Rambert, Eugène 151, 202, 243
Rangiers, les (Soldatendenkmal) 181, 242
Ramond de Carbonières 111
Ramuz, Ferdinand 224, 232
Rathaus 20, 25, 181
Rätier 23, 48, 272
Rätoromanen 144, 151, 199–201, 262
Raynal, Abbé 106
Recht, eidgenössisches 56–58
Recht, römisches 57/58
Reformation, Reformatoren 59f, 61
Regeneration 115/116, 127f
Referendum 175
Reformierte (s.a. Evangelische Eidgenossenschaft) 135f, 223f, 232
Reich, Heiliges römisches 19, 45–48, 79
Reichsadler 19, 25, 47, 48, 78, 83, 85, 160
Reichsland 19, 46
Reichsstädte 24, 46
Reislaufen (s.a. Fremde Dienste) 49–51, 65
Religion (s.a. Christentum) 98/99, 151, 160, 221
Religiös-Soziale Bewegung 215, 216, 232
Renan, Ernest 12, 273
Republik/Republikanismus 17, 22, 27, 67, 92f, 130, 142, 168, 175–178, 183, 263
Restauration 152f, 222f, 224, 226
Revolution 1848 183/184
Revolution, französische 113f, 124f, 131, 175, 186, 215, 232/233
Revolution (helvetische) 71, 126–127, 131, 233
Revolution, russische 212, 231
Reynold, Gonzague de 215, 220, 224, 226, 231, 250
Rheinfall 109, 182
Rheinischer Städtebund 22
Riklin, Alois 184
Ringold, Karl Joseph 97
Roehrich, Henri 151
Rollan, Jack 255
Rom (Imperium) s. Helvetier

Rom (Papsttum) s.a. Katholizismus
62, 217–222
Romandie s. Französische Schweiz
Röseligarte 224
Rosier (Geschichtsbuch) 140, 191
Rotach, Ueli 41, 103
Rotes Kreuz 184/185, 253
Rottweil 26, 48, 72
Rougemont, Denis de 250, 253, 275
Rousseau, Jean-Jacques 73, 93, 107/
108, 111, 142
Ruchonnet, Louis, Bundesrat 137,
223
Rüeger, Johann Jakob 80/81
Rütli, Grütli, Rütlischwur (Drei
Eidgenossen) 52/53, 61, 85, 103,
150, 157, 158, 165, 201,
210/211, 215, 234/235, 236,
248/249, 255, 274

Sachsen 45
Salis, Johann Gaudenz von 109
Salis, Louis Rudolf von 189, 199
Sankt Fridolin 20, 39
Sankt Gallen 25, 82, 153, 185, 217,
223/224, 239, 260
Sankt Jakob an der Birs 102, 105,
163, 225, 252
Sankt Jakobstag 96
Saubannerzug 36, 42
Saussure, Horace Bénédict de 109
Savoyen 27, 36, 226, 262
Secrétan, Charles 136
Secrétan, Edouard 178
Segesser, Philipp Anton von 223
Seippel, Paul 261
Sekten s. Freikirchen
Sempach 28, 36, 252, 259, 274
Sempacherbrief 31, 157
Sempacherlied 38/39, 43, 44
Siegfried, André 270
Skandinavien 165, 271
Sigmund, Kaiser 46
Simler, Josias 34, 37, 38, 50, 55/56,
57, 82, 85, 106
Soldatenlied 74, 123/124, 180/181
Solidarität 268–270
Solothurn 66, 163, 218
Sonderbund/Sonderbundskrieg
110/111, 158, 166, 221, 223
Sonderfall 270, 271–273
Soziale Frage 174, 191, 208–215,
264
Sozialismus/Sozialdemokraten
208–216, 221, 231, 233, 238,
245, 250, 255
Spanien 24, 62
Spiele (16./17. Jahrhundert) 66, 82
Spitteler, Carl 206
Sport 242, 247
Sprachenfrage (s.a. Vielsprachigkeit,
Graben) 198f, 203–208, 237
Sprachverein, deutschschweizerischer
203–205
Sprecher, Theophil von 180, 205
Sundgauerlied 39/40
Swissair 266
Syndicat 33/34

Schaffhausen 60, 125, 161, 163, 182,
191, 197, 260
Scheitlin, Peter 134, 142
Schiedsgericht 56/57
Schenk, Karl, Bundesrat 225
Scheuchzer, Johann Jakob 73, 106,
109, 190
Scheurer, Karl 213
Schiller, Friedrich 156, 157, 236
Schiner, Matthäus, Kardinal 41, 238
Schlachtfelder s. Kultstätten, nationale
Schlachtjahrzeit/Schlachtwallfahrt 37/
38, 61
Schlegel, August Wilhelm 158
Schmid, Jacques 212/213
Schmid, Karl 255
Schmid von Grüneck, Georg 200
Schottmüller, Adolf 157/158
Schriftsteller (s.a. einzelne Namen) 247
Schulen, Schulung 55, 77, 138–142,
175, 190, 192/193, 216

Schwäbischer Städtebund 22
Schwaben, Schwabenkrieg 44, 45–49, 189, 271
Schweden 51, 184, 271
Schwegler, Theodor 219
Schweizer/Schweiz/Schweizerland (s.a. freier Schweizer, alter Schweizer) 29, 45, 49–51, 81
Schweizer, alter 72, 83, 164, 241
Schweizer, freier 27, 67f, 71, 124/125, 130/131, 227
Schweizerbegeisterung s. Philhelvetismus
Schweizerblut 105, 163
Schweizerbund 165
Schweizerhaus 165
Schweizerische Eidgenossenschaft (Begriff) 152
Schweizerkreuz 34/35, 50, 65, 66, 74, 83, 105, 114, 154, 164–166, 181, 185, 209/210, 224/225, 226, 242, 246, 253, 258
Schweizerlieder 88, 90/91, 93, 94, 97, 98, 103/104, 102–104, 109, 111, 120/121
Schweizerpsalm (s.a. Nationalhymnen) 160
Schweizerreise(n) 105, 108
Schwyz 29, 128, 147

Stadt, Stadtrepublik 21–26, 92, 126–127, 185
Stadtpatron 26, 60
Stanga, Francesco Martino 41, 103
Stanser Verkommnis 31, 57, 68, 99
Stapfer, Philipp Albert 136, 138, 148, 190
Stauffacher 52, 251
Stauffacherin 52, 176, 238
Stettler, Michael 81, 83, 85
Stokar, Hans 18
Stokar, Johann Georg 100/101, 152
Stoss, Schlacht am 23, 102
Strassburg 24, 74, 77
Strasser, Gottfried 242
Streik 211f
Stückelberg, Ernst 236, 241
Studentenverein, Schweizerischer 219/220
Stumpf, Johannes 55, 65, 81
Stuppa, Peter 75
Stutz, Jakob 229
Styger, Paul 217

Tagsatzung 32/33, 56, 65, 82, 113, 149
Täufer 68, 135/136
Tavel, Rudolf von 225
Tell, Wilhelm 52/53, 61, 70, 103–105, 140, 150, 151, 154, 156, 158, 161–162, 165, 166, 188/189, 201, 233–236, 252, 258, 273/274
Tellen (die drei) 70/71
Tellenhut (s.a. Freiheitshut) 106, 162
Tellenlied 17, 101
Territorien 28
Tessin (s.a. italienische Schweiz) 127/128, 144f, 147f, 148/149, 153, 155, 201/202, 207, 218
Thayngen 49
Theologen, Pfarrer 97, 137, 149, 214, 216
Thorwaldsen, Bertel 124
Thurgau 153, 162, 225
Thut, Nikolaus 242
Tirol 36, 196
Toggenburg 95
Toleranz 96–99
Tourismus 159, 193
Trachtenbewegung 232
Traz, Robert de 179
Treichler, Johann Jakob 208/209, 229
Trikolore, helvetische 161–163
Trippel, Alexander 105, 106, 161
Tscharner, Vinzenz Bernhard 102
Tschudi, Aegidius 55, 69, 101, 234
Tschudi, Fridolin 267
Tuileriensturm (s.a. Löwe von Luzern) 226/227
Türler, Heinrich 213

Überfremdung, Xenophobie 187, 188, 189/190, 195/196, 197, 211, 272, 273/274
Uhland, Ludwig 155/156
Ultramontanismus 211, 217–222
Unspunnenfest 119, 234
Untergang 113/114, 171
Unternehmer s. Industrie
Untertanen 42, 67–72, 94–96, 124–128, 173, 174, 177
Unterwalden 129, 217/218
Uri 17, 129, 220, 248, 274

Vadian (Joachim von Watt) 54, 55
Valle Raggia 114
Vallière, Paul de 225
Vaterland 79, 82, 85, 86, 98, 99–101, 106, 117, 134, 140, 143, 159, 169, 178, 190 210, 221, 233
Vaterländischer Verband 215
Vela, Vicenzo 201, 236, 241, 236
Veltlin 154, 201
Venedig 113
Vereine, patriotische 116, 118, 149/150, 168
Vereinigte Staaten von Amerika 100, 124, 197, 271f
Vermittlung 56/57, 65/66, 68
Versöhnungsmythos (konfessionell) s.a. Toleranz 64
Vetsch, Markus 131
Vierhaus, Rudolf 12
Viersprachigkeit (Vielsprachigkeit) 144–151, 180/181, 194–208, 198–208, 260–262, 271f
Villenquartiere 174
Villmergerkriege 71, 85, 96, 99
Vinet, Alexandre 142, 149, 253
Vischer, Friedrich Theodor 177/178, 236
Vogel, Ludwig 241
Völkerbund 185
Volk (s.a. Demokratie) 263
Volksbewaffnung (s.a. Miliz) 36
Volkslieder, historische 38
Volksrechte 175/176
Voltaire 104
Vormauern der Eidgenossenschaft 77/78
Vulliemin, Louis 158

Waadt 114/115, 147, 148/149, 152, 153, 163, 202, 225/226, 239, 260
Wächteramt der Geistlichkeit 68
Wahlen, Friedrich Traugott 249
Wahlurne 130
Waldkirch, Johann Rudolf von 99
Waldmann, Hans 41, 103
Waldstätte 17f, 27, 30, 101, 217f
Wallis 20/21, 101, 106, 149, 218
Walser 48
Walther, Heinrich 213
Wandervogel 216
Wappenfolge, kantonale 35, 154, 164
Weber, Max 263
Wehrli, Johann Ulrich 157
Weibel s. Kantonsfarben
Weilenmann, Hermann 207
Weissenbach, Johann Kaspar 82
Weisses Buch 52/53
Welsche (s.a. Französische Schweiz, Italienische Schweiz) 55, 144
Welti, Albert 235
Welti, Emil, Bundesrat 178, 218
Wengi, Niklaus, Schultheiss 66
Werdenberg 131
Wetter, Josua 66, 82
Wettstein, Rudolf, Bürgermeister 78
Widerstandsrecht 42, 53, 68, 103, 156, 236, 245f, 249/250/251, 265
Widmer, Leonhard 159
Wildbolz, Eduard 264
Wilhelm, Gebhard 103
Wilker, Gertrud 256
Wille, Ulrich, General 178, 180, 205, 232
Wilson, Thomas Woodrow 253
Wimpheling, Jacob 54

Winkelried, Arnold von 40/41, 103, 157, 166, 225, 274
Wissenschaftler 211, 240
Wittenwiler, Heinrich 42/43
Wolleb, Heini 103
Württemberg 49, 153, 165, 196
Wyss, Johann Rudolf 119/120

Xenophobie s. Überfremdung

Zeitschriften 87, 105, 204, 224
Zimmermann, Christian Emanuel 76
Zimmermann, Johann Georg 89/90, 92/93
Zentralismus s. Foederalismus u. Helvetische Republik
Zivildienst 178
Zofingerverein 166, 242
Zopfi, Hans 226
Zschokke, Heinrich 115/116, 139, 154, 158, 160, 161, 213
Zug 18, 22, 147, 163
Zugewandte Orte 17, 32, 85
Zunftbewegung/Zunftsystem 22, 23, 24, 25
Zuoz 66
Zürich 27, 64, 68, 212, 215, 220/221, 260, 264
Zurzach 77, 218
Zwingli, Zwinglianismus 60/61, 65, 81, 158, 186, 190, 252, 254
Zwyssig, Alberich 160